ENCICLOPEDIA DE LAS REGLAS DEPORTIVAS

BING BROIDO

ENCICLOPEDIA DE LAS REGLAS DEPORTIVAS

Traducción de Ricard Gázquez
Revisión técnica de Gerard Mora

Si usted desea que le mantengamos informado de
nuestras publicaciones, sólo tiene que remitirnos su
nombre y dirección, indicando qué temas le intere-
san, y gustosamentecomplaceremos su petición.

Ediciones Robinbook
Información bibliográfica
apdo. 94085 - 08080 Barcelona
e-mail: info@robinbook.com

www.robinbook.com

Título original: *Book of Rules*

© 1997, Broido Associates, Inc.
© 2000, Ediciones Robinbook, s. l.
   Apdo. 94085 - 08080 Barcelona.
Diseño cubierta: Regina Richling.
Ilustración: Regina Richling.
ISBN: 84-7927-402-6
Depósito legal: B-44.672-2000.
Impreso por Limpergraf, Mogoda, 29-31 (Can Salvatella), 08210 Barberà del Vallès.

Impreso en España - *Printed in Spain*

Para Phoebe, Henry y Lisa,
porque tienen los mejores asientos
en la tribuna.

AGRADECIMIENTOS

El rigor y la interpretación actualizada de las normas deportivas que aparecen en este libro son fruto de una labor en la que han participado con experiencia, cooperación y entusiasmo un gran equipo de entrenadores, árbitros y expertos en el deporte. Su dedicación aparece reflejada en cada página.

John Adams	Howard Hammer	Jim Miles
Howard Bass	Kent Hastings	Hank Nichols
Larry Bergstrom	Jeff Henry	Mark Orth
Robert Brown	Dwain Hebda	Tom Perry
Merle Butler	Bob Hersh	Skip Phillips
Dick Case	Tammie Hiatt	Chick Quast
Phil Casey	Kathy Kelly	Terry Quinn
Andrew Fink	Rodney Kenney	Vern Roberts
Michael Cihon	Darwin Kigsley	Richard Rose
Mark Cord	Ed Lawrence	James S. Russell
Robert Cowan	Al Klenatis	Max Shaukat
Lance Deckinger	Don Leas	Kate Spense
Mike Devin	Elmer J. Lehotsky	Steven B. Stenersen
Otto E. Dietrich	John Lewis	Jack Thomas
Ken Dothee	Jeff Lord	Kevin Tripplett
Bob Dunn	Dr. Neill Luebke	Bob Vehe
Harold Edmondson	Gerald Mahoney	Bob Waldman
Deborah Engen	Dr. Charles Mallery	Steve Waldman
Tom Fleetwood	Bruce Mathis	Steve Whitlock
Pat French	Christen Matta	Matt Winick
Gene Gill	Larry McCaigue	
Randy Gordon	Rebeca MacCloud	

Este libro ha sido posible gracias al trabajo de dos figuras con gran talento: Elmer Wexler, por sus ilustraciones, y Eric Robert, por su trabajo de investigación.

Un especial agradecimiento para Al Bender y Ralph Carlson, de *Spalding*, por pasarme la pelota.

Por último, mi reconocimiento al equipo de *Masters Press* y muy especialmente a Tom Bast, Tom Doherty, Holly Kondras, Pat Brady y Mark Montieth.

PRÓLOGO

Este libro empezó cuando a mi familia le regalaron un equipo de bádminton, que armamos enseguida con cuidado y con esperanza de competir amistosamente. No incluía ningún tipo de instrucciones, por lo que pronto aprecieron los interrogantes. ¿Hay que servir por arriba o por abajo? Los tantos, ¿cómo van? ¿Como en el tenis, el voleibol o el tenis de mesa? ¿Cuántos puntos se tienen que marcar para ganar un juego? ¿Se tiene que ganar con una ventaja de dos?

Yo sólo tenía una pregunta: ¿por qué todo el mundo me preguntaba sobre las reglas del juego? La confusión ante el juego del lanzamiento de herradura no tuvo comparación con la frustración de no entender el crocquet. Y eso que estábamos jugando en familia

Cada deporte individual y por equipos tiene sus propias normas, pero no siempre están a nuestro alcance cuando las necesitamos y rara vez las encontramos en un formato sencillo y fácil de comprender. Este libro pretende ser una fuente informativa sobre los reglamentos, para todas aquellas personas que participan activamente en algún deporte: incluyendo a los jóvenes principiantes, a los deportistas casuales que disfrutan del deporte y que no necesitan ganar para divertirse, a los aficionados que desean entender mejor cómo se juegan los deportes, a las nuevas generaciones, especial-

mente a las mujeres, adolescentes y niños, a padres y miembros de la familia, a los espectadores que acuden a los encuentros, a los telespectadores y a los responsables de la organización de eventos deportivos.

Lo presentamos en un volumen único, con gráficos ilustrativos, en un formato sencillo y con información actualizada sobre las normas básicas de los deportes de competición más populares.

Spalding tiene una gran historia deportiva que data desde 1876, cuando el pítcher A. G. Spalding —que está en el Salón de la Fama— promovió la primera gran liga de béisbol. Spalding estuvo presente en los primeros momentos del fútbol americano, de clubes de golf y de tenis, y de muchos otros deportes. Cerca de 200 millones de productos que están en el mercado llevan el nombre de Spalding: desde la pelota de baloncesto de la NBA hasta pequeños juegos infantiles.

Spalding ha participado desde siempre en la publicación de libros sobre deportes. Hacia 1900, la Spalding Athletic Library disponía ya de cientos de títulos. Algunas reglas no han cambiado en absoluto: todavía hay 90 pies entre las bases del béisbol y cinco de las 13 normas originales del doctor Naismith, de hace cien años, se mantienen aún vigentes (por ej.: «No se puede avanzar corriendo con la pelota»), tal y como se juega hoy en día el baloncesto en casi 200 países. Pero el deporte organizado cambia, está vivo. Se han introducido nuevas normas en el fútbol americano, el baloncesto, el fútbol y en muchos otros deportes, con el fin de agilizarlos, aumentar la expectativa del público, hacerlos más seguros para los jugadores y, en definitiva, estimular cada práctica deportiva. Estas modificaciones han sido incluidas en este manual y los gráficos sobre la señalización oficial han sido revisados.

Este libro trata de los contenidos, no de las capacidades y la habilidad deportiva. Entender cómo funciona un juego hará que cada deporte sea más divertido tanto para los participantes como para los entusiastas.

He tenido la extraordinaria cooperación de las principales organizaciones y federaciones de cada uno de los deportes. Para aquellas personas que deseen más información (reglamentos completos, grupos locales y regionales, calendarios de pruebas, actividades juveniles, programas de desarrollo, de educación y seguridad, patrocinadores y exposiciones) se incluye un listado de las principales organizaciones de cada deporte.

El equipo de la casa ha hecho posible la publicación de este libro y está dedicado a mi esposa y compañera, Lois. La ayuda de Belinda, Andy, Amy y Randy ha sido un estímulo constante. Las preguntas familiares dieron vida a este proyecto. Espero que las respuestas proporcionen a Alana, Jack y a toda su generación los fundamentos básicos para disfrutar, competir y entretenerse con el deporte durante muchos años.

ATLETISMO

Historia

La competición en las pruebas de atletismo está considerada como la modalidad más antigua entre los deportes organizados. Durante casi 1.100 años y a partir del 776 a. C. fue el principal deporte de los antiguos Juegos Olímpicos (sólo para hombres). Las mujeres competían en sus propios juegos, los Heraea, que tenían lugar cada cuatro años. Existen grabados sobre este deporte que datan de los siglos XII y XVI, pero el atletismo moderno aparece mucho más tarde: en el siglo XIX, en Inglaterra, en pruebas escolares y universitarias.

El primer club de atletismo, el Mincing Lane Athletic Club, apareció en Gran Bretaña en 1863. En 1866 se fundó el Amateur Athletic Club, que organizó los primeros campeonatos. El primer encuentro internacional fue disputado entre atletas de Inglaterra e Irlanda en 1887.

En 1896, el atletismo fue reorganizado internacionalmente y se cambiaron diversos aspectos deportivos de las antiguas pruebas de los Juegos Olímpicos de Atenas. Las mujeres empezaron a competir hacia 1900 y entraron en las Olimpiadas en 1928. Con los años, muchos atletas se convirtieron en celebridades mundialmente reconocidas por sus marcas y récords.

Oficialmente, el atletismo español se inició en 1915 con la fundación de la Federació Regional de Catalunya; en 1918 se creó la Confederación Española de Atletismo.

La International Amateur Athletic Federation (IAAF), creada en 1912 en Estocolmo y que en la actualidad cuenta con más de 150 países miembros, estipula los reglamentos actuales.

Objeto del deporte y diagnóstico

Los atletas tratan de correr más rápido, saltar la mayor altura o longitud, o lanzar objetos más lejos que sus compañeros. El que obtiene mejor puntuación, en otras palabras, mayor distancia o mejor tiempo, vence. Existen pruebas en pista o en campo.

PRUEBAS DE PISTA

Área de competición

Una pista convencional al aire libre tiene una longitud de 400 m con superficie de grava o material sintético. Tiene entre 6 y 8 calles, cada una de 1,22 m de ancho.

Las pistas cubiertas suelen tener una longitud de 200 m, y están hechas de plancha de

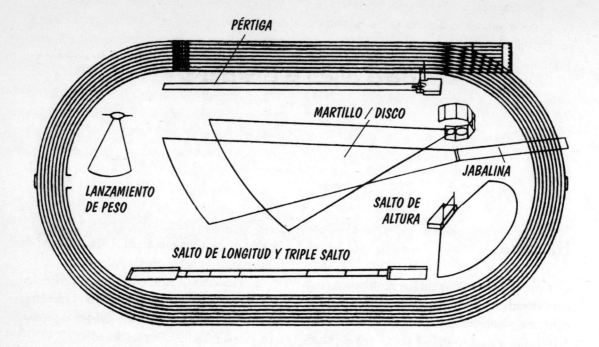

PÉRTIGA

MARTILLO / DISCO

JABALINA

LANZAMIENTO DE PESO

SALTO DE ALTURA

SALTO DE LONGITUD Y TRIPLE SALTO

madera o material sintético, con curvas con peralte (elevadas por la parte exterior).

Las posiciones de salida están marcadas en varios puntos de la pista, según la distancia de carrera; el punto de llegada es igual para todos.

Equipamiento

Los tacos de salida (soporte de metal ajustable con detectores de salida falsa) se utilizan en pruebas de hasta 400 m, inclusive.

Los *cronómetros electrónicos* marcan hasta una centésima de segundo. También se utilizan cronómetros manuales.

Los competidores utilizan pantalón corto y jersey o camiseta, con números en la espalda y el pecho.

Las zapatillas son de piel o sintéticas y tienen hasta 11 clavos en la suela. Está permitido correr descalzo o con una sola zapatilla.

Normas básicas

Las carreras de 110 m o menos se desarrollan en pista lisa y recta. Las carreras más largas lo hacen en sentido inverso a las agujas del reloj. La izquierda de los corredores está siempre hacia el centro de la pista. Una *vuelta* es una carrera completa al circuito.

Las carreras *preliminares* tienen como objetivo la clasificicación de los mejores atletas y el paso a las *finales* (es decir, la última ronda de una prueba).

El orden de calles se establece por sorteo en la primera ronda. Después, la actuación en la prueba determina su asignación. En el esprín (pruebas de distancia corta) los corredores deben permanecer en su calle durante toda la carrera bajo el riesgo de descalificación. En los 800 m, los corredores sólo tienen que permanecer en su calle durante la primera vuelta. Las pruebas más largas no se corren en calles.

En pruebas en las que los corredores deben permanecer en sus calles en todas las curvas del circuito, las posiciones de salida se fijan de modo que todos corran la misma distancia.

En carreras en las que se utilizan tacos de salida, el juez de la prueba señala:

1. «En sus marcas», para que los corredores se agachen con las manos tocando la pista.
2. «Listos», para que los corredores se preparen en posición inmóvil.

En las carreras más largas sólo se señala «en sus marcas», ya que los corredores permanecen en pie.

Una vez que todos están preparados, se dispara un tiro al aire para empezar la carrera. Se considera salida falsa si un corredor comete una de las siguientes faltas:

♦ no se coloca en posición correcta,
♦ molesta a otros corredores,
♦ sale antes del disparo.

Después de una salida falsa, ésta vuelve a seguir la misma mecánica para un segundo disparo.

Después de un aviso, una segunda salida falsa implica descalificación.

El ganador es aquel corredor cuyo torso (parte del cuerpo entre la cintura y los hombros, no la cabeza, brazos ni piernas) cruza primero el plano vertical imaginario que delimita la línea de llegada o *meta*.

Carreras

Las carreras de *esprín* (para hombres y mujeres) cubren distancias de 100, 200 y 400 m. Asimismo, las carreras de *resistencia* cubren distancias de 800, 1.500, 3.000, 5.000 y 10.000 m.

En las carreras de *relevos*, con cuatro corredores en un equipo, cada uno de ellos corre un cuarto de la distancia total (una manga o vuelta).

Sólo los primeros corredores utilizan los tacos de salida.

Los corredores llevan un *testigo* (tubo de metal o de madera, de 30 cm de largo y 50 g de peso) en una mano.

Los corredores se pasan el testigo en una zona de pase (área de 20 m de longitud). Cualquier cambio fuera de ésta implica la descalificación del equipo. Si el testigo cae, el corredor que lo perdió puede recogerlo.

En las pruebas de relevos hay distancias para hombres y mujeres:

♦ 4 x 100 m: 4 corredores de 100 m,
♦ 4 x 400 m: 4 corredores de 400 m.

En la de 4 x 100, el corredor que recibe el testigo no puede ir más allá de 10 m antes de la zona de pase, mientras que en 4 x 400 debe salir en la zona de pase.

En 4 x 100, los relevos se hacen en calles, mientras que en 4 x 400, éstos pueden abandonar sus calles hacia una posición interior, aunque siempre después de la primera vuelta del segundo corredor.

Después de pasar el testigo, los corredores deben permanecer en la calle de recepción hasta que toman ventaja o hay paso libre.

Vallas

La prueba de vallas es una carrera en la que el atleta debe saltar 10 barreras.

La valla es una estructura metálica en forma de L, con un listón de madera de través. La altura y distancia entre ellas depende de la prueba, ya que está diseñada para volcarse con facilidad.

Un corredor debe saltar la valla con ambas piernas y no se le penaliza por volcarla.

Los corredores son descalificados por salir de sus calles, arrastrar una valla o empujarla deliberadamente.

Las pruebas de vallas (y la altura de las vallas) son las siguientes:

- 100 m (84 cm): mujeres;
- 110 m (106,7 cm): hombres;
- 400 m (76 cm): mujeres;
- 400 m (91,4 cm): hombres.

Obstáculos

La prueba de obstáculos es una carrera, para hombres, de 3.000 m en las que los competidores tienen que pasar 28 obstáculos y 7 saltos de agua.

Los obstáculos secos tienen una altura de 91,4 cm y un ancho de 396,24 cm.

Los saltos de agua tienen una longitud de 356,76 cm y una profundidad máxima de 69,85 cm.

En los primeros 200 m no hay obstáculos y, luego, cada 400 m hay 4 obstáculos y 1 salto de agua.

Los competidores deben saltar por encima, pisar o ayudarse con una mano para pasar los obstáculos.

No cruzar por el agua o hundir un pie en un obstáculo seco, implica descalificación.

Nota: en este tipo de prueba júnior de 2.000 m hay 18 obstáculos y 5 saltos de agua.

Carreras en carretera

Las carreras por carretera tienen lugar en vías públicas, carreteras, calles o en una superficie firme.

Los participantes visten pantalón corto, camiseta o traje de competición aireado y zapatillas anatómicas. Las prendas para la cabeza son opcionales.

Las distancias (para hombres y mujeres) son las siguientes:

- 5, 8 y 10 km;
- maratón: 42,195 km.

Marcha atlética

La marcha atlética tiene lugar en carretera o en circuito, con pruebas para hombres y mujeres.

Las reglas formales son las siguientes:

- se debe mantener contacto ininterrumpido con el suelo durante toda la carrera;
- el pie que avanza debe tocar el suelo antes de que el pie trasero pierda el contacto;
- la pierna trasera debe estar completamente extendida (no doblada), durante un momento, cuando el pie toca el suelo.

Si el competidor parece ir a la carrera se le avisa con una bandera blanca. La bandera roja señala la descalificación.

En las pruebas se cubren las siguientes distancias:

- 20 km;
- 40 km.

PRUEBAS DE CAMPO

Normas básicas

El orden de salto o lanzamiento se establece por sorteo.

No se permite practicar una vez ha comenzado una prueba de competición.

La realización de una prueba de clasificación no se cuenta como parte de la competición final.

El mejor salto o lanzamiento es el que cuenta en el registro, incluyendo los desempates en salto de altura y con pértiga.

Salto de altura

En las pruebas de salto de altura, hombres y mujeres tratan de rebasar una barra sujeta por dos soportes. La barra se eleva después de cada salto.

Área de competición

La pista de arranque es un área en forma de abanico que está ubicada frente al obstáculo de salto.

La *barra* es un bastón de madera o una vara de metal, de extremos planos para su sujeción en los soportes. Tiene un peso máximo de 2 kg. Puede caer hacia adelante o hacia atrás.

Los *postes* son dos soportes rígidos de metal, separados 4 m entre sí, con un mecanismo para elevar la barra.

La *cama* o *colchoneta* de aterrizaje o caída es una superficie mullida de gomaespuma de 396 cm de largo x 487 cm de ancho.

Los competidores calzan zapatillas con clavos, con una suela de media pulgada.

Procedimiento

Un oficial anuncia la altura de la barra. Después de cada ronda, la barra se eleva no menos de 2 cm.

Los competidores optan por saltar la altura señalada o pasar su turno e intentar saltar una altura superior más tarde.

Los competidores deciden la altura y dirección de su carrera antes del salto. Deben despegar con un solo pie, pero pueden saltar con

el pecho de cara a la barra, o de espaldas, por encima de ella.

Se considera salto fallido si la barra cae o si se traspasa o se toca cualquier área más allá de los postes antes de pasar por encima de la barra.

Después de un primer salto fallido, los competidores pueden optar por no intentar un segundo o tercer salto a esa altura, o pueden optar por tratar de saltar una altura superior.

Tres renuncias consecutivas, en la misma o en diferentes alturas, eliminan al competidor.

La medida se toma entre la parte inferior del borde superior de la barra y el suelo.

Las rondas continúan hasta que sólo queda un competidor y los demás son eliminados. Ese competidor es el ganador y puede intentar saltar una altura mayor. Si se produce empate, el saltador con menos intentos en la altura ganadora (o con salto de mayor altura) gana. Si aún hay empate, el saltador con menos renuncias es el que gana.

Salto con pértiga

Los competidores (sólo hombres) utilizan una pértiga flexible para rebasar una barra elevada entre dos postes. La barra es elevada entre ronda y ronda.

Área de competición

La *pista de arranque* o *despegue* no tiene una longitud reglamentada, pero suele medir 45 m.

La *caja* es una estructura de metal o madera, de 6 cm x 10 cm, encajonada al nivel del suelo, delante de los postes, para recibir el apoyo de la *pértiga*.

La *pértiga* puede ser de cualquier material o forma, pero suele ser de fibra de vidrio, con una longitud mínima de 487 cm, y un peso de 2.000 g.

La *barra* es una vara de metal de 5 m de largo y un peso aproximado de 2,3 kg.

Los *postes* son dos soportes metálicos separados entre sí 4,26 m con estaquillas de 3 pulgadas para sostener la barra.

La *colchoneta de aterrizaje* es acolchada y cuadrada con 5 m de lado.

Nota: los competidores calzan zapatillas con clavos.

Procedimiento

Un oficial anuncia la altura inicial de la barra. La barra se eleva no menos de 5 cm después de cada ronda. Se considera salto fallido si:

◆ la barra se desprende de los soportes y cae,

◆ el competidor o la pértiga tocan o cruzan el área que hay más allá de los postes, sin rebasar la barra;

◆ el competidor, después de despegar del suelo, pasa su mano inferior (posición de agarre de la pértiga) por encima de la superior, o levanta su mano superior por encima de la longitud de la pértiga.

Un competidor puede saltar la altura correspondiente o pasar.

Si el primer salto es fallido, el competidor puede optar por no saltar de nuevo esa altura, pero puede intentarlo con las alturas subsiguientes. Si un competidor renuncia a saltar 3 veces consecutivas es eliminado.

Las medidas se toman desde el suelo hasta la parte más baja del la parte superior de la barra (el punto de más caída).

Las rondas siguen hasta que sólo queda un competidor. En ese momento, el atleta puede optar por intentar superar la última altura.

El vencedor es aquel deportista que realiza el salto de más altura. Si se produce empate, el competidor con menos intentos en la medida ganadora (de más altura) vence. Si aún hay empate, gana el saltador con menor número de renuncias.

Salto de longitud

Los competidores (hombres y mujeres) corren al esprín por una pista de aceleración y saltan desde un listón fijado al suelo hasta un banco de arena.

Área de competición

La pista de aceleración no tiene una longitud concreta, pero suele medir aproximadamente unos 45 m.

La *tabla de batida* es una listón de madera de color blanco, de 20 cm de ancho hundido en el terreno al final de la pista de aceleración o despegue.

La *línea de despegue* marca el límite reglamentario de la plancha, más cercano al banco de arena o foso.

El *indicador* es una tira de arcilla, de 90 mm de ancho, colocada sobre la plancha de despegue, en el lado del foso, y sirve para señalar si el saltador o saltadora ha pisado más allá del límite.

El *área de aterrizaje* es un banco de arena húmeda, de 3 m de ancho y 9 m de longitud (empezando a un metro como mínimo desde la línea de despegue).

Nota: los competidores calzan zapatillas con suela de clavos.

Procedimiento

No hay una distancia concreta de carrera antes del salto.

El salto se considera fallido si el competidor:

- toca el indicador (la huella queda marcada en la superficie blanda);
- salta desde fuera de la plancha de despegue;
- realiza una voltereta;
- toca el terreno fuera del área de aterrizaje dejando una marca más cercana a la línea de despegue que la que dejó en el banco de arena;
- camina de espaldas por el área de aterrizaje.

La medida se toma desde el borde más cercano de la marca en la arena, respecto a la línea de despegue, dejada por cualquier parte del cuerpo de la persona que realizó el salto.

Cada saltador ejecuta 3 saltos de clasificación y 3 finales.

Se declara vencedora a la persona que consigue mayor longitud de salto. Si se produce empate, el segundo mejor intento determina la victoria.

Triple salto

Los competidores (sólo hombres) corren al esprín a lo largo de una pista de aceleración hacia una plancha de despegue, dan un salto, un paso largo y otro salto hacia un banco de arena.

Área de competición
El área de salto es igual que la de salto de longitud, pero hay un área de despegue adicional entre la tabla de batida y el banco de arena.

Procedimiento
En el despegue, el saltador se impulsa con un pie y aterriza con el mismo pie del primer salto, da un salto y aterriza con el pie contrario, entonces salta con ese pie hacia la arena.

Todas las reglas para el despegue, aterrizaje, fallos, medición, victoria y demás, son iguales que en el salto de longitud.

PRUEBAS DE LANZAMIENTO

Disco

Un disco rígido es lanzado (hombres y mujeres) desde el interior de un área circular hacia una zona del campo en forma de cuña.

Área de competición
El círculo tiene 2,5 m de diámetro y su superficie es de terreno no deslizante; está cercada por una alambrada de metal circular.

Las *líneas sectoriales* son dos líneas blancas que se extienden desde el círculo en un ángulo de 40°.

La *jaula o armazón* es una estructura metálica para protección de los espectadores.

Equipamiento
El *disco* es de madera, con un reborde metálico e interior lastrado. En la modalidad masculina, el diámetro del disco es 22 cm y su peso de 2 kg. En la femenina, el diámetro es 18 cm y su peso de 1 kg.

Nota: los competidores llevan calzado sin clavos. No se permite llevar guantes, pero pueden utilizar resina o bandas de piel en las manos.

Procedimiento
Los competidores seguirán las siguientes normas:

- empezar desde una posición inmóvil, de espaldas al sector marcado;

- evitar tocar la parte alta de la alambrada (pueden tocar su interior), ni el terreno fuera del mismo durante el lanzamiento;
- permanecer en el círculo hasta que el disco haya aterrizado;
- el lanzamiento puede interrumpirse y depositar el disco en el suelo.

El disco debe aterrizar entre las líneas sectoriales.

Los lanzamientos se miden desde la marca más cercana del disco sobre el terreno, hasta el borde interior del círculo.

Se realizan 3 lanzamientos de clasificación y luego, los finalistas realizan 3 intentos finales.

Se declara ganador al competidor con el lanzamiento de mayor longitud. El desempate se decide por el segundo mejor lanzamiento.

Martillo

Se lanza una bola, con una cadena con agarradera (sólo hombres), desde una área circular dentro de una jaula hacia un área marcada.

Área de competición

El área de competición es igual que la de lanzamiento de disco, pero el círculo tiene un diámetro de 2,13 m.

Equipamiento

El *martillo* pesa 7,26 kg y está formado por 3 partes:

- *cabeza*, bola de metal maciza: entre 10,16 cm y 10,79 cm de diámetro.
- el *alambre*, de 122 cm de largo y de acero. Está conectado a la cabeza por un eje.
- el *grip* o *agarradero* es una manilla con un asa simple o doble de metal.

Nota: los competidores visten como en la prueba de disco, pero pueden utilizar guantes y muñequeras. Los dedos deben quedar libres.

Procedimiento

El procedimiento es el mismo que en el disco, pero la cabeza del martillo puede tocar el terreno durante el lanzamiento.

Si el martillo se rompe durante el tiro, el lanzamiento no cuenta.

La medición se realiza desde la parte más cercana de la cabeza del martillo, hasta el borde interior del anillo que delimita el círculo de lanzamiento.

Se realizan 3 intentos de clasificación, luego, los finalistas realizan 3 lanzamientos.

El ganador es aquel competidor que consigue mayor distancia en el de lanzamiento. El desempate se resuelve por el segundo mejor lanzamiento.

Lanzamiento de peso

Hombres y mujeres lanzan una *bala o peso*, desde el interior de un área circular, hacia un área marcada.

Área de competición

El círculo tiene 2,13 m de diámetro y la superficie debe ser de hormigón u otro material no deslizante, con un peralte (reborde de madera curvo, de 101,6 mm de alto), en la parte frontal del círculo.

Equipamiento

El *peso o bala* es una bola maciza de metal de superficie lisa. Para hombres, el diámetro es de 10,79 cm y su peso de 7,26 kg. Para mujeres, el diámetro es de 10,16 cm y el peso 4 kg.

Nota: los competidores visten igual que en lanzamiento de disco o de martillo.

Procedimiento

El procedimiento es el mismo que para el lanzamiento de disco o de martillo, con las siguientes excepciones:

- ♦ sólo puede utilizarse una mano;
- ♦ el peso se coloca en el hombro y el lanzamiento se realiza cerca de la barbilla;
- ♦ no se puede bajar la mano por debajo de la posición inicial y el lanzamiento debe realizarse por encima de la altura de los hombros.

La medición se realiza desde la marca más cercana del peso en el terreno, hasta el interior de la alambrada en el círculo de lanzamiento.

El ganador es aquel que consigue mayor longitud en el lanzamiento. El desempate se resuelve por el segundo mejor lanzamiento.

Jabalina

Hombres y mujeres arrojan una lanza fina de metal, desde detrás del límite que marca una línea curva, al final de una pista de lanzamiento, hacia un área marcada.

Área de competición

La pista de *lanzamiento o carrera* tiene una longitud entre 32 m y 36,5 m, y un ancho de unos 4 m.

El *arco* (límite frontal de la pista de carrera) es una línea curva de color blanco, de madera o metal, o pintada sobre el terreno.

Las *líneas sectoriales* comienzan 8 m desde un punto interior del arco y se extienden hasta banderas de marcación con un ángulo de 29°.

Equipamiento

La *jabalina* es de metal, con tiras de cuerda para agarrarla. En la modalidad masculina, tiene una longitud de 269,24 cm, y un peso de 800 g. En la modalidad femenina mide 228,6 cm y pesa 600 g.

Los competidores visten zapatillas con clavos; está permitido utilizar resina, pero no guantes.

Procedimiento

Los competidores pueden realizar 2 lanzamientos de práctica y deben seguir el procedimiento reglamentario:

- ♦ empezar en una posición parada, sosteniendo la jabalina por la parte de agarre con una mano;
- ♦ lanzar la jabalina por encima de un hombro o la parte superior del brazo de lanzamiento;
- ♦ permanecer en la pista de carrera hasta que la jabalina aterrice.

La jabalina debe caer entre las líneas sectoriales y clavarse hacia abajo.

Los lanzamientos se miden desde la marca de la punta de la jabalina en el terreno, hasta la parte interior del borde del arco de lanzamiento.

Los participantes realizan 3 intentos de clasificación y 3 lanzamientos finales.

El ganador es aquel que consigue mayor longitud en el lanzamiento. El desempate se resuelve por el segundo mejor lanzamiento.

Decatlón

Los hombres compiten en una combinación de 10 pruebas distintas en campo y pista durante dos días.

La puntuación se basa en una tabla de marcas en distancias y tiempos. En general, las normas, el equipamiento y el procedimiento son iguales para cada una de las pruebas. El que obtiene la mayor puntuación total gana.

Pruebas del primer día:	Pruebas del segundo día:
1. 100 m lisos.	1. 110 m vallas.
2. Salto de longitud.	2. Disco.
3. Lanzamiento de peso.	3. Pértiga.
4. Salto de altura.	4. Jabalina.
5. 400 m.	5. 1.500 m.

Heptatlón

Las mujeres compiten en una combinación de siete pruebas durante dos días. Las normas son iguales que el decatlón y cada una de las pruebas se realiza por separado.

Pruebas del primer día:	Pruebas del segundo día:
1. 100 m vallas.	1. Salto de longitud.
2. Salto de altura.	2. Jabalina.
3. Lanzamiento de peso.	3. 800 m.
4. 200 m.	

AUTOMOVILISMO

Historia

El automovilismo, como deporte organizado, apareció poco después de la invención del automóvil. Las primeras carreras de coches documentadas fueron en 1895: en Francia, una carrera entre París y Rouan, y en Estados Unidos, un circuito entre Chicago y Evanston, Illinois. Los vehículos de competición eran utilitarios. Fue en el siglo XX cuando se empezaron a fabricar coches de carreras y evolucionó el deporte. Comenzaron a realizarse carreras por carretera o en circuitos, con gran interés por parte del público. El Gran Prix comenzó en 1906, con la creación del Automóvil Club de Francia; el primer premio de Indianapolis, en 1911; las 24 horas de Le Mans, en 1923; y en 1936, se organizó la primera carrera de *stock cars* (coches reforzados para colisiones), en Daytona Beach, también en Estados Unidos. La tecnología y el diseño fueron produciendo coches más veloces y seguros y en poco tiempo, los coches salieron de las pistas y circuitos a las carreteras. El campeonato del mundo de Fórmula 1 se fundó en 1950, el cual se disputa cada año en una docena de grandes premios celebrados en varios países. Algunos de los nombres más importantes de este deporte son: Fangio, Brabham, Clark, Stewart, Lauda, Fittipaldi y Piquet.

La Fédération Internationale de l'Automobile (FIA), organiza y regula la mayoría de competiciones mundiales. Algunas de las principales competiciones internacionales organizadas por la FIA son: el Campeonato del Mundo de Fórmula Uno, el FIA Formula 3000 International Championship, el FIA GT Championship, la FIA Formula 3 Intercontinental Cup, la FIA Formula 3 European Cup, la FIA European Truck Racing Cup, los campeonatos de Gran Turismo Histórico y los *rallies* en el continente africano, asiático y europeo. Con los años, se han incorporado también rallies para coches electro-solares. Asimismo, la tecnología ha ido innovando el deporte automovilístico.

En Estados Unidos, algunas de las organizaciones más importantes son: The Sports Car Club of America (SCAA), The United States Auto Club (USAC), The Indy Racing League (IRL), y la National Association for Stock Car Racing (NASCAR).

En España, el Real Automóvil Club de España (RACE) se creó, en 1902, en Madrid con el objeto de fomentar la práctica y el desarrollo de este deporte.

Algunos de los campeonatos más importantes que se realizan en España son: el Campeonato de España de Rallies, el Campeonato de España de Montaña, el Campeonato de España de Auto-cross, el Campeonato de España de

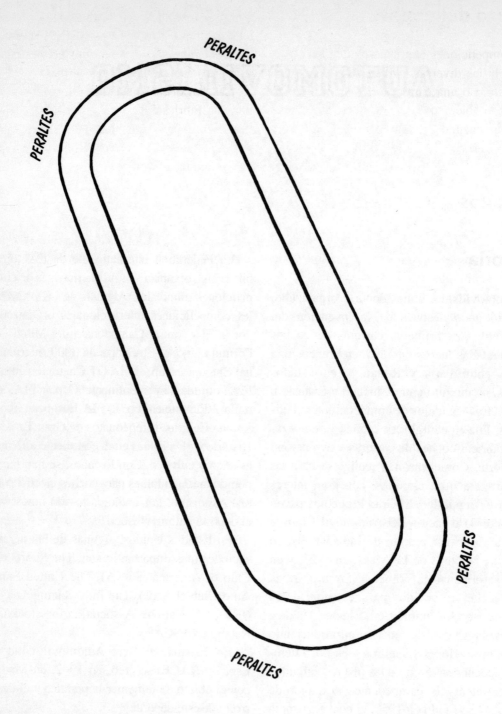

PERALTES

PERALTES

PERALTES

PERALTES

Rallies Todo Terreno, el Campeonato de España de Gran Turismo, el Campeonato de España de Carreras de camiones y algunas copas y campeonatos donde toman parte autos de una misma marca, como el desafío Peugeot, la Copa Ibiza, la Copa Renault, la Copa Citröen, la Copa Toyota, la Copa Hyundai o la Copa Nissan, entre otras.

Objeto del deporte

Las competiciones consisten en que los corredores de las diversas modalidades completen un circuito o una carrera en el menor tiempo posible, o bien, que terminen en la primera posición cuando el tiempo establecido haya transcurrido.

Circuitos de competición

Las carreras de automovilismo se realizan en diversos tipos de circuitos. Los dos tipos principales de circuitos son: los ovalados de forma rectangular, con tramos rectos y curvas inclinadas (*banked*), en superficie de asfalto y barreras de seguridad para los espectadores; y los de carretera, de forma irregular (curvas abiertas y cerradas), desniveles y tramos rectos. En ambos existen *pits* o *boxes*, que son zonas de descanso para repostar y reparaciones. También existen carreras en circuitos breves con pistas o *drag track* y todo terreno. Las carreras que se realizan en circuitos urbanos se corren en instalaciones provisionales dentro de un casco urbano, con bloques de heno en las zonas de riesgo para la seguridad de los espectadores.

Vestimenta

Los corredores deben llevar un casco de protección (con visores o gafas, si el coche no lleva parabrisas), vestimenta contra incendios, guantes y zapatos.

Tipos de competiciones y coches

En cada categoría de competición se celebran diferentes convocatorias para cada tipo de automóvil, según el diseño, prestaciones, cubicaje del motor y otras características aparte.

Los *coches de serie* son modelos estándar, utilitarios adaptados para las carreras.

Los *stock cars* son coches reforzados, sedanes de fabricación norteamericana (con el motor en la parte delantera, puertas y parabrisas), que han sido actualizados para aumentar su potencia y velocidad en competición. Corren distancias de 370 a 1.111 km en circuitos ovalados. También participan en competiciones por carretera.

El *Fórmula Uno* está diseñado a partir de las características específicas de esta categoría: cubicaje, equipamientos y otros accesorios propios. El diseño básico del vehículo incluye una carrocería aerodinámica puntiaguda para vencer la resistencia del aire, un asiento bajo en una cabina abierta, un alerón para mayor sujeción a la carretera y motor en la parte trasera. Carece de protección reforzada. Esta categoría compite en premios de Gran Prix, carreras en circuitos de 370 km.

Los *Indy o Fórmula Indy* tienen características parecidas a los Fórmula Uno, pero el cubicaje del motor, el chasis y los sistemas de transmisión son diferentes. Los circuitos son de 278 km y otros recorridos mayores. En el circuito de Indianapolis 500 se corren 2,5 vueltas completas a un circuito ovalado de 370 km.

Los *monoplaza* son vehículos con características propias, descapotables, con chasis de líneas elegantes, asiento bajo, motor trasero y alerón. A diferencia de los Fórmula Uno, las carreras se disputan tanto en circuitos ovalados como en carretera.

Los *coches deportivos* son vehículos de fabricación específica o adaptados, entre ellos se cuentan los biplazas y los sedanes. Se clasifican en clases según el motor y la potencia. Las carreras se disputan en todo tipo de circuitos y dependen de las distancias o de la resistencia: mayor número de vueltas en un tiempo límite.

Las carreras de *drags* se corren en un circuito propio: pistas de unos 400 m, más un tramo de frenada. En esta categoría compiten diversos modelos de coches: *pro stock* (utilitarios adaptados), *dragsters* (vehículos largos monoplaza con ruedas traseras de gran diámetro y paracaídas para la frenada) y coches especiales (modelos de imitación de coches de paseo fabricados en fibra de vidrio). Los coches compiten de dos en dos en series eliminatorias.

Las carreras de *autocross* se disputan en terreno irregular, fuera de carretera y las distancias oscilan entre 450 y 730 m, aproximadamente. Las rectas no deben superar los 180 m y la primera curva debe estar en los primeros 45 m de la salida. Los conductores pueden competir solos, a contrarreloj o contra otros. Los coches que participan pueden ser coches de serie, *buggies* (coches pequeños y ligeros) o vehículos especiales para autocross.

Otras modalidades de competición son:

- **Rally en carretera:** coches de serie, que corren con un piloto y un copiloto que va anunciando la navegación. Los circuitos son carreteras públicas y los corredores deben cubrir largas distancias. Las carreras son por etapas (tramos a contrarreloj) y los tiempos se suman para determinar el ganador: mejor tiempo de carrera.
- **Slalom:** coches de serie o especiales corren y maniobran marcha atrás parte del recorrido, con desniveles, y tratan de sortear indicadores colocados en un itinerario de curvas. Se otorga 1 punto por cada segundo perdido y 10 por cada indicador tocado. Gana el corredor que obtiene menor puntuación.
- **Trial en montaña o Hill Trial:** los coches, de serie o de fabricación especial, corren sorteando diversos indicadores por un terreno con desnivel. Uno de los tripulantes puede ayudar empujando asistiendo al corredor en los tramos difíciles. El vehículo que sube la mayor distancia, vence. La marca se cuenta a partir del lugar donde el coche se detiene.

Procedimiento

En la competición en circuito, los coches salen al mismo tiempo desde posiciones preestablecidas en las vueltas previas a la carrera. Los coches más rápidos toman las primeras posiciones y el que tiene el mejor tiempo se coloca delante de todos y en la pista más cercana a la primera curva.

La salida se da mediante un sistema de señales luminosas y cuando la luz cambia de rojo a verde. Otro modo de dar la salida es en movimiento: los coches siguen a un coche de pruebas durante una vuelta y luego toman la salida. En otras pruebas, arrancan desde una línea de salida.

Los corredores ponen a prueba su habilidad y su estrategia para obtener la mejor posición durante la carrera.

Durante la carrera, pueden realizarse paradas en los *boxes*, si el caso lo requiere, pero con la mayor brevedad posible.

Los oficiales de carrera realizan diversas señales con banderas sobre las condiciones de la carrera. Dichas señales son las siguientes:

- rojo: todos los coches deben detenerse.
- amarillo: precaución/peligro.
- amarillo con franjas rojas: aceite en la pista/superficie deslizante.
- blanco: no competir, automóvil auxiliar en el circuito.
- verde: campo libre para proseguir.
- azul, fija: coche cercano por detrás.
- azul, flameando: coche tratando de adelantar.

- ♦ negra: detener el coche.
- ♦ nagra y blanca a cuadros: final de carrera.

Faltas y sanciones

Las faltas responden a diversas infracciones: salida falsa, conducción temeraria, caso omiso a las señales, equipamiento ilegal o comportamiento antideportivo. Las sanciones van desde la censura del tiempo a la reducción de puntos al conductor y la imposición de multas o la descalificación. Cada tipo de carrera tiene sus propias reglas y procedimientos respecto a las infracciones cometidas.

Oficiales

La competición automovilística requiere de varios oficiales, como: secretario de la competición, auxiliares, marcadores de tiempo, supervisores mecánicos que examinan los coches, observadores de pista y de *boxes*, jueces de bandera, marcadores de vuelta y jueces de salida y de llegada.

BÁDMINTON

Historia

Los orígenes del bádminton se remontan al siglo V a. C., en China. El juego es la evolución de un pasatiempo que consistía en golpear una plumilla o volante, un pequeño objeto emplumado. En el siglo XIV, en Inglaterra, aparece una variación de este juego. Los oficiales ingleses practicaban el *poona* en La India y lo importaron a Badminton House, donde residía el duque de Beaufort, en 1873. A partir de entonces, el juego adoptó este nuevo nombre. El término «servir» proviene de cuando la realeza británica practicaba este deporte, ya que, al comienzo del juego y antes de cada punto, un sirviente lanzaba la pelota a la cancha.

Los colonos ingleses llevaron el deporte a Norteamérica. Los principios de la práctica del bádminton están documentados en el Williambsburg colonial. El primer club de Estados Unidos se fundó en Nueva York, en 1878. Los participantes de aquella época vestían trajes largos y vestidos de gala. Entre los años veinte y treinta, el deporte se extendió rápidamente. Era muy popular entre las celebridades de Hollywood, como por ejemplo: James Cagney, Bette Davis, Ginger Rogers, Douglas Fairbanks, entre muchas otras. La Federación Internacional de Bádminton se fundó en 1934, y en la actualidad cuenta con más de 60 países miembros. Los primeros campeonatos del mundo se celebraron en 1977. A partir de 1992 fue considerado un juego olímpico. Hoy en día, el bádminton es uno de los deportes más practicados mundialmente.

En Estados Unidos, la United States Badminton Association es el órgano administrativo que regula y promueve la práctica de este deporte y se encarga de la organización de las competiciones y programas de perfeccionamiento para jugadores de todos los niveles. El organismo homólogo europeo es la Federación Internacional de Bádminton.

Objeto del deporte

Dos o cuatro jugadores equipados con raquetas golpean la pluma y la lanzan por encima de una red elevada a cierta altura, para hacerla caer en la parte contraria de la pista, tratando de evitar que el contrincante pueda devolverla. El jugador o jugadores con mayor puntuación vence.

Campo de juego

La *pista* es un rectángulo y sus dimensiones son: 6,10 m x 13,40 m para dobles y 6,2 m x 13,40 m para los partidos individuales.

La línea de *servicio corto* está situada a 1,98 m de la red.

La línea de *servicio largo* está situada a 3,96 m de la línea de servicio corto.

La línea de *servicio largo* de individuales está a 0,72 m de la línea de servicio largo de dobles, que está situada a 6,5 m de la red y que, a su vez, se considera línea de fondo.

La *línea lateral* para individuales está a 0,42 m de la línea lateral externa de dobles.

La *línea central* está a media pista, entre la línea de servicio corto y la línea de fondo.

La *red* está confeccionada con cuerda de color oscuro de un grosor de entre 15 y 20 mm. Tiene una altura máxima en el centro de 1,52 m y de 1,55 m en los postes.

Equipo

La *raqueta* puede estar fabricada de diversos materiales y debe estar provista de una superficie plana de cuerdas cruzadas conectadas a un marco. El largo total de la raqueta, inclu-

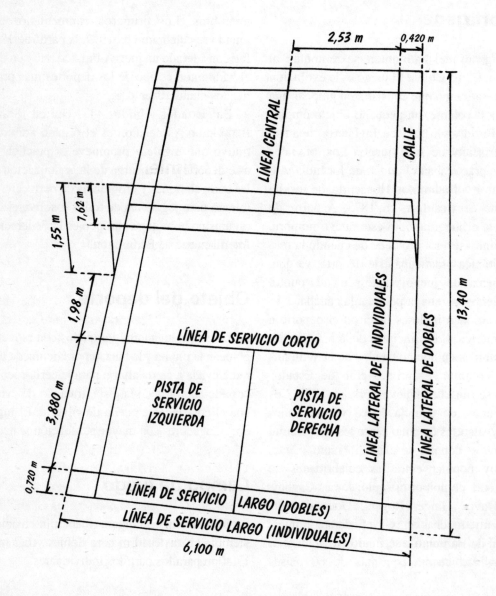

yendo el marco, no debe exceder de 680 mm, mientras que el ancho total no debe ser mayor a 230 mm.

La *pluma o plumilla* tiene 16 plumas (de material orgánico o sintético), todas de la misma longitud (entre 62 mm y 70 mm), que están fijadas a una base de entre 25 mm y 28 mm de diámetro. El peso de la plumilla oscila entre 4,5 g y 5,5 g.

La vestimenta es informal, semejante a la del tenis.

Reglas generales

Este deporte puede practicarse en las modalidades de individuales o dobles. Tanto el que sirve como el que recibe deben estar dentro de cuadros diagonalmente opuestos sin tocar sus líneas de saque.

Sólo puntúa el que sirve. Éste obtiene un punto si el que recibe no puede devolver la pluma o la hace caer dentro de los márgenes de la pista de juego.

Duración del juego

Sólo el lado que tiene el saque puede añadir un tanto a su puntuación:

- ♦ En el juego de dobles y en el individual masculino gana el primer lado que obtiene 15 puntos.
- ♦ En el juego individual femenino gana un juego el primer lado que obtiene 11 puntos.
- ♦ En el caso que se decida jugar un único juego, la puntuación es hasta 21.

En el caso de que se llegue a empatar la puntuación, el juego puede prolongarse de la siguiente manera:

- ♦ En un juego a 15 puntos, si empatan a 13, se prolonga hasta 18 puntos. Si el empate es a 14, se prolonga en 3 tantos.
- ♦ En un juego a 11 puntos, se deben disputar 3 tantos más. Si el empate es a 10, se deben disputar 2 tantos más.
- ♦ En un juego a 21 puntos, si empatan a 19, se deben disputar 5 tantos más. Si empatan a 20, se prolonga en 3 tantos más.
- ♦ El primer lado que obtiene 13 o 14 puntos (o bien 9, 10, 19 o 20, según el juego establecido), puede optar por seguir con el juego hasta obtener la máxima puntuación, o bien, en caso de empate, establecer el número de tantos que deben continuar jugando para desempatar.

Los lados adversarios deben jugar al mejor de 3 juegos.

Procedimiento

Los jugadores hacen girar una raqueta o lanzan una moneda para decidir quién comienza a servir. El ganador puede decidir servir primero o ubicarse al final de la pista en posición de recepción.

El partido no se interrumpe, excepto entre el segundo y el tercer juego, cuando se realiza un descanso de 5 minutos.

Los jugadores cambian de lado después de cada juego y del descanso entre el segundo y el tercer juego.

Saque o servicio

El servidor y el receptor deben estar dentro de los cuadros de saque diagonalmente opuestos, sin tocar las líneas de banda de los cuadros.

El servidor y el receptor deben permanecer siempre en sus cuadros y el receptor tiene que estar preparado.

Ambos jugadores deben golpear la pluma antes de que toque la pista.

El servidor debe decir la puntuación después de cada tanto.

En el juego de individuales:

♦ Los cuadros de servicio están delimitados por la línea de servicio corto, la línea de servicio largo y las líneas laterales de individuales. Las líneas de dobles no se consideran válidas. Si el marcador está en 0 o un número par, se saca desde el cuadro de la derecha; si el marcador anota un número impar, se sirve desde la izquierda.

En el juego de dobles:

♦ Los cuadros de servicio están delimitados por la línea de servicio corto, la línea de servicio largo para dobles y las líneas laterales de dobles. El servidor que gana el primer punto continúa sirviendo y cambia de lado después de cada tanto. El receptor no puede sacar hasta que el servicio falle.
♦ Cuando se produce cambio de servicio, se comienza sirviendo desde la derecha y se repite el mismo procedimiento: sirve hasta que falle. Cuando el nuevo servidor falla, el compañero toma el servicio y sirve alternativamente, desde un lado y otro, para sendos contrarios, hasta que falle. Entonces, la pareja que comenzó sacando recupera el saque y sirven por turnos. La pareja que recibe debe evitar que el saque opuesto anote para así recuperar el servicio.
♦ Cuando el jugador que recibe, situado en el cuadro diagonalmente opuesto al cuadro de servicio, devuelve la pluma, cualquiera de los jugadores puede tratar de golpear la pelota.

Faltas

Una falta es cualquier error que interrumpe el juego, ya sea durante el servicio, la recepción o el desarrollo de un punto. Si el servidor comete una falta, el servicio pasa al oponente. Si es el oponente quien comete la falta, el servidor recupera el servicio.

Las siguientes violaciones son faltas en el servicio:

♦ La pluma no cruza la red o cae en un cuadro incorrecto.
♦ No se golpea la pluma por la base.
♦ El servidor golpea la pluma por encima de la cadera.
♦ El jugador golpea la pluma con su cuerpo y no con la raqueta.
♦ El servidor no está situado dentro de los límites del cuadro de saque total o pisa alguna línea parcialmente.
♦ El servidor deja caer la pelota mientras sirve.

Una de las faltas de recepción es:

♦ El receptor no está colocado en su cuadro correspondiente o se mueve antes del servicio contrario.

Algunas de las faltas durante el desarrollo de un tanto son:

♦ La pluma toca cualquier parte de la pista de juego.
♦ La pluma no pasa por encima de la red.
♦ La pluma cae fuera de la pista de juego.
♦ Se golpea la pluma más de una vez para hacerla pasar por encima de la red, tanto en individuales como en dobles.
♦ Un jugador toca la red con su cuerpo o con la raqueta.
♦ Un jugador rebasa la red para golpear la pelota.

- La pluma toca a un jugador.
- Un jugador obstruye el juego del adversario.

Nulo

Se denomina *nulo* al tanto que no cuenta y que se debe repetir. Los jugadores o un árbitro deciden la repetición del tanto.

Se considera nulo:

- Si el servidor saca antes de que le toque.
- Si el servidor saca sin esperar que el adversario esté preparado.
- Si se gana un tanto tras haber sacado desde un cuadro erróneo.

- Si se cometen faltas en ambos lados a la vez.
- Si la pluma golpea la red tras haberla cruzado.

Nota: No se considera nulo si la pelota golpea la cinta de la red y pasa. El juego continúa.

Oficiales

Un juez árbitro en una silla elevada interviene en el juego. Le ayudan jueces de línea y de servicio.

BALONCESTO

Historia

Un profesor de la YMCA Training School de Massachussets, el doctor James Naismith, inventó el baloncesto en 1891. A diferencia de otros deportes, como el fútbol o el béisbol, que evolucionaron a lo largo de los tiempos y que se desarrollaron a partir de deportes antiguos que se practicaban en diferentes países, el baloncesto fue creado para estimular y garantizar la asistencia de los deportistas durante el invierno.

El éxito de este juego como deporte en pista cubierta se debe a muy diversos factores. Se eliminó la carrera con pelota y el contacto físico cuerpo a cuerpo. La pelota era ligera y grande (para su mejor manejo y seguridad) como medida para evitar que los jugadores la golpeasen o le propinasen puntapiés. La colocación de la canasta por encima de la altura de los jugadores redujo el contacto físico habitual en los deportes con un arco o portería al nivel del terreno de juego: dos canastas colgadas a 3.05 cm, del terreno de juego dieron nombre al juego y esta medida es aún vigente. La competición femenina se inició al año siguiente y, desde el principio, tuvo gran importancia. El mismo Naismith se casó con una jugadora del equipo de primera división.

Spalding fue el creador de la primera pelota de baloncesto y, actualmente, la pelota ofi-cial de la NBA es de su propia casa. En 1893, se introdujo la canasta con aro metálico y red, pero después de cada tanto, la pelota tenía que ser liberada tirando de una cadena. Las canastas abiertas no se introdujeron hasta 1913. Los tableros para evitar la salida de la pelota se instalaron en 1894.

Al principio, el juego se regía por 13 reglas fundamentales, que se fueron ampliando con los años. El número de jugadores por banda era de 9, ya que Naismith tenía 18 alumnos en sus clases. La reducción a 5 por banda se realizó en 1895. El primer partido universitario (Chicago contra Iowa) se jugó en 1896 y el primer partido profesional, en 1898. En los siguientes cincuenta años, el deporte se fue popularizando. Las normas del juego se fueron institucionalizando, se construyeron canchas, comenzaron a disputarse competiciones entre equipos de diferentes partes del país y empezaron los torneos anuales por categorías. En 1936 entró a formar parte de los Juegos Olímpicos de Berlín. En 1949 se fundó la National Basketball Association, como consolidación de las primeras ligas norteamericanas. La Women Basketball Association (WNBA) entró en competición en 1997. La retransmisión televisiva de partidos universitarios y profesionales amplió el número de aficionados en millones de espectadores. Las 13 reglas base del doctor Naismith fueron el origen del deporte en pista cubierta mundialmente más popular en la actualidad.

USA Basketball es el organismo nacional que gobierna y promociona el baloncesto en Estados Unidos y está conformado por diversas asociaciones, entre ellas: la Amateur Athletic Union (AAU), la National Basketball Association (NBA), la National Collegiate Athletic Association (NCAA), la National Federation of State High School Associations y las diversas asociaciones de entrenadores masculinas y femeninas. La Federación Internacional de Basket Amateur (FIBA) es la organización mundial de este deporte y está formada por 176 países.

Nota: existen diferencias en las diversas normativas de la NBA y la FIBA.

Objeto del deporte

Cada equipo trata de anotar el mayor número de tantos arrojando una pelota dentro de una canasta y, a su vez, debe evitar que los adversarios anoten tantos. Se declara vencedor el equipo que consigue anotar el mayor número de puntos.

Campo de juego

Las dimensiones del campo son diferentes para la FIBA, la NBA y la WNBA:

♦ WNBA: 15,25 m x 28,65 m;
♦ FIBA: 15 m x 28 m.

La *canasta* es un aro de metal, de color naranja, de 45 cm de diámetro interno, coloca-

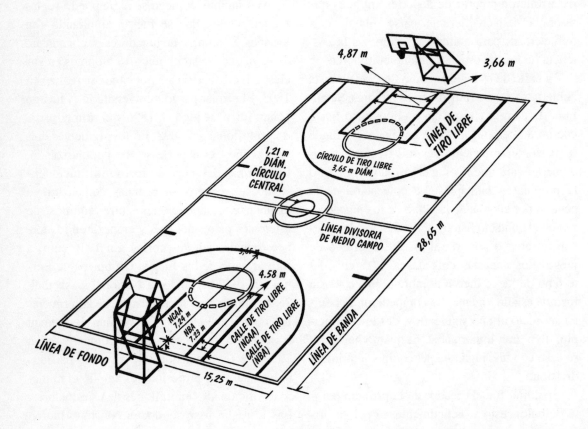

do a una altura de 3,05 m sobre el suelo, con una redecilla que debe tener un mínimo de 40 cm de longitud y como máximo 45 cm.

El *tablero* es un rectángulo de superficie plana y rígida, transparente o blanca, de 183 cm x 106,7 cm, con un rectángulo de 61 cm x 45,75 cm, dibujado sobre la canasta.

En la madera de la pista, puede haber *líneas de banda y líneas de fondo,* según las dimensiones de la pista.

En el centro de la pista, perpendicular a las bandas laterales, hay una *línea divisoria* que delimita los dos campos de la cancha.

El punto central de la pista está marcado por dos círculos concéntricos de 61 cm y 183 cm de diámetro, respectivamente.

La *calle de tiro libre* está trazada sobre el terreno de juego, frente a cada una de las canastas. Las dimensiones del cuadrilátero de lanzamiento son las siguientes:

- ♦ WNBA: 3,66 m x 5,75 m, con un semicírculo de 183 cm de radio desde el centro de la línea de tiro libre.
- ♦ NBA: como la anterior, pero en un cuadrilátero de 4,88 m x 5,8 m.
- ♦ FIBA: como los anteriores, pero se ensancha hasta 5,8 m por las bandas.

A lo largo de las líneas de la calle, hay 4 espacios, con una separación de 15,24 cm entre sí.

La *línea de tiro libre* está trazada marcando el arco del semicírculo y en paralelo a la línea de fondo, a 4,58 m del tablero.

La *línea de 3 puntos* está trazada en forma de semicírculo alrededor de la canasta, con las siguientes dimensiones:

- ♦ WNBA: 6,01, desde el centro de la canasta.
- ♦ NBA: 7,24 m.
- ♦ FIBA: 6,25 m.

Por detrás de las líneas de banda, fuera de la pista, están las cabinas de los entrenadores y jugadores suplentes, en un espacio de 8,5 m.

Equipamiento

La *pelota* es una esfera, de piel rugosa o recubierta con material sintético. Su circunferencia oscila entre 64,7 cm y 73,6 cm, y su peso: entre 510,3 g y 567 g.

Los aparatos marcadores que se utilizan son: marcador de puntos, reloj marcador de tiempo de tiro y tiempo de posesión de pelota.

Los jugadores visten camisetas con tirantes, con números en la parte anterior y posterior, pantalón corto, calcetines largos y zapatillas deportivas con suela de goma.

Reglas generales

Cada equipo está formado por 5 jugadores: un central, dos laterales y dos defensas.

El *base* es el que reparte el juego y el *pivot* el que suele anotar más tantos, por su posición y su altura.

El *tiempo muerto* sirve para efectuar sustituciones: el tiempo se detiene. Para efectuar un cambio se debe avisar al anotador oficial; un jugador sólo puede entrar con permiso de un árbitro principal.

Está permitido botar, pasar, lanzar y driblar (con una sola mano), si el equipo está en posesión de la pelota y avanza hacia la canasta contraria. No está permitido agarrar la pelota y avanzar con ella ni golpearla con los pies.

El driblaje termina cuando el jugador sostiene la pelota con una mano o con ambas, cuando toca la pelota con ambas manos, cuando un adversario *roba* o le quita la pelota con un toque, o si el jugador pierde la pelota o la pelota queda muerta.

Según las normas de la FIBA, la canasta de un equipo es la que éste defiende. Según la NBA, es la canasta donde se trata de encestar.

La pista de ataque es la parte donde se encuentra la canasta del contrario, según las normas de la FIBA; y la pista de defensa es la parte en donde se encuentra la canasta de cada equipo.

Según las normas de la NBA, un defensa no puede utilizar sus manos ni sus brazos para bloquear a un jugador que avanza hacia la canasta de ataque.

Duración del partido

El tiempo establecido para jugar varía según las normas de cada federación:

♦ NBA: 4 partes de 12 min, y 15 min de descanso entre la segunda y la tercera parte.
♦ FIBA: 2 partes de 20 min, y 10 min de descanso a la media parte.

Tiempo muerto

El número de tiempos muertos permitidos varía según la federación:

♦ NBA: durante el partido, 7 (90 s); 1 (20 s) por media parte;
♦ FIBA: 2 (1 min), por media parte.

Un jugador no puede pedir tiempo muerto si no tiene ambos pies sobre la pista, ni tampoco si cualquier parte de su cuerpo está fuera de los límites del terreno de juego (NBA).

Nota: En los partidos televisados con 3 interrupciones de la emisión o más, cada equipo tiene sólo 3 tiempos muertos.

Los jueces y árbitros pueden pedir tiempo muerto por faltas o juego improcedente.

Puntuación

Se considera canasta cualquier pelota que, durante el tiempo de juego, pasa por el aro desde arriba, queda en la red o cae por debajo de ésta habiendo pasado por el aro.

Una canasta de dos puntos es aquella que se lanza desde dentro o tocando la línea de 3 puntos. La canasta de 3 puntos es aquella que se lanza desde fuera de la línea de 3 puntos.

Un *tiro libre* (sin obstrucción alguna) debe ser lanzado desde la línea de tiro libre, como sanción al equipo contrario. Cada tiro libre cuenta un punto.

El equipo con más puntos al final del partido se considera vencedor.

Si se declara un empate, el juego continúa con tantas prórrogas como se considere necesario. Los descansos entre prórrogas son de 1 m. Tanto para la NBA como para la FIBA, las prórrogas tienen una duración de 5 min.

El desempate se produce cuando, después de una prórroga, uno de los equipos tiene mayor puntuación.

Cronómetro

Posesión de pelota: el equipo que se encuentra en posesión de la pelota dispone de un tiempo determinado para efectuar un lanzamiento. Se considera un intento cada vez que la pelota toca el aro. El tiempo de lanzamiento varía según la federación:

♦ NCAA: 45 s.
♦ NBA: 24 s.
♦ FIBA: 30 s.

Si se consume el tiempo de lanzamiento, el equipo pierde la posesión y la pelota es entregada, desde la banda, al equipo contrario. El tiempo de posesión vuelve a empezar.

Tres segundos: ningún jugador puede permanecer en la calle de tiros libres del campo contrario (también llamada popularmente «botella») más de 3 s, cuando su equipo se encuentra en posesión de la pelota, a menos que la pelota esté en el aire, en rebote (tras tocar el tablero o el aro en un tiro fallido) o muerta.

Cinco segundos (NCAA y FIBA): cada equipo tiene 5 s para poner la pelota en juego después de una canasta, un tiro libre o tras haber ganado la posesión de pelota desde la banda.

Diez segundos: el equipo que está en posesión de la pelota, dentro de su zona de la pista, tiene 10 s para cruzar la línea de media pista hasta el campo contrario.

El tiempo empieza a contar cuando:

- un jugador toca la pelota en una jugada de ataque;
- la pelota toca a un jugador después de un tiro fallido;
- la pelota toca a un jugador después de un saque de banda.

El tiempo se detiene al final de cada período o si el árbitro toca el silbato por:

- falta;
- lucha (dos jugadores se disputan la pelota agarrándola con ambas manos);
- pelota fuera;
- falta o tiempo de descuento señalado por un árbitro;
- suena la señal de final de posesión. Si cuando suena la pelota está en el aire y ésta toca el aro, el tiempo continúa contando;
- tiempo muerto.

Cada período empieza cuando se pone la pelota en juego y termina cuando se acaba el tiempo establecido, a menos que la pelota esté en el aire o si se produce una falta.

Cuando el tiempo se ha consumido y se produce una falta, está permitido lanzar tiros libres.

Una vez consumido el tiempo, si la pelota está en el aire y cae dentro de la canasta, el tiro puntúa.

Procedimiento

El equipo visitante tiene la opción de decidir en que lado quiere jugar. En una pista neutral, se decide arrojando una moneda.

Los equipos cambian de lado después de cada media parte, pero nunca durante los períodos de juego.

Al inicio del partido o de las prórrogas, la pelota se lanza al aire dentro del círculo central. El árbitro la lanza entre dos jugadores, uno de cada equipo.

Los saltadores deben permanecer en su parte del círculo. No les está permitido saltar hasta que la pelota llega a su altura máxima en ascenso, y no pueden tocarla más de dos veces.

Los otros jugadores deben permanecer fuera del círculo hasta que uno de los saltadores haya tocado la pelota.

Si la pelota toca el suelo sin que ninguno de los dos saltadores haya logrado tocarla, se repite el salto.

El equipo que se encuentra en posesión de la pelota debe avanzar hacia el lado contrario, botando, pasando y driblando, en equipo, para tratar de anotar tantos en la canasta del contrario.

Si un equipo anota una canasta, el contrario pasa a estar en posesión de la pelota, que le es entregada desde la banda o desde la línea de fondo. Después de un tiro fallido o un rebote, cualquiera de los dos equipos puede tratar de hacerse con la pelota.

El tiempo de posesión termina cuando se realiza un tiro, cuando el contrario recupera la pelota o cuando la pelota queda muerta. Durante un salto o después de un rebote, ninguno de los dos equipos está en posesión de la pelota.

Se considera pelota muerta cuando:

- se anota una canasta;
- se marca falta;
- se falla el primer o el segundo tiro libre o se efectúa un tiro de sanción;
- se marca lucha;
- un árbitro toca el silbato;
- un marcador automático suena;
- termina un período.

Se considera tiempo de juego cuando:

- se produce falta, suena un silbato o termina un período, pero la pelota está en el aire;
- se produce falta durante una jugada de ataque.

La pelota está en juego cuando un jugador la toca después de un salto, se realiza un saque de banda o se le entrega a un jugador para que realice tiros libres.

A los jugadores en posesión del balón les está permitido:

- girar, manteniendo siempre un pie en contacto con el suelo, sin límite de pasos con el pie libre;
- driblar, dando tantos pasos como quiera, mientras bota la pelota con una mano. Pero no puede driblar si sujeta la pelota con una mano o con ambas (pasos). Si otro jugador toca la pelota mientras el atacante la sostiene, puede volver a driblar como también si se la arrebatan y la recupera.
- pasar o entregar la pelota a un compañero de equipo;
- lanzar la pelota a la canasta para anotar tantos.

Después de un tiempo muerto, el juego se reanuda dando la pelota al equipo que la poseía, con un salto entre dos jugadores contrarios o entregándola al otro equipo (si ninguno de los dos equipos estaba en posesión de la pelota o se han lanzado tiros libres).

Salto

Además de al iniciarse un partido o una prórroga, se puede decidir realizar salto si ninguno de los dos equipos está en posesión de la pelota, si la pelota sale fuera sin que quede claro quien la ha arrojado, si dos adversarios cometen falta personal, o por otros motivos.

Los jugadores que saltan no pueden ser sustituidos.

Después de una lucha, también se debe realizar un salto.

Si se marca *cambio de posesión*, la pelota se entrega a uno de los dos equipos, sin necesidad de realizar salto. En ese caso, el equipo que no poseía la pelota la pone en juego desde el punto en que éste se interrumpió. En el momento en que se realiza el saque, la dirección de la aguja de tiempo de posesión se invierte.

Saque de banda

Un árbitro entrega la pelota al jugador que debe realizar el saque de banda, desde fuera de las líneas de banda, para que este jugador efectúe el saque, pase o haga botar la pelota hacia un compañero. El tiempo estipulado para el saque son 5 s.

El jugador que efectúa el saque no puede pisar la línea de banda ni el terreno de juego mientras entrega o pasa la pelota. Los defensas no pueden cruzar las líneas de banda ni tocar la pelota hasta que no se haya realizado el saque. Después de un tanto, el jugador que efectúa el saque puede moverse por detrás de las líneas de banda sin tener que permanecer necesariamente en un punto fijo.

Tiros libres

Un *tiro libre* es un tiro que da opción a anotar un punto, con una canasta que puede ser lanzada sin obstrucción alguna, desde detrás de la línea de tiro libre y dentro del semicírculo. El tiro debe lanzarse en un lapso máximo de 10 s (NBA) o 5 s (FIBA).

El tiro comienza cuando se le entrega la pelota al lanzador y termina cuando ésta pasa por el aro y, por tanto, se anota un punto o, el tirador falla el tiro o, la pelota toca a un jugador o el suelo, o bien, cuando la pelota queda muerta.

El lanzador debe permanecer detrás de la línea de tiro libre hasta que la pelota toque la canasta.

Los adversarios deben situarse detrás de las líneas de la calle de tiro libre, a uno y otro lado de la canasta.

Los compañeros de equipo también pueden permanecer a ambos lados, tras la línea de la calle de tiro libre, pero deben colocarse detrás de la línea de 3 puntos, en paralelo con la extensión imaginaria de las líneas de la calle de tiro libre.

Todos los jugadores deben permanecer en sus posiciones hasta que se haya efectuado el tiro.

Si el tiro entra y anota un punto, la pelota se vuelve a poner en juego, realizando un saque de banda desde la línea de fondo. Si el tiro es fallido y la pelota rebota, el juego se reanuda a partir del rebote.

Si se indica antes del partido, se puede designar a un lanzador de tiros libres sustituto, después del primer, segundo o más tiros libres (NBA). Al contrario también le está permitido sustituir a un jugador después de una canasta.

Fuera

Se considera *fuera* y se concede cambio de posesión de pelota, cuando:

♦ un jugador que lleva la pelota toca la línea o pisa fuera de una línea de fuera;
♦ la pelota toca a una persona u objeto más allá de una línea de fuera.

Interferencia

Se considera que se intercepta la pelota si un jugador la toca durante un tiro libre o un tiro en jugada de ataque y la pelota ya ha iniciado su trayectoria descendente hacia la canasta.

A los jugadores no les está permitido sacar una pelota, antes de que entre en la canasta, introduciendo la mano desde debajo y por dentro del aro.

Si un defensa comete interferencia, el tanto se anota igualmente y el juego se reanuda. Si el que interfiere es un atacante, la pelota pasa a manos del contrario y se le concede un saque de banda.

Defensa

Para defender a un jugador que está en posesión de la pelota, la posición legal es: colocarse de cara al atacante, con ambos pies tocando el suelo. No hay restricciones de tiempo ni de distancia.

Cuando se defiende a un jugador que no tiene la pelota, el defensa debe darle tiempo y distancia (dos pasos) al atacante, para evitar el contacto.

Contacto

Un jugador hace contacto con otro si lo coge, lo empuja, lo hace tropezar o carga sobre él.

El jugador que consigue ganar una posición sobre otro, sin hacer contacto, tiene ventaja.

Un jugador que intercepta a otro interponiéndose en su camino es responsable del contacto.

Un jugador no puede ponerse en el camino de otro desde el suelo.

Cada jugador debe defender su *verticalidad* (el espacio que ocupa), y puede saltar y levantar y mover los brazos dentro de su espacio.

Bloquear es hacer contacto interfiriendo en el movimiento del contrario.

Un jugador puede *proteger o anticipar* una posición antes de que un contrario la alcance.

La jugada de *protección,* en ataque o defensa, debe realizarse sin contacto, para poder interferir el movimiento del adversario legalmente.

Infracciones

Las infracciones son incumplimientos de normas, sin contacto personal. Algunas de ellas son:

♦ enviar fuera la pelota;
♦ correr con la pelota;
♦ chutar o golpear la pelota con los puños;
♦ realizar pasos (doble driblaje);
♦ mantener la pelota más de 10 s en el propio campo;
♦ no tratar de lanzar antes de que el tiempo de posesión se consuma;
♦ interferir una canasta o guardar la canasta para evitar que entre la pelota;
♦ permanecer más de 3 s en la línea de tiro libre, cuando el contrario está en posesión de la pelota;
♦ cruzar los límites de la pista antes de que el contrario realice un saque de banda;
♦ no realizar un saque de banda en la posición reglamentada (1); tardar más de 5 s en sacar (2); agarrar o correr con la pelota dentro de la pista (3); lanzar a canasta en un saque de banda (4); sacar haciendo botar la pelota (5).

Cuando un árbitro señala infracción y la pelota entra en el aro, la canasta no vale y la pelota se entrega al equipo contrario, que debe realizar saque de banda desde el punto más cercano al lugar donde se cometió (FIBA).

Faltas

Las faltas *personales* son aquellas infracciones que implican contacto con el contrario, esté la pelota en juego o no. Algunas de ellas son:

♦ coger, empujar, cargar o hacer tropezar;
♦ interferir a un contrario en ataque, extendiendo los brazos, con los hombros, la cadera o la rodilla, o flexionándose en una posición ilegal;
♦ empujar desde atrás;
♦ driblar colocándose en el camino de un adversario o entre una línea y el contrario, sin dejar espacio para evitar el contacto; si el atacante que dribla mantiene la cabeza y los hombros por delante del contrario, el defensor es responsable del contacto;
♦ realizar contacto con un jugador que lanza;
♦ juego duro;
♦ golpear a un contrario, a menos que sea de modo involuntario y para conseguir la pelota;
♦ utilizar las manos para evitar que un contrario avance;
♦ anticipar una posición sin dejar más de un paso de distancia respecto al contrario,
♦ anticipar una posición y abandonarla en una dirección diferente a la del contrario.

El jugador que comete una infracción es sancionado con una *falta personal.*

Cuando un jugador comete 5 faltas (FIBA) o 6 faltas (NBA) es expulsado.

Si se comete falta sobre un jugador mientras lanza, se le conceden 2 tiros libres (si falla la canasta) o 1 tiro (si encesta).

Si se comete falta sobre un jugador que avanza en ataque, el equipo de dicho jugador tiene derecho a efectuar un saque de banda desde el punto más cercano al lugar donde se cometió la falta.

Si quien comete falta es un atacante, se cede la posesión al defensa, pero no se le conceden tiros libres.

Una *penalización* se aplica en el momento en que un equipo agota sus faltas personales. En dicha situación y durante el tiempo restante de juego, el equipo sobre el que se han cometido las faltas, lanza uno o dos tiros libres después de cada falta.

En una situación de *falta uno contra uno*, si un jugador encesta el primer tiro libre, tiene derecho a realizar un segundo lanzamiento. La bonificación de *tiro libre* se concede cada 5 faltas, en cada parte del partido (NBA), o cada 8 faltas (FIBA).

Cuando dos adversarios cometen falta personal al mismo tiempo, se considera *doble falta*. En ese caso, se anota una falta personal a cada jugador. La situación se resuelve con un salto (NBA y FIBA).

Se considera *falta intencionada* cuando un jugador comete una falta personal sin tratar de jugar la pelota o defender. En ese caso, se aplica una sanción de 3 tiros libres.

Se considera *falta descalificante* cualquier contacto violento con peligro de dañar a otro jugador. La sanción que se aplica en ese caso es de 2 tiros libres, y el jugador ofensivo es enviado al banquillo.

Nota: la lucha se considera falta flagrante y puede implicar suspensión en futuros partidos.

Se considera *falta múltiple* cuando 2 o más jugadores de un mismo equipo cometen falta personal sobre el mismo jugador, al mismo tiempo. Cada uno de los atacantes es sancionado con una personal, y se le conceden dos tiros libres al jugador atacado. Si el jugador ha conseguido una canasta, se le concede un tiro libre.

Una *falta técnica* es una cometida por un miembro del equipo técnico, una falta sin contacto cometida por un jugador, una falta intencionada o una falta antideportiva en tiempo muerto. Algunas de estas faltas son:

- ◆ pérdida de tiempo;
- ◆ tomarse más tiempos muertos de los permitidos;
- ◆ permitir que haya más de 5 jugadores por equipo en la cancha durante el partido;
- ◆ agarrarse de la canasta, excepto para evitar una lesión;
- ◆ interceptar un tiro libre;
- ◆ interceptar la pelota tras una canasta;
- ◆ mostrar falta de respeto por los árbitros;
- ◆ comportamiento irrespetuoso u ofensivo;
- ◆ llevar números idénticos o ilegales en la ropa;
- ◆ saltar las vallas de la pista, excepto si es inevitable;
- ◆ entrada de los entrenadores en la pista sin permiso: sólo puede abandonar su lugar para consultar con los árbitros, en un tiempo muerto o para encontrarse con sus jugadores cerca de su banco.

Si se señala falta técnica a un equipo, se concede dos tiros libres al equipo contrario y posesión de pelota, a partir de la línea divisoria del centro de la pista.

Si se señala falta técnica a un entrenador, a un sustituto o a cualquier persona que no está jugando, se concede dos tiros libres al equipo contrario. Cualquier jugador del equipo contrario puede realizar los lanzamientos y los otros jugadores deben salir de la calle de tiros libres.

En la NBA, 2 faltas técnicas del mismo jugador se consideran falt antideportiva. En la FIBA son 3. El jugador sancionado es expulsado; si se trata de un entrenador, debe abandonar el terreno de juego.

La concesión de tiros libres sigue la siguiente mecánica:

- ♦ NBA: se conceden 2 tiros por todas las faltas, a partir de la cuarta, en cada período; en las prórrogas, se conceden dos tiros a partir de la tercera falta;
- ♦ FIBA: 2 tiros, a partir de la octava, en cada período.

Si un lanzador o un compañero de su mismo equipo comete una infracción durante el lanzamiento de tiro libre, el tanto no se cuenta y la pelota queda muerta.

Si se comete una infracción o una falta personal, se cede la pelota al contrario, que debe sacar de banda desde el punto más cercano al lugar donde se cometió la falta.

Si durante un lanzamiento de tiro libre, un adversario comete una infracción, pero el lanzador anota el tanto, éste vale. Si no lo anota, puede lanzar otra vez.

Oficiales

Un juez árbitro permanece dentro del terreno de juego, con uno o dos árbitros asistentes, que marcan las faltas e infracciones desde las bandas y que se cambian de posición cuando los equipos cambian de campo. En la NBA puede haber 3 árbitros oficiales asistentes.

En la banda, los *marcadores* anotan el tanteo y las incidencias del juego. Un técnico controla el tiempo de juego con un reloj, y otro controla el tiempo de posesión de la pelota.

SIGNOS OFICIALES DE LA NCAA

PELOTA DE SALTO

DETENER RELOJ

REANUDAR EL TIEMPO DE JUEGO

SUSTITUCIÓN

REACTIVAR RELOJ DE TIRO

INFRACCIÓN TIEMPO DE TIRO

REACTIVAR TIEMPO DE TIRO

DETENER RELOJ POR FALTA

BLOQUEO

EMPUJÓN / CARGA

FALTA TÉCNICA

AGARRÓN

INFRACCIÓN TIEMPO DE TIRO

FALTA INTENCIONAL

PASOS

VIOLACIÓN
DE LOS TRES
SEGUNDOS

REGATE
ILEGAL
O DOBLE
REGATE

DIRECCIÓN /
POSESIÓN

TANTO NO VÁLIDO
NO HAY PUNTO

FALTA EN CONTROL

CAMPO ATRÁS
EN POSESIÓN
DE PELOTA

INFRACCIÓN
DE CALLE

CANASTA VÁLIDA

TIEMPO MUERTO OFICIAL

TIRO LIBRE DE BONIFICACIÓN

INTENTO DE TRES PUNTOS

PUNTO / TANTO ANOTADO (UNO O DOS DE DOS)

CANASTA DE TRES PUNTOS BUENA

SAQUE; TIRO LIBRE

DOBLES

BALONMANO

Historia

Los orígenes del balonmano moderno datan de finales del siglo XIX. En aquella época servía como juego de entrenamiento para gimnastas. El primer partido organizado se jugó en 1885, y hasta 1935 no se disputó el primer encuentro internacional, entre Suecia y Dinamarca.

Hasta entonces, había evolucionado paralelamente al fútbol, con las mismas reglas, con la salvedad de que el balonmano se jugaba utilizando las manos. En 1936 llegó a la Olimpiada de Berlín, todavía con esas mismas normas, al aire libre y con 11 jugadores por equipo. Después, desapareció del panorama olímpico y no volvería a aparecer hasta la Olimpiada de Munich, en 1972, pero en esta ocasión, se jugaba en un recinto cerrado y con equipos de 7 hombres. La competición olímpica femenina comenzó en Montreal, en 1976. Desde entonces, los países de Europa Oriental han dominado en las competiciones, tanto en las modalidades masculinas como en las femeninas.

La Federación Internacional de Balonmano se fundó en 1946, con sede en Estocolmo, y en la actualidad sigue siendo el organismo que reúne a las federaciones nacionales olímpicas y amateurs, y que promociona y estimula la práctica de este deporte.

Objeto del deporte

Un equipo se compone de 12 jugadores, aunque en el terreno de juego sólo puede haber un máximo de 7 (6 jugadores de campo y 1 portero). Cada equipo debe tratar de introducir la pelota en la portería contraria. El que consigue más tantos se declara vencedor.

Campo de juego

El terreno de juego es un rectángulo de 40 m de largo y 20 m de ancho, que está formado por dos áreas de portería y un área de juego. Las líneas exteriores más largas se llaman «líneas de banda» y las más cortas «líneas de portería» (entre los postes de la portería) o «líneas exteriores de portería» (a cada lado de la portería). Las características del terreno de juego no pueden ser modificadas en ningún aspecto en beneficio de un solo equipo. El terreno de juego está rodeado por una zona de seguridad de 1 m de ancho por el exterior de las líneas de banda, y de 2 m detrás de las líneas de portería.

Las porterías están situadas en el centro de cada línea de portería. Deben estar firmemente fijas al suelo. Sus medidas interiores son de 2 m de alto y 3 m de ancho (excepto en mini-balonmano, donde la portería tiene unas medidas de 1,60 m de alto y 3 m de ancho).

Los postes están unidos por un larguero. Las aristas posteriores de los postes estarán alineadas con el lado posterior de la línea de portería. Los postes y el larguero deben tener una sección cuadrada y estar construidos de un mismo material (madera, aleación ligera o material sintético). Las 3 caras visibles desde el terreno de juego deben pintarse con dos colores alternativos que contrasten claramente con el fondo del campo.

Los postes y el larguero deben estar pintados del mismo color en su unión. Las franjas de este color deben medir 28 cm en cada dirección. El resto de las franjas de color medirán 20 cm. Las porterías deben estar provistas de redes, sujetas de tal forma que el balón que penetre en ellas no pueda salir rebotado inmediatamente al exterior.

La superficie del área de portería está delimitada por la línea del área de portería, que se dibuja como sigue: una línea recta de 3 m de largo enfrente de la portería, paralela y a 6 m de ésta; y cuartos de círculo unidos en sus extremos a la línea de portería, cada uno con un radio de 6 m medidos desde la esquina interna posterior de los postes de la portería.

La línea de golpe franco (línea de 9 m) es una línea discontinua en la que tanto los segmentos como los espacios entre ellos miden 15 cm. La línea se dibuja 3 m fuera de la línea del área de portería y paralela a ésta.

La línea de 7 m se indica con un trazo de 1 m de longitud, pintado frente al centro de la portería y paralelo a la línea de portería, a una distancia de 7 m desde el lado posterior de la línea de portería.

La línea de limitación del portero (línea de 4 m) tiene 15 cm de longitud. Se traza paralela a la línea de portería y a 4 m de distancia del lado posterior de ésta, frente a la portería.

La línea central une el punto medio de las dos líneas de banda.

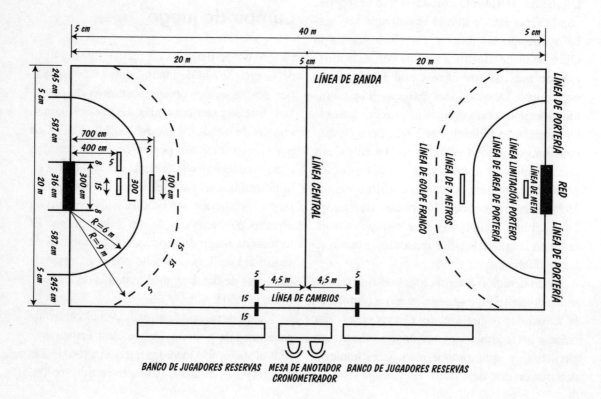

BANCO DE JUGADORES RESERVAS   MESA DE ANOTADOR CRONOMETRADOR   BANCO DE JUGADORES RESERVAS

Cada una de las dos líneas de cambio se delimitan a una distancia de 4,5 m de la línea central por una línea que es paralela a ésta y que se extiende 15 cm dentro del terreno de juego.

Como referencia para los equipos, estas líneas también se prolongan 15 cm por fuera del terreno de juego.

Todas las líneas del terreno de juego forman parte de la superficie que delimitan. Deben medir 5 cm de ancho (excepto las de portería) y deben ser siempre claramente visibles.

Las líneas de portería deben medir 8 cm de ancho entre los postes, de tal forma que coincidan con la anchura de éstos.

La mesa del anotador y el cronometrador y los bancos de reserva deben estar situados de tal manera que las líneas de cambio puedan ser visibles para el anotador y el cronometrador.

La mesa debe estar separada de la línea de banda 50 cm como mínimo.

Equipamiento

El balón es de cuero o material sintético. Debe ser esférico. La superficie no puede ser brillante o resbaladiza. Al comienzo del partido, el balón usado en un encuentro masculino (mayores de dieciséis años) debe medir de 58 a 60 cm de circunferencia y tener un peso de 425 a 475 g (tamaño 3).

Para mujeres mayores de catorce años y hombres entre doce y dieciséis años la circunferencia del balón debe ser de 54 a 56 cm, y el peso de 325 a 400 g (tamaño 2).

Para partidos masculinos de ocho a doce años, y femeninos de ocho a catorce años, la circunferencia del balón debe ser de entre 50 a 52 cm, y debe tener un peso mínimo de 315 g (tamaño 1).

La utilización de un balón oficial con la marca IHF es obligatoria en todos los partidos internacionales.

La vestimenta consiste en una camiseta de manga corta y pantalón por encima de la rodilla, de color uniforme o con estampado del mismo diseño. El calzado debe ser cómodo, de suela plana o con cámara de aire. Pueden utilizarse protectores para las rodillas y los codos.

El portero debe llevar una vestimenta que se distinga de la de su equipo, equipo contrario y portero del equipo contrario.

Los jugadores deben llevar números del 1 al 20, que medirán un tamaño mínimo de 20 cm en la espalda, y 10 cm en el pecho. El color de los números debe contrastar con el de las camisetas.

Los capitanes de los equipos deben llevar alrededor del antebrazo un brazalete, cuyo color contraste con el de la camiseta, de 4 cm de anchura aproximadamente.

Normas básicas

Un equipo se compone de 12 jugadores, que deben inscribirse en el acta del partido.

Cada equipo debe jugar obligatoriamente con un portero en todo momento.

En el terreno de juego y al mismo tiempo sólo debe haber un máximo de 7 jugadores (6 jugadores de campo y 1 portero). Los demás jugadores son reservas (se permiten excepciones en mini-balonmano).

En la zona de cambio, sólo se admite a los reservas, jugadores excluidos, y 4 oficiales.

Los oficiales deben inscribirse en el acta del partido y no pueden ser sustituidos durante el mismo. Uno de ellos se designará como «oficial responsable de equipo». Sólo este oficial está autorizado a dirigirse al anotador-cronometrador y, llegado el caso, a los árbitros.

Un equipo debe tener al menos 5 jugadores preparados en el terreno de juego al comienzo del partido.

Los equipos pueden completarse con hasta 12 jugadores en el transcurso del partido, incluidas las prórrogas.

No es obligatorio suspender el partido si el número de jugadores de un equipo desciende por debajo de 5.

Un jugador autorizado puede entrar, en cualquier momento, en el terreno de juego, a través de la línea de cambio de su propio equipo.

Los jugadores y oficiales que lleguen después de haberse iniciado el partido deben obtener del anotador-cronometrador la autorización para participar en el mismo.

Durante el partido, los reservas podrán entrar en cualquier momento y de manera repetida, sin avisar al anotador-cronometrador, siempre que los jugadores a los que sustituyen hayan abandonado el terreno de juego. Para el cambio de porteros también se aplica esta regla.

Tiempo de juego

Para equipos masculinos y femeninos de más de dieciséis años, la duración del partido es de dos tiempos de 30 min, con 10 min de descanso.

La duración del partido para equipos de edades inferiores a 16 años es: dos partes de 25 min (dieciséis a doce años), y dos partes de 20 min para equipos con jugadores entre ocho y doce años. En ambos casos hay un descanso de 10 min.

El partido da comienzo con el toque de silbato del árbitro central, que señala el saque de centro, y termina con una señal automática de la instalación de cronometraje, o con la señal final del cronometrador.

En la segunda parte del partido, los equipos cambian de campo.

Los árbitros deciden cuándo debe interrumpirse el tiempo de juego y cuándo debe reanudarse. Señalan al cronometrador el momento de la detención del tiempo de juego (*time-out*) y el de su reanudación, realizando el signo «T» con las manos.

Si un partido está empatado al final del tiempo normal de juego y es necesario determinar un ganador, se jugará una prórroga, después de 5 min de descanso. La posesión del balón y el derecho a elegir campo se determinan por sorteo. El tiempo de las prórrogas consiste en dos partes de 5 min cada una. Los equipos cambian de campo en el tiempo intermedio, pero no hay descanso. Si el partido continúa empatado después de esta primera prórroga tiene lugar una segunda, después de 5 min de descanso y un nuevo sorteo, con una duración de dos partes de 5 min. Si el partido sigue aún empatado se procederá en función del reglamento particular de la competición en cuestión.

Procedimiento

Para jugar el balón, un jugador puede:

♦ lanzar, agarrar, detener, empujar o golpear el balón usando las manos (abiertas o cerradas), o con los brazos, cabeza, tronco, muslos y rodillas;
♦ tener el balón durante 3 s, como máximo, tanto en las manos como en el suelo;
♦ dar 3 pasos como máximo, con el balón en las manos.

Se considera un paso cuando:

♦ un jugador, con los dos pies en contacto con el suelo, levanta uno y lo vuelve a colocar en el suelo, levanta o desplaza uno;
♦ un jugador con un solo pie en el suelo, recepciona el balón y toca a continuación el suelo con el otro pie;

- un jugador en suspensión toca el suelo con un solo pie y vuelve a saltar sobre el mismo pie, o toca el suelo con el segundo pie;
- un jugador en suspensión toca el suelo con los dos pies al mismo tiempo y levanta un pie y lo vuelve a colocar en el suelo o desplaza un pie. Cuando se desplaza, el otro pie puede llevarse a la altura del primero.

Tanto parado como en carrera, se puede:

- lanzar una vez el balón al suelo y recogerlo con una mano o con ambas; botar el balón en el suelo de forma continuada con una mano, así como hacerlo rodar de una forma continuada con una mano, y recogerlo con una o ambas manos;
- desde que el jugador controla el balón con una o ambas manos, jugarlo después de tres pasos como máximo y dentro de los tres siguientes;
- se considera que el balón se bota o lanza al suelo cuando el jugador lo toca con cualquier parte de su cuerpo dirigiéndolo al suelo;
- el balón puede ser de nuevo botado o lanzado al suelo y recogido si, entretanto, ha tocado otro jugador o la portería;
- pasar el balón de una mano a otra sin perder el contacto con él;
- continuar jugando el balón estando de rodillas, sentado o tumbado.

Un jugador que actúa como portero puede actuar en el terreno de juego como jugador de campo, después de cambiar su vestimenta. Igualmente, un jugador de campo puede jugar como portero en cualquier momento. El cambio de portero debe efectuarse por la propia zona de cambios.

Al portero le está permitido:

- tocar el balón con cualquier parte de su cuerpo, siempre que lo haga con intención defensiva, dentro del área de la portería;
- desplazarse con el balón, sin restricción alguna, dentro del área de portería;
- abandonar el área de portería sin estar en posesión del balón y tomar parte en el juego dentro del área de juego; cuando hace esto, el portero queda sometido a las mismas reglas que rigen para los jugadores de campo dentro del área de juego; se considera que el portero se encuentra fuera del área de portería desde el momento que cualquier parte de su cuerpo toca el suelo fuera de la línea del área de portería;
- abandonar el área de portería con el balón y continuar jugándolo si no lo ha controlado plenamente.

Se prohíbe al portero:

- poner en peligro al adversario en cualquier acción defensiva;
- lanzar intencionadamente el balón ya controlado detrás de la línea exterior de portería, después de haberlo controlado;
- salir del área de portería con el balón controlado;
- tocar el balón fuera del área de portería, después de un saque de portería, si no ha sido tocado antes por otro jugador;
- tocar el balón que está parado o rodando en el suelo fuera del área de portería, estando el portero dentro de la misma;
- introducir el balón dentro del área de portería, si está parado o rodando por el suelo, fuera de dicha área;
- entrar con el balón en su propia área de portería procedente del terreno de juego;
- tocar con el pie o la pierna por debajo de la rodilla un balón que se halla detenido

en el área de portería o que se dirige al área de juego;

♦ franquear la línea de limitación del portero (línea de 4 m) o su prolongación imaginaria hacia cada lado antes de que el balón abandone la mano del lanzador cuando se ejecuta un lanzamiento de 7 m.

Mientras el portero, en los lanzamientos de 7 m, tenga un pie en el suelo, sobre o por detrás de la línea de limitación del portero (línea de 4 m), se le permite mover el otro pie o cualquier parte de su cuerpo, en el aire, sobre esta línea.

Saque

Al comienzo del partido, el *saque de centro* es ejecutado por el equipo que gana el sorteo y ha elegido saque. En este caso, el otro equipo elige campo. Alternativamente, si el equipo que gana el sorteo prefiere elegir campo, los contrarios ejecutan el saque.

Después del descanso, el saque de centro corresponde al equipo que no lo ha ejecutado al principio del partido.

En caso de prórrogas, la elección de campo o de saque de centro se volverá a sortear.

Después de cada gol el juego se reanuda mediante un saque de centro ejecutado por el equipo que ha encajado el gol.

El saque de centro se ejecuta desde el centro del terreno, en cualquier dirección. Es precedido por un toque de silbato, tras el que debe ejecutarse en un plazo de 3 s. El jugador que ejecuta el saque de centro debe tener un pie sobre la línea central hasta que el balón haya salido de su mano.

Los jugadores del equipo que ejecuta el saque de centro no pueden franquear la línea central hasta que el balón haya salido de la mano del lanzador.

En caso de que un compañero del lanzador rebase la línea central, después del toque de silbato para la ejecución del saque, pero antes de que el balón haya salido de la mano del lanzador, se señalará golpe franco a favor del equipo contrario.

En el saque de centro del comienzo de cada parte (incluidas las prórrogas), los jugadores de ambos equipos deben encontrarse en su propio campo.

Sin embargo, en el saque de centro después de la consecución de un gol, se permite a los contrarios estar en ambas partes del terreno de juego.

En todo caso, los contrarios deben encontrarse al menos a 3 m del jugador que ejecuta el saque de centro.

El saque de banda se ordena cuando el balón ha franqueado totalmente la línea de banda o cuando el balón ha tocado en última instancia a un jugador de campo del equipo defensor, traspasando la línea exterior de portería.

El saque de banda se ejecuta desde el lugar donde el balón rebasó la línea de banda o, si el balón rebasó la línea exterior de portería, desde la intersección de la línea de banda y la línea exterior de portería por el lado que salió.

El lanzador debe mantener un pie sobre la línea de banda hasta que el balón haya salido de su mano. No se permite al jugador colocar el balón en el suelo y volver a agarrarlo, ni botarlo y volverlo a agarrar él mismo.

Durante la ejecución de un saque de banda, los jugadores contrarios no pueden encontrarse a menos de 3 m del lanzador. Sin embargo, se les permite permanecer inmediatamente fuera de su línea del área de portería, incluso si la distancia entre ellos y el lanzador es menos de 3 m.

Se ordena un *saque de portería* cuando el balón sobrepasa la línea exterior de portería.

El saque de portería debe ejecutarse sin toque de silbato del árbitro, desde el área de portería, por encima de la línea del área de portería.

Si el balón queda parado dentro del área de portería, el portero debe ponerlo en juego.

El portero no puede tocar de nuevo el balón después de un saque de portería, hasta que éste no haya tocado a otro jugador.

Siempre que se produzca un *saque de árbitro*, hay que proceder a una interrupción del tiempo de juego (*time-out*). El saque de árbitro se ejecuta desde el centro del terreno de juego. El árbitro central lanza el balón verticalmente después de un toque de silbato. Todos los jugadores, a excepción de un jugador por equipo, deben mantenerse al menos a 3 m de distancia del árbitro. Los jugadores que disputan el balón deben situarse al costado del árbitro, cada uno del lado de su propia portería. Sólo se puede jugar el balón después que haya alcanzado su punto más alto.

Se ordena *saque de árbitro* siempre que:

- hay infracciones simultáneas en el terreno de juego por parte de jugadores de ambos equipos;
- el balón toca el techo o algún objeto fijo por encima del terreno de juego;
- se interrumpe el juego sin que exista infracción y ningún equipo posee el balón.

Lanzamientos y sanciones

Debe ordenarse un *golpe franco* en el caso de:

- cambio incorrecto o entrada antirreglamentaria;
- infracciones del portero;
- infracciones de los jugadores de campo en el área de portería;
- infracciones al jugar el balón;
- lanzar el balón intencionadamente fuera de la línea exterior de portería o de la línea de banda;
- juego pasivo;

- infracciones relativas al «comportamiento con el contrario»;
- infracciones en relación con el saque de centro, saque de banda, saque de portería;
- infracciones en relación con el golpe franco;
- infracciones en relación con el lanzamiento de 7 m;
- infracciones en relación con el saque de árbitro;
- ejecución antirreglamentaria de los lanzamientos o actitud antideportiva;
- agresión.

El golpe franco se ejecuta sin toque de silbato del árbitro, y en principio, desde el lugar en el que se cometió la infracción. Si este lugar está situado entre las líneas de área de portería y de golpe franco del equipo que ha cometido la infracción, el golpe franco se ejecutará desde el lugar más próximo inmediatamente fuera de la línea de golpe franco.

Una vez que el jugador atacante está en el lugar correcto para el lanzamiento, con el balón en la mano, no puede dejarlo en el suelo y volverlo a agarrar, o botarlo y volver a agarrarlo.

Cuando se efectúa un golpe franco, los jugadores del equipo atacante no deben tocar ni franquear la línea de golpe franco, hasta que éste se haya ejecutado. Cuando hay compañeros de equipo del lanzador entre las líneas de área y de golpe franco en el momento de la ejecución de un golpe franco, los árbitros rectificarán esta situación irregular si tiene influencia en el juego. Posteriormente, señalarán con un golpe de silbato la ejecución del golpe franco.

Cuando se ejecuta un golpe franco, los jugadores contrarios deben mantenerse a una distancia mínima de 3 m del lanzador. Se les permite permanecer inmediatamente fuera de su línea del área de portería, si el golpe franco se está ejecutando desde su línea de golpe franco.

Los árbitros no sancionarán con golpe franco una falta del equipo defensor, si esto produce una desventaja para el equipo atacante.

Se ordena *lanzamiento de 7 m* cuando:

♦ una clara ocasión de conseguir gol es frustrada en cualquier parte del terreno de juego, incluso si ésta es cometida por un oficial del equipo;

♦ un portero entra en su área de portería con el balón, o lo introduce en el área de portería estando él dentro;

♦ un jugador de campo entra en su propia área de portería para obtener una ventaja sobre un jugador atacante que tiene la posesión del balón;

♦ un jugador de campo lanza intencionadamente el balón al propio portero, dentro de su propia área de portería y éste toca el balón;

♦ hay una señal injustificada de fin de partido en el momento de una clara ocasión de conseguir gol;

♦ una clara ocasión de conseguir gol es frustrada por la intervención de una persona no autorizada a encontrarse en el terreno de juego.

Cuando se ordena un lanzamiento de 7 m, los árbitros deben detener el tiempo de juego (*time-out*). El lanzamiento de 7 m tiene que ser efectuado directamente hacia la portería y dentro de los 3 s siguientes al toque de silbato del árbitro central. El jugador que ejecuta el lanzamiento de 7 m no debe tocar ni franquear la línea de 7 m antes de que el balón haya salido de su mano. El balón sólo podrá jugarse de nuevo después de la ejecución de un lanzamiento de 7 m, hasta que éste haya tocado al portero o a la portería. Aparte del lanzador, ningún jugador puede encontrarse entre las líneas de golpe franco y el área de portería mientras se ejecuta este tipo de lanzamiento de 7 m.

Debe decretarse golpe franco a favor del equipo defensor si un jugador del equipo atacante toca o rebasa la línea de golpe franco antes de que el balón haya salido de la mano del lanzador. Los jugadores del equipo defensor deben mantenerse, como mínimo, a 3 m de la línea de 7 m. Si un jugador defensor toca o rebasa la línea de golpe franco o se acerca a menos de 3 m de la línea de 7 m, antes de que el balón haya salido de la mano del lanzador, puede decidirse: gol, si el balón entra en la portería; repetición del lanzamiento de 7 m en todos los demás casos.

Los árbitros no sancionarán una falta del equipo defensor con un lanzamiento de 7 m, si esto produce una desventaja para el equipo atacante.

Un lanzamiento de 7 m debe ser concedido, si se frustra una clara ocasión de conseguir gol y no se obtiene dicho gol, a causa de: infracción, conducta antirreglamentaria, señal de silbato injustificada o intervención de una persona no participante en el juego.

Si, a pesar de la infracción, el jugador del equipo atacante continua controlando plenamente el balón y su equilibrio corporal, no deberá señalarse el lanzamiento de 7 m.

Cuando se ejecuta el saque de centro, de banda, un golpe franco o un lanzamiento de 7 m, una parte de un pie del lanzador debe tocar constantemente el suelo. El jugador puede levantar y poner el otro pie en el suelo tantas veces como quiera.

Pueden sancionarse con amonestación:

♦ infracciones relativas al «comportamiento con el contrario».

Deben sancionarse con amonestación:

♦ aquellas infracciones relativas al «comportamiento con el contrario» que deban ser sancionadas progresivamente;

♦ infracciones cuando los contrarios están ejecutando un lanzamiento;
♦ actitud antideportiva de los jugadores o de los oficiales de equipo.

El árbitro comunicará la amonestación al jugador u oficial infractor y al anotador-cronometrador mostrando una tarjeta amarilla.

La tarjeta amarilla debería medir aproximadamente 9 x 12 cm.

Un único jugador no debería ser amonestado más de una vez, y un equipo no debería ser amonestado más de 3 veces.

Un jugador que haya sido excluido previamente no debería ser amonestado posteriormente.

No debería ser mostrada más de una amonestación a los oficiales de un equipo.

Debe sancionarse con exclusión (2 min):

♦ un cambio incorrecto o entrada antirreglamentaria en el terreno de juego;
♦ repetidas infracciones relativas al «comportamiento con el contrario», de tal forma que tengan que ser sancionadas progresivamente;
♦ una actitud antideportiva repetida por parte de un jugador en el terreno de juego, o fuera del terreno de juego durante un tiempo muerto de equipo;
♦ no dejar el balón en el suelo cuando se toma una decisión contra el equipo en posesión del balón;
♦ repetidas infracciones cuando el contrario ejecuta un lanzamiento;
♦ como consecuencia de una descalificación de un jugador o de un oficial.

Excepcionalmente se puede decretar una exclusión sin previa amonestación.

El árbitro debe indicar claramente la exclusión al jugador infractor y al anotador-cronometrador mediante el gesto reglamentario, es decir, levantando un brazo con dos dedos extendidos.

La exclusión es siempre por 2 min de tiempo de juego; la tercera exclusión del mismo jugador lleva siempre consigo la descalificación del mismo.

Durante el tiempo de exclusión, el jugador excluido no puede participar en el juego y no se permite al equipo sustituirle en el terreno de juego.

El tiempo de exclusión comienza con el toque de silbato de reanudación de juego.

Si el tiempo de exclusión de un jugador no ha terminado al finalizar la primera parte, deberá cumplirse el tiempo restante al inicio del segundo tiempo. Esta misma regla es aplicable a las prórrogas.

Deben sancionarse con descalificación:

♦ si un jugador no autorizado a participar entra en el terreno de juego;
♦ infracciones graves relativas al «comportamiento con el contrario»;
♦ actitud antideportiva repetida por un oficial, o por un jugador que se encuentra fuera del terreno de juego;
♦ actitud antideportiva grave de un jugador o de un oficial;
♦ una tercera exclusión de un mismo jugador;
♦ una agresión por parte de un oficial.

La descalificación de un jugador o de un oficial durante el tiempo de juego va acompañada siempre de una exclusión, es decir, el número de jugadores en el terreno de juego se reduce en uno.

El árbitro deberá indicar la descalificación al jugador u oficial infractor y al anotador-cronometrador mostrando una tarjeta roja.

La descalificación de un jugador o de un oficial será siempre para el resto del partido. El jugador u oficial debe abandonar inmediatamente el terreno de juego y la zona de cambio. El requerimiento de abandonar la zona de cambio implica también que el jugador u oficial no puede situarse en ningún lugar desde el que pueda tener alguna influencia sobre el equipo.

Una descalificación reduce el número de jugadores u oficiales que se permiten en el equipo. Se permite al equipo, sin embargo, incrementar el número de jugadores en el terreno de juego después de finalizar la exclusión (2 min).

La cartulina roja debería medir aproximadamente 9 x 12 cm.

Oficiales

Los técnicos oficiales son: dos árbitros de igual autoridad, un anotador (que controla las entradas y salidas) y un anotador-cronometrador, que controla el tiempo de juego y el tiempo detenido (*time-out*).

BÉISBOL

Historia

Los inicios del béisbol, se remontan a un juego que se practicaba en Inglaterra en la Edad Media, el *stoolball*. Un bateador trataba de golpear la pelota que un lanzador arrojaba contra un cubo de leche puesto del revés. Si el bateador golpeaba la pelota, debía correr tres *stools* (cubos) y regresar al cubo propio. A principios del siglo XVII, los niños británicos jugaban al *rounders*, en un campo en forma de rombo, con bases en los vértices y con muchos otros elementos directamente relacionados con el béisbol. La principal diferencia era la disposición del corredor: los jugadores lanzaban la pelota contra él para tratar de tocarlo.

Cuando los colonizadores llevaron el rounders a América a finales del siglo XVII, se le llamó *town ball*, porque cada pueblo jugaba con sus propias reglas. La primera referencia documentada al béisbol se encuentra en un libro ilustrado del siglo XVIII, publicado en Inglaterra e impreso en América.

Los historiadores actuales creen que Alexander Cartwright, un topógrafo, desarrolló las reglas básicas en 1845. Gran parte de esas primeras reglas son todavía vigentes: las dimensiones del área del campo de juego, los tres *strikes*, los tres *outs*, las bolas de falta, 9 jugadores a un lado y la norma de agarrar a los corredores base sólo fuera de base, en lugar de tratar de golpearlos con la bola. El primer partido de este deporte, con las nuevas normas, se celebró en junio de 1846. En 1859, se fundó una asociación amateur y los partidos se jugaban a 9 *mangas* (entradas), en lugar de a 21 carreras.

Durante la guerra civil norteamericana, el béisbol se convirtió en el pasatiempo nacional, ya que los soldados del Este llevaron el juego a otras partes del país. El primer equipo totalmente profesional fue el Cincinnati Red Stockings, fundado en 1869. La National League (Liga Nacional), formada por ocho clubes, se fundó en 1876 y la American League (antigua Western League), se inició en 1900.

Hoy en día, miles de equipos compiten en el deporte de exterior más popular de Estados Unidos. El USA Baseball es el organismo administrativo del béisbol amateur en Estados Unidos y representa este deporte en el U.S. Olympic Comitee y en la International Baseball Federation.

El béisbol es también un deporte de ámbito internacional. Los misioneros norteamericanos introdujeron el deporte en Japón, en 1870; A.G. Spalding dirigió la primera temporada de béisbol, en gira mundial, en 1886. El deporte se ha practicado en Cuba y en México desde el siglo XIX y goza de gran popularidad en América

Latina, Canadá, Taiwan y Europa. En los Juegos Olímpicos de Barcelona, en 1992, este deporte entró en las competiciones olímpicas.

Objeto del deporte

Dos equipos de 9 jugadores, además de los substitutos, compiten el uno contra el otro para anotar *carreras* (puntos). Los jugadores corren 4 bases en un campo de forma romboidal. Gana el equipo que obtiene mayor puntuación.

Campo de juego

El campo de juego está dividido en campo interior o diamante (cuadro o área de juego) y en campo exterior (delimitado por el perímetro del cuadro). Está separado en «campo bueno» y *foul* o «fuera».

Campo interior

El cuadro tiene de lado 27,43 m y una base en cada esquina.

Las *bases* se llaman «primera», «segunda» y «tercera base». Están confeccionadas con lona, son cuadradas (de 40 cm de lado), de un grosor de más de 12 cm y fijas (sujetas al terreno).

La *base de meta* es una plancha de 5 lados, de goma blanca, con la base fijada en el suelo a nivel del terreno. Es un cuadrado de 43,17 cm de lado, con dos esquinas alteradas, de modo que uno de sus lados es de 43,17 cm, los dos lados adyacentes a éste son de 21,59 cm y los otros dos lados restantes son de 30,48 cm. Estos últimos están orientados al *receptor o cátcher*.

La distancia entre la base de meta y la segunda base, y entre la primera base y la tercera base es de 38,79 m.

El *montículo del cátcher* debe tener 5,48 m de diámetro y está centrado a 17,98 m por detrás del plato de home.

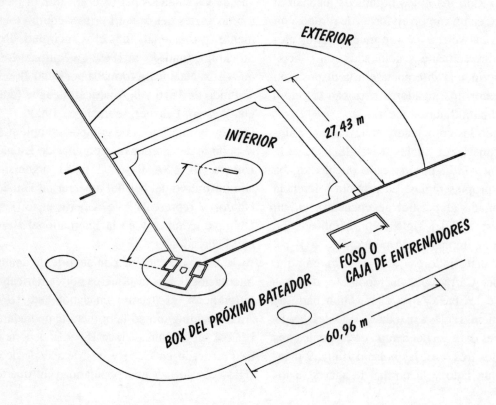

El *montículo del lanzador o pítcher* es una placa rectangular, de goma blanca, de 60,96 cm por 15,24 cm, situada sobre un montículo, con un desnivel (por encima de la base de meta) de 25,4 cm. La distancia entre la base de meta (desde su parte posterior) y el montículo del lanzador es de 18,44 m.

El *cajón del bateador* tiene unas dimensiones de 1,21 x 1,82 m y está situado a 15,24 cm de los rebordes de la base de meta.

El *cajón del cátcher* tiene un ancho de 109,19 cm y un largo de 2,42 m, por detrás de la base de meta.

El *círculo de espera (on-deck circle),* para el próximo bateador, tiene 1,51 m de diámetro y está situado entre el banco o foso de cada jugador y la base de meta.

La *línea de 91,44 cm* es paralela a las líneas de bases y está trazada a 91,44 cm de la misma, comenzando a medio camino entre la base de meta y terminando más allá de la primera base, como guía para el corredor.

Los *cajones de los entrenadores* tienen unas dimensiones de 6,05 x 3,02 m y están situadas a 4,53 m fuera del cuadro de juego, por detrás de primera y la tercera base.

Campo exterior

El campo exterior es el campo que queda fuera del área del rombo, en el lado opuesto a la base de meta. La distancia mínima desde la base de meta hasta la valla, grada u obstáculo en terreno de juego exterior debe ser de 97,526 m a lo largo de las líneas laterales (*líneas de foul*), y de 121,92 m o más, por el centro del terreno. Las medidas pueden adaptarse, según la edad y el nivel de los jugadores.

Las *líneas de foul* (fuera) se extienden desde la base de meta y se prolongan más allá de la primera y la tercera base hasta los postes de falta, en el límite marcado del área exterior. Se considera *terreno bueno (fair territory)* toda el área acotada por las líneas de falta (incluyendo las propias líneas). *Terreno de fuera (falta territory)* es toda el área que queda fuera de las líneas de falta.

Equipo

El *bate* debe ser un palo de madera, redondo y pulido, de un diámetro máximo de 6,98 cm en su parte más gruesa, y no más de 106,68 cm de largo. El mango del bate, a una distancia que no supere los 45,72 cm, puede estar recubierto o protegido con cualquier material para mejorar su agarre.

La *pelota* será una esfera de hilo enrollado alrededor de un pequeño núcleo de corcho, goma o material similar, cubierta por dos tiras de piel de vaca o caballo, cosidas juntas y apretadas. Las medidas de la circunferencia de la pelota no serán inferiores a 22,86 cm ni superiores a 23,49 cm. El peso debe oscilar entre los 143,5 g y 157,85 g.

Los guantes están confeccionados con piel. Los del receptor, tendrán 4 dedos, cosidos al pulgar con una redecilla. El largo máximo del guante será de 30,48 cm y el ancho de 29,68 cm. El guante del jugador de primera base es una manopla o manilla, sin dedos (30,48 cm de largo y 20,32 cm de ancho). Las medidas de la manopla del cátcher son: 39,37 cm de largo y 96,52 cm de circunferencia.

Todos los jugadores deben vestir el mismo uniforme, con números en la espalda, colocados a una altura máxima de 15,24 cm. El equipo local debe vestir de blanco.

El calzado no puede llevar puntera.

Las protecciones incluyen: *casco* y *orejeras* para el bateador; casco, protecciones en el cuello y el cuerpo, rodilleras y espinilleras para el cátcher.

Reglas básicas

El juego se divide en *innings* (entradas, mangas), en las cuales cada equipo tiene un turno para batear (golpear la pelota) y para estar en el campo. En las normas se establecen 9 mangas.

No es necesario jugar la segunda parte de las 9 mangas, si el equipo local ha conseguido más carreras que el adversario o si sólo necesita una parte de las carreras para anotarse más.

Si se produce un empate, se corren una serie de mangas extra, hasta que uno de los equipos consigue más carreras en una manga completa o hasta que el equipo que batea segundo anota más carreras antes de un tercer *out* (fuera).

Si se detiene el juego (a causa de la lluvia o luz insuficiente), el partido se da por terminado siempre y cuando se hayan jugado 5 mangas, o bien si el equipo que batea segundo ha conseguido más carreras en 4 mangas de las que el otro equipo ha conseguido en 5. Se considera que hay empate si, después de 5 mangas, el marcador está igualado. En ese caso, se pospone el partido.

El *equipo local* es aquel que juega en su propio campo. El otro es el *equipo visitante*. Si el partido se disputa en terreno neutral, se denomina *local* a uno de los dos equipos.

El equipo que batea puede realizar 3 *outs* (fueras) con las que se impide a los bateadores o corredores de base que ganen una base durante una manga. Después de 3 intentos fallidos, el equipo debe retirarse para que entre a batear el contrario.

Se anota *una carrera* cada vez que un corredor de base toca la primera, segunda y tercera base y la base de meta, antes de que se produzca el tercer *out* en una manga.

Los defensores, jugadores defensivos, a excepción del cátcher y el pítcher, pueden colocarse en cualquier posición dentro del terreno bueno (*fair territory*). El pítcher debe estar en el plato de pítcher (terreno bueno), y el cátcher debe estar en la caja del cátcher (*terreno foul*). Las posiciones en el campo son las siguientes:

The battery (batería)	Infielders (Jugadores del cuadro)	Outfielders (Jugadores exteriores)
1. pítcher	3. primera base	7. campo izquierdo
2. cátcher	4. segunda base	8. campo central
	5. tercera base	9. campo derecho
	6. *shortstop* (paro corto)	

En algunos partidos, un bateador preseleccionado antes del partido (*designated hitter*: DH) debe batear para el pítcher. Este DH debe ocupar un lugar dentro de un orden de bateadores y en ningún momento puede jugar como defensa. Si el DH pasa a jugar como defensor, deja de ser un DH y el pítcher pasa a batear en su lugar. El DH debe ser sustituido por un *pinch hitter* (sustituto), que toma su lugar en el orden de bateadores.

Un DH que ha sido sustituido no puede volver al juego.

Cualquier jugador puede ser sustituido cuando la pelota es *dead ball* (*pelota muerta*: suspensión del juego). Los jugadores sustituidos no pueden volver a jugar. Un sustituto toma la posición de otro jugador, mantiene su posición en el orden de bateadores y puede colocarse en cualquier lugar dentro del campo.

Procedimiento

El entrenador de cada equipo notifica al árbitro la alineación del equipo: los nombres de cada jugador en sus posiciones ofensivas o defensivas y el orden en que van a batear. El equipo visitante batea primero: la primera parte se denomina *top* y la segunda *bottom*. El equipo local toma las posiciones defensivas en el campo. El árbitro hace la llamada de juego para empezar el partido.

Batear

Los jugadores batean en el orden preestablecido.

El bateador debe permanecer en los límites de la caja del bateador y tratar de golpear la pelota y ganar la base.

La *zona de strike* es el espacio imaginario de forma rectangular, situado sobre la base de meta, entre las axilas y las rodillas del bateador, cuando se adopta la postura común para batear.

Se considera *strike* cuando:

♦ la pelota toca al bateador en vuelo dentro de la zona de *strike*;
♦ el ampáyar considera que el lanzamiento está en zona de *strike*;
♦ golpea una pelota de *faul* (pelota golpeada en territorio *faul* que el defensor no ha conseguido agarrar); si el defensor la agarra, el bateador queda eliminado. Si el batcador tiene ya dos *strikes* y golpea una pelota de *faul* que no han conseguido agarrar, la cuenta de *strikes* se detiene y se considera pelota muerta;
♦ golpea una *faul tip* (pelota que golpea directamente al cátcher y se agarra); la pelota es pelota viva (en juego) y cualquier corredor que intenta avanzar se arriesga a quedar en *out*;
♦ si un lanzamiento cae en zona de *strike* o si la pelota golpea otra pelota bateada y el bateador está aún en su caja (y tiene menos de dos *strikes*); la pelota es entonces pelota muerta.

El bateador queda fuera después de 3 *strikes*.

Se denomina «pelota» al lanzamiento que el árbitro considera que no pasa por la zona de strike, sin que el bateador se haya balanceado.

Cuando se han dado 4 pelotas, el bateador puede ir a la primera base: esta jugada se denomina «carrera» o «pelota en la base».

Si el bateador no se balancea y una pelota que no pasa por zona de *strike* le golpea, el bateador va a la primera base.

Una *pelota buena (fair ball)* es una pelota bateada que:

♦ queda en terreno bueno entre el *home* y la primera base o entre el *home* y la tercera base;
♦ o que está en o sobre el terreno bueno cuando salta al exterior (*outfield*) pasada la primera o tercera base;
♦ o que toca la primera, segunda o tercera base o que primero cae en terreno bueno en o detrás de la primera o tercera base;
♦ o que mientras está sobre terreno bueno, toca a un árbitro o a un jugador;
♦ o que en vuelo sobre terreno bueno sale fuera del campo.

Una pelota buena en vuelo será juzgada por la posición relativa de la pelota y la línea de falta, incluido el poste de falta y no por la posición del defensor sobre el terreno en el momento de tocar la pelota.

Se considera *pelota fuera*:

♦ si una pelota en vuelo cae dentro del terreno entre el home y la primera base, o entre el home y la tercera base, y luego rebota hacia territorio falta sin tocar a un jugador o a un árbitro y antes de que pase la primera o tercera base, es una pelota falta;
♦ golpea el bate o al bateador, cuando éste se encuentra en la caja del bateador:
♦ o si la pelota se queda sobre territorio falta o es tocada por un jugador sobre territorio foul. Si una pelota en vuelo aterriza sobre o por detrás de la primera o

tercera base y entonces rebota hacia terreno falta, es un batazo bueno.

El bateador está fuera, la pelota está en juego y los corredores pueden avanzar cuando:

- un tercer *strike* anunciado por el árbitro o en vuelo es agarrado por el cátcher;
- un tercer *strike* con pelota de falta es agarrado por un defensor en terreno falta;
- el bateador falla en un tercer *strike* y la pelota le toca;
- se produce un tercer *strike* con un corredor en la base y menos de dos *outs*;
- una pelota englobada en vuelo es agarrada en terreno bueno o en terreno falta (la pelota elevada o *fly ball* es una pelota bateada que toma altura);
- elevada al terreno interior (*Infield Fly rule*): es una pelota elevada buena (no se incluye un batazo de línea ni un intento de toque de bola) la cual puede ser atrapada por un defensor del cuadro interior con un esfuerzo ordinario, cuando la primera y segunda base, o la primera, segunda y tercera base estén ocupadas, antes de que dos sean eliminados (*out*);
- si el bateador no alcanza la base antes que el defensor.

El bateador está fuera y la pelota muerta si:

- un defensor deja caer intencionadamente una pelota o una *line drive* (línea rápida o pelota bateada que va fuerte y directa desde el bate a un defensor sin que toque el suelo), mientras hay un corredor en base y menos de dos *outs*;
- se produce un toque de bola (*bunt* o pelota bateada a la cual no se trata de golpear fuerte, sino que intencionadamente rueda suavemente dentro del cuadro) y

la pelota va fuera después de un segundo *strike*;

- una pelota es golpeada dos veces o es golpeada y toca al bateador en terreno bueno, después de que éste haya salido de la caja del bateador;
- el cátcher deja caer un tercer *strike*, pero toca al bateador con la pelota o la lanza a la primera base antes de que el bateador consiga llegar;
- el bateador interfiere el juego del cátcher que se encuentra en el plato del cátcher, da un batazo ilegal dentro de la caja o mueve la caja después de que el pítcher empiece a lanzar;
- un corredor de base interfiere al defensor antes de que éste alcance la primera base.

Un bateador golpea la pelota en terreno bueno de la siguiente manera:

- al vuelo: si un defensor agarra la pelota antes de que toque el suelo o cualquier obstáculo en el campo exterior, el bateador queda fuera;
- en el campo: si el defensor puede agarrar la pelota y pasársela a un compañero de equipo en la primera base (o llegar él) antes que el bateador llegue, el bateador queda fuera.

Si una pelota no es agarrada antes de que toque el suelo y no puede ser arrojada o entregada a la primera base antes de que llegue el bateador, el bateador tiene una *single base hit* (golpe de base única) y puede estar a salvo en la primera base o tratar de correr hacia otras bases.

Si el equipo defensivo puede mandar la pelota a la segunda o tercera base y hacerle un *tag* al bateador (tocarlo con la pelota o coger la pelota en el guante), antes de que el bateador llegue o mientras está entre dos bases, el bateador queda fuera.

Un golpe que permite al bateador llegar a la segunda base es un *doble;* si le permite llegar a la tercera base, se denomina «triple».

En una *home run*, el bateador logra correr todas las bases y cruzar por la base de meta y puntúa, mientras cualquier compañero se encuentre todavía en la base. También se considera *home run* dentro del campo si ninguno de los defensores logra llevar o lanzar la pelota a la base de meta a tiempo para hacerle un *tag* al bateador.

Una *carrera grand slam home* se produce cuando todas las bases están cubiertas (los corredores están en las 3 bases) y se logra anotar 4 carreras.

El *primer bateador* de una manga es el que sigue en orden al último bateador de la manga anterior.

Carreras a base

El bateador se convierte en corredor a base, con la pelota en juego, si:

- la pelota es golpeada en terreno bueno;
- se han lanzado 4 pelotas;
- el cátcher pierde un tercer *strike*, con menos de dos *outs* y la primera base desocupada, o con dos *outs* y la primera base ocupada; el bateador está a salvo si no le han hecho un *tag* o si batea el lanzamiento del cátcher;
- un defensa comete error (pierde la bola);
- por elección del defensa, si un corredor de base anterior sale en lugar del bateador.

El bateador va a primera base y la pelota es pelota muerta si:

- se anota interferencia del cátcher o el defensa;
- una pelota buena golpea a un corredor o al árbitro antes de tocar o pasar al defensa;
- un lanzamiento, sin balanceo y sin *strike*, golpea a un bateador que se encuentra en su caja y que ha avisado de que no está preparado.

Un corredor tiene derecho a estar en cada base, si llega antes de que le consideren out, y puede permanecer en la base hasta que, legalmente, pueda avanzar a otra base, o bien, hasta que otro bateador o corredor llegue a su base (como en caso de pelota bateada o carrera de un bateador).

Para poder puntuar, el corredor debe tocar las bases, incluyendo la base de meta, en el orden establecido.

Dos corredores no pueden permanecer en la misma base al mismo tiempo. El primero que llega legalmente se considera *safe* (quieto). El otro corredor se considera *tagged out*. Si el primer corredor se ve forzado a avanzar y hay dos jugadores en base, el segundo corredor tiene derecho a la base.

Cuando la pelota está en juego, un corredor de base puede avanzar si se da cualquiera de las siguientes circunstancias:

- una pelota es golpeada en terreno bueno o lanzada a terreno bueno o terreno falta;
- antes de que nadie recoja una pelota elevada, el corredor debe hacer un *tag up* (tocar la base que corresponda) y no abandonar esa base hasta que agarren la pelota;
- si corre de una base a otra cuando se realiza el lanzamiento y lo tocan (*tag*) mientras se encuentra fuera, se lo considera fuera;
- después de un *wild pitch* (el cátcher no puede alcanzar la pelota) o una pelota pasada (el cátcher no puede agarrarla);
- una pelota buena golpea a un corredor de base o a un árbitro, después de rebasar o tocar a un defensa.

Un jugador avanza sin riesgo de ser eliminado bajo las siguientes circunstancias:

- un bateador hace una carrera y obliga a los compañeros de equipo a avanzar una base;
- el árbitro señala *balk* (lanzamiento con movimiento ilegal): todos avanzan una base;
- una pelota en juego es bloqueada o lanzada demasiado larga y cae en fuera de juego;
- un defensa obstruye el paso a un corredor y éste no consigue alcanzar la base. Si el árbitro considera que la hubiese alcanzado si no le hubieran interferido, entonces puede avanzar sin miedo;
- un bateador golpea un *home run*;
- un bateador golpea un *ground run double* (la pelota rebota en una valla en terreno bueno o va a un área fuera de juego): entonces, el bateador y el corredor de base son premiados con dos bases.

Un corredor debe volver a la base después de:

- cada lanzamiento que el bateador no consigue golpear;
- una pelota sea agarrada al vuelo;
- una pelota de falta no haya sido agarrada;
- si se produce interferencia del bateador, otro corredor o el árbitro;
- dejan caer intencionadamente una pelota elevada en terreno interior;
- un bateador es golpeado por una pelota que, en el balanceo, ha sido lanzada sin querer.

Un corredor de base es expulsado si:

- es forzado a avanzar a otra base y el defensor le toca (*tag*) o alcanza la base antes que él;

- un defensa lo toca (*tag*) y no está quieto (*safe*), mientras la pelota está en juego;
- pasa la primera base y lo tocan cuando está en camino hacia la segunda;
- se aparta más de 91,44 cm de las líneas marcadas entre las bases para evitar que lo toquen;
- interfiere una bola bateando o lanzando otra bola;
- toma parte en un *double play* (doble juego: dos jugadores ofensivos en la misma acción) o en un *triple play* (tres jugadores fuera);
- es golpeado por una pelota buena mientras se encuentra fuera de la base y antes de que llegue a cualquiera de los jugadores de interior, a excepción del pítcher;
- pasa a otro corredor o llega último mientras otro corredor está en base;
- deja la base antes de que una pelota en vuelo sea agarrada o lo tocan (*tag*) antes de que pueda regresar;
- olvida tocar una base y un defensa lo toca (*tag*) o toca la base;
- chuta la pelota a propósito o corre de espaldas para confundir al defensa.

Un corredor de base no queda fuera si:

- sale de su base para no interferir en una jugada;
- no lo tocan (*tag*) con la pelota que el defensa sostiene;
- toca y pasa la primera base, pero regresa a ella (debe pasar a terreno falta);
- es golpeado con una pelota bateada mientras estaba en la base o con una pelota bateada que ha rebasado a un jugador de campo interior, sin posibilidad de que hubiera *out*;
- permanece en la base hasta que una pelota bombeada sea tocada. Entonces debe

avanzar (puede ser tocado, *tagged out*, en la siguiente base).

Lanzamiento

Se permite realizar 8 lanzamientos de calentamiento antes de cada manga o lanzamiento aplazado durante una manga. El pítcher (lanzador) dispone de 20 s para lanzar desde que está en posesión de la pelota.

Existen dos posiciones legales de lanzamiento. La mecánica de lanzamiento es la siguiente:

- el lanzador se coloca frente al bateador;
- el pítcher coloca un pie (pie eje) en el plato o tocando el plato del pítcher y el otro pie le queda libre;
- antes del lanzamiento, el pie eje debe tocar la goma del plato y puede lanzar a cualquier base;
- una vez en movimiento, éste debe ser continuo;
- el pie libre debe oscilar hacia adelante y hacia atrás durante el movimiento de lanzamiento, pero el pie eje debe tocar el suelo.

En la posición parada, la mecánica es la siguiente:

- el pítcher mira al bateador colocándose de lado;
- el pie eje debe tocar la goma y el pie libre debe colocarse delante;
- la pelota se sostiene con ambas manos, delante del cuerpo;
- el lanzador extiende los brazos por encima de la cabeza, pero debe quedarse quieto antes de realizar el lanzamiento.

El pítcher lanza la pelota al bateador, se mantiene en la goma o da un paso hacia una de las bases ocupadas y lanza la pelota a esa base.

En la posición parada, no puede romperse el movimiento.

Se consideran faltas en el lanzamiento:

- pelotas lanzadas intencionadamente contra un bateador (*bean balls*);
- colocación de sustancias extrañas o dañinas en la pelota;
- lanzamiento a una base con el pie fuera del plato de pítcher; el lanzador debe pisar el plato.

Un *balk* es una falta que se comete mientras hay corredores en la base. Se considera *balk* los siguientes casos:

- lanzar cuando el pie no toca la goma;
- lanzar desde la posición parada sin permanecer totalmente quieto;
- lanzar a una base desde la posición parada, sin antes haber dado un paso hacia dicha base;
- simular un lanzamiento al bateador y a la primera base;
- hacer un lanzamiento rápido o no terminar un lanzamiento;
- dejar caer la pelota durante el movimiento de lanzamiento;
- retrasar el juego.

Oficiales

El juez árbitro controla el juego desde detrás del plato de *home*. Sus responsabilidades incluyen: anotar pelotas, *strikes*, pelotas buenas y de falta, y tomar cualquier decisión que afecte al bateador o sobre el procedimiento de juego. Los árbitros de campo llaman a juego a las bases y ayudan al juez árbitro en otras decisiones.

Muchas llamadas, como *play* (juego) o *infield fly* (vuelo en terreno interior) se realizan con la voz. En las siguientes ilustraciones aparecen algunas de las señales gestuales de los árbitros:

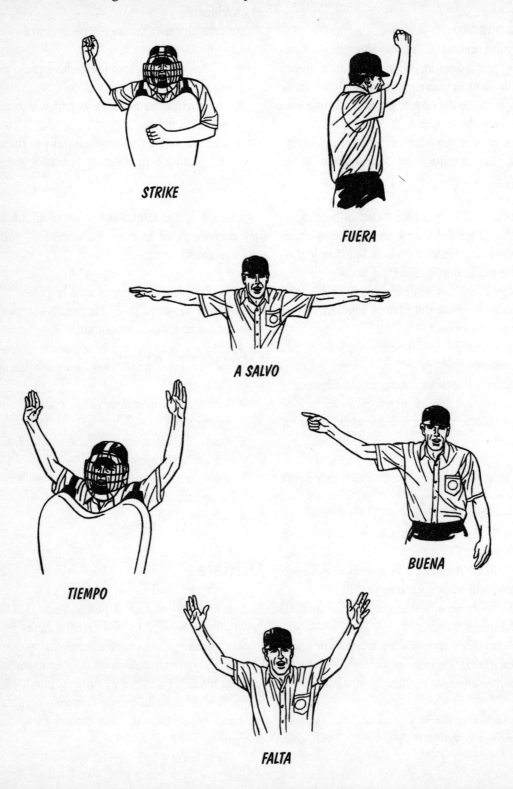

STRIKE

FUERA

A SALVO

TIEMPO

BUENA

FALTA

BILLAR

Historia

La primera referencia documentada de este juego aparece en boca del personaje shakespiriano Cleopatra: *Let's to billiards* («A los billares»). Sus orígenes se remontan a la antigua Persia y en el siglo XII se practicaba como juego sobre hierba. Entre los jugadores y jugadoras históricos se cuentan: Mary, reina de los escoceses (a quien se le prohibió utilizar su mesa de billar mientras estuvo encerrada), María Antonieta y el rey de Francia, Luis XVI. Las troneras de la mesa se añadieron hacia 1800, pero la práctica del juego original está aún vigente en muchos países. En algunas de las mesas originales se colocaban obstáculos, pero no del mismo modo que en el actual billar de carambolas. Las bolas estaban talladas en marfil posteriormente pasaron a ser de material plástico.

El nombre corriente del billar americano con troneras es *pool*. Como excepción dentro del mundo deportivo, este juego se practicaba tanto entre las clases altas como entre el pueblo llano y las clases trabajadoras. Hoy en día, el billar sigue siendo un pasatiempo y un deporte de competición sin distinción de clases sociales ni económicas. El billar es un deporte al alcance de jugadores de todos los sexos y edades. El Billiard Congress of America es el organismo que gestiona y reglamenta este deporte, organiza torneos y crea las bases para fomentar la práctica de este juego, que se cuenta entre los 10 deportes más practicados en los Estados Unidos. En el ámbito internacional, la WCBS (World Confederation of Billiards Sports) promociona este deporte y organiza campeonatos en diversas modalidades.

Objeto del juego

Un jugador, provisto con un taco (bastón de madera) debe golpear una bola blanca contra varias de color numeradas, para tratar de introducirlas en las troneras de la mesa (6 orificios a lo largo del perímetro de la superficie de juego).

Terreno de juego

La mesa es rectangular, el doble de larga que de ancha. Las medidas más corrientes son: 121,9 cm x 243,8 cm; o bien: 137,16 cm x 274,32 cm. La superficie de juego mide unos 73,66 cm de largo, y el perímetro está recubierto con bandas de goma. La base es de pizarra, recubierta con tapiz verde. En la mesa hay 6 troneras, de unos 15 cm de diámetro cada una, situadas en las esquinas y en el punto central de las bandas laterales.

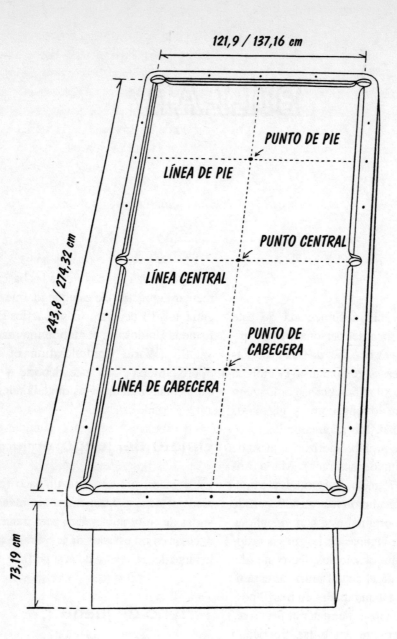

121,9 / 137,16 cm

243,8 / 274,32 cm

PUNTO DE PIE

LÍNEA DE PIE

PUNTO CENTRAL

LÍNEA CENTRAL

PUNTO DE CABECERA

LÍNEA DE CABECERA

73,19 cm

Se considera *banda de pie* un extremo de la mesa.

La línea de pie es una línea imaginaria a medio camino entre la banda de pie y el punto central de la mesa.

El punto de pie es un punto marcado en el centro de la línea de pie.

El punto central es un punto marcado en el centro de la mesa.

La cabecera es la banda contraria a la banda de pie.

La línea de cabecera es una línea imaginaria entre la banda de cabecera y el centro de la mesa.

El punto de cabecera es un punto marcado en el centro de la línea de cabecera.

La línea de *largo* es una línea imaginaria que cruza la mesa a lo largo por el centro.

Equipamiento

El *taco* es un palo de madera, sin peso ni longitud precisos, pero que no suele medir más de 152 cm, y su peso suele oscilar entre 510 y 567 g. La punta es de piel.

Las *bolas* son de material sintético, de unos 6 cm de diámetro, y unos 170 g de peso.

La *bola blanca* no tiene marca alguna ni numeración. Las otras bolas son de colores uniformes y variados (numeradas del 1 al 8) o rayadas (numeradas del 9 al 15).

El *triángulo* es un soporte de madera, de forma triangular, que sirve para colocar las bolas en su interior y disponerlas sobre la mesa para iniciar el juego.

El *diablo o soporte* es un artefacto metálico que se utiliza para sostener el palo del taco.

La vestimenta es informal.

Normas básicas

Las partidas se juegan individualmente o por parejas.

La *salida* se decide del siguiente modo: cada jugador golpea la bola desde detrás de la línea de cabecera para hacerla rebotar contra la banda de pie. La bola no puede tocar las bandas laterales. El jugador que deja la bola más cerca de la banda de cabecera puede salir.

Las bolas de juego se disponen en un orden, según el juego.

Al inicio de la partida, la bola blanca debe colocarse en cualquier punto entre la línea de cabecera y la banda de cabecera.

Puede colocarse tiza en la punta del taco para evitar que resbale al golpear la bola.

Un golpe comienza cuando un jugador golpea la bola blanca con la punta del taco y termina cuando la bola deja de rodar.

El primer jugador golpea la bola blanca, desde detrás de la línea de cabecera, contra el triángulo que forman las otras bolas. La bola debe golpear directamente una o más bolas de ese grupo, o bien, tocar una banda o más y tocar el grupo. Una salida legal implica que una o varias bolas del grupo toquen la banda o entren en las troneras. Si la salida es ilegal, el contrario tiene opción de tirar tal como estén las bolas, o solicitar que se repita la salida.

Cada jugador tira por turnos y puede continuar mientras vaya introduciendo bolas en las troneras o hasta que cometa una infracción. En cada turno, el jugador tira contra las bolas, tal como hayan quedado dispuestas sobre la mesa.

Para puntuar, el jugador debe nombrar la bola que tiene intención de jugar. Si la bola nombrada es introducida y luego entran otras bolas, las otras también puntúan. Si la bola nombrada no entra, pero entran otras bolas, esas bolas no puntúan y deben ser colocadas de nuevo donde estaban.

Una bola está en juego, cuando está sobre la mesa para poder empezar o continuar.

Si una bola rebota dentro de una tronera y vuelve a la superficie de la mesa, el tanto no se cuenta y la bola sigue en juego allá donde quede. Si una bola rueda por encima de una banda y vuelve a caer en la mesa, la bola sigue en juego.

Si en el intento de jugar una bola, la bola *salta* fuera de la mesa, la jugada es nula y la bola debe ser colocada donde estaba antes del golpe. Si la bola que salta es otra que la que se pretendía jugar, pero la bola nombrada entra, el tanto es válido y la bola que ha saltado se vuelve a colocar sobre la mesa.

Una bola debe ser colocada de nuevo sobre la mesa cuando:

- la bola blanca también entra;
- la bola blanca golpea otra bola antes de tocar la bola nombrada;
- alguna(s) bola(s) sale(n) de la mesa.

La bola debe ser colocada en el punto de pie. Si se debe colocar más de una bola, se ponen una tras otra, empezando por el número más bajo y a lo largo de la línea de largo, entre el punto y la banda de pie.

Una bola está *parada* cuando queda pegada a una de las bandas o a la bola blanca. El jugador debe tocarla golpeando primero la bola blanca y hacerla entrar en una tronera, o separarla de la banda tocando primero la bola blanca, directamente o con carambola. Si no la separa de ningún modo, se considera falta.

Oficiales

Un juez controla el juego y un marcador anota los puntos.

Veamos ahora las tres modalidades de billar más comunes y sus respectivas normas de juego.

DIRECTO (14.1 CONTINUO)

Objeto del juego

Cada jugador compite para obtener una puntuación máxima (50, 100 o 150). Cada bola puntúa un tanto.

Procedimiento

Las 15 bolas son colocadas con el triángulo, con el vértice frontal hacia el punto de salida o punto de pie. La bola 1 debe ser colocada en el vértice anterior izquierdo, la bola 5 en el vértice anterior derecho, las bolas de numeración más alta hacia el vértice frontal del triángulo, y las bolas de numeración más baja hacia la parte trasera del triángulo.

En la jugada de salida, el jugador nombra la bola que desea jugar y la tronera donde preten-

de introducirla. El jugador debe golpear la bola nombrada con un toque directo de la bola blanca o tocando la bola blanca y haciendo carambola, con la blanca contra la banda o con un toque de la blanca y otra de sus bolas.

Si el jugador no consigue su objetivo, pierde 2 puntos (falta). El contrario puede jugar las bolas desde la posición donde hayan quedado, o solicitar que se repita la salida. El juego continúa hasta que se decide descansar o hasta el turno legal del contrario.

Si en la salida, la bola blanca entra en una tronera, se considera falta. El jugador que ha fallado pierde un punto y el contrario puede tirar desde detrás de la línea de cabecera. Las bolas permanecen en la posición en que han quedado.

Otras faltas se penalizan con pérdida de un punto y de turno. Algunas son:

♦ golpear bolas en movimiento;
♦ hacer saltar la bola blanca por la superficie de juego, golpeándola por el centro o levantándola con el taco;
♦ hacer saltar la bola blanca fuera de la mesa;
♦ tirar sin tener ambos pies en el suelo.

Un jugador puede anunciar una jugada *táctica*, colocando una bola en determinada posición para dificultar el juego del contrario. El turno de ese jugador termina cuando la bola se detiene. Si otra bola entra, no se cuenta como tanto ni se vuelve a colocar sobre la mesa.

Cuando las 14 bolas de juego han entrado, la bola 15 y la bola blanca se dejan en la mesa, en la posición en que hayan quedado. Las otras bolas se colocan de nuevo en el triángulo, dejando un espacio vacío en el vértice frontal. El jugador que introdujo la bola 14 tiene opción de tirar y puede tratar de introducir la 15 o tirar de nuevo al grupo de bolas. Los turnos continúan hasta volver a introducir las 14 bolas; esta operación se repite sucesivamente hasta obtener la máxima puntuación fijada.

Las jugadas tácticas, para evitar que el adversario puntúe, se realizan de los siguientes modos: enviando una bola a una banda después de tocarla con la blanca; o bien, dejando la blanca como obstáculo después de haber tocado otra bola. Si una jugada táctica resulta fallida, el jugador pierde un punto.

BOLA 8

Objeto del juego

Cada jugador o pareja intenta introducir sus bolas numeradas del 1 al 7 o del 9 al 15 y, por último, la bola 8.

Procedimiento

Las bolas se colocan con la bola 8 en el centro del triángulo y con la primera bola del triángulo en el punto de pie.

En la salida se debe introducir una bola en una tronera o enviar 4 bolas a las bandas.

Una salida fallida no se considera falta. En ese caso, el otro jugador debe tocar las bolas en la posición en que estén o reagruparlas y volver a salir, él o ella.

Si el jugador hace una salida fallida, rozando la bola blanca con el taco, se considera falta. Las bolas son colocadas de nuevo, incluida la 8. El otro jugador debe colocar la blanca detrás de la línea de cabecera.

Si la bola 8 entra ya en la salida, el jugador que ha salido puede solicitar una repetición o colocar la bola en la mesa otra vez y seguir tirando.

Si alguna de las bolas de color entra después del tiro de salida, el jugador opta por las bolas rayadas (alta numeración) o lisas (baja numeración). Si no entra ninguna bola, el otro jugador puede tirar y elegir entre lisas o rayadas.

Durante el juego, un jugador debe introducir una de las bolas en las troneras o hacer que la bola blanca o las bolas de color toquen las bandas. Si no, se considera falta. Si un tirador introduce la bola del contrario, los puntos son para el contrario. Cada turno continúa hasta que uno de los jugadores no consigue introducir ninguna bola. Las siete bolas de cada grupo (lisas o rayadas) deben introducirse antes de la bola 8.

El jugador debe nombrar la tronera adonde enviará la 8 y tocarla con la blanca, sin antes tocar ninguna otra bola de la mesa. Si falla el tiro, el juego continúa.

Un jugador pierde la partida si:

♦ introduce la bola 8 antes que las otras 7;
♦ la bola 8 entra en una tronera no nombrada;
♦ la 8 entra después de un tiro fallido, con un toque inseguro o roce;
♦ la bola 8 entra en una salida ilegal o después de otra bola, en el mismo tiro.

Cada una de las bolas no tiene valor individual para puntuar y las faltas no implican penalización de puntos.

Si se produce un saque inseguro, con rozamiento, el jugador debe tirar desde detrás de la línea de cabecera. En las otras faltas, el otro jugador puede colocar la bola en cualquier posición dentro de la mesa.

La partida termina cuando un jugador ha introducido legalmente sus 7 bolas y luego la bola 8. El jugador que gana más jugadas, gana la partida.

BOLA 9

Objeto del juego

Los jugadores tratan de ser los primeros en introducir la bola 9.

Procedimiento

Se colocan 9 bolas en forma de diamante (rombo), con la bola 1 en el punto de pie y la bola 9 en el centro del grupo. Todas las bolas se tocan entre sí.

La bola 1 es la primera bola de juego para la salida. Si no entra en una tronera o el tiro es fallido, el contrario puede tirar, tal como hayan quedado las bolas.

Las bolas deben jugarse en orden numérico. La bola blanca debe tocar la bola de numeración más baja antes que ninguna otra. Si se procede así y entran otras bolas, los tantos son válidos y el jugador sigue tirando.

En cualquier falta, el otro jugador puede colocar la bola blanca donde quiera.

Si una bola salta o se produce una falta, las bolas no se vuelven a colocar.

El primer jugador que introduce la bola 9, gana. La partida termina cuando un jugador ha logrado ganar un determinado número de jugadas.

BILLAR DE CARAMBOLAS

Terreno de juego

A diferencia de las modalidades anteriores, en el billar de carambolas la mesa no tiene troneras. El billar es una mesa de superficie rectangular, rigurosamente plana y horizontal, su piso debe ser de pizarra, de un espesor mínimo de 45 mm.

La delimitación de su superficie de juego se determina por la oposición de bandas de goma, cuya altura se establece en 37 mm, con una tolerancia de más o menos 1 mm, estando fijadas a todo lo largo y ancho del billar a un marco exterior de un ancho de 12,5 cm de superficie enteramente lisa y de color uniforme.

El marco o pasamanos de las bandas debe contener marcas indelebles, situadas a intervalos regulares correspondientes a 1/8 del largo de la superficie de juego, sin ninguna otra indicación o marca en dicha superficie.

Las dimensiones de la superficie libre de juego son de 1,42 x 2,84 m, admitiéndose una tolerancia de más o menos 5 mm.

En competición, los paños que cubren el billar deben ser nuevos, estirados al máximo sobre las pizarras y bandas, y del color y calidad admitidos por la FEB (Federación Española de Billar). La altura del billar, medida desde el suelo a la parte superior del marco que encuadra el billar, debe situarse entre los 75 y 80 cm.

Las bolas, en número de 3, deberán estar confeccionadas con un material y en colores admitidos por la FEB, dos de ellas de color marfil, o una marfil y una amarilla, y la otra roja, debiendo estar marcada una de las dos bolas, cuando las dos sean blancas, con un punto. Las bolas deberán ser rigurosamente esféricas y su diámetro estará comprendido entre 61 y 61,5 mm. Su peso deberá estar comprendido entre 205 y 220 g, no pudiendo existir entre la bola más pesada y la más ligera una diferencia de más de 2 g.

El jugador tiene derecho a utilizar el rastrillo, un pequeño caballete montado en el extremo de una varilla de madera u otro material y destinado a reemplazar su mano en ciertas posiciones, en las que el jugador no llegue.

Se distingue, por una parte, la bola jugadora y, por otra, las dos bolas denominadas contrarias.

Puntos de salida

Los puntos de salida o moscas son los emplazamientos que deben ocupar las bolas al inicio de la partida.

Los puntos deben marcarse con tinta de bolígrafo lo más fino posible. Señalarlos pegando pequeños círculos de cualquier material está totalmente prohibido.

Los puntos a marcar son 5:

♦ En el centro de la línea de salida, a 71 cm, en paralelo con la banda corta.
♦ A la derecha del anterior, en la misma línea, a 18,5 cm de distancia.
♦ A la izquierda del primero, en la misma línea, a 18,5 cm de distancia.
♦ En el centro geométrico del billar.
♦ En el centro de la línea paralela, a 71 cm de la banda corta contraria.

Procedimiento

El jugador cuya bola se detiene más cerca de la banda corta de llegada elige entre salir él o su contrario. El jugador que inicia el juego lo hace con la bola blanca, conservando esta bola durante toda la partida.

La posición de salida es: la bola roja en su punto de arriba; la bola del punto o bola amarilla sobre el punto central de la línea de salida; la bola blanca, que es la jugadora, a la derecha o izquierda de la anterior, a elección del jugador.

La carambola de salida debe hacerse siempre por ataque directo sobre la bola roja.

El fin del juego consiste en ejecutar el mayor número de carambolas posibles durante la partida.

Hay carambola cuando la bola jugadora, puesta en movimiento por el golpe del taco, entra en contacto con las otras dos. Una carambola es válida cuando una vez paradas las bolas, el jugador no ha cometido falta alguna.

Cada carambola se cuenta como un punto.

Si el árbitro declara válido el punto, el jugador continúa jugando conservando la mano. Si la carambola es fallada, el árbitro pasa la mano al jugador contrario.

Cuando la bola del jugador que posee la mano está en contacto con alguna de las otras dos, los derechos y obligaciones del jugador variarán de acuerdo con la modalidad que se esté jugando que, a excepción de la partida libre donde es obligatoria la salida, son los siguientes:

♦ Elegir que el árbitro coloque las tres bolas en posición de salida.
♦ Optar por jugar contra la bola que no está en contacto, o contra la banda.
♦ Jugar *massé* destacado, a condición de no empujar la bola con la que está en contacto. En este caso, el jugador puede carambolear en primer lugar sobre la bola que estaba en contacto; no existirá falta si la bola en contacto se mueve únicamente por el hecho de perder el punto de apoyo que eventualmente le daba la bola jugadora.

Cuando la bola de un jugador está en contacto con una banda, éste no podrá jugar directamente sobre esa banda.

En el caso de que el jugador opte por que el árbitro coloque las bolas en posición de salida, éstas se emplazarán de la forma siguiente:

♦ En la especialidad libre, en las modalidades de cuadros y la de banda, las 3 bolas van a la posición inicial de salida.
♦ En la disciplina a tres bandas, sólo las bolas en contacto serán colocadas sobre los puntos de salida atendiéndose a las siguientes normativas: la bola roja sobre la mosca de arriba; la bola del jugador que posee la mano sobre la mosca central de la línea de salida; la bola blanca ad-

versaria sobre la mosca del centro geométrico del billar.

Si la mosca donde corresponde situar la bola estuviera ocupada o tapada por otra bola, ésta será colocada sobre la mosca correspondiente a la bola que la ocupa o tapa parcialmente la mosca.

Cuando una o más bolas saltan fuera del billar, su colocación por el árbitro en las moscas o puntos respectivos se efectúa como sigue:

♦ En las especialidades libre, cuadros y banda, las 3 bolas se sitúan a la posición inicial de salida.
♦ Para las 3 bandas, sólo la bola o bolas que hubieran saltado del billar serán repuestas en las moscas, según los criterios indicados arriba.

Se considera una bola fuera del billar cuando ésta, en su salto, toca la madera del marco que encuadra las bandas.

Una partida consiste en realizar un determinado número de carambolas llamado «distancia», que varía según la modalidad del juego.

Toda partida iniciada debe jugarse hasta la última carambola. Una partida se acaba cuando el árbitro da por buena la última carambola, incluso si, posteriormente, se constatara que el jugador no hubiera efectuado el número de carambolas requerido.

Cuando la última carambola de la partida haya sido efectuada por el jugador que tiene en su activo una entrada más que su adversario, éste otro tiene la obligación y el derecho de igualar el número de entradas, efectuando la salida con las bolas en posición de inicio.

Para ser declarado vencedor de una partida, el jugador debe haber realizado la distancia, bajo la reserva de que el contrario no haga lo mismo en la contrasalida, ya que esta circunstancia dejaría la partida en empate.

También puede jugarse con límite de entradas.

Sistema de sets

Cuando la partida se disputa por el sistema de sets, estas disposiciones se aplicarán de la siguiente manera:

♦ Cada set es considerado como si de una partida se tratara; el jugador que llega primero a la distancia es el ganador del mismo sin que el contrario tenga opción de contrasalida.
♦ Estas partidas, según rece la convocatoria de la prueba, se disputan al mejor de 3 o 4 sets, y a la distancia que así mismo se contemple.
♦ Cada set es iniciado alternativamente por un jugador.

El 1-1, 6, 2-2, según se dispute el partido a 3 o 5 sets respectivamente, da opción a la disputa de un tercer o quinto set definitivo. El derecho a iniciar el juego del último set corresponderá al jugador que inicie el primero.

En el momento que uno de los jugadores obtiene el número necesario de sets, es declarado vencedor de la partida y ésta se interrumpe de inmediato.

Faltas

Es falta y pasa la mano:

♦ si tras la ejecución del golpe, una o más bolas saltan del billar;
♦ si el jugador tira antes de que las 3 bolas estén paradas;
♦ si se toca la bola con cualquier parte del taco que no sea la suela;
♦ si el jugador, además de golpear su bola, toca alguna de las otras con el taco, la

mano o cualquier otro objeto. En este caso, las bolas permanecerán donde hayan quedado;

♦ si el jugador toca o desplaza una bola para quitar algún cuerpo extraño adherido a ella, en lugar de pedir al árbitro que lo haga;

♦ si el jugador desplaza una bola por contacto directo o indirecto, sin que este desplazamiento sea como consecuencia de la ejecución del golpe;

♦ si el jugador arrastra o retaca. Esta acción se produce cuando la suela entra varias veces en contacto con la bola puesta en movimiento; o cuando la suela está en contacto con la bola jugadora en el momento en que ésta encuentra la segunda bola; o cuando la suela está en contacto con la bola jugadora, en el momento que ésta toca la banda;

♦ si el jugador juega directamente con la bola jugadora sobre la banda o con la bola con la que estuviera en contacto, sin haber previamente separado la misma mediante massé destacado;

♦ si en el momento de golpear la bola, no toca el suelo al menos con un pie;

♦ si el jugador hace o sitúa en la superficie de juego o en las bandas referencias visibles;

♦ si al inicio de una entrada o durante curso de una serie, el árbitro constata que el jugador no juega con su bola;

♦ si, en general, el jugador no respetase las reglas de la modalidad.

Posición de las bolas en zonas limitadas

La posición de *entran* se produce cuando las dos bolas contrarias se detienen dentro de una misma zona acotada, dándose la posición de *dentro* cuando una carambola se ejecuta después de haberse indicado la posición de entran sin que ninguna de las dos bolas contrarias salga de la zona.

La posición de *a caballo* se produce cuando las dos bolas contrarias se detienen cerca de una línea demarcatoria, pero cada una de ellas está en zonas diferentes.

Cuando alguna de las bolas contrarias se sitúa exactamente sobre una línea de delimitación, esta situación debe ser considerada como desventajosa o en contra del jugador. Una o las dos bolas contrarias pueden retomar a la zona delimitada de la cual salieron, volviendo a ocupar nuevamente la posición de entran.

Cuando una carambola se ha realizado partiendo de la posición de dentro y ninguna de las dos bolas contrarias sale de la zona limitada, se produce falta y el jugador pasa la mano.

Partida libre

En la partida libre el jugador puede ejecutar con toda libertad un número limitado de carambolas dentro de la distancia salvo en las zonas acotadas de los rincones.

En los 4 rincones de la mesa han de trazarse las líneas que acotan dicha zona. Estas líneas van desde 71 cm de la banda larga hasta 31,5 cm de la banda corta.

Cuando las dos bolas contrarias entran dentro de cualquiera de una de estas zonas acotadas se produce la posición de *entran*. El jugador puede realizar una carambola sin que ninguna de las dos bolas contrarias salga de la zona; en este caso la posición sería dentro. En la siguiente jugada, al menos una de las dos bolas contrarias debe salir de la zona. Si no es así, es falta y pasa la mano.

Es correcto y se inicia de nuevo la posición de entran si una o las dos bolas contrarias vuelve a entrar en zona limitada después de haber salido.

Partida al cuadro 47/2

En el cuadro 47/2 se trazan 4 líneas paralelas a 47 cm de las 4 bandas, determinando sobre el billar los 9 cuadros o zonas de limitación, siendo los 3 cuadros centrales rectangulares y los otros 6 cuadrados.

En la extremidad de cada una de estas líneas y centrados sobre ellas, se trazan unos pequeños cuadros: un lado lo conforma la parte interior de la banda; y estos cuadritos se denominan «áncoras». Estas áncoras, en número de 8, son cuadrados de 178 mm de lado, constituyéndose en otras tantas zonas de limitación.

La situación de las bolas contrarias dentro de las zonas acotadas sigue la misma mecánica de entran, dentro y a caballo indicadas para la partida libre.

El árbitro del encuentro deber anunciar siempre en primer lugar la posición de las bolas con respecto a los cuadros y, en segundo lugar, el de las áncoras.

Partida al cuadro 47/1

La marcación de las zonas de limitación es el mismo que para el cuadro 47/12.

Cuando las dos bolas contrarias entran dentro de un mismo cuadro, se produce directamente la posición de dentro. Al realizar su próxima carambola, el jugador debe obligatoriamente hacer salir del cuadro al menos una de las dos bolas contrarias.

La mecánica del juego, salvo el matiz anterior, es la misma que para el cuadro 47/12.

Partida al cuadro 71/2

En el cuadro 71/2 se traza una línea a todo lo largo del billar, a 71 cm de la banda larga. De igual forma, se trazan dos líneas paralelas a las bandas cortas, también a una distancia de éstas de 71 cm, dividiendo al billar en 6 cuadros: 2 de ellos rectangulares y 4 cuadrados.

En la extremidad de cada una de estas líneas, al igual que en el cuadro 47/2 y 47/1, se trazan los pequeños cuadros o áncoras.

La mecánica del juego es la misma que la del cuadro 47/2.

Juegos por bandas

Existen dos juegos por bandas, el llamado «a la banda» y el *juego por 3 bandas*. Para estos juegos por banda el billar no requiere ninguna zona de limitación.

En el juego por una banda, la bola del jugador debe tomar contacto al menos con una banda, antes de tocar la segunda bola contraria.

En el juego por 3 bandas, la bola del jugador debe haber tomado contacto, al menos 3 veces, con una o varias bandas antes de tocar la segunda bola contraria.

Pruebas de modalidades múltiples

Cada una de las modalidades que componen el pentatlón o el triatlón da lugar a una partida distinta que se debe jugar según las disposiciones reglamentarias de la modalidad.

El pentatlón comprende 5 modalidades: libre, cuadro 47/1, cuadro 71/2, banda, y tres bandas. Los jugadores deben disputarlas siguiendo el orden indicado.

El triatlón comprende 3 modalidades: cuadro 71/2, banda y tres bandas. Los jugadores deben disputarlas siguiendo este mismo orden.

En el poliatlón por equipos, cada uno de los jugadores de un equipo sólo juega una modalidad. Se aplican las mismas reglas previstas para las pruebas individuales de cada modalidad.

BOBSLEIGH

Historia

La existencia de los trineos data de muy antiguo, como medio de transporte en Europa central y en los países escandinavos, pero a finales del siglo XIX, los suizos incorporaron un sistema de timones para mejor manejo de las planchas deslizantes sobre nieve y hielo. En 1897, se fundó el primer club mundial de *bobsleigh*, en Saint Moritz, Suiza, y desde entonces, la navegación en trineo como deporte se extendió por toda Europa. Hacia 1914 comenzaron a disputarse carreras en todo tipo de circuitos naturales.

Los primeros trineos eran de madera, pero pronto empezaron a construirse con metal hasta convertirse en bobsleighs o bobsleds. En 1923, se fundó la Fédération Internationale de Bobsleigh et de Tobogganing (FIBT), y al año siguiente, el bobsleigh de cuatro hombres entró en la Olimpiada de Invierno de Chamonix, Francia. El bobsleigh de dos tripulantes se incorporaría a los juegos de invierno en 1932, en Lake Placid, Estados Unidos. Desde entonces, deportistas de todos los ámbitos sociales han practicado este deporte como entretenimiento y en competición. Sin em-bargo, el deporte, tal como lo conocemos actualmente, no empezó a tomar forma hasta 1950, época en la que muchos atletas participaban en las pruebas como entrenamiento de resistencia y fuerza para otras disciplinas. En 1952, se incorporaron algunas normas y regulaciones de peso para garantizar una navegación más rápida y segura. En la actualidad, los circuitos naturales están desapareciendo y se han construido pistas artificiales para mejorar la técnica y la táctica. A mediados de los años ochenta, este deporte empezó a celebrar sus campeonatos mundiales, y las pruebas europeas y olímpicas se fueron popularizando. Alemania (antes y después de la reunificación) y Suiza han dominado este deporte y son las naciones con más medallas olímpicas y mundiales. El bobsleigh se ha ido extendiendo por todo el mundo y, hoy en día, se practica también en Canadá, Jamaica, Japón, Australia y Nueva Zelanda. En los años noventa, las mujeres entraron en las competiciones mundiales en Europa y Nor-teamérica. En 1998, se construyeron circuitos artificiales para la Olimpiada de Invierno de Negano, Japón, y para los juegos del 2002, en Salt Lake City, se están preparando también nuevas pistas.

Objeto del deporte

Los competidores de bosbsleigh descienden por una pista artificial montados en un trineo. El equipo que consigue mejor tiempo del total obtenido en todos los descensos, gana la carrera.

Pista

La mayoría de recorridos de bobsleigh son artificiales. Los recorridos naturales, formados con bloques de hielo, están desapareciendo. La pista está construida con material asfáltico, bajo el cual hay un sistema de refrigeración. Sobre la superficie se arroja agua, que se congela y forma una película de hielo. El grosor mínimo del hielo, antes de la carrera, es de 19 mm.

La longitud mínima de la pista para las pruebas de clasificación es de 1.200 m, y su desnivel oscila entre un 8 y un 15 %. El número mínimo de curvas es 14, y el circuito debe disponer de tramos rectos, con muros laterales para que el trineo quede en el interior de la carretera.

El *área de salida*, justo antes del reloj de salida, tiene una longitud mínima de 15 m, y sirve para tomar arrancada antes de iniciar el descenso. En esta área debe haber unos listones de madera que sobresalgan entre 7,6 cm y 10 cm por encima de la superficie helada, de modo que los *guardafrenos* (en el equipo de 2) o los *impulsadores* (en el equipo de 4 miembros) puedan empujar el trineo hacia la pista.

La *recta de deceleración* es un área, después del reloj de llegada, en la que los guardafrenos deben ir frenando el trineo hasta la zona de llegada.

En determinados puntos del circuito hay *estaciones de control* comunicadas por vía telefónica y por radio con el control principal. Los controladores son un equipo de personas con conocimientos técnicos, que se ocupan del mantenimiento de la pista antes de cada descenso y que van informando al público del desarrollo de la carrera por megafonía. También se utilizan cámaras de video, situadas en puntos estratégicos a lo largo de la pista.

El tiempo de descenso se controla con cronómetros electrónicos. La instalación permite calcular el tiempo de salida, el del descenso y el de la llegada. Estos tiempos permiten controlar el progreso de los *bobs o trineos*, y los conductores y entrenadores los tienen en cuenta para evaluar su actuación en un descenso. Si el equipo de cronometraje falla, el equipo puede volver a realizar el descenso.

Modalidades

El equipo de 2 componentes está formado por un conductor y un guardafrenos, que impulsa el trineo antes de la salida y luego se introduce en él. Una vez en el trineo, los 2 componentes utilizan su peso para equilibrar y dirigir el trineo en las curvas, y tratan de oponer la menor resistencia al aire, en una posición aerodinámica, para ganar velocidad. El conductor controla un timón (con 2 cuerdas) para manejar el eje anterior, y trata de ganar velocidad conforme desciende. El guardafrenos utiliza un sistema de frenos escarificadores (que se clavan en el hielo), para ir controlando la velocidad.

El equipo de 4 componentes está formado por 2 impulsadores, además del conductor y el guardafrenos. Los bobsleigh de 4 son unos 2 s más rápidos que los de 2, a causa de su mayor peso.

Los competidores son amateurs, y para participar en las competiciones internacionales deben disponer de una licencia de su federación nacional, además de la licencia de la FIBT.

Equipamiento

La indumentaria se compone de un traje de competición ceñido, aislante del frío. Además, los tripulantes llevan protección para la cabeza (casco), gafas, coderas y guantes.

Los trineos de bobsleigh se componen de una estructura metálica con cubierta aerodinámica de fibra de vidrio y otros materiales plásticos. El timón es un mecanismo gobernado por cuerdas conectadas al eje frontal. En la parte inferior posterior y anterior hay patines metálicos, móviles delante y fijos detrás. El peso máximo de un trineo de dos es de 390 kg, y el peso máximo de un trineo de cuatro es de 630 kg. Si no se alcanza el peso máximo permitido, puede añadirse lastre.

Procedimiento

Los trineos se colocan en orden de salida, dejando la línea de salida libre. Un equipo que no esté en su posición cuando se le da el aviso de salida es descalificado, a menos que el retraso se deba a causas ajenas a su voluntad.

Un sistema de luces, rojas y verdes, y un sistema sonoro señalan cuándo se puede salir o no. Cuando el trineo está preparado, la luz roja pasa a verde, y se da una señal sonora. A partir de ese momento, el equipo tiene un minuto para tomar la salida. Si el equipo no inicia el descenso en ese minuto, es descalificado.

El equipo debe tomar impulso por sus propios medios, sin ningún tipo de ayuda accesoria, sea mecánica o humana. No está permitido llevar ningún tipo de calzado especial para tomar impulso.

Los equipos deben realizar cada uno de los descensos de clasificación para obtener el mejor tiempo en la clasificación general. Un equipo es descalificado si:

♦ no llega a la salida a tiempo;

♦ tarda más de un minuto en iniciar el descenso;
♦ cuando cruza la meta, hay un tripulante menos que a la salida, o no llevan el equipamiento completo;
♦ no consigue el tiempo mínimo o no completa el recorrido a causa de una colisión;
♦ infringe cualquier norma oficial del reglamento de la FIBT;
♦ hace trampas o utiliza métodos no reglamentarios durante la carrera.

En los entrenamientos para los campeonatos mundiales o internacionales, los equipos deben recorrer el circuito durante 4 días, antes de las pruebas, para conocer a la perfección la pista de descenso. Un equipo, de 2 o de 4 navegantes, debe haber conseguido completar el circuito 2 veces sin ninguna colisión.

Cada prueba se compone de 4 descensos por equipo. A lo largo de 2 días, cada equipo desciende, 2 veces por día. El equipo que logra un tiempo total menor, se declara vencedor. El tiempo se cuenta en segundos y centésimas de segundo.

Si se produce un empate, se comparte la posición de llegada en el podio.

Oficiales

Las carreras son controladas por un jurado, compuesto por un presidente y un mínimo de dos jueces oficiales. Además, hay controladores de pista, cronometradores y señaleros de salida y de llegada.

Circuito de Lillehammer

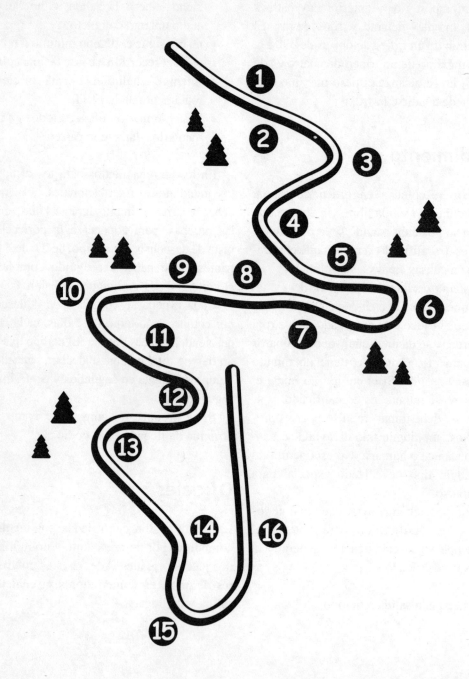

Circuito de St. Moritz

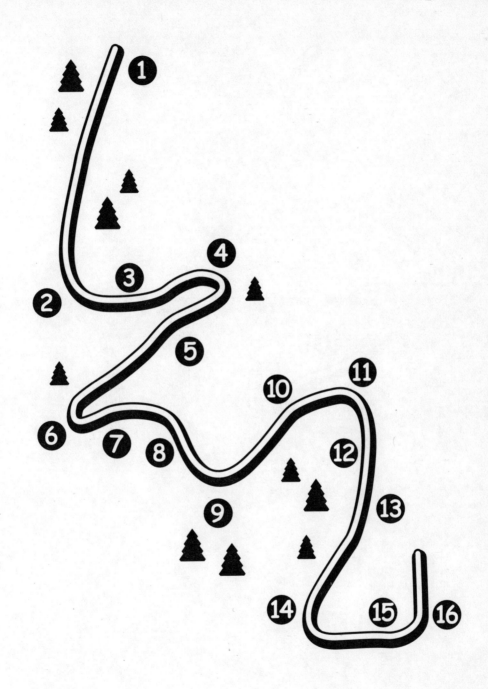

BOLOS

Historia

En las tumbas egipcias se encontraron los primeros bolos y bolas de piedra, fechados en el 5200 a. C. Se han encontrado restos de juegos antiguos similares a éste en culturas tan diversas como la polinesia o la germánica. En la última, aparecen indicios del siglo IV que relacionan el juego con ceremonias religiosas. En la Edad Media, se lanzaban piedras redondas contra figurillas de madera, de 3 a 17, variando el número según el modo como se extendió el juego por Europa. Ya en 1450 aparecen las primeras pistas con tejado, origen de las modernas pistas cubiertas, las boleras. El rey Enrique VIII aseguraba que este juego era maligno, pues se cree que fue Martín Lutero quien consideró que el número ideal de bolos era 9.

Los holandeses llevaron el juego a Norteamérica hacia 1600. Actualmente, en Manhattan existe una zona llamada «Bowling Green». Washington Irving escribió sobre este juego en su *Rip van Winkle*. Es probable que los otros dos Bowling Green, en Kentucky y Ohio, deban su nombre a este deporte. En 1840, en Connecticut, se prohibieron los bolos de 9 bolos, lo que da lugar a pensar que se añadió un bolo para esquivar la ley y se dio origen a lo que son los actuales bolos de 10 bolos.

El American Bowling Congress, fundado en 1895, estableció las normas y equipamientos oficiales y, en 1901, celebró su primer torneo anual. La mujer ha participado muy activamente en este deporte desde siempre y, tal vez, sea uno de los juegos de competición con más participantes femeninas. Los colocadores de bolos automáticos se introdujeron en los años cincuenta y, desde entonces, las boleras se fueron ampliando para comodidad y reclamo del público en general, que con la llegada de la televisión, se vio aún más atraído por los bolos. Actualmente, en Estados Unidos, unos 60 millones de jugadores anuales acuden a las boleras en familia, por equipos o a través de campeonatos. El American Bowling Congress es la organización que promociona este deporte entre aficionados de todas las edades y sexos.

Objeto del juego

Los participantes hacen rodar bolas por una pista (calle de madera o fibra) para tratar de volcar un grupo de 10 bolos (dianas en forma de botella), colocados en triángulo. Cada jugador tiene una o dos oportunidades para tirar. La puntuación se cuenta según el número de bolos volcados. El jugador o equipo que vuelca más bolos, vence.

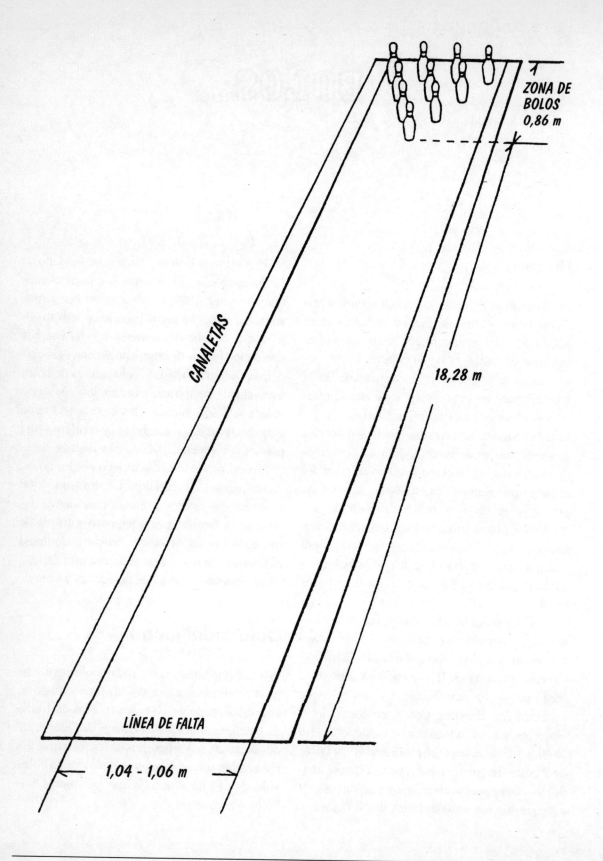

ZONA DE
BOLOS
0,86 m

CANALETAS

18,28 m

LÍNEA DE FALTA

1,04 - 1,06 m

Terreno de juego

La pista o calle tiene una longitud de 18,28 m desde la línea de falta (línea de lanzamiento) hasta el centro del bolo principal (el más avanzado). La longitud total de la pista, hasta la plataforma donde están los bolos, es de 22,9 m. La anchura de la calle oscila entre 1,04 m y 1,06 m.

La zona para tomar carrera debe tener una longitud mínima de 4,5 m hasta la línea de falta. A ambos lados de la pista, corren canaletas (de 24,13 cm), como receptáculos para las bolas que salen de la calle.

Los bolos son macizos, de madera o material sintético, y recubiertos de plástico. La longitud del bolo es de 38,1 cm, y su peso máximo 1645,5 g. Se colocan en la plataforma, con una separación de 30,48 cm entre ellos.

Equipo

La bola es de caucho o material sintético. Tiene un diámetro de 21,59 cm, y su peso oscila entre 2.724 g y 7.254 g. En la superficie de la bola puede haber un máximo de 5 agujeros para los dedos.

La vestimenta es informal. Las suelas de los zapatos deben ser lisas, para no dañar el suelo de la calle.

Normas básicas

Las partidas pueden jugarse individualmente o por equipos, hasta un máximo de 5 jugadores por equipo.

Un partido tiene 10 *juegos*, 10 turnos en los que cada jugador puede lanzar 2 bolas. Para el décimo juego existen normas específicas.

La bola se lanza en un movimiento oscilante, por debajo del codo, y el jugador no puede pisar ni cruzar la línea de falta. Si hay falta (bola lanzada ilegalmente), los bolos volcados no cuentan.

Puntuación

Cada bolo tumbado en una tirada vale un punto. Si se derriban todos los bolos, se da una bonificación.

Cuando se derriban los 10 bolos con la primera bola, se considera *strike*, y se anota una X en la hoja de tantos, en una casilla situada en el extremo superior derecho de la pista del lanzador. La puntuación final del lanzador no se determina hasta que no ha lanzado 2 bolas más. Un *strike* suma 10 puntos a los tantos anotados después de esas 2 bolas:, elnúmero total de bolos derribados. Si el *strike* se produce en el último lanzamiento, el jugador tiene una bonificación de 2 bolas más, además de los 10 puntos. Un *doble* son 2 *strikes* seguidos, y un *triple o turkey*, 3 *strikes*. 10 *strikes*, más 2 bolas extra, suman 300 puntos, una partida perfecta.

Un *spare* o *semiplena* se da cuando se derriban 10 bolos o los que hayan quedado en pie, con la segunda bola. Entonces, se anota una barra inclinada (/) en la hoja de tantos. La puntuación final del lanzador no se determina hasta que no ha lanzado una bola más (la primera bola de la siguiente tirada). Un *spare* cuenta 10 puntos, más la puntuación de la siguiente bola. Si se hace *spare* en la última tirada, el lanzador puede lanzar otra bola para conseguir los tantos de bonificación.

Si un jugador deja bolos en pie después de 2 bolas en una mismo turno de tiro, se considera error (*miss o break*).

Realizamos un *split* cuando, después de la primera bola, quedan 2 bolos o más en pie (pero no el número 1, el primero), y están separados de tal manera que resulta muy difícil derribarlos con la segunda bola.

Las *faltas* cuentan como bolas lanzadas. Si la falta es en el primer lanzamiento, algunos de los bolos derribados se vuelven a levantar para la segunda bola. Si con la segunda bola los derriba todos, se cuenta como *spare*. Si la falta es en el segundo lanzamiento, sólo se cuentan los bolos derribados con la primera bola.

Los bolos derribados que quedan en la pista o en las canaletas se llaman «*ramas*», y deben ser retirados.

Los bolos derribados por la caída de otros bolos también cuentan.

Los bolos no se cuentan si:

♦ son derribados por una bola que antes ha salido de la calle;

♦ son derribados por una bola que rebota en la plataforma de los bolos, por detrás;

♦ son derribados, van fuera de la calle y quedan en pie;

♦ son derribados mecánicamente o de modo no establecido;

En esos casos, la bola lanzada se llama *roll* bola rodada.

Hoja de puntuación

Un *spare (/)* cuenta 10 puntos, más los bolos derribados con la siguiente bola.

Un *strike (X)* cuenta 10 puntos, más los bolos derribados con las dos bolas siguientes.

Los resultados deben anotarse en la casilla correspondiente, después de cada turno de lanzamiento.

Ejemplo: Roz, anotación por turnos de tiro:

1. 6 bolos con la primera bola y 3 con la segunda. Los tantos de cada bola están anotados en las casillas pequeñas superiores y el total (9), en el espacio inferior;
2. 9 con la primera bola y luego, error. Añadido al total anterior: 18;
3. 7, y spare (3 restantes). Puntuación retenida;
4. 6, y spare (4 restantes). Se suman 16 (10 + 6), al tiro anterior, al tercero;
5. *strike*. Se suman 20 al cuarto tiro;
6. *strike*. Puntuación retenida;
7. 9. Luego error. Se suman 29 (10 + 10 + 9) al quinto tiro, se suman 19 (10 + 9) al sexto tiro y se cuentan 7, en el séptimo tiro;
8. 7. Luego *spare* (3 restantes). Total retenido;
9. 6. Luego 2. Se suman 16 (10 + 6) en el octavo tiro y 8 en el noveno;
10. 7. Luego *spare* (3 restantes) y 9 con la bola extra. Se suman 19 (10 + 9). Puntuación total de todos los tiros: 154.

Ejemplo:

Irving: 2 *spares* y 6 *strikes,* incluido un *strike* con bola extra.

Barney: 4 *spares (semipleno)* y 4 *strikes (pleno),* incluida la bonificación.

Oficiales

En los campeonatos, se utilizan *marcadores* oficiales o automáticos. Un *juez de falta* puede controlar que los jugadores no pisen la línea de falta.

NOMBRE HDCP.	1	2	3	4	5	6	7	8	9	10	TOTAL
1 ROZ	6 3 / 9	9 - / 18	7 / / 34	6 / / 54	X / 83	X / 102	9 - / 111	7 / / 127	6 2 / 135	7 / 9 / 154	154
2 IRVING	7 / / 20	X / 38	6 2 / 46	X / 74	X / 94	8 / 110	6 3 / 119	X / 149	X / 178	X 9 - / 197	197
3 BARNEY	X / 20	9 / / 37	7 - / 44	8 / / 63	9 - / 72	8 - / 80	7 / / 100	X / 130	X / 150	6 / X / 170	170

BOXEO

Historia

El boxeo es uno de los deportes más antiguos que existen. Se han encontrado tallas de boxeadores de 5000 años de antigüedad. Esta modalidad de lucha era uno de los deportes favoritos de los griegos, que competían con los puños cubiertos con tiras de piel, sin asaltos, hasta que uno de los dos luchadores era derrotado. En la época de los romanos, el deporte adquirió tal violencia que terminaron por prohibirlo.

El boxeo, como actividad deportiva organizada, reaparece en Inglaterra, en el siglo XVII. Se establecieron algunas reglas, aunque se mantuvo el *round* o asalto único hasta que uno de los luchadores era abatido: entonces tenía 30 s para incorporarse (ponerse en pie a 1 m de su adversario o ser declarado perdedor). Hasta 1872 se luchaba con los puños desnudos. El Marqués de Queensbury creó una serie de reglas que son la base del boxeo moderno: asaltos de 3 min, 10 s para incorporarse tras haber caído y guantes acolchados. John L. Sullivan, el mejor boxeador norteamericano del siglo XIX, ganó el último campeonato sin guantes en 1889, pero posteriormente, perdió otro bajo las normas de Queensbury.

La época dorada del boxeo en Estados Unidos comenzó en los años veinte. Desde entonces, y gracias a la ayuda de la televisión, los boxeadores se convirtieron en grandes celebridades del deporte americano.

El boxeo amateur ha contribuido de un modo importante al desarrollo del este tipo de lucha, que es uno de los deportes olímpicos más antiguos en Estados Unidos. Las competiciones de la Amateur Athletic Union of the United States (AAU) comenzaron en 1896, y la United States Amateur Boxing Federation (hoy USA Boxing) se hizo cargo de su administración en 1978. A partir de la segunda mitad del siglo XX, el boxeo amateur ha ido evolucionando bajo la tutela de la Asociación Intenacional de Boxeo Amateur (AIBA), mientras que el boxeo profesional se ha ido dividiendo entre varios organismos rivales: el WBC (World Boxing Council), la WBA (World Boxing Association), y la NYSAC (New York State Athletic Association), a causa de las presiones entre organizadores, promotores y competidores, y de la excesiva violencia y dramatización de los combates.

Algunas grandes figuras del boxeo mundial son: John L. Sullivan, James John Corbett (1866-1933), Bob Fitzsimmons (1862-1917), Jack Dempsey (1895-1983), Rocky Marciano (1923) y Mohammed Ali Cassius Clay (1942), en la categoría de pesos pesados; y en las categorías inferiores: Georges Carpentier (1894-

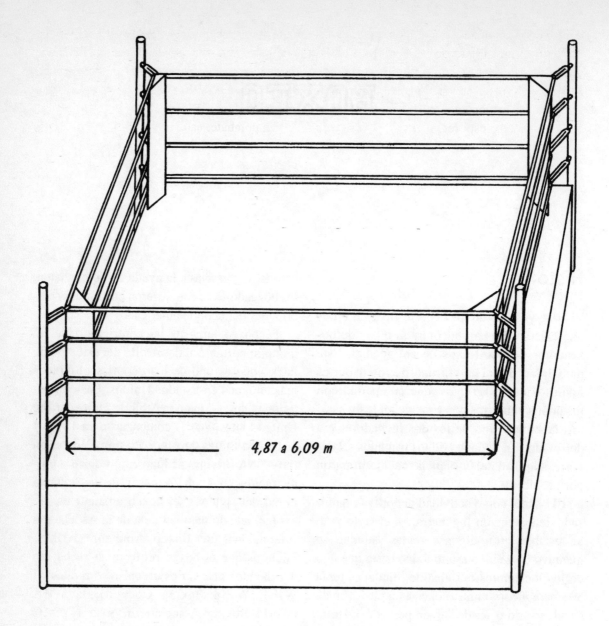

4,87 a 6,09 m

1975), Al Brown (1902-1951), Henry Amstrong (1912), Ray «Sugar» Robinson (1920), José Nápoles (1940) y Carlos Monzón (1942).

Objeto del deporte

Dos boxeadores (luchadores) de peso similar y equipados con guantes acolchados, compiten en un *asalto* (tiempo establecido de combate),

y tratan de ganar el combate obteniendo el mayor número posible de puntos.

AMATEUR

Zona de lucha (ring)

El *ring* es la zona de lucha, un cuadrilátero cercado por cuerdas. El área mínima desde dentro de las cuerdas es de 4,87 m², y la máxima de 6,09 m². Fuera de las cuerdas, el cuadrilátero se extiende como mínimo 60,9 cm. El ring debe estar elevado a una altura máxima de 1,21 m por encima del suelo. El piso del cuadrilátero está recubierto con lona y en cada esquina hay un poste acolchado de una altura máxima de 147,3 cm.

Para comenzar o terminar cada asalto, se da un aviso sonoro (gong, campana o timbre).

Otros accesorios complementarios son: baldes de agua, banquetas, botellas, resina y esponjas.

Equipo

Los *guantes* son de piel y acolchados. Pueden ser guantes sin dedos o con pulgar. El peso máximo del guante es de 283,5 g, para las categorías entre 48,1 kg y 70,8 kg; y de 467,7 g para las categorías entre 74,9 kg y 91 kg o más. Los boxeadores pueden llevar las manos vendadas.

La vestimenta se compone de: camiseta sin mangas y calzón ancho por encima de la rodilla, con una banda riñonera de otro color (hasta la altura de la cintura); calzado ligero sin talón; protector bucal; y protector para los genitales. En competición, los boxeadores deben llevar casco. No está permitido llevar gafas, joyas, objetos metálicos ni grasa o crema corporal. El pelo no debe interferir la visión del boxeador.

Normas básicas

Un boxeador amateur no puede competir contra un boxeador profesional u olímpico. Cuando un amateur se profesionaliza tampoco puede volver a luchar con amateurs.

En los campeonatos suelen participar clubes, asociaciones de ámbito local, regional, nacional, etc. Los ganadores de un combate pasan a la siguiente ronda. Antes de pasar a una competición regional, los boxeadores de dieciséis años o mayores deben haber ganado un mínimo de 5 combates. Entonces pueden ir promocionando y subiendo de categoría hasta llegar a los campeonatos nacionales. Esta norma no se aplica en el programa Júnior Olympic.

En combate, cada boxeador tiene un entrenador y un asistente, que sólo pueden entrar en el ring entre los asaltos.

Debe llevarse un estricto control médico y de seguridad.

Clasificaciones

Los boxeadores son clasificados por edades, como se detalla a continuación:

JÚNIOR OLYMPIC

- ♦ Gallo: de ocho a nueve años; peso mínimo con incrementos de 2 kg;
- ♦ Júnior: de diez a once años; 15 pesos, entre 27 kg y 59 kg, con incrementos de 2 kg;
- ♦ Medio: de doce a trece años; 18 pesos, entre 31 kg y 91 kg;
- ♦ Sénior: de catorce a quince años; 17 pesos, entre 36 kg y más de 91 kg.
- ♦ *Open*: de dieciséis a treinta y un años;
- ♦ Másters: treinta y tres años y mayores.

Las categorías de peso son las siguientes:

Super mosca	48,1 kg.
Mosca	50,8 kg.
Gallo	54 kg.
Pluma	56,7 kg.
Ligero	59,9 kg.
Welter-ligero	63,1 kg.
Welter	66,7 kg.
Medio-ligero	70,8 kg.
Medio	74,9 kg.
Medio-pesado	80,8 kg.
Pesado	91,25 kg.
Super pesado	91,25 kg. y más.

La clasificación, según la experiencia, es la siguiente:

- *Sub-novice* (aficionado): no ha competido nunca.
- *Novice* (principiante): 10 combates, más o menos.
- *Post-novice* (iniciados) /open: más de 10 combates.

La duración y el número de asaltos varía según la categoría:

División	Rounds	Duración
Másters	3	2 min.
Open	3	3
Novice y *sub-novice*	3	2
Open	5	2
Sénior Júnior Olympic	3	2
Medio J.O.	3	1 1/2
Júnior J.O.	3	1
Gallo J.O.	3	1

Oficiales

El árbitro es la única persona que puede permanecer en el ring con los boxeadores durante el combate. Controla a los contrincantes y da instrucciones que los luchadores deben obedecer. La principal función del árbitro es procurar mantener la seguridad de los boxeadores. Revisa los guantes y la vestimenta. Utiliza tres consignas:

- *Stop*: detener el combate;
- *Box*: reanudar el combate;
- *Break*: los boxeadores deben separarse y retroceder un paso.

El árbitro indica *precaución* (cuando se utilizan estrategias improcedentes, sin detener el combate), y *avisos* (para detener el combate cuando un jugador comete una falta: el comba-te se detiene y el árbitro lo notifica a los jueces). Tres voces de *precaución* por la misma falta son un *aviso*; tres *avisos* implican descalificación inmediata. Algunas faltas son:

- golpear por debajo de la cintura, por la nuca o en los riñones;
- agarrar, hacer zancadillas, golpear con los pies o las rodillas;
- golpear con la cabeza, el hombro, el brazo, el codo o empujar al contrario de cara contra las cuerdas;
- atacar con el guante abierto o con la parte interna del guante;
- golpear a un adversario tumbado, o mientras cae o se levanta;
- *pivot blow* (golpe con giro del cuerpo);
- golpear en un *break*, antes de retroceder un paso;
- agarrar o empujar.

El árbitro no actúa como juez. Los jueces están sentados fuera del ring y, después de cada asalto, anotan los puntos de los boxeadores en una tarjeta de puntuación. Al final de un combate, los jueces suman los puntos y declaran vencedor a uno de los dos adversarios.

A pesar de que a veces sólo hay 3 jueces, en los campeonatos se estipula que haya 5.

El *marcador de tiempo* controla el número y duración de los asaltos, el tiempo entre asaltos (1 min) y hace sonar la señal de inicio y final de cada asalto. Si un boxeador es abatido (K.O.), el marcador cede la cuenta al árbitro, que debe contar del 1 al 10, con intervalos de 1 s.

Procedimiento

Los adversarios deben pesarse el mismo día del combate.

Los boxeadores se reúnen en el centro del ring, se estrechan la mano y vuelven a sus esquinas.

El principio y el final de un asalto se anuncian con una señal del marcador de tiempo. La lucha debe cesar al final de cada asalto.

Un boxeador está *down* (abatido) si tras haber recibido un golpe o una serie de golpes, toca el suelo con cualquier parte de su cuerpo, si está reclinado o colgado de las cuerdas, fuera de las cuerdas o en contra las cuerdas, pero semiconsciente.

En caso de abatir a un boxeador, el árbitro empieza a contar inmediatamente hasta 10 (o pide tiempo al marcador) e indica cada segundo con un movimiento de la mano. La cuenta no comienza hasta que el adversario se ha alejado a terreno neutral (esquinas), por indicación del árbitro. El combate no puede continuar hasta que el boxeador abatido se reincorpore y el árbitro de la voz de box.

Cuando un boxeador es abatido y se reincorpora, el árbitro debe contar hasta 8 obligatoriamente, y la lucha no puede continuar hasta que no haya terminado, aunque los boxeadores estén ya preparados. Cuando un árbitro ha hecho la *cuenta obligatoria hasta 8* tres veces en un mismo asalto, y cuatro en un mismo combate, para un mismo boxeador, el combate debe detenerse. Si un boxeador es abatido y se le hace la *cuenta hasta 8,* se reincorpora, pero vuelve a caer sin ser golpeado, el árbitro debe seguir contando desde 8.

Si un boxeador no puede sostenerse sobre sus pies ni incorporarse después de que el árbitro haya contado hasta 10, el combate se da por finalizado. «RSCH» significa: combate detenido por golpes en la cabeza; «RSCM», detenido por razones médicas. (El término «K.O.» no se utiliza en el boxeo amateur).

Si un boxeador cae abatido al final de un asalto, el árbitro continúa contando. Si llega hasta 10 y el boxeador no se reincorpora, el combate se da por finalizado.

Si ambos adversarios caen al mismo tiempo, la cuenta continúa mientras uno de los dos siga tendido. Si después de contar hasta 10, ambos siguen en el suelo, el combate se da por finalizado y se declara vencedor al que ha obtenido más puntos durante el combate.

En cada asalto, los jueces determinan el número de puntos según los golpes legales de cada contrincante, es decir: golpes con retroceso, con la parte del guante que cubre los nudillos, en las zonas frontales o laterales del adversario (cabeza y cuerpo) por encima de la cintura. Los golpes con la parte lateral o anterior del guante, el guante abierto u otra parte del guante que no sea la de los nudillos, no cuentan. Los golpes en los brazos o fuera del cuerpo y los hombros, tampoco cuentan.

En un asalto puede obtenerse un máximo de 20 puntos (sin fracciones). Al final de cada asalto, el mejor boxeador obtiene 20 puntos, y el adversario una suma proporcional inferior. Si los dos boxeadores están igualados, ambos reciben 20 puntos. Un K.O. no implica puntuación extra.

Al final de un combate, si ambos contrincantes están empatados en puntos, se valora: mayor *agresividad, mejor defensa* y *mejor estilo.* No puede declararse *empate.*

Otros factores que deciden la victoria son: *abandono* (un boxeador tira la toalla durante o después de un descanso); combate detenido por *saturación o por ventaja* (el boxeador no se siente en condiciones para continuar); daño físico o causa médica; *cuenta obligatoria* rebasada; *descalificación.*

Una vez notificada la victoria, el árbitro levanta la mano del vencedor.

BOXEO PROFESIONAL

En cada comisión de ámbito estatal o nacional existen diferencias en la regulación del boxeo profesional. Las reglas difieren en muchos aspectos de las del boxeo amateur y varían según el órgano administrativo a que están sujetas.

Las principales diferencias respecto al boxeo amateur son:

- medidas del ring: mínimo de 5,48 m², y máximo de 6,70 m²;
- peso de los guantes: no inferior a 226,8 g;
- casco protector: no obligatorio;
- duración de un combate: 12 asaltos;
- puntuación: sistema de puntuación a 10 obligatorio. Tres jueces deben anotar un máximo de 10 puntos por asalto, basándose en golpes limpios, agresividad, defensa y dominio del ring. El boxeador con una actuación más brillante y decisi-

va que su adversario (incluyendo abatir al boxeador), gana un asalto 10-8.
- El empate está permitido.

Otras diferencias son:

- el número de asaltos, según la edad: los menores de diecinueve años, por ejemplo, no pueden boxear más de 6 asaltos;
- categorías de competición adicionales: peso *cruiser* y peso *straw*, por ejemplo;
- límites de peso;
- términos técnicos, como por ejemplo: K.O. técnico (TKO), cuando el árbitro detiene el combate;
- repercusión de las faltas en la puntuación.

CARRERAS DE CARROS

Historia

Las carreras de carros a tiro de caballos datan de muy antiguo: tanto los soldados griegos como los romanos competían en lo que podríamos considerar los inicios de este deporte. En Estados Unidos, las carreras de carros modernas comenzaron a mediados del siglo XVIII. Con el cambio de siglo, muchos pueblos empiezan a celebrar ferias donde se llevan a cabo competiciones con carretas y remolques particulares. En un principio, se utilizaban las calesas familiares, que con el tiempo se fueron perfeccionando para una conducción más rápida. Las primeras normativas aparecieron hacia 1825 y, durante muchos años, la distancia de la carrera fue 1.609 m.

En la década de 1940, el deporte ganó mucha popularidad con la celebración de carreras nocturnas, los sistemas de apuestas y la puerta de salida móvil. Hoy en día, se celebran carreras millonarias y el diseño y los equipamientos han sido perfeccionados al máximo para una mayor rapidez y seguridad.

La United States Trotting Association establece las normas y gestiona todo el sistema deportivo de este deporte, extiende licencias, nombra jueces oficiales y controla los campeonatos nacionales y las marcas récord. El sistema de apuestas está regulado específicamente por comisiones estatales.

Objeto del deporte

Los caballos tiran de un pequeño vehículo de dos ruedas a lo largo de recorridos de tierra, polvo y barro. El circuito es irregular: distancia de la salida a la primera curva, extensión del *home* (calle de llegada), etc. La línea de llegada, real o imaginaria, parte del centro de la mesa o cabina de los jueces y cruza la pista de un lado a otro. Se declara vencedor aquel que cruza primero la línea de llegada.

Caballos

Generalmente, los caballos se crían expresamente para este tipo de carreras: se cruzan pura sangre con caballos de distintas crianzas.

Además, los caballos se entrenan para cabalgar con un ritmo concreto que puede ser:

Trote: paso alto de las piernas diagonales (pata delantera derecha y pata trasera izquierda), en movimiento sincrónico. Las levantan a la vez. Luego levantan las patas izquierda delantera y derecha trasera.

Paso: paso lateral con giro en que las dos patas laterales se mueven a la vez, primero un costado y luego el otro.

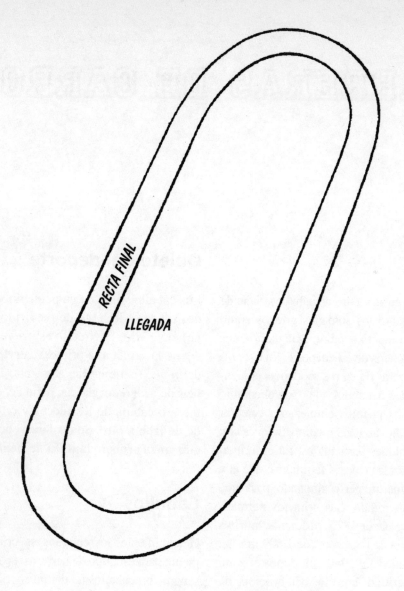

RECTA FINAL

LLEGADA

Equipo

El *sulky o carruaje* es un vehículo de tiro, ligero (de unos 20 kg), de dos ruedas, monoplaza y abierto. Los jaeces del carro están enganchados al caballo con dos ejes. Las *riendas* son correas que ayudan al conductor a mantener el paso; el bocado le mantiene la cabeza alta y los arreos ayudan a controlar sus movimientos traseros. Los caballos llevan números en el costado y en la cabeza.

Vestimenta

Los conductores llevan chaquetas distintivas de diversos colores, casco rígido con protección para el mentón, pantalón, calzado y fusta. El peso no se considera, puesto que el conductor se sienta detrás del caballo en una salida a la carrera.

Tipos de carreras

Carrera por demanda: los caballos entran con un precio de venta y el propietario pierde el caballo si otro propietario lo reclama.

Carrera por clasificación: la entrada en carrera depende de la capacidad y actuación anterior.

Carrera condicionada: la elección se basa en varias condiciones (edad, sexo, número de salidas).

Futuras: los caballos son nominados (entrados y con fianza pagada) en un año anterior o antes de nacer.

Hándicap: el permiso de carrera depende de la actuación, sexo o distancia.

Stake: los dueños de los caballos que compiten aportan dinero al monto del premio.

Procedimiento

Los caballos y sus conductores van al *paddock* (lugar donde los veterinarios y jueces inspeccionan los caballos y el equipamiento).

Los conductores desfilan ante la tribuna y se alinean en sus posiciones, según un sorteo, detrás de la línea de salida.

Los caballos se colocan detrás de una *cerca móvil de salida*, automóvil con dos brazos en la parte anterior, que cubren todo el ancho de la pista. Los caballos siguen al remolque y van ganando velocidad. Cuando pasan por el punto de salida, el remolque se retira plegando la estructura.

Los caballos corren por el circuito hasta la línea de llegada. El caballo puntero tiene derecho a colocarse en cualquier parte del circuito, excepto después de que se haya decidido su posición en la recta final. Los caballos deben dirigirse a la línea de llegada y el cochero debe permanecer en el carruaje. Si un caballo varía el paso o el trote, el cochero debe sacarlo fuera de la pista. Cuando recupera el paso puede reincorporarse a la carrera.

El primer caballo que cruza la cerca de llegada se declara vencedor. En una *photo finish* foto de llegada, la posición se determina por el orden en que el morro del caballo atraviesa la línea de llegada. Después de que los jueces hayan considerado las posiciones, se proclama la victoria con un signo oficial.

Infracciones

Las principales infracciones en carrera y circuito son las siguientes:

- cambio a izquierda o derecha que obliga a otro caballo a alterar su paso;
- zarandear, golpear, engancharse a las ruedas de otro o cualquier otra interferencia;
- cualquier acción que afecte el progreso de la carrera de otro o que lo descoloque;
- conducción temeraria;
- conducta violenta o desordenada.

Las sanciones incluyen: degradación en el orden de llegada, descalificación, multa al conductor o suspensión.

Oficiales

Un secretario de carreras se ocupa de las cuestiones básicas del circuito. Otros oficiales de carreras son: jueces de *paddock*, de patrulla y de llegada, cronometradores y oficiales de salida.

CICLISMO

Historia

En la biblioteca de Ambrosian de Milán pueden encontrarse innumerables escritos y bocetos de Leonardo da Vinci como proyecto de un artefacto similar a la bicicleta. Trescientos años más tarde, hacia 1790, el conde Mede de Svrac concibe el llamado «celerífero», para la nobleza: máquina con dos ruedas de madera alineadas sobre una vigueta de 1 m de largo, sin manillar ni pedales, parecido al patinete. Posteriormente, en 1818, el barón Von Drais presentó la llamada «drasiana», bicicleta con dirección móvil y sillín que se puso a prueba en los jardines de Luxem-burgo (París) y que consiguió alcanzar una velocidad media de 15 km/h y cubrir una distancia de 35 km, entre Beaune y Dijon. En 1819, el inglés Denis Johnson cambió la madera por una estructura de hierro. La primera bicicleta a propulsión totalmente autónoma fue invención del herrero escocés Kirkpatrick Macmillan, en 1839. Un año más tarde, el ciclista inglés James Moore se declaró vencedor de la primera competición en carretera, entre París y Rouen, donde tomaron parte más de 200 corredores. Su bicicleta pesaba 72,5 kg. Desde entonces, las carreras en carretera son las competiciones con mayor número de aficionados.

La popularidad de este deporte ha ido creciendo con los avances tecnológicos a lo largo de los años. La seguridad y estabilidad vienen dadas por la introducción de las bicicletas con dos ejes del mismo tamaño, frenos en las ruedas, varias velocidades y desarrollos y neumáticos estrechos de competición.

Actualmente, el Tour de France es el evento ciclista anual más prestigioso del mundo: 24 días para cubrir un recorrido por etapas de unos 40.200 km. Las otras dos competiciones europeas de mayor importancia son la Vuelta Ciclista a España y el Giro d'Italia. En 1896, el ciclismo en carretera entró en las competiciones olímpicas dentro de las categorías masculinas. Las mujeres no entraron en las Olimpiadas hasta 1980. En Estados Unidos, la competición anual más importante es el Tour Du Pont.

La Union Cycliste Internationale, fundada en 1900, es el organismo encargado de administrar y promocionar el ciclismo de competición. En España encontramos la Federación Española de Ciclismo y la Asociación Española de Ciclistas Profesionales. En los últimos años del ciclismo del siglo XX, cabe destacar la figura del belga Eddy Merkx, en los años sesenta y setenta, el francés Hinault, en los años ochenta, y el español Miguel Induráin, en los años noventa, corredores que consiguieron ganar el Tour de Francia en 5 ocasiones, además de la Vuelta a España y el Giro d'Italia, entre muchas otras pruebas internacionales.

Objeto del deporte

Un ciclista o un equipo de corredores compiten, en carretera o en circuito cerrado, sobre una bicicleta, para cubrir una distancia determinada. El ganador es aquel que termina primero, que obtiene mejor tiempo o mayor puntuación, según su técnica.

Equipo

La *bicicleta* es un artefacto de propulsión humana por medio de pedales. No se permite utilizar ningún tipo de complemento para reducir la resistencia del aire. Las medidas máximas son: 165 cm de largo x 7,52 cm de ancho. Las ruedas pueden ser de diferente diámetro.

Existen bicicletas de competición de dos tipos:

- ◆ bicicleta de carretera, con una rueda autónoma y velocidades en la rueda trasera, y un freno en cada rueda;
- ◆ bicicleta de pista, con una rueda a piñón fijo (una sola velocidad en la rueda trasera), y sin frenos.

Los corredores llevan un casco de protección, camiseta y pantalones elásticos por encima de la rodilla, o una vestimenta similar de una sola pieza. Preferentemente, calcetines blancos. Las gafas y los guantes son opcionales.

Procedimiento

Los ciclistas pueden empezar una carrera de dos modos diferentes: con un pie en el suelo o con alguien que los sostiene por detrás de la línea de salida (parados), o en movimiento. Una señal sonora da la salida. Si la salida no es válida, se dan dos señales acústicas para volver a tomarla.

La carrera termina cuando la rueda delantera de la primera bicicleta cruza la línea de meta.

Después de una caída o un accidente, los competidores pueden correr y empujar su bicicleta hasta la meta.

Un ciclista *marca el ritmo* cuando se coloca en cabeza, establece una velocidad y rompe el viento para un corredor que le sigue.

Competición en carretera

Las competiciones en carretera se corren en vías públicas para tráfico rodado, no en circuitos especiales. La carrera se desarrolla entre dos puntos, dando vueltas a un circuito, regresando al punto de salida después de cubrir una distancia, o bien, combinando varias de estas opciones. El recorrido debe estar trazado de modo que no haya posibilidad de que unos corredores intercepten el paso a otros, es decir, sin intersecciones. La circulación de los usuarios habituales queda reducida. Los corredores deben circular por la derecha, pero pueden adelantar a otro ciclista por ambos lados. Los puntos de control, reparaciones y avituallamiento se colocan en lugares estratégicos.

Los competidores pueden intercambiar refrigerios y material técnico o pueden recibirlo de manos de peatones.

A 1 km de la meta se coloca un aviso, y a 200 m de la llegada, una bandera blanca. La última vuelta se señala con un toque de campana.

Si dos corredores o más empatan, se considera el *sprint* realizado en el último kilómetro para determinar el ganador.

En las carreras en carretera existen diversas modalidades:

Carrera individual: la carrera puede comenzar del siguiente modo: todos los corredores toman la salida al mismo tiempo, en pelotón;

o se toma una *salida en tiempo corregido (handicap start),* donde las posiciones dependen de una vuelta previa. La distancia de cada etapa masculina suele ser de unos 120 km aproximadamente; la femenina es de unos 80 km. En circuito, cada vuelta debe comprender una distancia mínima de 5 km. El ciclista que termina primero se declara vencedor.

Contrarreloj: los corredores salen a intervalos para cubrir una misma distancia. En las carreras individuales a contrarreloj no existe ningún marcador de ritmo. El ciclista o equipo con mejor tiempo gana la carrera.

Criterium: la carrera tiene lugar en un circuito cerrado de 1 km, y los competidores deben cubrir entre 25 km y 95 km. El circuito está cerrado al tráfico rodado. Gana el primero en llegar.

Carrera por etapas: los ciclistas compiten en carretera a lo largo de varias etapas, incluyendo carreras a contrarreloj y *criterium.* La distancia total se divide en tramos y la carrera dura varios días. El ganador es el corredor con menor tiempo acumulado en todas las etapas. La *clasificación general* es el listado absoluto de corredores, y se conceden bonificaciones de tiempo por las victorias en etapas anteriores o por posicionamiento.

Cross: los corredores compiten campo a través (bosque, montaña y pista), en un terreno no pavimentado en más de un 50 %, y transitable con bicicleta en un 75 %. Los competidores pueden montar o cargar sus bicicletas, según las condiciones del itinerario. El primer corredor que llega a la meta gana la carrera.

Carreras en circuito

Los corredores compiten en un circuito oval, que suele estar algo inclinado en los tramos rectos y un poco más en las curvas. Puede ser cubierto o al aire libre.

Las marcas del circuito incluyen rótulos de distancia, una línea roja para la salida, una línea en color negro sobre blanco para la llegada, una línea a 200 m de la llegada, y líneas de sprint y de persecución. El itinerario se corre en sentido inverso a las agujas del reloj.

Algunas de las modalidades de competición en circuito son:

Sprint: dos ciclistas o más compiten en una distancia corta. Para determinar los participantes de una final, deben correrse varias series eliminatorias. Las posiciones se deciden a suertes. Una carrera son tres vueltas (1.000 m). Los primeros tramos de la carrera se dedican a maniobrar. Sólo se cronometra los últimos 200 m. Si la bicicleta que va en cabeza se mantiene por debajo de la línea de sprint, el adelantamiento debe realizarse por fuera. Si el líder

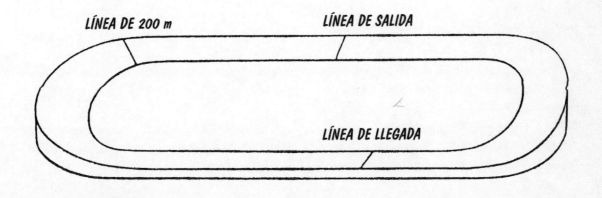

LÍNEA DE 200 m   LÍNEA DE SALIDA

LÍNEA DE LLEGADA

está por encima de la línea, los corredores pueden pasar por ambos lados. El ganador es aquel que termina primero.

Tiempo compensado: los corredores más rápidos deben correr una distancia mayor que los demás, a partir de sus resultados anteriores. Los ayudantes corren con la bicicleta para empujarla hasta la línea de salida. El corredor que termina primero vence.

Persecución: en una carrera individual de persecución, dos corredores empiezan en sentido inverso el uno contra el otro. Se utilizan discos y banderas para posicionar a los corredores. La distancia para hombres es de 4 km. Para mujeres y júniors, 3 km. Se declara vencedor aquel corredor que adelanta al otro o el que termina primero la carrera. En una carrera por equipos, compiten 4 corredores por banda. El tiempo de los 3 primeros corredores de cada equipo determina el vencedor.

Eliminatoria: el último corredor que cruza la meta (rueda trasera pasada) es elimi-nado en determinadas vueltas. Gana la carrera el último corredor o grupo de corredores en sprint.

Contrarreloj: la mecánica es similar a las carreras a contrarreloj en carretera. En una contrarreloj de 1 km, los corredores deben cubrir esa distancia (1.000 m) a toda velocidad.

Madison: equipos de 2 o 3 corredores compiten por relevos, con un corredor en carrera cada vez. Gana el equipo que consigue más vueltas en un tiempo marcado.

Carrera por puntos: los corredores consiguen puntos por cada vuelta. Gana el corredor que consigue máxima puntuación total.

Oficiales

Controlan la carrera: un juez árbitro, asistentes, jueces de salida, controladores de tiempo y jueces.

CRIQUET

Historia

Hacia el 1300, en Inglaterra se jugaba una forma primitiva de este juego. El nombre debió provenir de un término arcaico que se utilizaba para designar una rama de árbol. La pelota se lanzaba por debajo del codo y los bates semejaban los *sticks* de hockey. Con los siglos, aquel pasatiempo rural fue derivando a una competición por equipos. El Marylebone Cricket Club estableció las normas en 1788. La competición internacional comenzaría cien años más tarde y está bajo la jurisdicción del International Cricket Council. En 1990, se inició la World Cricket League de Estados Unidos para promocionar este deporte en el ámbito internacional.

Objeto del juego

Dos equipos de 11 jugadores deben anotar carreras cuando batean, o desviar al adversario cuando están en turno de batear. El equipo que anota más carreras, vence.

Terreno de juego

El campo de hierba sobre el que se practica este deporte varía en tamaño y forma, pero suele ser oval (137 m de ancho x 152 m de largo), y está delimitado por una línea o una valla.

El *pitch* es una área de 20,11 metros de largo x 3,04 metros de ancho, en el centro del campo. El campo exterior es el área fuera de los límites del *pitch*.

Los *wickets* están formados por 3 bastones de madera de 71,1 cm de alto, alineados en paralelo, y con una separación entre ellos de 22,8 cm. Están situados a los extremos del área central, uno frente a otro. Los palos de cada *wicket* están colocados de modo que la pelota no pueda pasar entre ellos.

En la parte superior de los bastones del *wicket* hay dos travesaños (yata de 3,81 cm), los cuales no deben sobresalir más de 1,27 cm por encima.

En cada zona de *wicket* hay 3 marcas sobre el terreno:

◆ la línea de lanzamiento (*bowling crease*) es una línea que cruza el *wicket* de través, con un largo de 2,64 m. El palo central del *wicket* queda en su centro y delimita el límite de la zona de pitch;

◆ la línea de recepción (*popping crease*) es una línea de 3,65 m, trazada en paralelo, a 1,21 m por delante de la línea de lanzamiento;

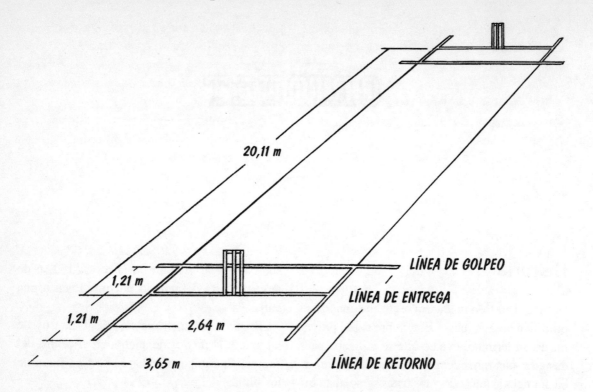

20,11 m

1,21 m

1,21 m

2,64 m

3,65 m

LÍNEA DE GOLPEO

LÍNEA DE ENTREGA

LÍNEA DE RETORNO

♦ las líneas de retorno están trazadas en los extremos del campo central, por detrás y en ángulo recto con la línea de lanzamiento. Nacen en la línea de recepción y van a buscar su vértice en un punto situado a 1,21 m por detrás de la línea de lanzamiento.

Equipo

El *bate* tiene una superficie plana para golpear (pala) y un mango cilíndrico. El largo máximo es de 96,5 cm, y el ancho máximo es de 11,43 cm.

La *bola* suele ser de corcho y está recubierta con piel. Tiene una circunferencia entre 22 cm y 22,8 cm, y su peso oscila entre 155 g y 163 g.

Los jugadores visten pantalón y camisa de color blanco o crema, y suelen llevar jersey y gorra. Las botas llevan clavos o suela de goma.

Los bateadores y los receptores llevan guantes de piel, espinilleras y casco.

Reglas generales

Un partido se divide en dos mangas (períodos).

Los equipos batean y devuelven por turnos.

Los jugadores en turno de batear se llaman «bateadores». El jugador que trata de golpear la pelota se llama *striker* atacante.

Un receptor es el que lanza la pelota, que corre hacia la línea de recepción y lanza la bola (la entrega) hacia el *wicket* contrario. Debe lanzar la bola con un lanzamiento directo *(straight)*, sin doblar ni balancear el brazo. No puede lanzar por debajo del codo, botar más de dos veces, rodar por el campo ni detenerse antes de llegar al *striker*. El *wicket keeper* (receptor o guarda *wicket*) es un receptor que permanece detrás del *striker*.

El *striker* queda fuera si la pelota toca un travesaño del *wicket*. Si la pelota es golpeada dentro del campo, el *striker* y el *bateador* tratan de puntuar.

Cada vez que un bateador tiene opción de correr hacia el *wicket* contrario, antes de que el receptor toque el *wicket*, se anota una carrera. Sólo anota el marcador del *striker*.

El bateador debe permanecer en su puesto, bateando, hasta que sea substituido por un compañero de equipo.

Los lanzamientos se realizan en series de 6 o de 8 *overs*. Los *overs* se realizan en cada *wicket* de modo alternativo.

Una manga se completa cuando han pasado 10 bateadores, o cuando se ha lanzado un número predeterminado de *overs*.

Se marca *no ball* (no hay bola)*:* cuando un lanzador arroja la bola en lugar de entregarla; cuando su pie delantero no está detrás de la línea de recepción y su pie trasero dentro de las líneas de retorno. Sin embargo, el adversario puede golpear la bola y puntuar carreras.

Se considera *bola muerta* cuando: el lanzador o el receptor agarran la bola; cuando cruza los límites del campo; si queda suspendida en la ropa de un bateador, después de algunos avisos del árbitro (*over* o «tiempo»); y cuando un bateador está fuera. La bola está en juego una vez que el lanzador ha empezado a entregarla.

Un bateador queda descalificado cuando se produce:

- *bowled*: el lanzador toca el *wicket* con la bola al entregarla;
- *caught*: un receptor agarra la bola antes de que toque el suelo;
- *run out*: un equipo toca el *wicket* del otro equipo, que corre entre las líneas de recepción;
- *stumped out*: el *wicket keeper* toca el *wicket* del *striker* con la bola, mientras éste está fuera de las líneas de recepción;
- LBW (*Leg Before Wicket*) o pierna adelantada: el cuerpo del *striker* impide que la bola toque el *wicket*.

El árbitro no sacará al *striker,* a menos que los adversarios den la voz de *How's that?* («¿Qué pasó?»), antes de que el lanzador empiece su *run up* (inicio del movimiento para entregar la bola).

Los sustitutos pueden remplazar a un jugador de campo lesionado o enfermo, pero no pueden batear ni entregar la bola.

Duración del juego

Los partidos, con uno o dos períodos por equipo, se juegan en un tiempo acordado previamente. Hay un descanso de 10 min entre cada manga y se permite hacer recesos de refrigerio. Los *Test Matchs* (partidos internacionales) se juegan en 5 días, en jornadas de 6 horas. En los campeonatos internacionales o *test match*, cada equipo puede jugar 2 mangas. En los campeonatos internacionales de un día, se juegan 50 *overs* por banda, y una manga por equipo.

Puntuación

Una *carrera* consiste en correr de un *wicket* al otro. Después de un golpe, cada vez que un bateador rebasa al otro en el campo central y cruza la línea de recepción, se anota una carrera. Si la bola es golpeada y cruza los límites del campo rodando, se anota 4 carreras; si cae fuera sin botar, se anota 6, aunque antes la toque un jugador de campo. Los *extras o sundries* son carreras sin golpear antes la bola.

Ejemplo de anotación de un punto: se denomina *bye* cuando la pelota no toca al *striker* ni a su bate, y no golpea el travesaño del *wicket*. Una *wide ball* (bola amplia) es aquella bola lanzada fuera del alcance del *striker*. Si un bateador no corre en una *no ball*, el equipo se anota una carrera, pero el bateador queda descalificado. Si un jugador de campo utiliza su gorra para alcanzar una bola, el equipo que batea se anota 5 puntos.

Procedimiento

Los capitanes de cada equipo lanzan una moneda al aire para decidir qué equipo batea o está en el campo primero.

El *wicket keeper* (guarda *wicket*) se coloca tras el *wicket* hasta que pasa el *striker*, golpea o hace pasar la bola.

El capitán coloca a los otros 9 jugadores de campo en 2 círculos alrededor del *striker*, pero no puede haber más de 2 detrás de la línea de recepción, a la izquierda del *striker*. El círculo interior sirve para controlar los golpes de campo y para impedir las carreras; el círculo exterior defiende golpes más largos hacia los límites del campo.

El *striker* permanece inmóvil con al menos un pie detrás de la línea de recepción. El *no-striker* permanece con ambos pies detrás de la línea de recepción.

Los golpes de bate pueden darse hacia delante para anotar carreras, o hacia atrás, para proteger el *wicket*.

Cuando el lanzador entrega la bola, el *no-striker* debe estar preparado para correr. Cuando se golpea la bola delante de la línea de recepción, el *striker* decide si el bateador puede tratar de marcar o no, pero no deben probarlo.

Las decisiones sobre las bolas que se golpean por detrás de la línea corren a cuenta del *no-striker*.

Cuando el lanzador ha terminado un *over*, el *striker* se convierte en *no-striker*. En una manga, no se puede lanzar dos *overs* sucesivos en un mismo extremo.

Se declara ganador al equipo que consigue más carreras en todas las mangas. Si el marcador está igualado o si no se completa una manga, hay empate.

Los resultados de un partido se cuentan según la diferencia de carreras entre los dos equipos; o bien, si el lado que bateó último tiene más carreras que el equipo contrario antes de que sus bateadores sean descalificados, el resultado se da a partir del número de bateadores que permanecen en el campo (en realidad, de *wickets*).

Oficiales

Dos árbitros, con abrigos blancos y largos, controlan el juego e imponen su criterio. Uno se coloca en el lado del *striker*, el otro, detrás del lanzador o *bowler*.

CRÓQUET

Historia

El juego del cróquet, también llamado *lawn cro-quet* es una evolución del pasatiempo francés *paille-maille,* en inglés *pall-mall.* La primera noticia que se tiene del mismo data del siglo XIII, en Francia. Fue introducido en Inglaterra en el siglo XVI. En 1865 aparecen ya las reglas de Newport, y en 1868 se funda el United All England Club, que marca un hito en el desarrollo de este deporte. La United All England Association (1894) unifica los reglamentos. Hacia la misma época, comenzó a practicarse el tenis sobre hierba, aunque el número de jugadores era muy inferior a la gran afición de ambos sexos por el cróquet. Los colonos ingleses lo introdujeron en Estados Unidos hacia 1860.

En 1904 entró a formar parte de las competiciones olímpicas. En los años comprendidos entre las dos guerras mundiales, se convirtió en un entretenimiento de personajes célebres de la literatura y el espectáculo. En el U.S. Croquet, por ejemplo, se contaban socios como Harpo Marx, Darryl Zanuck, Sam Goldwyn, George S. Kaufman, Alexander Wollcott y W. Averall Harriman.

El cróquet es uno de los pocos deportes donde hombres y mujeres compiten en las mismas condiciones. El American Croquet es un deporte enormemente popular en Estados Unidos. La organización que se ocupa de la competición en este continente es la United States Croquet Association. Se ha definido a este deporte como «la combinación de una especie de ajedrez sobre hierba, golf, billares y estrategia bélica».

Objeto del juego

Un jugador o un equipo trata de golpear bolas, dos veces, a través de una serie de *wickets* (aros), contra una estaca colocada en el centro del campo. El equipo que termina primero o anota más tantos se declara vencedor.

CRÓQUET AMERICANO ESTÁNDAR DE 6 *WICKETS*

Terreno de juego

El campo de juego es una parcela rectangular de hierba, delimitada por cuerda blanca. Sus dimensiones son 32 m por las bandas de este y oeste, y 25,60 m por las de norte y sur. Existen campos menores, a una escala de 5:4.

Los *wickets* son anillos blancos de metal, a 30,48 cm del suelo. La corona o *crown* (parte

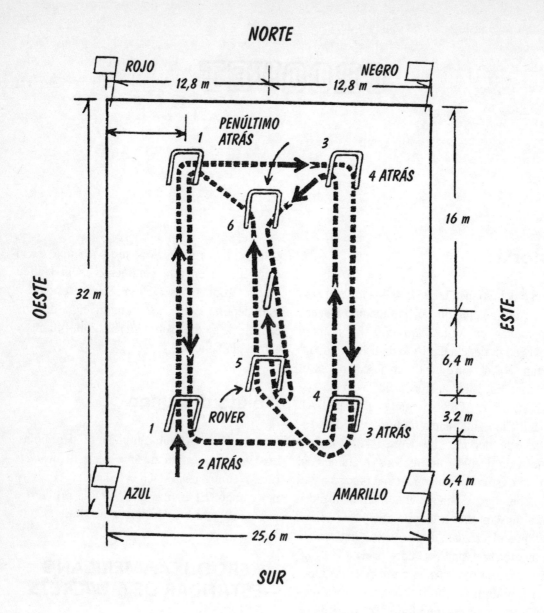

alta) del primer *wicket* es de color azul; la corona del último *wicket (the rover)* es roja.

La estaca central es de madera, y tiene una altura de 45,72 cm. Es de color blanco, con bandas azules, rojas, negras y amarillas, en sentido descendente, mostrando en su ordenación el orden de juego.

Las banderas de las esquinas son de color: azul (1), rojo (2), negro (3) y amarillo (4).

Equipo

La *maza* es de madera, con mango largo. Tiene un largo aproximado de 76 cm, y termina en el mazo, de caras paralelas.

Las *bolas* tienen un diámetro de 9,2 cm, y son de color azul, rojo, negro y amarillo.

Los *clips* de los *wickets* son del mismo color de las bolas y están colocados para indicar la dirección de la bola.

El panel apagado (*deadness board*) indica las bolas que un jugador no debe golpear.

La vestimenta es informal, pero el blanco es el color tradicional.

Normas básicas

El juego puede ser individual (2 jugadores) o a dobles (4 jugadores).

Un equipo juega las bolas azul y negra; el otro, las rojas y amarillas.

El orden de juego es: azul, rojo, negro y amarillo.

En individuales, un jugador puede jugar cualquier bola de los colores que le tocan; en dobles, cada jugador utiliza la misma bola todo el tiempo.

El jugador que tiene turno de golpe se llama *striker,* y tiene un tiro, a menos que pueda golpear otra bola que mantenga viva a otra (que pueda golpear otras bolas), o bien, marcar un *wicket* haciendo pasar la bola por su interior en el sentido y orden correspondiente. En ese caso, el *striker* sigue en juego.

Si el *striker* da vida a una bola y la golpea (*roquet)*, tiene dos tiros libres.

Un *tiro de cróquet* es el primero de dos tiros extra. Los jugadores deben colocar las bolas una contra otra y golpear la que corresponda para mover las dos. Después de un tiro de cróquet, el jugador tiene un tiro libre de *continuación*.

Un jugador que anota un *wicket* gana un tiro de continuación, que puede utilizar para ir a otra anilla o para golpear otra bola.

Después de golpear una bola, esa bola muere en la otra (no puede volverla a golpear), hasta que la bola del *striker* haya pasado a través del siguiente *wicket* y la convierta de nuevo en bola viva.

Si se golpea dos bolas al mismo tiempo, la primera que se golpea es la *roqueted ball*.

Una bola que sale fuera se coloca de nuevo en el terreno, a la distancia que marca el largo de la maza, delante del punto por donde ha salido.

La bola debe ser golpeada con una de las caras del mazo, nunca empujada. Los jugadores recogen un clip cada vez que anotan un *wicket* o varios y, una vez terminan su turno, las colocan en el próximo *wicket* que deben jugar.

Un jugador tiene opción a pasar de turno.

No se permite ningún comportamiento que pueda distraer a los jugadores de la partida.

Procedimiento

Antes de empezar, se lanza una moneda al aire para decidir quién juega azul y negro y quién juega rojo y amarillo.

Los turnos de tiro (series) son alternativos, pero cada vez debe jugarse una bola de un color.

El juego se inicia con un único tiro desde una distancia de 91,44 cm por detrás del primer *wicket*.

Los jugadores que no consiguen pasar el *wicket* número 1 no pueden golpear las bolas que han pasado por éste; las bolas que han pasado el primer *wicket* no pueden tocar otras bolas que no hayan pasado por ese *wicket*.

Los jugadores tratan de pasar los primeros 6 *wickets* en el sentido de las agujas del reloj, dentro de la pista (ver esquema).

En el *wicket* 7 (también llamado *1 inverso*), los jugadores tratan de pasar los mismos 6 *wickets* en el sentido inverso para obtener 12 puntos, y entonces proceden a realizar el *sake out* (tocar la estaca) para obtener el punto 13.

Cuando cada bola anota el número 7, el equipo contrario debe despejar una *bola dormida* (bola que no podía golpear).

Cuando una bola ha anotado el número 12 (*rover wicket*), se considera *rover,* y puede despejar todas las bolas haciéndolas pasar por cualquier *wicket* y en cualquier sentido.

Una vez despejadas, un *rover* no puede golpear la última bola que quedó dormida hasta que no golpee otra bola. Una bola de rover no puede golpear una bola dos veces en el mismo sentido.

Gana el lado que obtiene antes 26 puntos, o el que anota más puntos en una partida contrarreloj. Una jugador o equipo gana después de que las bolas hayan pasado los 12 *wickets* (6 *wickets* pasados dos veces), y golpea la estaca. Se anota un punto por pasar un *wicket* más otro punto por golpear la estaca. Como cada bola puede anotar 12 puntos, el máximo total para ganar son 26 puntos, a menos que los jugadores hayan acordado un tiempo de juego limitado: entonces gana el que tiene mayor puntuación al final.

Oficiales

Un árbitro controla el partido y, cuando un jugador lo reclama, valora los golpes, el movimiento de las bolas, los puntos de *wicket* y los *strokes* dudosos.

Se considera falta cuando el *striker*:

♦ juega fuera de turno;
♦ toca la cabeza de la maza;
♦ chuta el mazo contra una bola;
♦ golpea dos veces una bola en un mismo tiro;
♦ toca una bola con cualquier parte de su cuerpo.

Los jugadores que son penalizados pierden su turno y no reciben ningún punto por el tiro realizado.

Los jugadores pueden actuar como jueces. En una disputa, un adversario debe respetar la opinión del *striker*.

CRÓQUET AMERICANO ESTÁNDAR DE 9 *WICKETS*

Existen otras modalidades de cróquet. El objeto del juego, las normas básicas y el equipamiento son similares a las del 6 *wickets*, pero hay algunas diferencias.

Las medidas de la pista estándar para el American Nine-*Wicket* son 15,24 m x 30,48 m. Las pistas menores deben medir, como mínimo, 9,14 x 18,28 m (ver ilustración).

Se utilizan dos estacas, una a cada lado del campo. Los *wickets* son todos de color blanco.

El jugador que consigue anotar primero 32 *wickets* gana la partida. Un jugador o un equipo se declara vencedor cuando ha conseguido pasar ambas bolas a través de 14 *wickets* (7 *wickets*, dos veces cada uno), y logra golpear las 2 estacas.

Se anota un punto por pasar un aro y otro punto por golpear la estaca. Como cada bola puede anotar 16 puntos, la puntuación máxima son 32 puntos.

Nota: Después de golpear (roquet) una bola, la bola del striker puede colocarse a la distancia del largo total de la maza, en lugar de colocarla en contacto con ella; o bien, el jugador puede golpearla manteniendo un pie cerca de la otra bola, desplazando la otra bola.

GOLF CRÓQUET

Seis jugadores o más compiten en un campo de 6 *wickets*.

Cada jugador empieza la partida a la distancia del largo de una maza respecto a la estaca central.

Cada jugador tiene un solo tiro por turno para anotar un *wicket*. La primera bola que pasa el *wicket* anota ese punto. La estaca no vale ningún punto.

Después de anotar un *wicket*, todos los jugadores se desplazan al siguiente; ningún jugador puede continuar jugando desde donde estaba.

En la versión abreviada del juego, gana el jugador que primero obtiene 7 puntos. El itinerario consiste en pasar los primeros 6 wickets, más el número 1 una segunda vez, para anotar el punto 7.

En la versión larga, gana el jugador que primero obtiene 13 puntos. El itinerario consiste en pasar los primeros 12 *wickets*, más el número 3 una segunda vez, para anotar el punto 13.

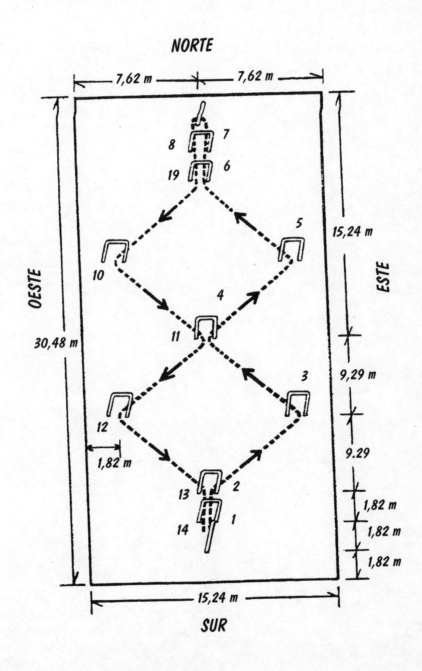

DARDOS

Historia

En la Edad Media, la práctica de los dardos servía como entrenamiento para los arqueros. Los guerreros cortaban sus flechas por el asta y así idearon un deporte de competición. El fondo de un tonel de vino servía como blanco. En Gran Bretaña, la tradición señala a Enrique VIII y sus sucesores como grandes aficionados a los dardos y, posteriormente, ya en el siglo XIX, el deporte se populariza y se practica en tabernas de todo el Reino Unido. Un tronco de árbol cortado en sección se colocaba en las paredes de las tabernas y de ahí procede la actual diana en forma de telaraña, de los anillos y grietas desecadas de la madera.

Los primeros colonizadores de Nueva Inglaterra llevaron el deporte a Estados Unidos y desde entonces se convirtió en un deporte recreativo. Pero hasta el siglo XX, tras la Segunda Guerra Mundial, no se extiende por el país: es entonces cuando los soldados destinados a Europa se aficionan enormemente y vuelven a practicarlo.

La World Darts Federation es la organización internacional que gestiona y promociona este deporte y que se encarga de la reglamentación y la organización de competiciones. En Estados Unidos, encontramos la American Darts Organization, como asociación de ámbito nacional. En España, el deporte llegó con el auge turístico de los años sesenta, por la gran afluencia de ingleses a las costas españolas. La primera federación que apareció fue la Balear, en 1986 y, ese mismo año, se fundó la Federación Española de Dardos y se organizó el I Campeonato Nacional de Dardos, en Alicante.

En Gran Bretaña sigue siendo un deporte nacional de gran popularidad, ya que el equipo es barato, no se establecen diferencias de edad ni sexo, se requiere un espacio bastante limitado y puede practicarse a cubierto, sin impedimentos a causa de las inclemencias meteorológicas.

Objeto del deporte

Los jugadores lanzan dardos contra una diana dividida en secciones numeradas para anotar tantos, que se van restando de un total preestablecido. El primer equipo o jugador que reduce al mínimo o a cero la puntuación se declara vencedor.

Zona de juego

La distancia mínima respecto a la diana debe ser de 237 cm.

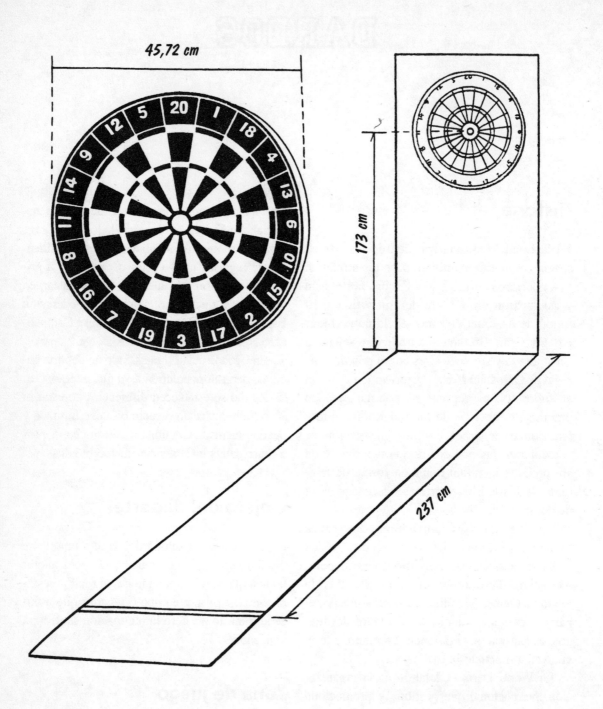

45,72 cm

173 cm

237 cm

La diana tiene un diámetro de 45,72 cm, y está confeccionada con papel prensado o fibra sintética. Las secciones están numeradas del 1 al 20, y la diana debe colgarse con el 20 en la parte superior, a una altura de 173 cm desde el suelo hasta el centro de la diana.

La línea de tiro está marcada en el suelo con un listón de 3,81 cm de altura y 60 cm de largo.

La distancia en diagonal del extremo del listón hasta el centro de la diana es de 293 cm.

Equipamiento

Los dardos pueden medir un máximo de 16 cm y tener un peso máximo de 18 g.

Cerca de la diana se cuelga una pizarra para anotar los tantos.

La vestimenta es informal.

Normas básicas

Una partida puede jugarse individualmente, por parejas o equipos.

Antes de empezar, se permite lanzar nueve tiros de calentamiento.

Cada jugador lanza un dardo; el que lo deja más cerca del blanco o *cork* (centro de la diana) empieza. Los turnos también pueden decidirse lanzando una moneda al aire.

Al empezar el juego, cada jugador dispone de 30 segundos para lanzar 3 dardos.

Si un jugador pisa la línea de tiro, el tiro se cuenta pero no anota ningún tanto.

Después de lanzar el último dardo, los dardos deben mantenerse 5 s clavados en la diana antes de anotar los tantos. Si un dardo cae al suelo o se clava en otro dardo, no cuenta. No está permitido repetir un tiro.

La puntuación se cuenta del siguiente modo:

Doble: dos veces el número de la sección.
Triple: tres veces el número de la sección.
Diana (anillo exterior del blanco): 25 puntos.
Doble diana (anillo interior del blanco): 50 puntos.

Procedimiento

301

Cada competidor empieza con 301 puntos. Cada jugador debe anotar un doble antes de empezar a contar. Esta norma puede anularse y empezar a contar desde el principio.

Para el tanteo, se van restando puntos (cada tiro) de 301.

Para ganar, los jugadores deben anotar un doble o una diana que deje su marcador a cero. Por ejemplo: si necesita 50 puntos para terminar, puede tirar al 18 y al doble 16 (18 + 16 x 2 = 50), o tirar al blanco (50).

Si se pasa de la cuenta, el lanzamiento de los 3 dardos no se anota y el marcador se mantiene como estaba. Por ejemplo: si necesita 20 puntos y anota 21, el marcador se mantiene en 20. Si anota 19, el turno tampoco cuenta, porque un jugador no puede ganar sin anotar un doble.

Cada juego se considera una manga o una vuelta. Un jugador que gana 2 de 3 vueltas, se declara vencedor.

501, 601, 1001

Estos juegos se desarrollan como el 301, pero el marcador inicial se determina según el número de participantes por equipo.

Para empezar no es necesario anotar un doble, pero para terminar sí.

Criquet

El cricquet se juega del 15 al 20, más la diana y doble diana.

Para empezar, un jugador debe tirar tres veces a un mismo número (tres sencillos, un sencillo y un doble o un triple). El número anotado es la salida y todos los dardos del grupo o jugador de salida cuentan hasta que el otro cierra el número anotando también *tres del número.*

Un jugador puede tratar de subir un marcador o evitar que el adversario anote.

El equipo que cierra todos los números primero y obtiene más puntos vence.

ESGRIMA

Historia

El primer testimonio documentado del deporte de la esgrima se encuentra en España, a principios del siglo XV, en tratados como *La verdadera esgrima* (1472), de J. Pons y *El manejo de las armas de combate* (1473), de P. De la Torre. Aparecieron también tratadistas en Italia y Francia. Los españoles dominaron este arte durante todo el siglo XVII, pero los italianos ganaron la supremacía durante el XVIII. De ser un arma castrense, la espada pasó a convertirse en un instrumento de esgrima para los caballeros, y comenzaron a surgir academias en toda Europa. En 1896 ya se celebraron pruebas de esgrima masculinas, y en los Juegos Olímpicos de París, en 1924, las mujeres entraron también en competición. En la actualidad los programas olímpicos incluyen los combates de florete masculino y femenino, y de espada y sable masculinos, todos ellos en categoría individual y por equipos.

El reglamento de la Federación Internacional de Esgrima (FIE), fundada en 1913, fue codificado por primera vez por el marqués Chasseloup-Labaut y por Paul Anspach, en 1914, bajo el título *Reglamento para las pruebas*. Posteriormente, se refundió y se revisó en diversas ediciones, bajo la supervisión de los comités olímpicos nacionales e internacionales.

Objeto del deporte

Dos esgrimidores equipados con un mismo tipo de arma (florete, espada o sable) compiten durante un período determinado para tratar de tocar con el arma diversas partes del cuerpo del contrincante (superficie válida). El que consigue mayor número de puntos con sus acciones se declara vencedor. Cuando no se considera el resultado de un combate amistoso, éste se denomina *asalto*. Cuando se trata de una competición, se le llama *match*. Un *encuentro* es un conjunto de *match* entre esgrimidores de diferentes equipos. Una *prueba* es un conjunto de *match* (pruebas individuales) o de *encuentros* (pruebas por equipos), necesarios para determinar un vencedor o vencedora de un campeonato o torneo.

Terreno de combate

El terreno de combate debe tener una superficie plana. No debe favorecer a ninguno de los dos adversarios, sobre todo en lo que respecta a la pendiente y la luz.

Cuando se anuncia un torneo, los organizadores deben informar siempre del tipo de terreno sobre el que se disputarán las pruebas. Especialmente, deben especificar si se realizan al aire libre.

La parte del terreno destinada al combate se denomina *pista*. La pista puede ser de tierra, madera, linóleo, corcho, caucho, plástico, metal, alfombra metálica o de un material de base metálica.

La pista tiene una anchura entre 1,80 m y 2 m; su longitud útil es de 14 m. Además, está longitud se alarga entre 1,50 m y 2 m por cada extremo, para permitir retroceder al esgrimidor que sale del terreno sobre una superficie lisa y nivelada.

Si la pista está situada sobre una tarima, ésta no puede sobrepasar la altura de 0,30 m.

En la pista se trazan 5 líneas perpendiculares a la longitud de la pista:

♦ una línea mediana, que debe estar trazada en línea continua sobre toda la anchura de la pista, en su justo medio;

♦ dos líneas de puesta en guardia, a 2 m por cada lado de la línea mediana (trazadas a través de toda la anchura de la pista);

♦ dos líneas de límite posterior, a una distancia de 7 m, respecto a la línea mediana. Los dos últimos metros que preceden a esta línea posterior se deben distinguir claramente (si es posible, con un color de pista diferente), de modo que los tiradores puedan darse cuenta fácilmente de su posición en la pista. El esgrimidor que franquea con ambos pies la línea posterior se considera tocado.

La mesa sobre la cual se pone el *indicador de tocados* debe estar a menos de 1 m, frente a la línea mediana.

TRAZADO DE LAS PISTAS NORMALES PARA LAS TRES ARMAS

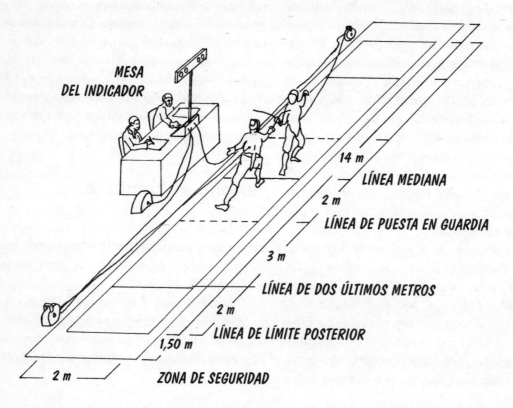

MESA
DEL INDICADOR

14 m

LÍNEA MEDIANA

2 m

LÍNEA DE PUESTA EN GUARDIA

3 m

LÍNEA DE DOS ÚLTIMOS METROS

2 m

LÍNEA DE LÍMITE POSTERIOR

1,50 m

2 m

ZONA DE SEGURIDAD

Combate

Los adversarios combaten a su manera y por su cuenta y riesgo, con la única condición de observar las reglas fundamentales del esgrima. Sin embargo, cualquier asalto o *match* debe conservar un carácter cortés.

En florete, está prohibido mantener el hombro del brazo no armado por delante del hombro del brazo armado, durante el combate.

El esgrimidor en pista debe llevar la careta hasta la decisión del presidente.

En florete y espada, si se compite con armas ordinarias, cualquier golpe de punta debe llegar franca y netamente para ser contado como tocado. En sable, si se compite con armas ordinarias, los golpes deben llegar neta y francamente de punta, de corte o contra corte, para ser contados como tocados.

En las tres armas, la acción defensiva se ejerce exclusivamente con la ayuda de la cazoleta y del hierro utilizados, sea separadamente o de manera conjunta. El arma se maneja con una sola mano. El esgrimidor no puede cambiar de mano hasta el final del *match*, o si lo autoriza el presidente, en caso de herida en el brazo o la mano.

Está prohibido utilizar el brazo no armado para ejercer una acción ofensiva o defensiva. En florete, está prohibido utilizar la mano no armada para proteger la superficie válida ni cualquier otra parte del cuerpo.

En sable, está prohibido proteger o sustituir una superficie válida por otra parte del cuerpo, sea por cobertura o por movimiento anormal.

Para la *puesta en guardia*: el esgrimidor llamado debe colocarse a la derecha del presidente, a menos que el *match* sea entre un esgrimidor zurdo y uno diestro, si el primer llamado es el esgrimidor zurdo. El presidente hace que los combatientes se coloquen de tal modo que tengan su pie adelantado a 2 m de la línea mediana de la pista (detrás de la línea de puesta en guardia).

La puesta en guardia al principio y en las reanudaciones se realizan siempre desde la mitad de la anchura de la pista. La distancia entre los esgrimidores debe ser tal que, con el brazo extendido y el hierro en línea, las puntas no puedan entrar en contacto.

Cuando se retoma la guardia, en la distancia, por salida lateral, se puede situar al infractor más allá de la línea de límite posterior, e implica un tocado. Los combatientes se ponen en guardia a la orden de «en guardia» del presidente. Luego, el presidente pregunta: «¿Listos?». Si todo está conforme, da la señal de combate: «Adelante».

Los esgrimidores deben ponerse en guardia y permanecer inmóviles hasta que el presidente señala «adelante». Entonces pueden iniciar la acción ofensiva. Cualquier golpe tirado antes de la orden no cuenta.

El fin del combate se marca con la orden de «alto». Desde esa orden, no se puede iniciar ninguna acción; sólo vale un golpe ya lanzado. La orden de «alto» se da también si el juego de los esgrimidores es peligroso, confuso o contrario al reglamento, si uno de los dos está desarmado, si uno de los dos sale de la pista, o si se acerca al público o al jurado al retroceder.

Después de cada tocado (en superficie válida), los esgrimidores vuelven a ponerse en guardia en mitad de la pista. Si no ha habido tocado válido, se vuelven a poner en guardia en el lugar que ocupaban cuando se produjo la interrupción del combate.

Los esgrimidores cambian de lado:

♦ al aire libre: después de cada tocado;
♦ en pista: después de cada manga o, en un *match* de diversos tocados, después de que uno de los esgrimidores haya recibido la mitad de los tocados establecidos. En sable, si uno de los esgrimidores es zurdo y el presidente no puede cambiar de lado, los esgrimidores deben continuar en su

lugar, y los asesores cambiarán de derecha a izquierda, recíprocamente.

Un esgrimidor no puede salir de la pista sin permiso del presidente.

En un combate a corta distancia (florete y sable), se autoriza que transcurra tanto tiempo como sea necesario para que los esgrimidores puedan utilizar el arma, y el presidente pueda seguir la acción.

El *cuerpo a cuerpo* existe cuando dos adversarios están en contacto. En ese caso, el presidente detiene el combate. En florete y en sable, está prohibido (aunque no haya brutalidad ni violencia). En las tres armas, está prohibido ocasionar el cuerpo a cuerpo para evitar un tocado o empujar al adversario.

Está permitido *esquivar* y *desplazarse,* incluso se puede tocar el suelo con la mano no armada. Está prohibido dar la espalda al adversario.

Durante un combate, si un adversario sobrepasa al otro, el presidente da la voz de «alto» y hace volver a los esgrimidores a sus posiciones antes del desplazamiento. En caso de intercambio de tocados en el transcurso de un desplazamiento en que se rebasa al adversario, el tocado realizado antes de la acción es válido; el tocado realizado después se anula, pero el tocado realizado por el esgrimidor que ha sido atacado, incluso si lo realiza durante un giro, es válido.

Cuando se da la orden de «alto», el terreno ganado queda adquirido hasta que se conceda un tocado. Al volverse a poner en guardia, cada esgrimidor debe retroceder una distancia igual para retomar la medida de «en guardia».

Cuando se suspende el *match* a causa de un cuerpo a cuerpo, los esgrimidores deben volverse a colocar en guardia, de modo que el que ha sufrido el ataque pueda quedar donde estaba antes del mismo.

Cuando un esgrimidor franquea con los dos pies uno de los límites de la pista, el presidente señala «alto», y anula cualquier acción después de salir de la pista, excepto el tocado recibido por el esgrimidor que ha franqueado el límite.

Cuando un esgrimidor franquea con los dos pies el límite posterior de la pista, recibe un tocado de penalización. Si un tirador franquea con un solo pie el límite lateral, no hay penalización, pero se grita «alto» y deben retomar la posición de guardia.

Si un esgrimidor franquea el límite lateral con los dos pies, es penalizado. Para retomar la guardia, el adversario debe avanzar 1 m, y el esgrimidor penalizado debe retroceder para retomar la guardia. Si la salida es accidental (empujón u otra circunstancia), no hay penalización.

Duración del combate

Se entiende como duración del combate el tiempo transcurrido entre la suma de los intervalos de tiempo entre «adelante» y «alto». La duración efectiva de combate es:

♦ espada a un tocado: 5 min.

En todas las armas:

♦ a 4 tocados: 5 min;
♦ a 5 tocados: 6 min;
♦ a 8 tocados: 8 min;
♦ a 10 tocados: 10 min.

Un minuto antes de que expire el tiempo, el cronometrador debe dar la voz de «minuto». Un tocado realizado en el momento en que el presidente detiene el combate es válido.

Acciones ofensivas y defensivas

Las diferentes acciones ofensivas son: ataque, respuesta y contra respuesta.

El *ataque* es la acción oficial ofensiva que se ejecuta alargando el brazo y amenazando constantemente la superficie válida del adversario.

La *respuesta* es la acción ofensiva del esgrimidor que ha parado el ataque.

La *contra respuesta* es la acción ofensiva del esgrimidor que ha parado la respuesta.

La acción es simple cuando se hace un solo movimiento: directo (en la misma línea), o indirecto (en otra línea). La acción es compuesta cuando se realizan varios movimientos.

Las diferentes acciones ofensivas son las paradas.

La respuesta es inmediata o a tiempo perdido, según la rapidez de ejecución.

Ejemplos de acción simple directa:

- respuesta recta: tocar al adversario sin abandonar la línea en que se realiza la parada;
- respuesta por toma de hierro: tocar al adversario sin perder contacto con el hierro, después de la parada.

Ejemplos de respuestas simples indirectas:

- respuesta por pasada: tocar al adversario en la línea opuesta a la línea de la parada, pasando el arma por debajo de la contraria, cuando la parada se ha realizado en una línea alta, o pasando el arma por encima, cuando la parada se realiza en una línea baja;
- respuesta por cupé: tocar al contrario en la línea opuesta a la línea en que se ha efectuado la parada, haciendo pasar el hierro, en todos los casos, por delante de la punta contraria.

Ejemplos de respuestas compuestas:

- respuesta con doblamiento: tocar al adversario en la línea opuesta a aquella

en que se ha efectuado la parada, pero después de describir una circunferencia completa alrededor del hierro contrario;
- respuesta por un-dos: tocar al adversario en la línea de la parada, pero después de haber pasado el arma propia por la línea opuesta y por debajo del hierro contrario.

Los *contraataques* son acciones ofensivas o defensivo-ofensivas, efectuadas durante la ofensiva contraria:

- arresto: contraataque realizado sobre un ataque;
- golpe de arresto (antes «golpe de tiempo»): cerrando la línea en que se ha terminado un ataque.

La *arremetida* es una acción ofensiva simple, a continuación de una primera acción, sin retirar el brazo, después de una parada o un retroceso del adversario.

El *redoblamiento* es una nueva acción, simple o compuesta, sobre un adversario que ha parado sin responder, o que ha evitado una primera acción con un retroceso o esquivándola.

Retomar el ataque es realizar un nuevo ataque, inmediatamente después de volver a la guardia.

Contratiempo es cualquier acción efectuada sobre un arresto del adversario.

Florete

Material de los floretistas

Armamento

El *florete* debe tener un peso inferior a 500 g, y su longitud máxima es de 110 cm. La hoja es de acero, de sección cuadrangular. Las aristas deben ser suavizadas para que no corte, y debe

DIMENSIONES DEL FLORETE

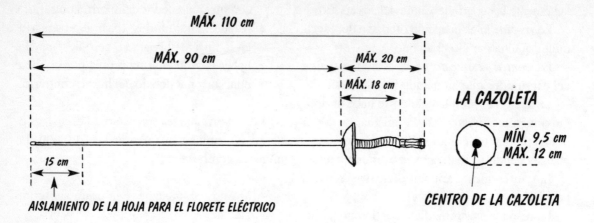

MÁX. 110 cm

MÁX. 90 cm

MÁX. 20 cm

MÁX. 18 cm

15 cm

AISLAMIENTO DE LA HOJA PARA EL FLORETE ELÉCTRICO

LA CAZOLETA

MÍN. 9,5 cm
MÁX. 12 cm

CENTRO DE LA CAZOLETA

terminar en un ángulo de 45 ° aproximadamente (0,5 + o - 0,1 mm por cada lado) para no cortar. La longitud máxima de la hoja es de 90 cm, y debe tener una flexibilidad máxima de 9,5 cm, y una flexibilidad mínima de 5,5 cm (la flexibilidad se mide fijando la hoja horizontalmente a 70 cm del botón, y suspendiendo un peso de 200 g a 3 cm del botón).

La *cazoleta* del florete debe poder pasar por un tubo cilíndrico recto de 12 cm de diámetro 15 cm de longitud. La hoja debe pasar por el centro de la cazoleta. El diámetro de la cazoleta debe ser superior a 9,5 cm.

La longitud máxima de la *empuñadura* son 18 cm.

Cuando el florete no va atado a la mano por ningún sistema de sujeción, es obligatorio llevar una *martingala* (correa).

Si el florete no lleva un *botón anotador eléctrico*, debe estar botonado, es decir, que la hoja metálica en que termina la hoja debe estar recubierta de hilo, plástico u otro material no metálico.

Indumentaria y equipo

La *chaqueta,* en su parte inferior, cortada horizontalmente a la medida, debe recubrir los cal-zones en una altura mínima de 10 cm, cuando el esgrimidor o esgrimidora estén en posición de guardia. Debe llevar obligatoriamente una manga hasta la articulación del antebrazo, tener dos grosores y presentar garantías de seguridad. Bajo la chaqueta se debe llevar una camiseta interior de tela de cáñamo, nilon u otro material. La chaqueta metálica cubre, con material conductor aislado del cuerpo del esgrimidor, toda la superficie válida de tocado, en cualquier posición.

El *guante* puede ser ligeramente acolchado.

La *careta* es una máscara con protección para el cuello: no puede bajar más de 2 cm por debajo del cuello en posición de guardia, y en ningún caso, por debajo de la punta de las clavículas.

Las esgrimidoras llevan braga cerrada por encima de las rodillas o de la falda-pantalón, y en la chaqueta, llevan una protección rígida para el pecho.

Combate con florete

El florete es un arma de estocada. La acción ofensiva de este arma se ejerce por la punta y sólo con la punta. Si se tira con armas ordinarias, cualquier golpe de punta debe llegar lim-

CHAQUETA METÁLICA

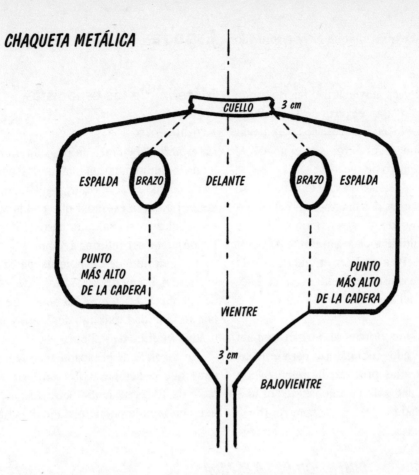

piamente y francamente para ser contado como *tocado*.

En el florete sólo se cuentan los tocados en la llamada *superficie válida*. Tanto en florete masculino como en florete femenino, la superficie válida excluye los miembros y la cabeza. Se limita al tronco y al punto más alto del cuello (6 cm por encima de las clavículas). Por el costado, la superficie válida muere en las costuras de las mangas, que deben pasar por la punta del húmero. Por debajo, sigue una línea que pasa horizontalmente por la espalda, por los puntos más altos de la cadera y que se junta, desde ahí, con una línea recta, con el punto de unión de las ingles. La parte de la careta que protege el cuello no se considera válida. Los golpes en una parte del cuerpo no

válida se cuentan como válidos cuando, por una posición anormal, el esgrimidor ha sustituido esta superficie por una superficie válida. Un tocado en una superficie no válida (directa o por efecto de una parada) no se cuenta como tocado válido, pero detiene la fase de armas y anula, en consecuencia, cualquier tocado subsiguiente.

En florete, está prohibido el cuerpo a cuerpo (aunque se efectúe sin brutalidad ni violencia).

El *match* de un combate de florete son 5 tocados (hombres y mujeres), con una duración de 6 min por *match*. Se realizan dos mangas de 5 tocados y desempate eventual, o un número de *match* con un número determinado de tocados.

Si el tiempo expira sin que haya terminado el *match*:

♦ si uno de los adversarios ha realizado más tocados que el otro, se le añade el número de tocados necesarios para llegar al máximo y, al otro, se le añade el mismo número de tocados;

♦ si ambos adversarios están empatados, se supone que los dos han recibido el número máximo de tocados, menos uno, y tiran un último tocado sin límite de tiempo. Se vuelven a poner en guardia en la misma posición que tenían en la interrupción del combate.

Las pruebas de florete se juzgan con un indicador de tocados (obligatorio para pruebas de la FIE). En otras pruebas, la organización debe anunciar, antes de la prueba, si será juzgada por un jurado.

Espada

Material de los espadistas

Armamento

La *espada* debe tener un peso inferior a 770 g, y una longitud máxima total de 110 cm. La hoja es de acero, de sección triangular, sin filo cortante. La curva eventual que pueda tener debe ser regular y, en cualquier caso, la flecha (oscilación) debe ser inferior a 1 cm.

La longitud de la hoja es de 90 cm. La anchura máxima de cualquiera de las tres caras de la hoja es de 24 mm. La hoja debe presentar una flexibilidad máxima de 7 cm, y una flexibilidad mínima de 4,5 cm.

La *cazoleta* de la espada debe ser circular, y tiene que poder pasar por un tubo cilíndrico recto de 13,5 cm de diámetro 15 cm de longitud, con la hoja paralela al eje del cilindro. La

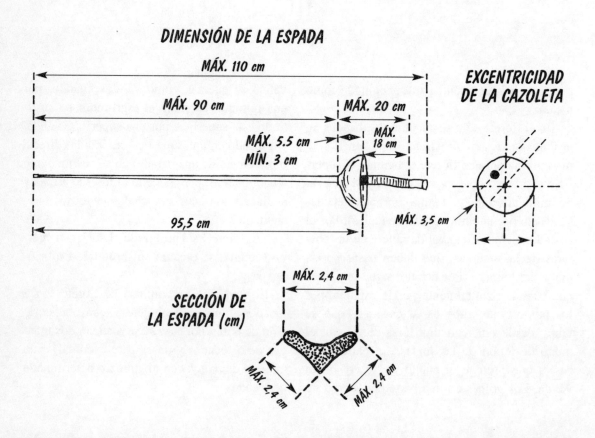

DIMENSIÓN DE LA ESPADA

MÁX. 110 cm

MÁX. 90 cm

MÁX. 20 cm

MÁX. 5.5 cm
MÍN. 3 cm

MÁX. 18 cm

95,5 cm

MÁX. 3,5 cm

EXCENTRICIDAD DE LA CAZOLETA

SECCIÓN DE LA ESPADA (cm)

MÁX. 2,4 cm

MÁX. 2,4 cm

MÁX. 2,4 cm

cazoleta tiene una profundidad entre 3 cm y 5,5 cm. La excentricidad (distancia entre el centro de la cazoleta y el punto en que la hoja pasa a través de ella) está permitida, si no es superior a 3,5 cm.

Cuando la espada no va atada a la mano por ningún sistema de sujeción, es obligatorio llevar una *martingala* (correa).

La longitud máxima de la *empuñadura* es de 18 cm.

Indumentaria

La *careta* no puede estar recubierta de material resbaladizo que haga resbalar la punta de la espada. Tiene una forma que hace que la protección para la garganta vaya por debajo de la punta de las clavículas.

La *chaqueta* debe cubrir toda la parte delantera del tronco, y se debe completar con una manga doble, que cubra hasta la articulación del brazo armado y que proteja el costado de la región de las axilas. El cuello debe medir 3 cm, como mínimo. Se debe llevar camiseta dura bajo la chaqueta (igual que en florete). Las espadistas llevan protección rígida para el pecho.

La parte inferior de la chaqueta debe cubrir los calzones en una altura de 10 cm, como mínimo, cuando el esgrimidor o esgrimidora está en la posición de guardia.

Combate con espada

La espada es únicamente un arma de estocada. La acción ofensiva se ejerce con la punta y sólo con la punta. Si se compite con armas ordinarias, cualquier golpe de punta debe llegar limpiamente y francamente para ser contado como *tocado*.

La superficie válida para espada comprende todo el cuerpo, incluyendo la ropa y el equipo. De este modo, cualquier tocado cuenta, sea cual sea la parte del cuerpo que recibe el golpe (tronco, miembros o cabeza).

Está permitido el cuerpo a cuerpo (sin brutalidad ni violencia), sea por un avance o por flechas.

Sable

Material de los sablistas

Armamento

El *sable* tiene una longitud de 105 cm, y un peso inferior a 500 g. La hoja es de acero y la sección es casi rectangular, y tiene una longitud máxima de 88 cm. La anchura mínima debe encontrarse en el botón, y debe ser de 4 mm.

El extremo está doblado sobre sí mismo formando un botón.

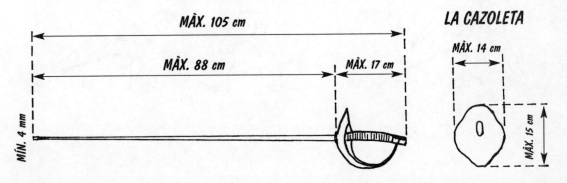

DIMENSIONES DEL SABLE
PESO: INFERIOR A 500 g

MÀX. 105 cm

MÀX. 88 cm   MÀX. 17 cm

MÍN. 4 mm

LA CAZOLETA

MÀX. 14 cm

MÀX. 15 cm

La hoja debe presentar una flexibilidad mínima de 7 cm, y una flexibilidad máxima de 12 cm.

La *cazoleta* es maciza, de una sola línea y lisa en su exterior. Presenta una forma convexa continua, sin rebordes ni agujeros. Debe poder pasar por un galibo rectangular de 15 cm x 14 cm de sección, de una longitud de 15 cm, con la hoja paralela al eje del galibo.

Indumentaria

La *careta* debe estar bien acolchada y provista de protectores para el cuello grandes y sólidos.

El *guante* no puede ser de cuero barnizado o endurecido, ni de ningún otro material que haga resbalar la hoja.

Las *coderas* sí pueden ser de cuero barnizado o endurecido.

La *chaqueta* debe cubrir la superficie válida del cuerpo. Sus características son como las de la chaqueta de espaderos.

Combate con sable

El sable es un arma de estocada, de corte y de contra corte. Todos los golpes lanzados con el filo, la cara o el reverso de la hoja se cuentan como tocados.

Está prohibido lanzar golpes con la cazoleta. Los golpes de punta (estocada) que resbalen sobre la superficie válida o que rocen el cuerpo del adversario no cuentan.

Los golpes sobre el hierro, que tocan el sable del adversario y la superficie vulnerable, son válidos siempre que lleguen claramente de corte, contra corte o estocada sobre la superficie válida.

La superficie válida incluye toda la parte del cuerpo situada sobre la línea horizontal que pasa por los puntos más altos de los pliegues formados por los muslos y el tronco del esgrimidor, en la posición de guardia.

No está permitido el cuerpo a cuerpo, aunque sea sin violencia ni brutalidad, ni para evitar un tocado.

Oficiales

Un presidente de combate controla el combate, observa los tocados y aplica sanciones. Pueden ayudarle dos asistentes, uno a cada lado de la pista, fuera de la misma. En una mesa, el indicador anota los tocados. Un cronometrador controla el tiempo de combate. Un jurado juzga la prueba.

ESQUÍ

Historia

Las raíces del esquí datan de muy antiguo. Los primeros habitantes del norte de Europa utilizaban un artefacto parecido al esquí para el transporte sobre las grandes superficies nevadas. Sin embargo, hasta 1800, el esquí no empezó a consolidarse como deporte: en Noruega se organizaban carreras de campo a través y competiciones de salto. Al poco tiempo apareció el esquí de descenso en los Alpes y en diversas áreas montañosas de Europa, América y Canadá. Las primeras carreras eran algo primitivas, ya que no se consideraban factores como los controles, el tiempo y los dispositivos básicos de seguridad, que están actualmente en vigor en el esquí moderno.

El organismo nacional dedicado a este deporte en Estados Unidos es la U.S. Ski and Snowboard Association, fundada en 1905. Se ocupa de la promoción y la organización de acontecimientos deportivos relacionados con este deporte en el ámbito profesional y recreativo.

La Federation Internationale de Ski se fundó en 1924 y, desde entonces, el esquí entró a formar parte de los programas de la Olimpiada de Invierno.

Objeto del deporte

Hombres y mujeres compiten, equipados con esquíes, en diversas modalidades, como cubrir la mayor distancia, obtener la mejor puntuación o el menor tiempo en descenso o en un trayecto.

Áreas de competición

Las competiciones (descenso, fondo o salto) se realizan en recorridos de nieve, normalmente en polvo y libres de obstáculos. Cada competición tiene características de carrera: distancia y desnivel.

Esquí alpino

Hay cuatro tipos de carreras alpinas. Todas se basan en el descenso por una ladera a lo largo de recorridos diferentes longitudes, vueltas y grados de inclinación. Los competidores empiezan en la *puerta de salida* (una barrera que activa un cronómetro cuando pasa el esquiador) y descienden entre *pasos* (banderines) en el camino trazado. La *línea de llegada* son dos postes verticales, bastante separados, que sostienen un estandarte o pancarta de llegada.

Los competidores se agrupan según la clasificación mundial o por su preparación y actuación en las pruebas preliminares a una competición. El orden de salida se determina por sorteo. En acontecimientos deportivos con dos descensos, el segundo descenso se realiza a la inversa del primero. El tiempo se calcula en centésimas de segundo.

Descenso

Los esquiadores compiten en una carrera a contrarreloj, con marcas direccionales en el recorrido (banderas rojas a la izquierda y azules a la derecha), que señalan los límites de la pista. El recorrido es diferente para hombres y mujeres. La *caída vertical* (distancia desde el punto más alto hasta el punto más bajo) tiene niveles máximos y mínimos: la de las mujeres es menor. Los *pasos de control* (pancartas entre los pasos) definen el recorrido y alertan a los esquiadores/as de las zonas de peligro.

Los competidores toman la salida con un minuto de diferencia y el cronometrador va anotando cada tiempo de salida. Un esquiador puede ser descalificado por: salida falsa, no cruzar los pasos con ambos pies, no terminar con los dos esquíes, ayuda ajena, interferencia con otros competidores y otras infracciones de las medidas de seguridad. La línea de llegada debe cruzarse con ambos pies. Gana el esquiador más rápido.

Eslalon

Se disputan dos descensos, cada uno en un recorrido distinto: bajada en zigzag, con curvas cerradas en direcciones alternas. Cada vuelta se toma a través de un *paso o puerta de eslalon* (dos banderines con una separación entre ellos que oscila entre 275 cm y 595 cm). Existen dos tipos de *pasos*: *abiertos* (banderines al mismo nivel) y *verticales* (uno más abajo que el otro en la ladera). Los eslálones varían en recorrido y

caída, pero todos tienen desniveles. Los banderines o banderas se colocan en diversas disposiciones: *hairpin (curva cerrada*, verticales y juntos) y en *fall line* (línea natural de descenso). En un eslalon puede haber entre 45 y 75 pasos, numerados desde la cima al punto más bajo. El eslalon es una prueba «técnica», ya que los competidores tienen más pasos que en las pruebas de descenso.

No hay tiempo establecido entre la salida de cada esquiador; un oficial la señala. Se deben pasar todos los pasos (pueden derribarlos). Los esquiadores pueden terminar con un solo esquí, pero deben cruzar la línea de llegada con ambos pies. Se declara vencedor el esquiador con el mejor tiempo compensado entre los dos descensos.

Eslalon gigante

El recorrido es similar al del eslalon, pero se trata de una carrera técnica. La caída vertical es enorme. Los pasos (dos postes que sostienen una pancarta rectangular, separados entre 30,48 cm y 76,2 cm) están más separados unos de otros que en el eslalon. Los esquiadores no deben pasar a través de los pasos, sino que pasan entre dos de ellos o alrededor de los mismos. El número de pasos se determina según una fórmula basada en la longitud de la carrera y la caída vertical.

Los competidores salen con un minuto de diferencia. El eslalon gigante se esquía como el eslalon, pero la segunda vuelta se realiza en el mismo recorrido y los pasos se colocan de nuevo en el mismo sitio. El competidor con mejor tiempo combinado en los dos descensos se declara vencedor.

Súper-G

Las pruebas de velocidad combina elementos del gran eslalon y descenso. La competición es similar a la de descenso, pero se realiza una única bajada en un recorrido más largo. Los pasos son más amplios y las curvas menos cerradas. Gana el mejor tiempo.

Esquí nórdico (salto)

Las pruebas consisten en dos saltos de cada competidor desde una rampa o ladera de salto especial. El orden de salida se determina por sorteo entre los grupos preseleccionados.

Después de la señal de salida, los esquiadores siguen los tres pasos del salto:

- ♦ Despegue: bajada por la rampa, con los esquíes en contacto con la ladera.
- ♦ Vuelo: en el aire, más allá del punto de despegue.
- ♦ Aterrizaje: toma de contacto con el área de llegada.

La ladera está marcada en tres puntos: *normal* (línea azul al principio de la zona de aterrizaje prevista); *tabla* (línea amarilla en el límite de fondo previsto de la zona de aterrizaje); y *crítica* (línea roja en la distancia de máxima seguridad). Los puntos varían según la longitud de la ladera.

Los competidores reciben puntos según el estilo (expresión individual y técnica) y la distancia viajada. Se deducen puntos por *caída* (tocar el terreno o los esquíes con una mano), excepto en la llegada. También se restan puntos de penalización por *faltas* (ejecución pobre) durante el vuelo o el aterrizaje. Los puntos por distancia y estilo de cada salto se suman en un total. El esquiador con más puntos del total de los dos saltos gana la prueba.

Esquí de fondo

Las pruebas se desarrollan en recorridos llanos y accidentados a lo largo de diferentes distancias que van de 5 a 50 km. La ruta de cada carrera está señalizada con señales de dirección de colores, en intervalos regulares de distancia. Existen dos tipos de pruebas de fondo según la técnica: *clásica* (caminando y deslizándose en pistas preparadas) y *estilo libre* (movimiento de patinaje). Los competidores empiezan con ambos pies por detrás de la línea de salida, habitualmente con 30 s de diferencia. También hay salida doble y en masa. Los esquiadores siguen el trazo de la pista y pueden ser descalificados por no seguirla o por no ceder el paso a otro esquiador. El tiempo de llegada termina cuando el primer esquiador cruza una línea entre dos postes de llegada. El que obtiene mejor tiempo, el más rápido, es el que gana. También hay carreras de relevos, donde el equipo ganador es aquel cuyo primer esquiador cruza en primer lugar la línea de llegada.

Esquí nórdico combinado

Cada esquiador compite en dos pruebas: un salto de 90 m y una carrera de 15 km. El salto se realiza como se ha descrito en ese tipo de pruebas, pero se realizan tres intentos y sólo se considera la mejor puntuación de dos de los saltos. En la prueba de fondo, el mejor saltador empieza el primer y los demás, le siguen en el orden de mejores saltos. Gana el esquiador que cruza primero la línea de llegada.

Biatlón

Esta competición combina los principios del esquí de fondo con el tiro con rifle. El recorrido es similar a los de esquí de fondo, pero se incluyen pruebas de tiro. Cada corredor lleva una escopeta descargada del calibre 22, la cual carga a la llegada para tirar a cuatro zonas determinadas. En cada zona se realizan cinco tiros contra un blanco situado a 50 m. Dos de los tiros se realizan boca abajo (tendidos en el suelo), contra un pequeño blanco y dos tiros más se realizan en pié, contra un blanco mayor. Por cada tiro fallido a uno de los 20 blancos hay un minuto de penalización. El ganador de un biatlón individual es el esquiador con mejor tiempo en la carrera, más el tiempo de tiro en las zonas de tiro y los min de penalización por fallo. También existen pruebas de esprín (carrera corta), con menos zonas de tiro, y relevos por equipos. En estas competiciones hay una *vuelta de penalización* (circuito de 150 m) por cada blanco fallido y el tiempo se añade al total.

El ganador es el esquiador o el equipo con mejor tiempo.

Equipo

Los esquiadores disponen de un equipamiento para conseguir óptimo rendimiento y ejecución en cada prueba. Los esquíes modernos están fabricados de materiales sintéticos como fibra, espuma y metal, así como madera. El largo, ancho, grosor y filo varían según la competición, altura del esquiador y preferencias personales. Los esquíes de descenso son más largos y pesados que los de eslalon. Los esquíes de eslalon gigante son más curvos y anchos que los de eslalon normal. Los esquíes de salto son los más largos, anchos y pesados. Los de fondo son ligeros y estrechos. Los *bastones* son de aluminio o aleación con grafito. Sus longitudes también varían. En el extremo inferior hay un disco. Las *botas,* de diversos diseños, se adaptan a la anatomía del esquiador para un óptimo control y sujeción. Las *fijaciones* conectan la bota al esquí y se sueltan rápido cuando se produce una caída. En el esquí alpino se utilizan fijaciones que sostienen todo el pie. En el esquí nórdico sólo sostienen la parte anterior del pie. En la vestimenta de esquí hay una amplia variedad de prendas para aislar del frío y la humedad sin menguar la flexibilidad y movilidad de los esquiadores. Los guantes y gorros son básicos, y en caso necesario, las gafas. En algunas pruebas se necesita casco.

Oficiales

Los esquiadores son controlados por un comité de competición, jueces de salida, de paso y de llegada, medidores de distancia y de marcas, así como árbitros y otros especialistas.

FÚTBOL

Historia

Los juegos parecidos al fútbol pueden encontrase en las épocas y las culturas más diversas. Hace 2.500 años, los chinos practicaban el *tsu-ch'iu*. Los griegos jugaban al *hapraston*, que luego pasó a la cultura romana y se extendió con el Imperio. Pero Gran Bretaña parece ser la cuna del fútbol moderno. En 1863, la London Football Association estableció las normas de este deporte, que derivaba de un pasatiempo callejero medieval. El nombre original era Association Football, de ahí pasó a llamarse Association y posteriormente se abrevió a A-soc, de donde proviene la palabra *soccer*, nombre con el que se conoce el fútbol en Estados Unidos. Desde 1908, el fútbol forma parte de las categorías olímpicas.

En Estados Unidos, existía una variante de este deporte; los indios aborígenes norteamericanos lo practicaban antes de la llegada de los colonos y durante la época colonial. Pero hasta el siglo XIX, con la llegada de las grandes migraciones, el fútbol no encontró su lugar en el continente americano como deporte moderno. En la década de 1970 experimentó un gran crecimiento entre la juventud norteamericana de ambos sexos.

En 1904 se fundó la FIFA (Federación Internacional de Football Association), organismo que gestiona, regula y promociona las actividades relacionadas con este deporte. Las organizaciones que se encuentran bajo la FIFA en cada continente son: la UEFA (Unión Europea de Fútbol Asociación), la Confede-ración Sudamericana de Fútbol (CSF), la Confederación norte-centroamericana y del Ca-ribe de Fútbol, la Confederación Africana de Fútbol y la Confederación Asiática de Fútbol. Cada asociación organiza sus propias competiciones, por lo general, campeonato de liga y campeonato de copa. Las competiciones internacionales se organizan bajo el control de las respectivas confederaciones. Por ejemplo, en Europa, bajo la UEFA: la Copa de Europa de Clubes Campeones de liga, la Copa de la UEFA y la Copa de Europa de Naciones. Bajo la FIFA: el torneo de fútbol de los Juegos Olímpicos y el Campeonato Mundial de Fútbol, que tiene lugar cada cuatro años y que goza de un gran prestigio y tiene un gran número de seguidores. En el siglo XX, los campeones mundiales han sido: Uruguay (1930 y 1950), Italia (1934, 1938 y 1982), República Federal Alemana (1954, 1974, y en 1990 como Alemania unificada), Brasil (1958, 1962, 1970 y 1994), Inglaterra (1966), Argentina (1978 y 1986) y Francia (1998).

Actualmente, el fútbol es el deporte de equipo con mayor número de aficionados en todo el mundo. La combinación de simplicidad, habilidad individual, creatividad y estrategia lo han convertido en el más universal.

Objeto del deporte

Dos equipos de 11 jugadores (10 en el campo y 1 guardameta) tratan de introducir una pelota en la portería del adversario. Aquel que obtiene el mayor número de goles se declara vencedor.

Campo de juego

El campo de juego para la competición debe tener las siguientes medidas: longitud mínima de 90 m, máxima de 120 m; ancho mínimo de 45 m y máximo de 90 m.

Las *líneas de banda* y las *líneas de meta* son parte del terreno de juego.

El campo está dividido en dos mitades por una *línea de medio campo*.

El círculo central tiene un radio de 9,15 m alrededor del punto central, en el centro del campo.

El *área de penalti*, en cada lado, se marca de la siguiente manera: se trazan dos líneas perpendiculares a la línea de meta, a 16,5 m desde la parte interior de cada poste de meta. Dichas líneas se extienden 16,5 m hacia adentro del terreno de juego y se unen con una línea paralela a la línea de meta. El área delimitada por dichas líneas y la línea de meta será el área de penalti.

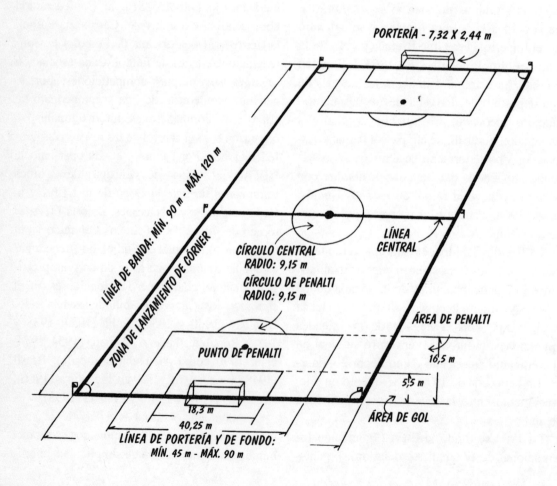

PORTERÍA - 7,32 X 2,44 m

LÍNEA DE BANDA: MÍN. 90 m - MÁX. 120 m

ZONA DE LANZAMIENTO DE CÓRNER

CÍRCULO CENTRAL
RADIO: 9,15 m

CÍRCULO DE PENALTI
RADIO: 9,15 m

LÍNEA CENTRAL

ÁREA DE PENALTI

16,5 m

PUNTO DE PENALTI

5,5 m

ÁREA DE GOL

18,3 m

40,25 m

LÍNEA DE PORTERÍA Y DE FONDO:
MÍN. 45 m - MÁX. 90 m

En cada área de penalti se marca un punto penal a 11 m de distancia desde el punto medio de la línea entre los postes, equidistante a los mismos. Al exterior de ésta, se traza un semicírculo con un radio de 9,15 m desde cada punto de penalti.

El *área de meta*, situada en ambos extremos del terreno de juego, se marca de la siguiente manera: se trazarán dos líneas perpendiculares a la línea de meta, a 5,5 m desde la parte interior de cada poste de meta. Dichas líneas se extienden 5,5 m hacia adentro del terreno de juego y se unen con una línea paralela a la línea de meta. El área delimitada por la línea de meta es el área de meta.

Las *metas o porterías* se colocan en el centro de cada línea de meta. Tienen dos postes verticales, equidistantes de los banderines de esquina y unidos en la parte superior por una barra horizontal (travesaño).

La distancia entre los postes es de 7,32 m, y la distancia del borde inferior del travesaño al suelo es de 2,44 m. Ambos postes y el travesaño tienen el mismo ancho y espesor, como máximo 12 cm. Las líneas de meta las mismas dimensiones que los postes y el travesaño. Se pueden colgar redes enganchadas a las metas y el suelo, con la condición de que estén sujetas en forma conveniente y no estorben al guardameta o portero.

Los postes y los travesaños deberán ser de color blanco. Asimismo, los postes deberán estar anclados firmemente en el suelo. Se podrá utilizar metas portátiles sólo en caso de que se cumpla tal exigencia.

En cada esquina se colocará un poste no puntiagudo con un *banderín*. La altura mínima del poste será de 1,5 m. Se podrá colocar banderines en cada extremo de la línea media, a una distancia mínima de 1 m al exterior de la línea de banda. Se trazará un cuadrante con un radio de 1 m desde cada banderín de esquina en el interior del terreno de juego.

Equipo

El balón es esférico, de cuero u otro material adecuado, tiene una circunferencia no superior a 70 cm y no menor de 68 cm, su peso no debe ser superior a 450 g, ni inferior a 410 g. Al comienzo del partido debe tener una presión equivalente a 0,6-1,1 atmósferas (600-1.100 g/cm^2) al nivel del mar.

Las botas tienen un mínimo de 10 tacos en la planta, redondeados o planos, de un diámetro no inferior a 12,7 mm y una altura no superior a 19,05 mm.

No se permite llevar placas de metal en el calzado ni otros elementos que puedan causar daño a otro jugador en un contacto.

La vestimenta es uniforme. Los jugadores de un mismo equipo deben llevar el mismo diseño de camiseta, pantalón y medias. Los guardametas visten diferente de sus compañeros. El traje tradicional de los árbitros es negro, pero hay variaciones para no confundirse con los jugadores.

Reglas generales

En cada equipo juegan 11 jugadores (diez y el guardameta). Las posiciones clásicas son: defensas, centrales y delanteros. El número de jugadores en cada posición varía según el estilo de juego que impone el entrenador.

Jugar el balón

Los jugadores deben chutar el balón y sólo pueden tocarlo con piernas y pies, pecho y cabeza. No está permitido tocarlo ni cogerlo con la mano o el brazo, aunque existen las siguientes excepciones:

♦ en un saque de banda (el jugador lo sostiene con las dos manos y lo lanza al terreno de juego después de que haya salido por la banda);

♦ el portero o guardameta puede utilizar sus manos y brazos para pararlo, agarrarlo, golpearlo con el puño, hacerlo rodar o lanzarlo, dentro del área de penalti.

El balón está en fuera de juego:

♦ después de cruzar la línea de meta o de banda, por el suelo o por el aire;
♦ cuando el árbitro detiene el juego.

El balón está en juego:

♦ después de un saque;
♦ después de un tiro libre, incluido un lanzamiento de portería;
♦ después de un rebote en los postes o el travesaño de la portería dentro del campo;
♦ si rebota en un oficial que está dentro del campo.

Cambios

Los jugadores sólo pueden ser cambiados cuando se detiene el juego y con el permiso del árbitro. En todos los partidos, los nombres de los suplentes deberán entregarse al árbitro antes del comienzo del partido. Los suplentes que no hayan sido designados de esta manera, no podrán participar en el partido.

Un jugador debe entrar, por la línea de medio campo, cuando el compañero abandona el terreno de juego.

Un jugador expulsado antes del saque de salida sólo podrá ser reemplazado por uno de los sustitutos designados.

Un sustituto designado, expulsado antes del saque de salida o después del comienzo del partido no podrá ser sustituido.

Cualquier jugador puede ocupar el lugar del portero, si tiene permiso del árbitro.

Se podrán utilizar como máximo tres sustitutos en cualquier partido de una competición oficial bajo los auspicios de la FIFA, las confederaciones o las asociaciones nacionales.

El reglamento de la competición deberá estipular cuántos sustitutos podrán ser designados, desde tres hasta un máximo de siete.

Duración del partido

En competición, los partidos tienen dos mitades de 45 min. El reloj no se detiene a menos que así lo decida el árbitro.

A la media parte, se realiza un descanso de un mínimo de 5 min.

El árbitro puede añadir tiempo para compensar lo perdido por lesiones u otros motivos.

Un período puede alargarse por el lanzamiento de un penalti.

Puntuación

Se considera gol, cada vez que el balón cruza la línea de meta, entre los postes y el travesaño, después de un chute o golpe reglamentario.

Gana el equipo que marca más goles.

Si al final del partido hay empate, en una eliminatoria, el ganador se decide con prórrogas y/o penaltis.

Procedimiento

El equipo que gana el sorteo a cara o cruz opta por realizar el saque de salida por una mitad del campo.

Cada equipo permanece en su mitad del campo.

Dos jugadores del equipo que saca están en el círculo central y tocan el balón haciéndolo girar en toda su circunferencia. El saque se realiza después del silbato del árbitro. El jugador que lo realiza no puede volver a tocar el balón hasta que no lo haya tocado otro jugador.

No se puede marcar gol con un saque inicial.

Si el balón sale fuera, se vuelve a poner en juego con un saque de banda (si sale por la banda), o con un lanzamiento de portería o de córner, si sale por la línea de meta.

Si el árbitro detiene el juego sin motivo aparente (sin que se cometa una infracción), debe dejar caer el balón en el punto donde detuvo el juego. El balón debe botar antes de que los jugadores lo toquen.

Después de un gol, el juego se reanuda con un centro del equipo que lo recibió, desde el círculo central.

Después de la media parte, los equipos cambian de lado y saca el equipo que no realizó el saque inicial.

Saque de banda

El saque de banda se realiza en la línea de banda, desde el lugar aproximado por donde salió el balón.

Saca el equipo que no tocó último el balón.

El jugador que lo realiza debe ponerse de cara al campo, por detrás de la línea de banda y debe extender ambos brazos sosteniendo el balón con las manos, por detrás de su cabeza. Luego lo impulsa dentro del campo.

No se puede marcar gol con un saque de banda. En cualquier caso, no es válido.

El jugador que realiza el saque no puede volver a tocar el balón hasta que lo toque otro jugador.

Si el saque no se realiza correctamente, un jugador del otro equipo lo realiza.

Fuera de juego

Un jugador está en fuera de juego cuando, estando en la mitad contraria, está más cerca de la portería contraria que el balón y que los defensas contrarios. No está en fuera de juego si hay un defensa por delante de él.

El árbitro señalará falta en el momento en que un compañero juega el balón, si el jugador que está en fuera de juego está interfiriendo al equipo contrario (como por ejemplo: distraer al portero).

El fuera de juego ocurre cuando el balón abandona el pie del jugador que chuta, no cuando el otro recibe el balón.

Un jugador no está en fuera de juego por su posición, si el equipo contrario juega el balón, ni si recibe la pelota desde un saque de portería, un córner o un saque de banda.

Se señala fuera de juego si el jugador recibe el balón directamente de un compañero en un tiro libre.

Tiro libre

Un tiro libre es un tiro a portería después de una falta o juego improcedente y puede realizarse desde cualquier punto en la zona de portería contraria. Las principales causas de esta sanción son:

- ◆ tocar el balón con el brazo o la mano (excepto el portero);
- ◆ embestir a un contrario;
- ◆ empujar;
- ◆ agarrar por el cuerpo o la ropa;
- ◆ saltar sobre un contrario intencionadamente;
- ◆ cargar de manera violenta, excepto si hay contacto hombro con hombro;
- ◆ cargar o entrar por detrás, excepto si el contrario retiene el balón;
- ◆ golpear con el brazo, la mano o el codo;
- ◆ dar patadas o rodillazos.

Un tiro indirecto sólo cuenta como gol si el balón toca a otro jugador de cualquier equipo antes de cruzar la línea de meta. El tiro indirecto se realiza como sanción por:

- ♦ infracción en fuera de juego;
- ♦ juego peligroso, como levantar demasiado el pie cerca de la cabeza de otro jugador, tirarse sobre el balón, salto temerario, o tratar de jugar un balón en posesión del guardameta;
- ♦ obstrucción, como bloquear a un contrario cuando el balón no está a su alcance (más de un paso de distancia);
- ♦ cargar sobre el portero en el área de gol, con contacto físico, impidiéndole jugar el balón o retenerlo;
- ♦ cuando el guardameta da más de cuatro pasos con el balón, antes de pasar a un compañero, no puede volver a tocar el balón, si antes no lo hace un compañero fuera del área de penalti.

Cuando un jugador tiene un tiro libre dentro de su propia área de penalti, todos los jugadores contrarios deben permanecer a 9 m del balón y fuera del área de portería.

Cuando un jugador tiene un tiro libre fuera de su propia área de portería, el resto de participantes deben permanecer a 9 m del balón, excepto si el tiro se realiza a la misma distancia respecto a la línea de portería. En ese caso, los jugadores contrarios pueden colocarse como barrera entre los postes.

Un tiro libre para el equipo defensivo dentro de su propia área de meta puede realizarse desde cualquier punto del área.

Un tiro libre indirecto a favor del equipo atacante, dentro del área de portería contraria, debe realizarse desde la parte del área que corre paralela a la línea de meta y en el punto más cercano a donde se cometió la falta.

El árbitro debe colocar el balón en el punto exacto. Se permite realizar un chute, y el balón debe estar parado y en el lugar adecuado.

Penalti

Se concede un tiro libre directo al equipo atacante cuando un jugador contrario comete una falta grave dentro de su propia área de penalti.

Todos los jugadores, excepto el guardameta y el jugador que ejecuta el penalti, deben permanecer fuera del área, a una distancia mínima de 9,15 m del balón. El guardameta debe permanecer en la línea de portería, bajo los postes y no mover sus pies hasta que el otro golpee el balón. El jugador que chuta debe colocar el balón y chutar, no puede volver a tocar el balón antes de que lo haga otro jugador.

Si el guardameta detiene el balón o éste rebota, el juego continúa. Si el balón va más allá de la línea de meta, pero no dentro de la portería, después de haberla tocado el guardameta, el equipo atacante tiene un tiro de córner.

Un penalti se repite si:

- ♦ el equipo defensivo entra en el área de penalti antes del chute y no se marca gol;
- ♦ un jugador no designado para ejecutar el penalti, entra en el área de penalti y se marca gol;
- ♦ el que chuta es sancionado por una infracción después de jugar el balón, en cuyo caso: el equipo defensivo tiene un tiro libre indirecto en el lugar donde se cometió la falta.

Si al finalizar un partido de eliminatorias hay empate, cada equipo escoge cinco jugadores para lanzar penaltis de desempate. Gana el equipo que marca más penaltis. Si aún así no hay desempate, se realizan más series de penaltis, con otros lanzadores, hasta desempatar.

Saque de portería

Un saque de portería de un jugador defensivo, incluido el guardameta, se realiza cuando el balón cruza la línea de meta (no entre los postes), por el suelo o por el aire, y antes ha sido tocado por un jugador atacante.

El balón debe estar parado cuando se realiza el chute y debe ser lanzado fuera del área de penalti desde cualquier punto del área de portería. El que chuta no puede tocar el balón una segunda vez, hasta que antes no lo haga otro jugador.

Los jugadores del equipo que saca pueden estar en cualquier punto del campo; los contrarios deben permanecer fuera del área de penalti hasta que el saque se haya realizado.

El balón debe ser tocado por otro jugador para poder marcar gol. Si el guardameta recoge el balón puede lanzarlo a otro jugador o dejarlo caer y chutarlo (con o sin rebote).

Saque de córner

Un atacante realiza un saque de córner cuando el balón sale por la línea de meta (fuera de la portería) y antes ha sido tocado por un jugador defensivo.

El balón se coloca en el cuadrante de córner por el lado por el cual salió. Las banderas no pueden moverse.

Cualquier jugador del equipo atacante puede realizar el saque de córner, pero no puede volver a tocar el balón hasta que un compañero lo haya hecho antes.

Los atacantes pueden estar en cualquier punto del campo; los defensores no pueden estar a menos de 9,15 m del balón.

Se puede marcar gol directamente después de un saque de córner, sin que ningún otro jugador toque el balón.

Ley de la ventaja

El árbitro tiene la opción de dejar seguir el juego después de una falta aparente, siempre y cuando considere que la sanción perjudicaría al equipo agredido o beneficiaría al agresor. El juego sigue sin interrupción tras una voz o señal del árbitro.

Faltas y mala conducta

Una falta es cualquier infracción de las reglas y se penaliza con un tiro libre directo o indirecto, según la gravedad de la misma.

Una *amonestación* (tarjeta amarilla) es un aviso formal a un jugador por:

- reincidencia en infracciones;
- conducta antideportiva;
- entrar o salir sin permiso del árbitro;
- protestar las decisiones arbitrales.

Expulsión (tarjeta roja) es cuando el árbitro expulsa a un jugador por:

- falta grave;
- conducta violenta;
- lenguaje ofensivo;
- segunda amonestación después de una tarjeta amarilla.

Después de una expulsión, el juego se reanuda con un tiro libre directo o indirecto (según la infracción), a favor del equipo agredido y desde el punto donde se cometió la infracción.

Si un jugador es expulsado por dos amonestaciones, el árbitro debe mostrar al mismo tiempo las dos tarjetas, la amarilla y la roja. Así se muestra que el jugador es expulsado por dos amonestaciones y no por una falta mayor (roja directa).

Si un jugador pasa el balón a su guardameta, éste no puede tocarlo con las manos. Si lo hace, el equipo contrario tiene un tiro libre indirecto.

SEÑALES DEL ÁRBITRO

LEY DE LA VENTAJA - SEGUIR

PENALTI

TIRO LIBRE INDIRECTO

TIRO LIBRE DIRECTO

SAQUE DE PORTERÍA CHUTE DE PARTERÍA

SAQUE DE PORTERÍA

TARJETA

SEÑALES DEL JUEZ DE LÍNEA

FUERA DE JUEGO

FUERA DE JUEGO EN CAMPO PROPIO

FUERA DE JUEGO EN EL CENTRO DEL CAMPO

FUERA DE JUEGO EN CAMPO CONTRARIO

SAQUE

CÓRNER

SUBSTITUCIÓN

SAQUE DE PORTERÍA

Oficiales

El árbitro:

- ♦ hace cumplir las reglas;
- ♦ cronometra el tiempo, señala el inicio, las detenciones y reanudaciones de juego;
- ♦ avisa y sanciona a los jugadores: tarjetas amarilla y roja. (Un jugador expulsado no puede ser sustituido.)

Dos jueces de línea asisten al árbitro. Sus responsabilidades son:

- ♦ indicar dónde y cuando hubo fuera de juego;
- ♦ determinar qué equipo debe realizar el saque de banda, de meta o de córner;
- ♦ hacer señales con la bandera para que el árbitro vea las infracciones.

FÚTBOL AMERICANO

Historia

El fútbol americano (American football) nació como variante del rugby.

En 1874, un equipo de la Universidad de McGill llevó a Harvard un juego que combinaba el fútbol y el rugby: estaba permitido chutar, correr con la pelota en la mano o lanzarla. El éxito de esta nueva modalidad propició que se extendiese, bajo el nombre de *football*, por toda la zona este. En 1880 se introdujo un elemento importante, el de *scrimmage* (*melé* o apertura), que consiste en que uno de los equipos se halle en posesión de la pelota al inicio de cada jugada ofensiva.

En 1882, Walter Camp, de Yale, el «padre del fútbol americano moderno», creó muchas normas nuevas que fueron dando forma al juego. Entre ellas se incluyen los *downs* (tres oportunidades para correr 5 yardas y obligación de ceder la pelota, si no lo consigue), la función del *quarterback* y la reducción a 11 jugadores por equipo. En 1912, los comités universitarios establecieron sistemas de puntuación comunes, legalizaron el pase hacia atrás *(forward pass),* cambiaron la pelota (de redonda a alargada) para facilitar el manejo y los lanzamientos, permitieron cuatro *downs* para correr 10 yardas y añadieron nuevas normas para reducir la violencia. En la década de 1920, este juego se consolidó como el deporte más importante de la temporada de otoño y los entrenadores y jugadores universitarios empezaron a ser famosos por todo el país.

En 1895 se disputó el primer encuentro profesional de fútbol americano y la primera liga profesional fue la de 1920, con 11 equipos y el gran atleta Jim Thorpe como presidente. La National Football League aparecería dos años más tarde. En 1922 ya existían dos divisiones y se disputaba un campeonato anual. La American Football League comenzó en 1959. En 1966, las dos ligas se fundieron y en enero de 1967 comenzó la llamada «Super Bowl». La televisión ha sido un medio de difusión clave para instruir a los espectadores sobre las normas y ha dado a conocer los 30 equipos y los jugadores estrella de la liga.

Como juego amateur, el fútbol americano se juega a todos los niveles. Los principales organismos de este deporte son el NCAA y la National Federation of State High School Associations.

Objeto del deporte

Dos equipos de 11 jugadores tratan de anotar puntos haciendo pasar la pelota, corriendo con ella más allá de la línea de meta del contrario o chutándola entre los postes de la portería. El equipo que consigue más tantos se declara vencedor.

Terreno de juego

El terreno de juego tiene una anchura de 53 1/3 yardas, y un largo de 120 yardas.

Las *líneas de fondo* delimitan el campo a un extremo y otro del campo.

Las *líneas de banda* delimitan el campo por los lados.

Las *líneas de meta* están separadas por una distancia de 100 yardas entre sí, a 10 yardas de la línea de fondo.

Las *zonas de fondo* tienen una anchura de 10 yardas y se hallan limitadas por las líneas de fondo, por las bandas y por las líneas de meta.

Nota: las líneas de fondo y de banda marcan las zonas de fuera; las líneas de meta están dentro de las zonas de fondo.

El campo está marcado del siguiente modo:

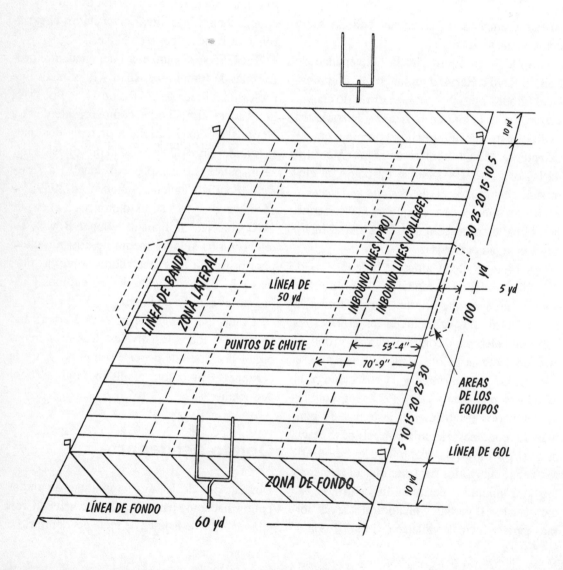

- con una línea blanca, que delimita la zona de fuera;
- cada 5 yardas, a lo ancho, entre las líneas de banda;
- cada yarda, a lo largo de las líneas de banda;
- con números, cada 10 yardas por las líneas de banda;
- con hash marks, dos hileras de líneas discontinuas paralelas a las líneas de banda, que marcan las yardas entre las líneas de meta; en la NCAA, cada hilera tiene 16,45 m, desde la línea de banda; en la NFL, cada una es de 21,81 m, desde la línea de banda;
- con zonas de banda, entre líneas de dentro y líneas de banda;
- con una línea de *point-after-touchdown* (puntos después de touchdown): a dos yardas de la línea de meta, en la NFL; a tres yardas en la NCAA.

Los postes de la portería son estructuras de metal dorado o blanco y están situados en la línea de fondo. El larguero está a 3,084 m del terreno de juego. Los postes verticales están separados 5,702 m, y tienen una altura mínima de 9,25 m. El poste acolchado debe estar colocado detrás de la línea de fondo, con una desviación que sitúe el larguero a nivel con la línea de fondo, en el mismo plano.

En cada una de las esquinas de las zonas de fondo debe haber un *pilón* o una *bandera* sujeta a un poste flexible.

Se utiliza un marcador de tantos, un reloj de juego y relojes que cuentan el tiempo de juego válido.

Equipo

La pelota tiene forma ovalada y está confeccionada con piel rugosa, natural o sintética.

Tiene un largo de 27,94 cm a 29,21 cm y un peso entre 401,8 g y 430,5 g.

La *cadena de yardage* comprende una distancia de 10 yardas entre dos bastones de 1,54 m de alto cada uno.

Los *marcadores de down* son bastones de 1,23 m de alto, señalizados con cuatro números: 1, 2, 3 y 4. Marcan el punto de orientación de la pelota al principio de cada juego y el número del *down*.

Uniformes

Todos los jugadores de un mismo equipo llevan un uniforme del mismo diseño: jersey, pantalón, calcetines, cascos y máscara y protector para el mentón. Los complementos de protección salvan hombros, pecho, esternón, vadera, rodillas, piernas, espinillas, codos, muñecas y brazos. El calzado homologado varía (se permite chutar descalzo).

No se permite llevar colores semejantes al balón ni utilizar materiales resbaladizos.

Los jerseys están numerados del siguiente modo:

NFL (obligatorio)
Quarterbacks, especialistas en chute: 1-19.
Corredores y defensores anteriores *(backs)*: 20-49.
Centrales, *linebackers*: 50-59.
Defensas e interiores ofensivos: 60-79.
Wide receivers, tight ends (de fondo): 80-89.
Defensas de línea, *linebackers*: 90-99.

NCAA (recomendado)
Backs: 1-49.
Centrales: 50-59.
Guards: 60-69.
Tackles: 70-79.
Ends: 80-99.

Un jugador puede jugar en cualquier posición, pero en la NFL se debe informar a un árbitro oficial.

Normas básicas

Cada equipo tiene 11 jugadores en el campo y un número de sustitutos, que se colocan en la zona de su equipo, a lo largo de las líneas de banda, entre las líneas de 25 yardas.

El equipo que está en *posesión* de la pelota (control legal) es el equipo *ofensivo*. Normalmente, 5 hombres juegan como hombres de línea interiores (un central, dos *guards* y dos *tackles);* 2 juegan de fondo *(split o tight),* 1 juega de *quarterback* y 3 de *backs* (corredores backs o *wide receivers).*

El *equipo defensivo* suele estar formado por 3 o 4 *hombres de línea de down (jugadores de fondo o ends, tackles y guards),* 3 o 4 *linebackers* (izquierda, medios, derecha o combinaciones de interiores y exteriores), y backs de defensa, secundarios *(corner backs, libres y string safeties).*

Los jugadores especiales de equipo son: un *punter* (que despeja la pelota: la deja caer y la chuta antes de que toque el suelo), un *place kicker* (que chuta la pelota colocada en el suelo para efectuar un saque, para tratar de marcar gol o punto extra, después de un *touchdown)* y un especialista en devolver saques o pelotas despejadas.

Sólo los capitanes están autorizados a dirigirse a los oficiales.

El equipo que está en posesión del balón debe tener, como mínimo: 7 jugadores tras la línea de golpeo o pisándola con un pie (en realidad: dos líneas imaginarias, una ofensiva y otra defensiva, que corren desde sendos extremos del balón); y 4 jugadores a una distancia mínima de una yarda por detrás de la línea.

La *zona neutral* es el espacio del largo de la pelota, entre las dos líneas de golpeo. Sólo el jugador que centra puede mantener cualquier parte de su cuerpo en esta zona, pero no puede traspasarla.

Los jugadores defensivos pueden alinearse en cualquier punto, por detrás de su línea de golpeo.

Cualquier jugador puede correr con la pelota; sólo los dos *ends* y los *backs* pueden jugar como receptores y les está permitido agarrar un pase (balón arrojado por otro jugador).

El número de sustituciones es ilimitado. Los jugadores sólo pueden entrar en el campo cuando la pelota está muerta; los jugadores que abandonan el terreno deben hacerlo por la banda de su equipo, por las líneas de fondo y antes de que el juego se reanude.

Duración del partido

Los partidos de la NCAA y la NFL tienen una duración de 60 min: cuatro cuartos de 15 min. Entre cada cuarto hay 1 min de descanso. Entre el segundo y tercer cuarto hay una media parte de 20 min (NCAA), o de 13 min (NFL).
Los equipos escolares juegan cuatro cuartos de 12 min.

La prórroga (sólo en NFA) es *sudden death* (muerte súbita). Si hay empate se juega un período suplementario de 15 min. El equipo que marca primero vence. En los partidos de finales no puede haber empate, por lo que se van prorrogando hasta que un equipo marca.

Cada equipo puede emplear tres tiempos muertos de 90 s por parte. Pasados 65 s, el árbitro indica que se reanude el juego, excepto en los dos últimos minutos de una parte (NFL).

Los tiempos muertos son inmediatos en los siguientes casos:

♦ después de un intento de gol;
♦ durante un intento de punto extra después de touchdown;

- cuando el balón o el jugador que la lleva salen fuera;
- después de un *down*, tras una falta;
- en un cambio de posesión;
- cuando un receptor realiza un *fair catch* (no puede avanzar el balón);
- en el aviso de 2 min, aviso de que queda ese tiempo antes de la media parte (NFL);
- al final de un período, cuando hay una pausa de un minuto para cambiar de porterías;
- en las medidas de los primeros *downs*;
- cuando el quarterback está aplacado por detrás de la línea de golpeo (NFL);
- por lesión (2 min);
- por reparación del equipamiento (3 min: NFL).

Un *segundo reloj* cuenta el tiempo entre jugadas. En la NFL se conceden 45 s después de una jugada cuando se recupera el balón (pase atrás con la pierna del centrador); 30 s después de un tiempo muerto o una lesión. En la NCAA se conceden 25 s desde que la pelota está preparada para la jugada de recuperación. En cualquier otro caso, la *pérdida de tiempo* se sanciona.

Un período no termina hasta que el tiempo de juego no se consume totalmente. Si el equipo defensivo comete falta en la última jugada de un tiempo, el equipo ofensivo puede correr otra jugada.

El reloj se activa cuando el balón es chutado, excepto en los dos últimos minutos de juego. En ese caso, el reloj no corre hasta que el receptor toca el balón, o lo hace un jugador del equipo atacante, siempre que el balón se haya desplazado 10 yardas. En la NCAA, el reloj empieza a correr cuando el balón ha sido tocado legalmente.

El reloj se activa también una vez que el balón está ya preparado para la ejecución de un penalti.

Puntuación

Un *touchdown* (TD), 6 puntos, se anota cuando el balón cruza el plano (línea vertical imaginaria) de la portería contraria, con un jugador que corre con él por la zona de fondo o que lo pasa a otro jugador que lo alcanza en la zona de fondo, o cuando un jugador recupera el balón en la zona de fondo contraria.

Un *field goal* (FD) *o gol* vale 3 puntos. El balón pasa por encima del larguero y entre los postes de la portería contraria, sin tocar a ningún otro jugador ni el terreno de juego antes. El *drop kick* (la pelota se deja caer y se chuta en cuanto toca el suelo) está permitido, pero no se suele utilizar.

Si se trata de conseguir un FD desde más allá de la línea de 20 yardas, y resulta fallido, el equipo defensivo gana la posesión del balón desde la línea de golpeo. Si el intento se realiza desde dentro de la línea de 20 yardas, el balón pasa al equipo defensivo, en la línea de 20 yardas.

Un *safety* (S) vale 2 puntos cuando el balón queda dormido o muerto en la zona de fondo del equipo ofensivo. Por ejemplo: se realiza un blocaje a un jugador en esa zona, se recupera el balón con centro o un chute interceptado va fuera de la zona de fondo.

Después de un *safety*, el juego se reanuda con un chute parado a favor del equipo que entregó el safety, desde su propia línea de 20 yardas.

Un point-after touchdown (PAT) es una jugada después de un TD. En la NFL, el balón se coloca en la línea de 2 yardas y vale 1 punto si se consigue pasar el balón entre los postes contrarios, o 2 puntos si el balón pasa por la línea de la portería a la carrera o con un lanzamiento.

En el fútbol americano amateur, el balón se coloca en la línea de 3 yardas. Debe ser golpeada para lograr 1 punto o puede anotar 2 puntos, a la carrera o con lanzamiento.

El equipo defensivo no puede anotar tantos: si se intercepta el balón o se gana la posesión, el balón queda muerto. En la NCAA, el equipo defensivo puede anotar 2 puntos devolviendo un chute, un pase o un balón interceptado en la zona de fondo contraria.

Procedimiento

Los capitanes de ambos equipos se encuentran a medio campo y lanzan una moneda al aire para decidir quién realiza el chute de salida o quién recibe, y en qué campo desean jugar. El visitante puede pedir primero su cara de la moneda.

Al principio de la segunda parte, el capitán que ha perdido en el sorteo inicial, pide su cara de la moneda primero.

Los equipos cambian de portería después del primer y el tercer período. Se mantiene la posesión, la colocación de la pelota y el número de *down*; sólo se cambia la dirección.

El balón se pone en juego con un chute libre (el equipo defensivo no puede tratar de interceptarlo), para empezar el partido, en la segunda parte, o después de un gol.

En el chute de salida *(kickoff)*, el balón se coloca en un punto fijo del terreno de juego, en un montículo, o bien un compañero la sujeta. Deben permanecer dentro de la zona que delimitan las líneas de 30 yardas de su lado (NFL), de 35 yardas (NCAA), o de 40 yardas (escolares).

Todos los jugadores del equipo que saca deben permanecer por detrás del balón, y todos los jugadores contrarios deben estar a una distancia mínima de 10 yardas.

El balón debe viajar 10 yardas o ser tocado por el equipo que recibe. Una vez tocado, se considera *free ball* (balón libre): vivo, en juego. Los receptores deben tratar de recuperarlo y avanzar. Los atacantes deben tratar de recuperarlo, pero no pueden avanzar, a menos que un receptor haya estado en posesión del balón y lo haya perdido.

Si en el saque de salida el balón va fuera sin que antes lo haya tocado ningún jugador, el chute debe repetirse, después de un penalti de 5 yardas, o los receptores deben llevarse el balón a una distancia de 30 yardas del punto de saque. Si el saque sale fuera, pero antes lo toca un jugador del equipo receptor, el balón pasa al equipo receptor, en la marca más cercana al punto por donde salió.

Un *one-side kick* es un chute corto para tratar de mantener el balón en posesión o recuperarlo, después de que haya viajado 10 yardas o de que un receptor lo haya tocado, sin conseguir retenerlo.

Un saque que pasa entre los postes de la portería contraria no puntúa; no se considera *fiel goal* (gol de campo).

Un balón que va más allá de la línea de portería contraria y queda muerto se pone en juego con un primer *down* del equipo receptor, en su línea de 20 yardas.

El equipo receptor, que ahora está en posesión del balón y a la ofensiva, dispone de 4 *downs* (unidades de juego), para hacer avanzar el balón 10 yardas a la carrera, con pases o, en su caso, como ventaja por penalti. Cada *down* comienza cuando el balón es puesto en juego, y termina cuando el balón queda muerto.

El primer intento se llama *first-and-10* («primero-y-10»), ya que se necesitan 10 yardas. No es necesario gastar los 4 *downs* para conseguir las 10 yardas. En cuanto se han cubierto las 10 yardas (o más), el equipo vuelve a tener otra serie de 4 *downs*. Si no logran cubrir las 10 yardas, el balón pasa al equipo contrario, en el punto donde quedó muerto.

Si después del tercer *down* no se consigue cubrir la distancia necesaria, el equipo que está en posesión del balón deberá tratar de enviarlo lo más lejos posible de su portería, para que el contrario comience su turno desde ahí.

Si un primer *down* está dentro de la línea de 10 yardas del contrario, el atacante tiene 4 *downs* para cubrir la distancia restante hasta la línea de portería contraria. Esta jugada se llama *first-and-goal*.

En caso necesario, los oficiales pueden medir la distancia que ha recorrido el balón, desde su parte anterior, para comprobar si ha recorrido las 10 yardas antes del siguiente *down*.

Un *down* se da por terminado y se señala pelota muerta en las siguientes circunstancias:

♦ el portador de la pelota es aplacado o se le impide avanzar;
♦ el balón sale fuera;
♦ un pase hacia adelante es incompleto (nadie lo alcanza antes de que toque el terreno de juego);
♦ de un tanto o un *touchback* (el defensa recupera el balón en su propia zona de fondo, normalmente al interceptarlo).

Un jugador o un balón está fuera del terreno de juego cuando pisa o toca una línea de fuera.

Si el balón sale fuera de juego por una banda, se coloca en una marca, en la línea interior más cercana por donde salió.

El equipo ofensivo debe alinear, como mínimo, 7 jugadores en la línea de golpeo.

Los jugadores deben tener los dos pies y las dos manos, o los dos pies y una mano en el terreno.

Los *backs* ofensivos, excepto el *quarterback*, deben permanecer a una distancia mínima de 1 yarda por detrás de la línea.

El juego comienza cuando el jugador retrasa el balón hacia un jugador que no está en la línea de golpeo.

El jugador debe mantener el balón apuntando hacia la línea de la portería contraria, sin deslizar sus manos por el balón ni mover sus pies después del lanzamiento, y debe retrasar el balón con un movimiento continuo.

Los demás hombres de línea deben permanecer quietos hasta que se ha realizado el lanzamiento; no puede realizarse ningún movimiento dentro de la zona neutral ni hacia la línea de portería contraria.

Un *back* puede moverse, pero nunca hacia la línea de portería contraria, una vez se ha retrasado el balón.

Al despejar un balón desde la línea de golpeo, el equipo receptor puede hacer avanzar el balón, corriendo con él una vez lo ha atrapado. Si un jugador pierde o deja caer un balón en juego, cualquier jugador de uno u otro equipo puede tratar de recuperarlo. Cualquier jugador, sea del equipo que sea, puede avanzar un balón extraviado.

Mientras un balón está en el aire, después de un chute, un receptor puede indicar una buena recepción levantando un brazo sobre su cabeza y agitarlo de lado a lado repetidamente. Un receptor puede renunciar a avanzar el balón para evitar que un adversario le golpee. Después de recibir un balón, un jugador sólo puede dar dos pasos, y el balón queda muerto.

Un pase hacia atrás (*forward pass*) es un balón lanzado hacia la línea de portería contraria; durante cada jugada, se permite realizar un pase.

El jugador que realiza el pase debe permanecer detrás de la línea de golpeo en el momento en que lanza el balón.

Un *completion* (finalización) es un pase que es recibido de modo reglamentario. En la NFL, el receptor debe tocar el terreno con ambos pies, dentro de los límites de juego, mientras está en posesión del balón. En el fútbol amateur, es suficiente que toque el terreno con un solo pie. En la NFL y en los partidos escolares, si el receptor es empujado fuera, pero el juez o árbitro consideran que hubiese recibido el balón reglamentariamente, el pase se considera completado.

Los jugadores de línea interiores (*guards*, *tackles* y *center*) no están autorizados a recibir el balón. Sólo pueden recibirlo los jugadores defensivos.

Un receptor queda descartado para una recepción si sale o está fuera del terreno de juego.

Un balón *interceptado* es aquel que cae en manos de un jugador defensivo, con opción de correr con él.

Si un jugador ofensivo con derecho de recepción toca el balón, y luego lo recibe otro jugador defensivo autorizado, el pase es legal. Si un defensa toca el balón al vuelo, todos los jugadores del equipo atacante ganan el derecho de tocar el balón.

Un pase hacia adelante queda muerto si toca el terreno de juego, si va fuera o si toca un poste de la portería. El balón debe ser devuelto a la línea de golpeo de donde salió para la siguiente jugada.

Una interferencia en el pase es un movimiento deliberado que descarta a un jugador autorizado como receptor o interceptor de un pase hacia adelante. Una acción simultánea de dos o más jugadores que tratan de agarrar o batear (golpear con la mano o el brazo) un balón no es ilegal.

Las restricciones en la interferencia de un pase comienzan con el equipo defensor, una vez se ha lanzado el balón. Para el equipo atacante, comienzan una vez que el jugador ha despejado el balón.

Un *sack* (derribo) es la acción de derribar a un quarterback para impedir que cubra la distancia necesaria mientras intenta realizar un pase.

Un pase hacia adelante (*forward pass*) no debe lanzarse contra el suelo ni fuera de los límites del terreno de juego para evitar un *sack*. En la NFL, un *quarterback* puede poner el balón en tierra de modo intencionado si lo alcanzan fuera de su *pocket* (fuera de las posiciones de los *tackles* de la línea de golpeo).

Un equipo defensor gana la posesión del balón cuando:

- los atacantes no consiguen un primer *down*;
- un jugador ofensivo pierde el balón dentro de los límites del terreno, y un defensa se hace con el control;
- intercepta un pase;
- agarra un despeje o un chute parado.

En la NFL, un back a la carrera o un receptor que lleva el balón puede levantarse y continuar corriendo si se escurren sin que ningún jugador defensivo lo toque. En el juego amateur, si cualquier parte del cuerpo de un corredor toca el terreno, a excepción de manos y pies, no puede continuar.

Una pérdida puede ser recogida por cualquier jugador de cualquier equipo.

Un *tackling* es un movimiento defensivo en el que se usan las manos y los brazos para sostener a un jugador que lleva el balón y/o derribarlo en el suelo.

Un *blocking* (bloqueo) es un movimiento ofensivo o defensivo en el que se utilizan los antebrazos, las manos o el cuerpo, por encima de las rodillas, para obstruir a un oponente. Lo más corriente es utilizar esta estrategia para proteger a un jugador que lleva el balón.

Un *lateral* es cualquier pase diferente a uno hacia adelante. Cualquier jugador puede realizar un pase hacia atrás en cualquier momento.

Oficiales

El árbitro (que lleva una gorra blanca) controla el juego desde detrás del campo trasero ofensivo. Sus responsabilidades incluyen:

- seguir el balón y colocarlo (situándolo en el campo para la siguiente jugada, ya sea

SEÑALES DE LOS OFICIALES MÁS USADAS

FUERA DE JUEGO

PROCEDIMIENTO ILEGAL

TIEMPO MUERTO

PÉRDIDA DE TIEMPO

AGARRÓN

INTERFERENCIA DE PASE DE CHUTE

**PASE ADELANTE INCOMPLETO
PENALTI RECHAZADO
GOL O PAT PERDIDO**

GOL

PRIMER DOWN

**FALTA
PERSONAL**

MOVIMIENTO ILEGAL

REANUDACIÓN DE TIEMPO

donde se ha realizado un placaje a un jugador, o bien, añadiendo o restando yardas en caso de penalti), después de cada jugada;

- determinar si el balón está en juego o muerto;
- indicar al cronometrador oficial el principio o el fin del juego;
- seguir el curso de los *downs*;
- señalar las infracciones y marcar los penaltis de paradas;
- indicar el tanteo;
- explicar a un equipo qué opciones tiene en una sanción;
- dar los avisos de 2 minutos a los entrenadores (NFL).

Entre las obligaciones de un juez árbitro se cuentan: controlar el juego ilegal desde la mitad del campo trasero defensivo, cubrir los pases cortos, controlar el equipamiento y señalar los *timeouts* (tiempos muertos).

El juez de línea está en la línea de golpeo y controla: el fuera de juego (cuando cualquier parte del cuerpo de un jugador está fuera de línea, antes de que el balón esté en movimiento); el *encroachment o invasión* (marcar un fuera de juego ofensivo o un contacto); supervisar la cadena de distancias en yardas, las funciones del equipo que indica los downs y anotar los downs.

El juez de campo: cubre el juego del campo posterior *(downfield)*, incluyendo los chutes y los pases en la zona de fondo; señala balones muertos y tiempo muerto, goles de campo y puntos extra, y tiene funciones de control de tiempo (sólo en la NCAA).

El juez de banda está colocado a 15 yardas por detrás de la línea defensiva y regula las jugadas de su lado del campo, en especial: recepción de pases, carreras y señalización de fuera.

El juez de la zona de *back* ayuda en diversas decisiones: recepción de pases, juego defensivo y acciones defensivas.

El juez de línea controla el tiempo de juego, señala el final de los períodos disparando un tiro; controla el fuera de juego y el encroachment, y todo lo referente al juego en la línea de golpeo (agarrones y falsas salidas); marca los puntos por donde sale un balón y controla el reloj del estadio (sólo en NFL).

Faltas y sanciones

Se señala falta cuando se rompe alguna regla de juego. Cuando se señala una sobre un equipo, se sanciona con pérdida de yardas. A veces, un equipo sobre el que se ha cometido una falta puede declinar un penalti. Por ejemplo: en una jugada de tercer down, cuando el equipo ofensivo no consigue un primer down, y si el equipo defensivo declina el penalti, el equipo ofensivo se ve obligado a despejar. En la misma situación, se puede aceptar el penalti para obligar al equipo ofensivo a que se retire de la zona de la línea de gol.

Un penalti se mide desde cuatro lugares: 1 el punto exacto de la falta, 2 el último lugar donde se puso el balón en juego, 3 un lugar donde se efectuó una acción relacionada con la falta y 4 el lugar donde estaría el balón si no se hubiese cometido falta. Una falta cerca de la línea de portería impide que el balón pueda colocarse en la zona de fondo. En ese caso, el penalti se efectúa desde la mitad de la distancia del punto establecido.

La severidad de las sanciones depende de la infracción.

Las infracciones penalizadas con 5 yardas son las siguientes:

- amontonamiento;
- agarrón defensivo (NFL);
- pérdida de tiempo;
- *encroachment*;

- celebración excesiva (NFL);
- salida falsa;
- agarrar al contrario por la máscara;
- ayudar a un corredor (NCAA);
- formación ilegal, cambio, movimiento;
- sustitución ilegal;
- un miembro no autorizado del equipo que chuta, en el *downfield*, antes de lo permitido (NFL);
- un receptor no autorizado, en el *downfield*, en un pase hacia adelante;
- señal no válida de recepción correcta (NFL);
- menos de 7 jugadores en la línea ofensiva en un *snap*;
- fuera de juego;
- correr hacia el jugador que chuta;
- más de un hombre en movimiento en un *snap*;
- tomarse demasiados tiempos muertos.

Las infracciones penalizadas con 5 yardas y pérdida de *down* son:

- realizar un pase hacia adelante desde más allá de la línea de golpeo;
- lanzar un balón contra el suelo (arrojándolo donde no hay recepción posible) para evitar un saqueo (NCAA).

Las infracciones penalizadas con 10 yardas son las siguientes:

- batear, golpear con los puños o con los pies el balón (NFL);
- ayudar a un corredor (NFL);
- un receptor no autorizado en el *downfield* (NFL);
- agarrones defensivos u ofensivos;
- zancadillas (NFL).

Arrojar el balón al suelo intencionadamente en un pase hacia adelante se penaliza con 10 yardas (en la NFL, también con pérdida del *down*). Si el que realiza el pase está en su propia zona de fondo es un *safety*.

Las infracciones penalizadas con 15 yardas son las siguientes:

- interferencia de una recepción buena;
- conducta antideportiva.

Las infracciones penalizadas con 5 yardas, más un primer *down*, son las siguientes:

- atajar;
- recortar;
- bloquear de espaldas;
- amontonamiento;
- atacar al jugador que chuta;
- atacar al que realiza un pase;
- golpear con el casco;
- rudeza innecesaria;
- quitarse el casco en el terreno de juego.

En todas las faltas defensivas, el equipo ofensivo es recompensado con un primer *down* automáticamente, a excepción de las siguientes:

- fuera de juego;
- *encroachment*;
- pérdida de tiempo;
- agarrar a un contrario por la máscara;
- substitución ilegal;
- correr hacia el jugador que chuta.

El equipo ofensivo es penalizado con una pérdida de *down* si en un pase hacia adelante:

- es tocado por un receptor autorizado que antes ha salido fuera del campo;
- es recibido por un receptor que no está autorizado;
- es lanzado desde detrás de la línea de golpeo, después de que el balón haya cruzado la línea.

Las faltas flagrantes, como golpear o dar puntapiés a un contrario, se sancionan con penalización de 15 yardas y descalificación.

Versiones de juego

El fútbol americano se puede jugar bajo otras normas. Algunas son:

Six-man: en cada equipo hay 3 hombres de línea y 3 *backs*. El campo se reduce a 37 m x 74,02 m. Sólo está permitido chutar o pasar el balón; no se permiten las jugadas a la carrera.

Eight-man: en cada equipo hay 5 hombres de línea y 3 *backs*. Se utiliza un campo reglamentario.

Touch: no hay límite en el número de jugadores. El campo puede ser de cualquier forma. No se permite el tackle. El juego termina cuando un jugador toca con una mano o con ambas al jugador contrario que lleva el balón (normas locales).

Canadian: las normas son similares al deporte estándar estadounidense, pero se observan algunas diferencias:

- El campo es mayor (65 x 165 yardas), y las líneas de gol están separadas 110 yardas.
- Los postes de la portería están en la línea de gol; la línea de fondo está 25 yardas por detrás de la línea de gol.
- En cada equipo juegan 12 hombres (el jugador adicional es un *back*).
- Un equipo tiene 3 *downs* para cubrir 10 yardas.
- Un despeje que va a la zona de fondo debe mandarse fuera de esa zona o el equipo que chuta marca un punto.
- Las recepciones buenas en retorno de un despeje no están permitidas.
- Los avisos son de 3 min en lugar de 2; no hay tiempo muerto, excepto uno en los últimos 3 min de cada mitad.
- Las prórrogas son dos partes de 5 min; no hay muerte súbita.
- Las conversiones de punto extra se realizan desde la línea de 5 yardas; pasar o correr por la zona de fondo vale 2 puntos, y un chute, 1 punto.

GIMNASIA

Historia

Los griegos creían que cultivar el cuerpo era fundamental para el desarrollo y la educación de los jóvenes. El término *gymnasium* significaba «lugar para ejercitarse desnudo». Muchos de aquellos ejercicios se convirtieron en deportes de los Juegos Olímpicos clásicos. La gimnasia moderna se debe en gran medida a las aportaciones del profesor alemán Friedrich Ludwig Jahn, a principios del siglo XIX. Jahn inventó muchos de los aparatos que se utilizan todavía en la actualidad: las barras paralelas, las anillas, el potro y la barra sueca de equilibrios. El club que fundó en 1811, se convirtió en un modelo para otras asociaciones centroeuropeas.

Los inmigrantes europeos seguidores de Jahn llevaron este deporte a Estados Unidos algunos años después de la guerra civil. A partir de 1880 empezaron a organizarse competiciones gimnásticas masculinas internacionales, las cuales entraron en los primeros Juegos Olímpicos modernos, en 1896. Las modalidades femeninas esperaron cuarenta años para entrar en competición, pero se convirtieron pronto en uno de los deportes más populares. El primer centro donde se practicó la gimnasia como disciplina en España fue el Instituto Real Pestalozzi, fundado en 1806 por el profesor F. Amorós, creador del trapecio y de la gimnasia francesa.

La USA Gymnastics es el organismo que administra y gestiona el deporte en Estados Unidos. Está formada por 20 asociaciones y se ocupa de la organización de campeonatos, el entrenamiento, el tratamiento terapéutico deportivo, la reglamentación legal, la publicación de las normativas y la promoción de las actividades gimnásticas. En el ámbito europeo, el organismo oficial es la Federación Internacional de Gimnasia, creada en 1881, que organiza las grandes competiciones por equipos de naciones, entre ellas los campeonatos del mundo por equipos e individuales que se realizan cada dos años (años impares); y los juegos olímpicos cada cuatro años. En España, el principal organismo para promocionar estas disciplinas es la Real Federación Española de Gimnasia.

Objeto del deporte

Los gimnastas, tanto en las modalidades masculinas como femeninas, compiten individualmente aunque participan en un equipo. Su puntuación se basa en la actuación y la ejecución de diversos ejercicios en aparatos. El que obtiene mayor puntuación se declara vencedor.

Área de competición

La competición tiene lugar en una instalación cubierta, con suficiente espacio y medidas de seguridad para la ejecución de los ejercicios con aparatos y de suelo.

Aparatos

Gimnasia artística femenina

El *potro o caballo de saltos* es un aparato de cuatro patas (estructura metálica) con un apoyo superior de madera, forrado con piel o vinilo. Sus medidas son: 1,52 m de largo, 1, 21 m de alto, y 35,5 cm de ancho.

El *trampolín* está hecho de tablero (no contrachapado) no resbaladizo. Tiene un largo de 1,21 m. La calle para la carrera mide 29,9 m de largo y 9,14 m de ancho.

Las *barras asimétricas* están fabricadas con madera endurecida o fibra de vidrio flexible, sobre un soporte metálico. La barra superior está a una altura de 2,36 m, y la barra inferior a 1,57 m. Las barras tienen un largo de 3,47 m, y están separadas entre sí por 43,1 cm.

La *barra de equilibrios* es de vinilo o piel, sobre una base de goma espuma que cubre la madera. La estructura es de metal. Sus medidas son: 4,57 m de largo, 1,21 m de alto, y 10,16 cm de ancho.

Los *ejercicios de suelo* se realizan sobre una colchoneta cuadrada de 12,19 m de lado: goma espuma mullida, sobre contrachapado.

Gimnasia artística masculina

Los *ejercicios de suelo* se realizan sobre una colchoneta cuadrada de 12,19 m de lado, igual que la femenina.

El *caballo con arcos* es un potro forrado con piel, con dos arcos (sujeciones curvadas) que di-viden la superficie superior en tres secciones. La estructura es de metal. Sus medidas son: 1,62 m de largo, 1,16 m de alto, y 35,5 cm de ancho.

Las *anillas* son dos aros de madera o fibra de vidrio, con un diámetro de 20,3 cm, y están suspendidas del techo con correas sujetas a una estructura metálica a una altura de 2,59 m respecto al suelo.

El *caballo de salto* es similar al caballo de arcos, pero más alto (1,37 m) y sin los arcos. La calle para la carrera mide 24,38 m de largo y dispone de un trampolín de 1,21 m.

Las *barras paralelas* son dos varillas de madera o fibra de vidrio, sobre una estructura de metal. Tienen un largo de 3,50 m y están separadas 43,18 cm entre sí, a una altura de 1,82 m sobre el suelo.

La *barra horizontal* o *barra fija* es una varilla metálica flexible sobre una estructura de metal. Tiene un largo de 2,43 m, y está a una altura de 2,59 m sobre el suelo.

Gimnasia rítmica femenina

Los ejercicios se realizan sobre el área de un cuadrado alfombrado de 12,19 m de lado.

En el programa técnico se incluye:

♦ cuerda: de cáñamo o sintética, dos veces la altura de la gimnasta;
♦ aros: de madera o de plástico, diámetro entre 76,20 cm y 81,28 cm;
♦ pelota: de goma o material sintético, diámetro entre 17,78 cm y 20,32 cm;
♦ mazas: de madera o material sintético, largo entre 50,80 cm y 60,96 cm;
♦ cinta: de satén, 198,12 cm de largo, con un bastón de madera o plástico a un extremo.

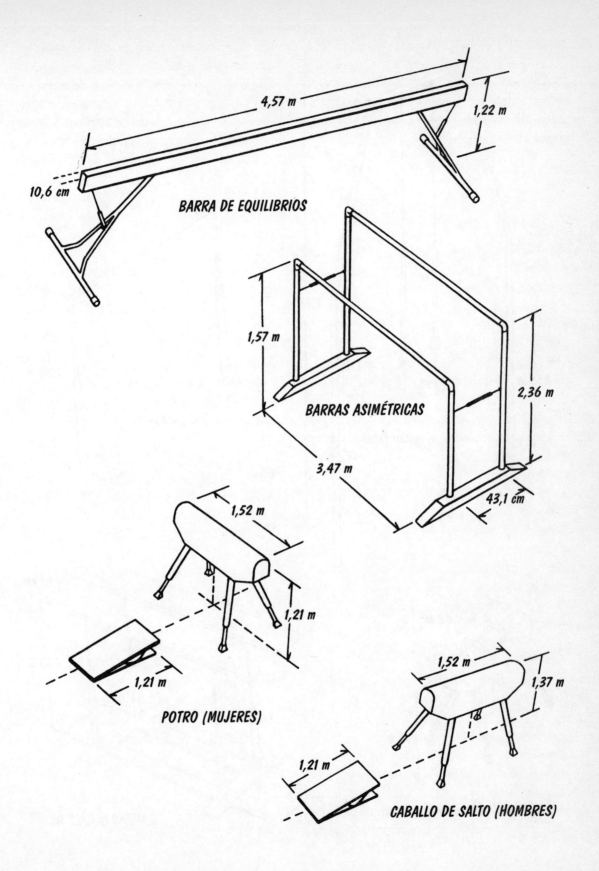

4,57 m

1,22 m

10,6 cm

BARRA DE EQUILIBRIOS

1,57 m

BARRAS ASIMÉTRICAS

2,36 m

3,47 m

43,1 cm

1,52 m

1,21 m

1,21 m

POTRO (MUJERES)

1,52 m

1,37 m

1,21 m

CABALLO DE SALTO (HOMBRES)

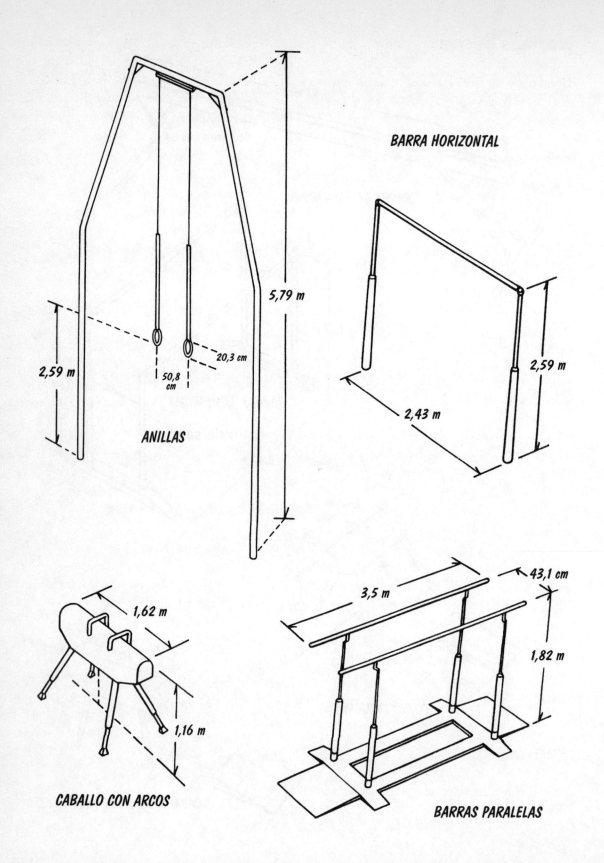

BARRA HORIZONTAL

5,79 m

2,59 m

20,3 cm

50,8 cm

ANILLAS

2,59 m

2,43 m

1,62 m

1,16 m

CABALLO CON ARCOS

3,5 m

43,1 cm

1,82 m

BARRAS PARALELAS

Normas básicas

Hombres y mujeres compiten por separado en las modalidades de gimnasia artística: suelo y aparatos.

En cada aparato se ejecutan dos series de *rutinas* (combinación de movimientos):

Obligatorios: rutinas predeterminadas que incluyen movimientos específicos que todos los participantes deben realizar.

Libres: rutinas personales de creación individual, con los cuales cada gimnasta demuestra su estilo y habilidad.

Valoración

Una puntuación de 10,0 es perfecto; los hombres empiezan con 9,0 puntos y las mujeres con 9,4 puntos.

Los jueces otorgan puntos de bonificación —hasta 1,0 para hombres y 0,6 para mujeres, según innovación, riesgo, virtuosismo (maestría, ritmo, armonía), fluidez en la ejecución, etc.

Los jueces pueden deducir puntos por *faltas* (errores en la ejecución) o por la ausencia de elementos obligatorios.

La habilidad se clasifica en cinco niveles de dificultad, de la A (más fácil) a la E (más difícil). En cada rutina hay elementos determinados por el nivel de competición.

De los resultados más altos y más bajos se hace un promedio: marca media. Las marcas se ajustan matemáticamente para determinar el resultado final.

Puntuación

En las competiciones se valoran básicamente tres apartados:

◆ Equipos: cada uno de los miembros de un equipo de seis gimnastas realiza una rutina obligatoria y una libre. Los cinco resultados más altos se suman en un total del equipo. El equipo con más puntos se declara vencedor.

◆ Absoluto: los mejores atletas de cada equipo realizan una rutina libre en cada aparato. La puntuación individual se totaliza y el gimnasta con más puntos se declara vencedor.

◆ Individual: los gimnastas con más puntos en cada aparato compiten de nuevo en una rutina libre. La mejor actuación individual (más puntos) en cada aparato otorga la victoria.

Gimnasia femenina

Caballo de salto
La valoración de los ejercicios en caballo de salto se divide en cuatro categorías según las diversas posiciones del cuerpo y movimientos realizados después de la carrera:

◆ primer vuelo (trampolín);
◆ fase de apoyo (apoyo en el potro);
◆ segundo vuelo (desmontar del caballo);
◆ recepción.

El salto se realiza con el potro de través, no a lo largo.

Un salto libre no puede ser igual que un salto obligatorio.

Tanto los saltos obligatorios como los libres, se realizan dos veces. Se cuenta el mejor resultado de cada rutina.

Barras asimétricas

Las gimnastas deben utilizar las dos barras.

En la misma barra sólo se pueden utilizar una serie de cuatro elementos.

Deben realizar 10 movimientos consecutivos sin detenerse. No se permite realizar pausas ni balanceos extra.

Barra de equilibrios

La rutina debe durar entre 70 y 90 s.

Las series acrobáticas deben incluir este tipo de movimientos consecutivos, volteretas y de baile.

Debe utilizarse toda la superficie de la barra.

Suelo

Se realizan ejercicios acrobáticos y gimnásticos, a tiempo con música grabada, durante un período entre 70 y 90 s.

Las gimnastas deben utilizar toda la superficie del suelo y no pueden pisar las líneas que la delimitan.

Debe realizarse un salto mortal en una de cada tres volteretas, en los que se considera la elegancia en la ejecución, la fuerza, la flexibilidad y el equilibrio.

Gimnasia masculina

Suelo

Debe utilizarse toda el área del suelo. Las rutinas duran entre 50 y 70 s y son sin música.

Las volteretas deben realizarse, como mínimo, en dos direcciones.

Los gimnastas no pueden dar más de tres pasos seguidos; tampoco pueden salir del área de suelo.

Caballo con arcos

El gimnasta debe trabajar las tres partes del potro.

Los movimientos deben ser continuos y giratorios y sólo se puede tocar el aparato con las manos.

Las rutinas deben incluir una tijera (piernas abiertas) en movimiento oscilante vertical.

Anillas

La rutina debe incluir dos verticales; una a pulso y otra en balanceo.

Las anillas deben mantenerse quietas, no en balanceo.

Las posiciones estáticas se deben mantener, como mínimo, 2 s.

Caballo de salto

El ejercicio se realiza a lo largo en el caballo.

Se deben considerar los requisitos de altura y distancia mínima: cuánto debe elevarse el cuerpo del gimnasta sobre el potro y el viaje en el segundo vuelo.

En las finales, los gimnastas realizan dos saltos libres.

Paralelas

Las deben soltar (dejar una barra para realizar un movimiento) y volver a agarrar con las dos manos.

Las posiciones estáticas se deben siempre mantener 2 s.

Barra fija

Las rutinas deben realizarse en movimiento oscilante continuo. Éstas incluyen un movimiento en el cual se sueltan y vuelven a coger la barra y un *swing* gigante (giro de 360 grados) del cuerpo alrededor de la barra.

Gimnasia rítmica femenina

Las gimnastas realizan movimientos de danza y acrobacia (saltos y vueltas de diversa índole), mientras manejan el equipo accesorio.

Los ejercicios se realizan con música.

En individuales, el tiempo oscila entre 1 min y 1 min con 30 s; en grupo, el tiempo oscila entre 2 min y 2 min con 30 s.

Las gimnastas deben cubrir toda el área del suelo.

El manejo de los elementos incluye:

♦ pelota: rodar, botar, lanzarla y cogerla;
♦ cuerda: lanzarla, cogerla, balanceo y giro;
♦ aros: giro, lanzamiento, recogida, pasar por el interior;
♦ mazas: lanzamiento, recogida y giro;
♦ cinta: lanzamiento en círculo, bucle y espiral .

Una de las rutinas de pelota, cuerda o cinta debe realizarse con la mano izquierda.

Valoración/puntuación

La valoración y la puntuación funcionan igual que en la gimnasia artística femenina. La puntuación base es 9,4, con bonificaciones y deducciones.

Uniformes

Las mujeres visten mallas de manga larga, sin piernas. Las zapatillas son opcionales.

Los hombres visten camiseta sin mangas y mallas de pantalón largo. Calzado blando.

Oficiales

Entre 4 y 6 jueces valoran y puntúan las rutinas de cada aparato.

GOLF

Historia

El origen del golf parece encontrarse en Escocia, en el siglo XV, donde se practicaba sobre terreno arenoso, en campos escarpados cercanos a la costa. Sin embargo, se han encontrado indicios de un juego popular con una bola y un palo, en la época en que los romanos ocuparon las islas británicas. Los escoceses utilizaban bolas rellenas de plumas (al igual que los romanos en la Antigüedad) y jugaban en campos con madrigueras de conejos abandonadas. En Holanda, aparece también un juego llamado *kolf* (término holandés que significa «club»), semejante al golf más primitivo.

Un decreto del parlamento inglés fechado en el siglo XV sanciona la práctica de este deporte, entonces *golfe*, por interferir en el tiro con arco, imprescindible para la defensa del reino de James II. Además, entre la literatura documental de la misma época, existe un registro de pagos por *clubbis and ballis*, para la realeza. Se cree que Mary, Reina de los escoceses, fue la primera mujer golfista. En 1754 se fundó el Royal and Ancient Golf Club of St. Andrews (R & A), en Escocia, y desde entonces ha sido la asociación más importante dedicada al golf y la principal promotora y creadora de normas, como por ejemplo, la que establece un recorrido estándar de 18 hoyos.

En Estados Unidos, el golf aparece hacia finales del siglo XVIII. A partir de 1880 empezaron a fundarse innumerables clubes, entre ellos, el St. Andrews de Yonkers, en Nueva York. En 1894 se fundó una asociación de ámbito nacional para la supervisión de las normas y de la práctica amateur del juego. Al año siguiente, comenzaron tres campeonatos nacionales: el Open, el Women's Amateur y el Amateur. Desde finales del siglo XIX, en Estados Unidos se han construido más de 1.000 campos de golf y la práctica de este deporte se ha ido extendiendo por todo el mundo: por Europa, por las colonias inglesas y por el lejano Oriente.

A principios del siglo XX, muchos jugadores amaters comienzan a profesionalizarse y en 1916 se funda la PGA. En las décadas de 1920 y 1930 el deporte experimenta un notable crecimiento y un gran número de golfistas empiezan a gozar de popularidad gracias a los campeonatos y tours internacionales. Del mismo modo, se introducen innovaciones en el equipamiento: el mango de madera es sustituido por uno de acero, la pelota se fabrica con goma en su interior y el juego se va simplificando. En los últimos 30 años, la televisión ha ido estimulando a jugadores y espectadores a través de la retransmisión de campeonatos.

Hoy en día, el golf goza de gran popularidad por muchos motivos: el impacto de las ligas profesionales, la participación de mujeres y jóvenes, la posibilidad de practicarlo a nivel sénior en competición, el fácil acceso a las instalaciones y los monitores (públicos y privados) y el sistema *handicap*, que permite a los jugadores de cualquier nivel competir unos contra otros.

La United States Golf Association es el organismo que se ocupa de la administración y gestión de este deporte en Estados Unidos. Trabaja en colaboración con la R & A para el establecimiento de las normas y sus interpretaciones y para la organización de campeonatos y la reglamentación de los equipamientos. Dispone también de un museo y una biblioteca, y trata de fomentar la investigación sobre el deporte. A pesar de que el golf sigue siendo patrimonio de los países de influencia anglosajona (Canadá, Australia, Nueva Zelanda, República de Sudáfrica y EEUU), se practica también en Japón y, en los años noventa ha experimentado un enorme crecimiento también en España, país que fundó su primer club en las Palmas, en 1891. En cien años, el golf ha pasado de ser un deporte elitista a ser un deporte enormemente popular. Entre los golfistas españoles de las décadas de 1980 y 1990 destacan Severiano Ballesteros y Sergio García *El niño*.

Objeto del deporte

Los jugadores tratan de golpear pequeñas pelotas con diferentes palos, para introducirlas en una serie de hoyos dispuestos en un itinerario, a lo largo de un recorrido dentro del campo, sin interferencia de ningún adversario. El vencedor es el jugador o el equipo que gasta menos golpes (intentos) para terminar, o el que gana más hoyos.

Terreno de juego

La planificación y las características de cada itinerario varían según las reglas locales (anotadas en la plantilla de juego).

Un *hoyo* es cada parte del recorrido entre el *tee* (donde se coloca la pelota para el golpe) y su *putting green*. En un recorrido estándar hay 18 hoyos, en una distancia aproximada que oscila entre 91,44 m y 548,6 m.

El *teeing round* (también llamado *«tee»*) es un área plana y rectangular, desde donde se empieza cada hoyo.

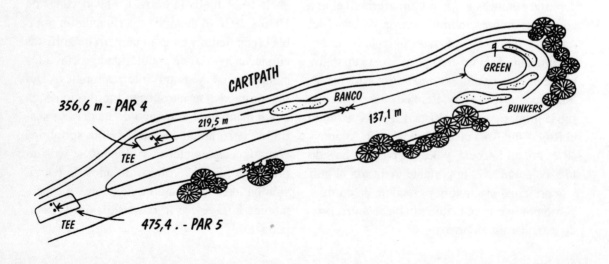

Los *marcadores del tee* definen los límites por delante del tee, y se debe jugar la pelota en la distancia comprendida por el largo de dos palos por detrás de dichas marcas. Los hombres utilizan marcas blancas, las mujeres rojas, y en los campeonatos, se utiliza marcas azules.

Un *fairway o calle* es la expansión de hierba segada entre el *tee* y el *putting green* hasta el lado posterior del hoyo.

El *rouge* es el terreno de curso más largo y no ajardinado a cada lado de la calle.

Un *bunker* es un obstáculo (depresión de arena). También se llama *trap*.

Un *water hazard* («salto de agua») es un manantial, lago, estanque o acequia o cualquier otro obstáculo con agua (aunque puede estar seco). Un *salto de agua lateral (lateral water hazard)*, por lo general, corre en paralelo a la línea de juego.

El *putting green* es una superficie de césped bien cepillado, al final de la calle. La pista *(aron)* que rodea el green no forma parte del mismo.

El *hoyo* en sí es un agujero de 10,7 cm de diámetro, y como mínimo 10 cm de fondo, socavado en el *putting green*.

El bastón de la bandera es un palo móvil de 213,3 cm de largo, como mínimo, que indica la posición del hoyo en el *putting green*. También recibe el nombre de «pin».

La totalidad del área del recorrido, excepto el *teeing round*, el *putting green* y algunos obstáculos, recibe el nombre de *through the green*.

Equipo

Un *palo de golf* es un utensilio para golpear la pelota, compuesto por un mango largo con una empuñadura y un cotillo o cabeza. Cada jugador puede disponer de un máximo de 14 palos y puede cambiarlo según el golpe, pero no puede tomarlos prestados de otro jugador. Los tres tipos de palos principales son:

Las maderas, con cabeza de madera, de metal ligero o de plástico torneado y del mismo grosor por delante y por detrás. Se utiliza para tiros largos. Las maderas se numeran del 1 al 10, pero las más corrientes son el 1, el 2 y el 5.

Un hierro es un palo de cabeza estrecha de acero y el *sitick* es más corto que el de la madera. Se utiliza para tiros cortos. Los hierros se numeran del 1 al 10.

Un *putter* es de metal y los tipos de cabeza varían. Se utiliza para jugar en el *putting green*.

El largo del mango y el sesgo de la cara (parte frontal de la cabeza) son diferentes en cada uno de los palos, con el objeto de dar diferentes efectos y trayectorias al golpear la pelota. El *loft* (ángulo) oscila entre el plano (en un *putter*) y más de 50 ° (en un hierro de numeración alta). Por lo general, los palos de numeración más baja permiten alcanzar mayor distancia con menos altura, y los de numeración más alta, menos distancia y más altura.

La *pelota* está recubierta de plástico o goma, con un núcleo sólido y hoyuelos externos, para mejorar su vuelo. La bola americana tiene un diámetro de 4,2 cm y la pelota inglesa 4,1 cm, pero las dos tienen un peso mínimo de 46 g.

Un *tee* es una estaquilla de unos 5 cm de largo, que se coloca en el *teeing round*, para situar la bola encima antes del golpe.

La vestimenta es deportiva. El calzado: zapatos de golf.

Puede llevarse material complementario: cualquier prenda u objeto que el jugador desee llevar o utilizar, carritos eléctricos o manuales (según normas locales).

El partido

El *partido* se decide por el número de hoyos conseguidos. El ganador de un hoyo es el equipo o jugador que emboca (golpea la bola dentro del hoyo), con menos golpes.

El *tanteo* se basa en *hoyos ganados* por delante. Por ejemplo: si el jugador A ha ganado 3 hoyos y el jugador B ha ganado 2 hoyos, cuando se han jugado 5 hoyos el jugador A está un hoyo por delante. Se da un empate en un hoyo cuando ambos contrincantes han escondido o jugado un hoyo con el mismo número de golpes.

Cuando un jugador ha conseguido más hoyos de los que le quedan por jugar, gana el *match*. En ese caso, no es necesario completar los 18 hoyos de juego.

Si al final del partido los jugadores están empatados, el juego continúa hasta que un jugador consigue ganar un hoyo. Entonces, gana el partido.

Stroke Play

El juego se decide por el número total de golpes de cada contrincante. El ganador *(medal play)* es el que tiene menor puntuación: menos golpes en una ronda (número de hoyos en el orden correcto, normalmente, 18).

En los desempates: los jugadores juegan hasta que un equipo o jugador consigue menor puntuación en un hoyo. En los torneos, el empate se resuelve en un hoyo 18 de desempate.

Equipos y partidos

Dos, tres o cuatro jugadores compiten individualmente o por equipos. Un *equipo* es un jugador, o dos o más jugadores de un mismo equipo.

El partido puede desarrollarse del siguiente modo:

Single (**individual**): un jugador contra otro. Se le suele llamar *match*.

Threesome: un jugador contra dos. Cada uno juega una bola. Los equipos alternan los tiros, incluyendo el primer golpe en cada nuevo hoyo.

Foursome: dos contra dos. Cada equipo juega una bola. Los compañeros de equipo alternan sus golpes.

Three-Ball: tres jugadores, uno contra otro, cada uno con su pelota.

Best-Ball: uno contra la mejor bola de dos, o la mejor bola de tres jugadores en juego.

Four-Ball: dos jugadores juegan su mejor bola contra la mejor bola de los otros dos.

Four-Ball Stroke Play: dos jugadores juegan como compañeros, cada uno con su bola. El que obtiene menor puntuación en la pareja vale como puntuación del hoyo.

Par

El concepto de «par» es básico en el *stroke play*. Es el número de golpes que se espera que utilice un experto en cada hoyo, según la distancia del hoyo. Se le permiten dos *putts* (golpes en el *green*). La distancia guía es la siguiente:

Par	Hombres	Mujeres
3	más de 228 m	más de 192 m
4	de 229 a 429 m	de 193 a 365 m
5	430 m y más	de 366 a 192 m
6		526 m y más

Un *birdie* es un golpe bajo par; un *eagle* son dos bajo par. Un *bogey* es un golpe sobre par; un doble *bogey* son dos sobre par.

Puntuación

Un golpe es el movimiento hacia adelante del palo para golpear la bola. Si el jugador detiene el movimiento oscilante desde atrás antes de que la cabeza del palo alcance la bola, no se considera golpe. Cada jugador debe anotar el número de golpes dados en cada hoyo en una plantilla de puntuación. En un partido, el margen entre los jugadores no es importante. Lo importante es ganar el hoyo. En el *stroke play*, cada golpe cuenta, de modo que el que tiene menor puntuación gana.

Hándicaps

Para que los jugadores de diferentes capacidades jueguen en igualdad de condiciones, se resta un determinado número de puntos (hándicaps) del total (número real de golpes). Los handicaps se determinan partiendo de la base del juego anterior más reciente de un jugador, como por ejemplo, la ronda de 10 más baja de los últimos 20. Los mejores jugadores son *scratch* de alto nivel y tienen hándicap cero. Por ejemplo: en *stroke play*, un jugador de hándicap 15 que completa el recorrido con 100 golpes, tendrá una puntuación neta de 85. En *match play*, los golpes dependen de hoyos concretos.

Terminología

Los términos más comunes en golf son:

Dirigir la bola: un jugador ha tomado una postura y ha colocado el palo en el terreno (excepto en un obstáculo), antes de balancearse.

***Approach shot* (tiro de acercamiento):** un golpe para acercar la bola hacia el green.

Away: la bola más lejana al hoyo, cuando hay dos jugadores o más en juego.

Caddie: la persona que lleva los palos y que suele aconsejar sobre la distancia y el modo de jugar determinados hoyos.

Casual water: estancamiento o acumulación ocasional de agua que no estaba prevista en el recorrido.

Chip: tiro bajo de acercamiento al hoyo, cerca del green.

Divot: fragmento de hierba levantado del terreno por la cabeza del palo.

Drive: golpear la bola desde el *teeing ground*.

Drop: opción de sustituir una bola perdida por otra nueva o de trasladar una bola desde una porción de terreno impracticable hasta otra apta para el juego.

Fore: aviso a los jugadores de que se acerca una bola en su dirección.

Honor: derecho de jugar primero un *tee*.

Hook: un golpe con efecto hacia la izquierda (o bien hacia la derecha, para un jugador zurdo).

Lie: posición de la bola en el terreno.

Línea de juego: la dirección que el jugador desea dar a la bola después del golpe.

Links: recorrido junto al litoral.

Loose impediments: elementos naturales en el recorrido (como hojas o piedras), desperdigados y sueltos sobre el terreno.

Bola perdida: no localizada tras 5 minutos de búsqueda.

Bola movida: una bola que rueda a otra posición.

Obstáculo: obstáculo artificial en el recorrido, a parte de los límites o cualquier impedimento que se considere parte del mismo.

Out: primeros nueve hoyos; en la segunda vuelta, los nueve hoyos jugados.

Fuera: área fuera del recorrido trazado. No está permitido jugar en ella.

Golpe de sanción: uno o dos golpes añadidos a la puntuación de las partes que compiten, por infracción de juego.

Pitch: golpe alto cerca del green que no continúa avanzando después de aterrizar; un *pitch and run* rueda.

Abrir camino: un grupo que ha aminorado la marcha cede el paso a otro grupo.

Bola provisional: bola que sustituye a una bola perdida (excepto en un obstáculo de agua) o que ha ido fuera.

Dificultad del *green*: una bola en movimiento es desviada o detenida por un agente externo, por algo o por alguien: un *caddie*, un árbitro o un compañero de juego.

Shank: golpe fallido a la izquierda o la derecha.

Short game: *pitching, chipping, putting.*

Slice: golpe desviado a la derecha (a la izquierda para un jugador zurdo).

Posición impracticable: bola que, en opinión del jugador, no se puede jugar.

Winter rules: permiso de mejorar una posición (*lie*), en el recorrido. Revisar normas locales.

Pelota equivocada: bola diferente a la que está en juego o bola provisional.

Protocolo

Las siguientes reglas hacen este deporte más seguro y agradable:

♦ no moverse ni hablar mientras otro jugador realiza un golpe;
♦ no situarse detrás de una bola o un hoyo en juego;
♦ no colocar la pelota en el tee hasta que la bola de otro compañero se haya detenido;
♦ en el juego mixto, los hombres dan el primer golpe antes que las mujeres;
♦ no golpear una bola cuando hay un grupo de jugadores por delante y al alcance de la misma;
♦ jugar por turnos y sin retraso;
♦ ceder el paso a los jugadores más rápidos;
♦ si se debe buscar una bola perdida, ceder el turno a los siguientes jugadores;
♦ alisar las chuletas y borrar las pisadas de los búnkers;
♦ despejar el *putting green* de bolsas o tarjetas; arreglar las marcas de las bolas y los clavos de las zapatillas;
♦ sostener las banderas para los demás jugadores a una distancia del largo de un brazo;
♦ permanecer en el green hasta que se haya efectuado el golpe de *putting*, y después, abandonarlo lo antes posible;
♦ marcar todas las bolas con alguna identificación.

Normas básicas

Las siguientes normas incluyen las sanciones para las infracciones más comunes. La penalización habitual por infringir una norma en el *stroke play* son dos *golpes*; en el match play, es la pérdida del hoyo. Estas infracciones se indicarán con la palabra «PEN». La sanción de un golpe se corresponde con las siguientes infracciones:

♦ Los jugadores tienen la responsabilidad de jugar la bola correcta y ninguna otra (PEN);
♦ la bola debe ser golpeada con la cabeza del palo, y no acompañada ni empujada (PEN);
♦ no se permite practicar un golpe; el *swing* o balanceo sí que está permitido (PEN);
♦ si una bola es golpeada dos veces en un mismo golpe, el golpe se cuenta, pero se le suma otro;
♦ un jugador puede recoger la bola para identificarla, excepto en un obstáculo, y debe volverse a situar en el punto exacto;
♦ si un jugador (en golpe *play*) duda sobre cómo debe proceder, el hoyo puede completarse con la bola en juego o con una segunda bola;
♦ una bola que interfiere el juego debe recogerse y volverse a colocar cuando el jugador en cuestión ha realizado su golpe;
♦ todos los golpes cuentan, se consiga golpear la bola o no. Las penalizaciones de golpes se añaden al total;

- si se juega la bola desde fuera del área del *tee*, en *match play*, se debe repetir el golpe (no hay PEN); en golpe play sí hay PEN;
- los jugadores sólo pueden consultar o aconsejar a sus compañeros o *caddies*;
- los jugadores pueden recibir ayuda en la señalización de su línea de juego, excepto en el *putting green*;
- si una bola resulta dañada (rajada o rota) y no es apta para el juego debe sustituirse donde esté. Los jugadores deben notificar su intención de cambio;
- la posición de una bola levantada o recogida debe marcarse con una moneda u otro objeto pequeño (un golpe de sanción en match play y en golpe play);
- si se tiene que dejar caer una bola, el jugador debe permanecer erguido, sostener la bola a la altura del hombro, con el brazo extendido, y dejarla caer;
- si en la caída, la bola toca al jugador, a un compañero o a un caddie, debe repetirse la operación; lo mismo ocurre si rueda donde hay un obstáculo, fuera del campo, en el green o a una distancia de más de dos palos respecto al lugar de caída;
- un jugador no puede mover una bola una vez la ha dirigido (excepto si golpea el tee por accidente), ni tampoco si la ha dirigido un caddie (sanción de un golpe en *match* y golpe *play*);
- cualquier penalización en el juego debe ser revelada, a menos que lo haga un contrario. Un jugador debe proporcionar información correcta antes de que el contrario realice el próximo golpe (PEN);
- no puede utilizarse ningún aparato de medición (descalificación);
- sólo está permitido disponer de un caddie para transportar los palos y notificar la posición de la bola (descalificación).

Procedimiento

Un sorteo determina qué equipo juega primero, y los compañeros de cada equipo deciden su propio orden de juego. Después de la salida, el equipo que gana cada hoyo juega primero en el siguiente *teeing ground*. Si se produce empate en un hoyo, el equipo que empató tiene el privilegio de jugar primero.

El primer golpe debe realizarse desde detrás de las marcas. Si la bola cae del *tee* o es golpeada mientras se dirigía el golpe, debe volverse a colocar.

Si se juega una bola provisional desde el *teeing ground*, los otros jugadores deben dar su primer golpe antes.

Procedimiento en el *green*

La bola debe jugarse donde caiga. No puede ser movida ni tocada, a menos que se indique así. No puede alterarse el terreno que rodea la bola (allanar el césped o limpiarlo de objetos fijos o plantas). Los objetos sueltos pueden retirarse.

Un jugador no puede mejorar la posición de una bola, el área de *swing* ni la línea de juego. Los objetos sueltos en el teeing ground o en el *putting ground* pueden retirarse.

El jugador que está más lejos del hoyo juega primero. Si una persona juega fuera de turno en el golpe *play*, el juego continúa; en el *match play*, el otro jugador tiene la opción de considerar nulo ese golpe.

Si se pierde una bola fuera del campo (excepto en un obstáculo de agua), el jugador da su siguiente golpe lo más cerca posible del lugar desde donde se jugó la bola. Una bola jugada desde el *tee* debe volverse a jugar desde ahí. Si una bola se ha jugado desde cualquier parte del green o desde un obstáculo, la nueva bola se deja caer en el lugar desde donde se jugó. Si se jugó desde el *putting green*, se coloca. En todos los casos, hay una sanción de un golpe.

Si una bola es impracticable (excepto en un obstáculo de agua), el jugador debe volver a jugar desde el punto de tiro anterior, o puede dejar caer la bola a una distancia máxima de dos palos respecto a donde está ahora (pero no en el punto más cercano al hoyo). Se añade una penalización de un golpe.

Si una bola está en un obstáculo de agua y no se puede jugar, el jugador debe repetir el golpe desde el punto del tiro anterior, o dejar caer una bola a cualquier distancia, por detrás del agua, en línea con el punto donde la bola entró al estanque. En un obstáculo de agua lateral, el jugador tiene la opción de dejar caer la bola a una distancia de dos palos, por cualquier lado fuera del agua. En cualquiera de los casos anteriores, se añade una penalización de un golpe.

Si una bola está presuntamente perdida o fuera del campo, puede jugarse una bola provisional antes de iniciar la búsqueda. Si se encuentra, debe jugarse la bola original, aunque esté en una posición impracticable o en un obstáculo de agua. Después de haber jugado la segunda bola, más allá del punto donde se extravió, la nueva bola pasa a ser la que está en juego. La primera bola se considera perdida y se añade una penalización de un golpe.

Una bola en movimiento que toca un agente externo, se juega desde donde se detiene. Si la ha tocado su propietario (jugador, *caddie* o equipamiento), hay una penalización. Si la toca el equipo contrario, en *match play*, el jugador puede repetir o tirar desde donde esté. En golpe *play*, la bola se juega desde donde está. Un jugador no debe golpear una bola en movimiento, a menos que esté en el agua.

Una bola movida por otra debe volverse a colocar donde estaba.

Una bola que rebota o es detenida por otra bola parada (no en juego) debe golpearse donde quede. No hay sanción.

Una bola que queda oculta en el terreno, dentro del *green*, debe recogerse, limpiarse y dejarla caer o colocarla (no más cerca del hoyo); no hay sanción. Una bola que cae en un obstáculo insalvable (agua no prevista, terreno en mal estado o en obras) debe dejarse caer en una nueva posición.

Procedimiento en el *green*

En el *green*, la bola debe limpiarse y marcarse.

No se puede acceder a la línea de juego, pero un compañero o un *caddie* puede señalizarla. Antes del *putting*, el jugador puede colocar el palo frente a la bola, sin oprimir el terreno.

Un jugador no puede hacer un golpe a horcajadas sobre la línea de *putt* ni tocarla con ningún pie.

No está permitido realizar golpes de práctica ni hacer rodar la bola para comprobar el *green*.

Cuando una bola está en movimiento, sólo puede realizar el *putt* el próximo jugador (PEN).

Cuando se levanta una bola, debe marcarse su posición; en caso contrario, se aplica una sanción de un golpe.

Si una bola de fuera del green golpea otra bola que está en el green, no hay sanción. La bola movida se coloca de nuevo en su posición. Si las dos bolas están en el *green*, en *golpe play*, el jugador recibe una penalización de dos golpes; en *match play*, no hay sanción.

El asta de la bandera puede dejarse en el hoyo o alguien puede *asistirla* (alzarla para mostrar la posición). Una vez la bola está en movimiento, no puede moverse.

La bola no debe golpear el asta con un *putt*, ni golpear una bandera asistida ni a la persona que la sostiene (PEN).

Si una bola queda en el contorno del hoyo por lo menos 10 s, después de que el jugador se haya acercado al hoyo, se considera bola en descanso. Si cae dentro más tarde, puntúa como si se hubiera transformado en el último golpe, y se añade un golpe de penalización.

Si una bola trabada contra el asta de la bandera cae dentro del hoyo cuando levantan la bandera, se considera que la bola ha sido transformada en el golpe anterior.

Anotación de tantos

Los jugadores tienen la responsabilidad de anotar correctamente su puntuación en cada hoyo. Al final de la ronda, deben revisar su puntuación, antes de firmar y entregar su tarjeta o plantilla de tantos.

HALTEROFILIA

Historia

Los inicios del levantamiento de pesas o halte-rofilia se remontan a las antiguas civilizaciones egipcia y griega, ya como disciplina organiza-da, y como deporte olímpico aparece en la pri-mera olimpiada moderna de 1896, en Atenas. Ya anteriormente, en 1891 se habían celebrado los Campeonatos Mundiales de halterofilia, en Londres, con 7 atletas en representación de 6 países. A partir de los Juegos Olímpicos de Sydney, en el 2000, se han organizado 70 Campeonatos Mundiales masculinos, 26 de júniors, 13 femeninos y 6 de júnior femenino.

Actualmente, la International Weighlifting Federation (IWF) está constituida por 167 naciones. El récord de participación se estable-ció en los Campeonatos Mundiales de 1999, en Atenas, con 660 atletas de un total de 88 países participantes. A principios de siglo, los países dominantes eran Austria, Alemania y Francia. En la década de 1950, Egipto y luego Estados Unidos ganaron la supremacía en el medallero, pero en las tres décadas siguientes, los países de la antigua Unión Soviética dominaron el panorama deportivo de esta disciplina, con Bulgaria como máximo protagonista. Desde mediados de los años noventa, Turquía, Grecia y China se han ido manteniendo como campeo-nes. El último campeón mundial en halterofilia masculina es griego, y la campeona femenina de China. En el panorama olímpico, la haltero-filia ha estado presente en veinte Juegos Olímpicos, desde 1896. En la próxima Olimpiada de Sydney, las mujeres entrarán en los programas olímpicos. Algunos de los cam-peones más importantes son: el turco Naim Süleymanoglu, ganador de tres títulos olímpi-cos (1988, 1992 y 1996), el húngaro Imre Földi, cinco veces olímpico (en 1960, 1964, 1968, 1972 y 1976) y el norteamericano Norbert Schemansky, medallista en cuatro olimpiadas (plata en 1948, oro en 1952, y bronce en 1960 y 1964).

Objeto del deporte

Cada competidor trata de levantar una barra con pesas en los extremos (discos). Se realizan tres intentos, con dos técnicas diferentes: arrancada y dos tiempos. El que logra ejecutar el levantamiento con mejor técnica y mayor peso se declara vencedor.

Área de competición

Los levantamientos se realizan en una platafor-ma de 4 m², construida con plancha de madera, plástico u otro material sintético, y está recubierta de fibra no resbaladiza. La plataforma tiene una altura entre 50 mm y 150 mm.

Equipo

La vestimenta consiste en una malla de una sola pieza, de pantalón corto y sin mangas. Bajo el traje, los atletas llevan una camiseta de manga corta, y si llevan calzones, deben llevarlos por encima de la malla.

El calzado son unas botas con protección para el tobillo. La altura máxima de la bota desde la suela hasta la parte del tobillo no puede superar los 130 mm. La suela no puede sobresalir de la bota más de 5 mm.

Está permitido llevar vendajes en las muñecas, rodillas, manos, dedos y pulgares, y se puede llevar tiritas en dedos, pero la punta debe quedar al descubierto. No está permitido vendarse los codos, el torso, los muslos ni las espinillas.

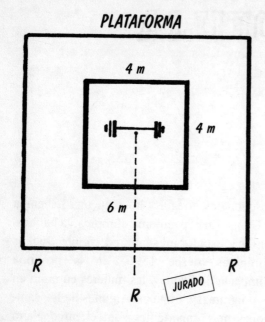

PLATAFORMA

Hombres		Mujeres		Veteranos	
Categoría	Límite máximo de peso (kg)	Categoría	Límite máximo de peso (kg)	Categoría	Límite máximo de peso (kg)
1	52	1	44	1	60
2	56	2	48	2	67
3	60	3	52	3	75
4	67	4	56	4	82
5	75	5	60	5	90
6	82,5	6	67	6	100
7	90	7	75	7	+100,01
8	100,01	8	82,5		
9	110	9	+82,5		
10	+110,01				

Las pesas se componen de una *barra o haltera,* con abrazaderas. El peso de la barra y las abrazaderas es de 25 kg. La longitud de la barra entre los discos (pesas) es de 121 cm. Los *discos* son el peso que se añade a la barra. La altura del mayor es de 45 cm. Están marcados con el peso y se disponen de dentro hacia fuera, de mayor a menor. Están sujetos a la barra con abrazaderas. El peso y el color de los discos es el siguiente: 25 kg, rojo; 20 kg, azul; 15 kg, amarillo; 10 kg, verde; 5 kg, blanco, 2,5 kg, negro; y 1,25 kg, 0,5 kg, y 0,25 kg, cromados.

Categorías

Los levantadores de dividen en categorías. Hay 10 categorías masculinas, 9 femeninas y 7 para veteranos, como se indica a continuación:

Procedimiento

Dos horas antes del inicio de la competición, los levantadores realizan un calentamiento de una hora, efectuando diversos levantamientos en presencia de tres árbitros, un oficial del equipo que se ejercita y el secretario de competición. El orden de ejecución, tanto de los levantamientos de calentamiento como de los de competición, se decide por sorteo.

Una vez se avisa a un competidor para que ejecute el levantamiento, el atleta tiene 1 min y medio para realizar un intento. Cuando han pasado 30 s, suena una señal. Si después de ese min y medio, el levantador o levantadora no ha realizado un intento, se declara «nulo».

Cada competidor dispone de tres intentos en cada tipo de levantamiento. Primero, debe indicar qué peso quiere levantar. Si lo consigue, pasa a levantar un peso mayor. Durante la competición, se va incrementando el peso de la barra añadiendo un peso múltiple de 2,5 Kg. Una vez ha conseguido levantar uno, no puede optar por levantar un peso inferior.

El levantamiento puede realizarse con dos técnicas diferentes:

♦ **Arrancada:** la barra se coloca en la plataforma, en posición horizontal, frente a

las piernas del competidor. El levantador agarra la barra, con las palmas de las manos hacia abajo, y realiza un único movimiento para levantar la barra por encima de su cabeza y mantenerla en alto con los brazos extendidos verticalmente. Puede hacerlo doblando el cuerpo o flexionando las piernas. Una vez la ha levantado, puede mejorar su posición para quedarse inmóvil, con las piernas y las manos extendidas en el mismo plano vertical imaginario. El árbitro le indica cuándo puede volver a dejar la barra en el suelo.

El levantador no puede girar las muñecas hasta que la barra haya pasado por encima de su cabeza, así como extender los brazos de modo desigual o incompleto.

♦ **Dos tiempos**: la barra se coloca en la plataforma, en posición horizontal, frente a las piernas del competidor. El levantador la agarra con las palmas de las manos hacia abajo, y la levanta con un único movimiento hasta los hombros. Puede hacerlo doblando el cuerpo o flexionando

las piernas. Entonces mantiene el peso a la altura de la clavícula, el pecho, o sobre los antebrazos, que están completamente doblados. Se le permite hacer un movimiento de recuperación para mejorar su posición y quedarse inmóvil. Luego, realiza un segundo movimiento para extender los brazos por encima de su cabeza.

Se considera «nulo» o *no lift* en los siguientes casos:

♦ levantar el peso cuando la barra ya está colgando de los brazos;
♦ la barra sube más arriba de las rodillas en un intento inacabado;
♦ se realiza una pausa en el movimiento de extensión de los brazos;
♦ se utiliza grasa o aceite para que la barra se deslice por las piernas;
♦ el levantador toca el suelo de la plataforma con cualquier otra parte del cuerpo que no sean los pies;
♦ el levantador deja la barra en el suelo antes de la señal del árbitro;

- el levantador deja caer la barra después de la señal del árbitro;
- el levantador sale de la plataforma durante el levantamiento;
- los brazos están doblados o extendidos durante el movimiento de recuperación;
- los brazos están extendidos de modo desigual por encima de la cabeza.

Los levantamientos de fuerza pueden realizarse en cuclillas, en banco o con peso muerto. En esta última modalidad, los levantadores pueden levantar pesos mayores, ya que utilizan las piernas, con el cuerpo erguido, para levantar un peso y mantenerlo en el aire el máximo tiempo posible.

Puntuación

Todos los competidores deben utilizar las dos técnicas, arrancada o dos tiempos. El competidor que levanta mayor peso gana la primera posición, y los demás le suceden según los pesos levantados, de mayor a menor. Puede ocurrir que un levantador levante el mayor peso por la suma de los dos mejores levantamientos (uno con cada técnica), y se coloque en primera posición. Los mejores resultados de cada levantador se suman en una total final. Si se trata de clasificación por equipos, se suman los pesos levantados por los competidores de un mismo equipo, para obtener el total.

Si dos competidores obtienen un mismo resultado, el que consiguió la marca primero se declara vencedor.

Si se produce empate por equipos, se concede la victoria al equipo que cuenta con más primeros clasificados.

Un competidor que obtiene una puntuación de cero en una de las dos técnicas, puede clasificarse en la otra. Es decir, si en la arrancada tiene un cero, no queda eliminado ya que puede puntuar en el dos tiempos, o viceversa.

Oficiales

En las competiciones, hay un jurado compuesto por árbitros oficiales de cada equipo, un cronometrador que calcula los tiempos de ejecución de las pruebas y tres jueces que evalúan el levantamiento o las infracciones técnicas.

HÍPICA

Historia

Los orígenes de las carreras de caballos son difíciles de determinar, pero probablemente se remontan a los primeros caballos domesticados. Existen grabados de carreras de caballos que datan del 1500 a. C. y están ampliamente documentadas en la historia del arte antiguo. Los romanos llevaron este deporte a Inglaterra y los reyes ingleses empezaron a llenar sus caballerizas de sementales árabes. Las carreras de caballos se conocían como un deporte propio de reyes. Las competiciones de Newmarket (Gran Bretaña) se iniciaron hacia el 1600 y han continuado hasta nuestros días.

Las primeras escuelas de equitación aparecieron ya en el Renacimiento, especialmente en Italia, con F. Grison y Pignatelli, que formularon reglas propias de este deporte. A partir de entonces, nació la *alta escuela* y la *baja escuela*, que buscaba sólo el uso utilitario del caballo de silla. Las nuevas normas pasaron a España, Francia y Alemania. Maximiliano II introdujo el caballo español en Austria (1567) y ahí nació la Escuela española de equitación de Viena. A mediados del siglo XVIII se creó la Escuela de Versalles con el método de Guérinière, que tuvo gran influencia en toda Europa central y sobre todo en Alemania, durante todo el siglo XIX. En España, la doma y crianza pasó al ejército y la guardia real, y el prestigio de los caballos españoles, sobre todo en las cartujas andaluzas, es conocido en todo el mundo.

En Estados Unidos, el primer circuito, también llamado New Market, se fundó en 1655. Posteriormente aparecieron hipódromos por todas las colonias. En los estados del Sur, parecieron centros de crianza y doma, sobre todo en Kentucky, Virginia y Maryland. Con el paso de los años, los pura sangre más famosos y los grandes yóquey (Longdon, Arcaro, Shoemaker), así como las competiciones más importantes (Kentucky Derby, Preakness, Belmont Stakes), han atraído a un sinfín de seguidores. Las apuestas y la televisión han contribuido en gran medida a la popularidad de este deporte.

Objeto del deporte

Los caballos, montados por un yóquey (jinete), compiten en diferentes pruebas y tratan de llegar los primeros a la meta. Este deporte combina la velocidad del caballo con la habilidad del jinete.

Área de competición

Las carreras en terreno llano se corren en circuitos de forma oval, de superficie polvorienta, con varios puntos de salida y una meta fija. Las distancias se miden en *furlongs* (201,2 m). Las carreras se corren en sentido inverso a las agujas del reloj, por lo que los caballos giran a la izquierda.

Las carreras de obstáculos se corren en circuitos trazados, normalmente sobre hierba, con saltos por encima de varios obstáculos: vallas, agua y zanjas.

El salto de vallas se realiza en circuitos de carreras con barreras artificiales.

Tipos de carreras

Existen muchos tipos de competiciones diferentes a partir de factores como la distancia, preparación, edad de los caballos, peso que pueden acarrear, premios y otras circunstancias. Entre las categorías se incluye la de *apuestas*, donde los propietarios pagan un dinero para que un caballo tome parte; y *handicaps*, donde el peso que lleva cada caballo se ajusta a sus características para igualar las

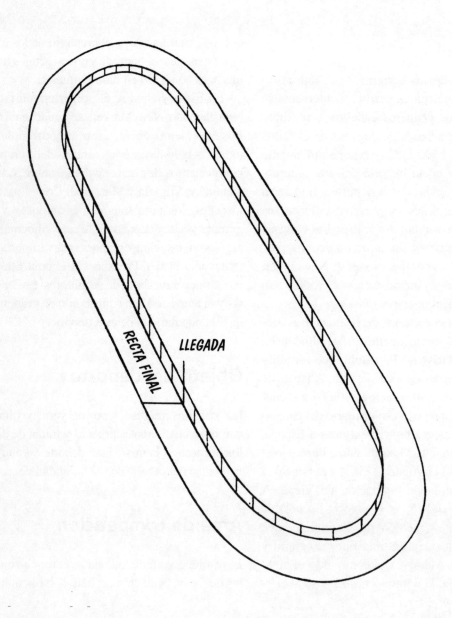

RECTA FINAL

LLEGADA

opciones de victoria. Hay carreras para *maidens* (caballos que todavía no han ganado ninguna carrera); *novicios* o *principiantes* (caballos que han ganado alguna carrera en la temporada); *yearlings* (caballos de dos años); y *claiming races* (donde cada caballo puede ser adquirido por otro propietario, a partir de un listado de precios). Una carrera de *weigh for age* (peso por edad), es aquella en que cada caballo carga un peso según una media entre la edad del caballo, la distancia y el mes del año.

Caballos

Los caballos de crianza son pura sangre o caballos con pedigrí, criados para competir. En los orígenes de este deporte se cruzaban sementales árabes con yeguas inglesas. La edad del caballo se determina contando a partir del 1 de enero del año en que nació. Es un potrillo hasta que tiene un año. Entonces, al macho se lo denomina *yearling* (añojo). Los potros son los caballos machos de entre dos y cinco años, época en la que se convierten en caballos. Las hembras son potras o potrancas de los dos a los cinco años y entonces pasan a ser yeguas. Un *gelding* es un caballo o potro castrado. Para competir en circuito llano, un caballo debe tener dos años, tres para carreras de obstáculos y cuatro para salto. El equipamiento de equitación incluye: montura, estribos, bridas (riendas y bocado) y numeración.

El yóquey

El jinete controla al caballo todo el tiempo. Para los caballos que deben acarrear peso, se cuenta también el peso del jinete. Un juez principiante (con menos de 35 victorias) recibe un peso complementario (empezando con 4,54

kg). Un yóquey no puede estar sobre cualquier caballo, sino que debe estar sobre su propia montura.

Un yóquey lleva *silks* (chaqueta y gorro de los colores de la cuadra del propietario), pantalón ajustado, casco de seguridad, botas con espuelas, gafas y fusta.

Procedimiento

Cada jinete es pesado para un caballo específico antes de la carrera. Se añade peso extra para conseguir el peso total correcto.

Los caballos abandonan el *paddock* (lugar donde se montan) y desfilan para la tribuna y los jueces. Un toque de corneta los llama a los puestos de salida. La posición se determina por sorteo (una bola numerada en un recipiente).

Cuando todos los caballos están alineados, el juez de salida da la señal de salida. Un anunciador grita «fuera».

Cada yóquey trata de sacar el mayor rendimiento de su caballo. Cuando toman ventaja, los caballos pueden correr por cualquier parte de la pista, siempre que no interfieran a otro competidor.

Un yóquey que cae puede volver a montar, pero debe hacerlo en el punto donde cayó. Si un caballo sale del circuito, debe volver atrás y reincorporarse por donde salió.

El primer caballo que cruza la meta gana. Si varios caballos llegan a la vez, el orden se determina por una *photo finish* (foto de llegada), donde se puede apreciar el orden por el punto en que están los hocicos de los caballos. Si hay empate (*dead heat*), los premios y clasificación se dividen entre los dos, tres o el número de competidores empatados.

Después de una carrera, los yóqueys se vuelven a pesar. Si todo está correcto y no hay infracciones ni protestas, la carrera se declara «oficial».

Infracciones

Algunas infracciones a las normas son:

- un caballo de través o de lado a lado que impide el progreso de otros competidores;
- un caballo o jinete que empuja a otro caballo o jinete;
- un jinete que golpea intencionadamente a otro caballo o jinete;
- montar de modo brusco o temerario.

En estos casos, se pueden emprender acciones disciplinarias o descalificar al caballo y/o al jinete.

Oficiales

Los comisarios de carreras (*stewards*) son los jueces absolutos. El secretario de carrera controla el encuentro. Otros oficiales son: el *handicapper* (que asigna los hándicaps a los caballos), el juez de salida, los jueces de control y *paddock*, los jueces de meta, el cronometrador y otros oficiales especiales.

Apuestas

Los principales circuitos ofrecen la oportunidad de realizar apuestas, con un sistema en el que todo el dinero va a un fondo. La proporción de pago de una apuesta por cada caballo depende de la cantidad apostada. El *favorito* es aquel por el que se ha apostado más; los caballos con menos apuestas son *long shorts* (posibilidad remota). El dinero total del fondo se divide entre los que apostaron por los caballos que ganaron la carrera o carreras. Un porcentaje del total va a la organización (circuito o hipódromo), los propietarios de los caballos ganadores y el Estado.

HOCKEY EN LÍNEA

Historia

La patente de los primeros patines en línea (de ruedas alineadas una tras otra) apareció en Francia, en 1819. El patín estaba formado por tres ruedas bajo una plancha que se sujetaba al pie con fijaciones de piel. Ciento sesenta y cinco años más tarde, Rollerblade Inc. introdujo el patín en línea moderno, con freno y bota. El *rollerbalading* pronto se convirtió en un pasatiempo y las ventajas de este nuevo modelo de patín no tardaron en aplicarse al hockey. En principio, los jugadores de hockey sobre hielo norteamericanos lo utilizaban para sus entrenamientos, hacia 1980, ya que les permitía mayor movilidad y rapidez que el patín estándar *quad* (cuatro ruedas pareadas en paralelo).

La introducción del patín en línea en el hockey ha convertido esta nueva modalidad en uno de los deportes más rápidos en expansión, y se practica tanto a nivel popular como en las pistas de competición. Aunque tiene apenas veinte años, en Estados Unidos existe ya una liga amateur y se espera que pronto entre en las competiciones olímpicas. Los Pan-Am Games lo acogieron en su edición de 1999. Desde su llegada a España en 1995, este deporte ha ganado un gran número de adeptos y actualmente se disputan cinco ligas en categorías masculina y femenina (júnior, sénior y juvenil).

En Estados Unidos, el organismo que se ocupa de la gestión y promoción de las actividades relacionadas con este deporte es la USA Roller Hockey, que controla las competiciones amateurs y que dispone de un programa, el Júnior Olympic, para incentivar la práctica del patinaje en línea entre los jóvenes.

Objeto del deporte

Dos equipos de 6 patinadores con *sticks* (palos) tratan de hacerse con una bola o disco (*puck*) para introducirlo en la portería del contrario. El equipo que obtiene mayor puntuación se declara vencedor.

Terreno de juego

Una pista cubierta que consta de una superficie lisa de madera, asfalto o cemento, sin ningún objeto suelto que pueda causar lesiones a los jugadores. Sus dimensiones pueden variar: 20 m x 40 m, o bien, 30 m x 60 m, es decir, debe ser el doble de larga que de ancha. La pista debe estar rodeada por una barrera de esquinas redondeadas para impedir que el disco salga fuera.

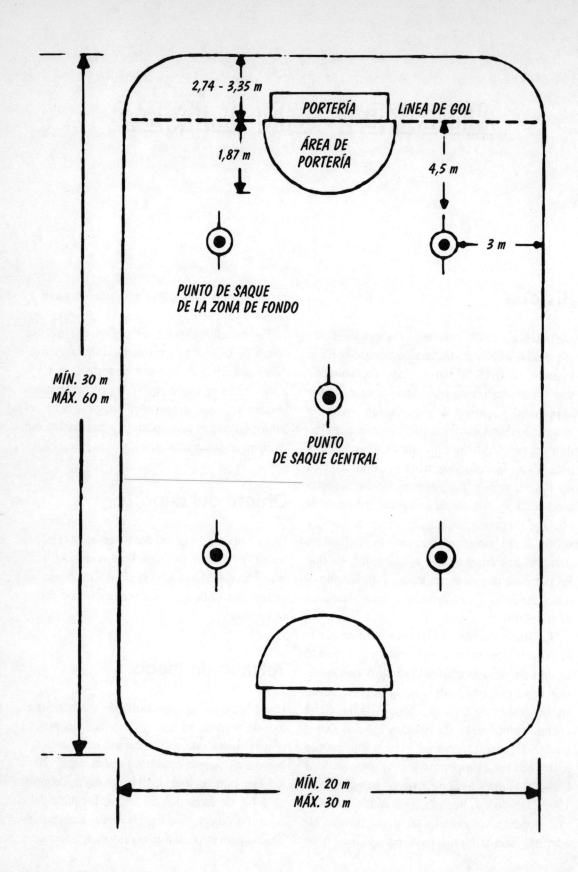

2,74 - 3,35 m

PORTERÍA   LÍNEA DE GOL

ÁREA DE
PORTERÍA

1,87 m

4,5 m

3 m

PUNTO DE SAQUE
DE LA ZONA DE FONDO

PUNTO
DE SAQUE CENTRAL

MÍN. 30 m
MÁX. 60 m

MÍN. 20 m
MÁX. 30 m

La portería es metálica y de forma rectangular (aprox. 120 cm de alto x 190 cm de ancho, con una red para evitar que salga el disco), y está situada en la línea de gol, a una distancia de 2,74 m o 3,35 m de la barrera de fondo.

El área de gol es un semicírculo de 1,87 m respecto al centro de la línea de gol.

En la zona de fondo hay dos puntos de saque, y hay otro punto de saque en el centro de la pista.

Nota: si la pista mide más de 50 m, se añaden los cuatro puntos de saque tradicionales.

Equipo

Los *sticks o palos* son como los de hockey sobre hielo, de madera u otro material homologado. Desde el mango hasta los talones, tiene un largo máximo de 152,4 cm, y 30,48 hasta el borde de la pala. La anchura mínima es de 5,08 cm, y la máxima 9,14 cm. La pala del palo del portero puede tener un largo máximo de 39,37 cm, y una anchura de 12,70 cm y hasta una altura de 60,96 por arriba, en el mango.

El disco es de plástico o goma, y tiene un diámetro de entre 6,35 cm y 7,62 cm. Si se utiliza bola, se recomienda que sea de material sintético, puede estar llena de líquido y tener un diámetro aproximado de 6,35 cm.

Patines

Los patines tienen las ruedas en línea y frenos en un extremo. No se permite utilizar patines no fijados a la bota. No puede haber tornillos ni ejes sobresalientes.

Uniformes

Los jugadores visten camiseta o jersey, pantalón y calcetines a juego. Las protecciones incluyen: casco con protección para el mentón, máscara, guantes de hockey, espinilleras y protector bucal (opcional).

Normas básicas

Un equipo puede tener hasta 14 jugadores, 6 en pista y 1 portero: 1 central, 2 delanteros y 2 defensas.

Los jugadores se dividen según su edad, incluyendo equipos mixtos.

Los jugadores pueden ser sustituidos durante el partido, pero el jugador que sale debe estar a unos 3,04 m del banquillo, que está situado en el fondo, antes de reemplazar a otro. Si el banquillo está cerca del centro de la pista, el jugador que sale debe tocar la barrera.

El reloj no deja de girar a menos que el árbitro detenga el tiempo. En los últimos dos minutos de juego, si el marcador está empatado o hay un punto de diferencia, el reloj se detiene cada vez que el árbitro toca el silbato.

Durante el partido, cada equipo dispone de dos tiempos muertos de un minuto.

Un jugador en ataque no puede cruzar la línea de meta a menos que trate de alcanzar el disco.

Si un jugador está en la línea de gol cuando el disco cruza la línea, el gol no cuenta.

Si un equipo envía el disco fuera, el otro equipo dispone de un saque desde el punto por donde salió el disco.

El jugador que rompe su palo puede permanecer en el juego si el palo está en la pista, y puede recibir un palo de recambio del banquillo.

Procedimiento

La portería se decide lanzando una moneda al aire.

El partido se inicia con un saque. Un jugador de cada equipo se coloca en su parte frente al punto central de saque, con los palos sobre la superficie de la pista. Los demás jugadores permanecen en su mitad de la pista hasta que el árbitro deja caer el disco y se inicia el juego.

Desde ese momento, el disco debe estar siempre en movimiento, a menos que el árbitro detenga el juego o señale falta, penalti, tiro, saque, tiempo muerto u otra causa.

El equipo que está en posesión del disco trata de pasar la defensa contraria para tratar de tirar a portería. El equipo que defiende trata de impedir esta acción robando el disco, interceptando un pase o bloqueando un tiro hacia su portería.

El punto de saque central se utiliza para iniciar la segunda parte o para reanudar el juego después de un gol. Los demás saques pueden realizarse desde el punto central o desde los otros cuatro puntos de saque de la pista. La colocación del disco para el saque depende del lugar donde se señaló.

Siempre que se detiene el juego, se reanuda con un saque. Ningún jugador puede mantener contacto físico con un contrario hasta que se ha efectuado el saque.

El disco sólo puede jugarse con el palo, que no debe levantarse por encima de la altura de los hombros. No está permitido chutar, recoger, empujar ni deslizar el disco con ninguna parte del cuerpo o los patines.

Tiempo de juego

El juego se divide en dos partes de 10, 12, 15 o 20 min, según el grupo de edad. En todas las divisiones hay un descanso de tres min entre cada tiempo.

Puntuación

Se considera gol (un punto) cada vez que el disco cruza completamente la línea de portería, entre los postes y el larguero. Si un jugador defensivo envía la el disco dentro de la portería, el gol se cuenta.

Ganar

El equipo que ha marcado más goles después de los dos períodos gana el partido.

Si el marcador está empatado una vez consumido el tiempo reglamentario, se realiza un descanso de 2 min y una prórroga de 5 min. El primer equipo que marca gana.

Si el empate no se deshace, 5 jugadores de cada equipo realizan 10 tiros alternativos a portería. Se declara vencedor el equipo que obtiene más goles. Si todavía hay empate, se procede a un desempate por *muerte súbita*, es decir, hasta que un equipo marca y el otro falla un tiro.

Faltas y penaltis

Los árbitros señalan las faltas. Las sanciones suelen consistir en mandar a un jugador fuera de la pista unos minutos, a excepción del portero. Un penalti a un portero debe recaer sobre un compañero de equipo.

Las faltas menores de 2 min incluyen: avasallar a un jugador contra la barrera; atajar a un contrario con el palo; cargar contra un contrario; bloquear a un adversario deliberadamente por encima de la cintura (con ambas manos en el palo, sin que toque la pista); codazos o rodillazos; palo levantado; enganchar a un jugador con el palo para impedir que avance.

Las faltas mayores, de 5 min, incluyen casi todos los casos anteriores, con lesión, lucha o embestida (clavando el extremo del palo).

Las faltas por mala conducta, de 10 min, incluyen: agresión o interpelación a los árbitros con lenguaje sucio. Un jugador puede ser suspendido por juego antideportivo.

Se penaliza con un tiro: falta por detrás; dejarse caer o recoger el disco en la línea; desplazar una portería o arrojar un palo. Un jugador sobre el que se comete falta recibe un tiro a portería de bonificación, desde el punto central de saque, sin defensa aparte del portero contrario. El jugador debe mantener el disco en movimiento hacia la portería contraria y, una vez ha tirado, termina la jugada.

Oficiales

Un árbitro se ocupa de controlar el juego y el cumplimiento de las normas, sanciones, etc. Detrás de cada portería debe haber un juez de portería. Otros oficiales son: un cronometrador de tiempo de sanción, un cronometrador de tiempo de juego y un marcador.

HOCKEY SOBRE HIELO

Historia

Esta modalidad del hockey deriva de un deporte canadiense denominado *bandy*. En el siglo XVII, los indios hurones practicaban un juego similar en las superficies heladas del lago Ontario. Sin embargo, su definitiva reglamentación data de 1870 y se debe a los canadienses, que muy pronto lo adoptaron como deporte nacional. El primer partido en pista cubierta data de 1875, en Montreal. En 1892, el gobernador de Canadá, Lord Stanley, donó un trofeo para el mejor equipo canadiense y actualmente, la Stanley Cup sigue siendo el premio más importante de la liga nacional de hockey canadiense. Las reglas fijadas por los canadienses fueron unánimemente aceptadas en el Congreso de Amberes (1920). Fue incluido en la I Olimpiada de Invierno (1924) y desde entonces figura en su programa. Actualmente, Estados Unidos y Canadá son los países con mejores equipos y jugadores en la liga profesional.

Objeto del deporte

Dos equipos de 6 jugadores cada uno, equipados con patines y palos curvos (*sticks*), compiten sobre hielo y tratan de enviar un disco rígido de goma dentro de la portería contraria. El equipo que marca más goles gana.

Terreno de juego

La pista es una superficie de hielo de 25,90 m x 60,90 m.

La pista está rodeada por una valla de madera o fibra, entre 101,6 cm y 121,9 cm de alto. Como prolongación de la valla, hay una pantalla de seguridad de la misma altura que la valla.

Las *líneas de gol* son de color rojo, a una distancia de 3,04 cm del fondo de la pista y cruzándola en toda su anchura.

Las *líneas de portería* son de color rojo, de 1,21 m x 2,42 m, centradas en cada portería, con un semicírculo rojo de 182 cm de radio.

Las *líneas azules* están a 18,28 m de la línea de portería y dividen el área de la pista en tres zonas iguales:

♦ zona defensiva: donde se defiende la portería;
♦ zona neutral: porción central;
♦ zona de ataque: zona más alejada de la portería contraria.

La *línea central o línea roja* divide el campo por la mitad.

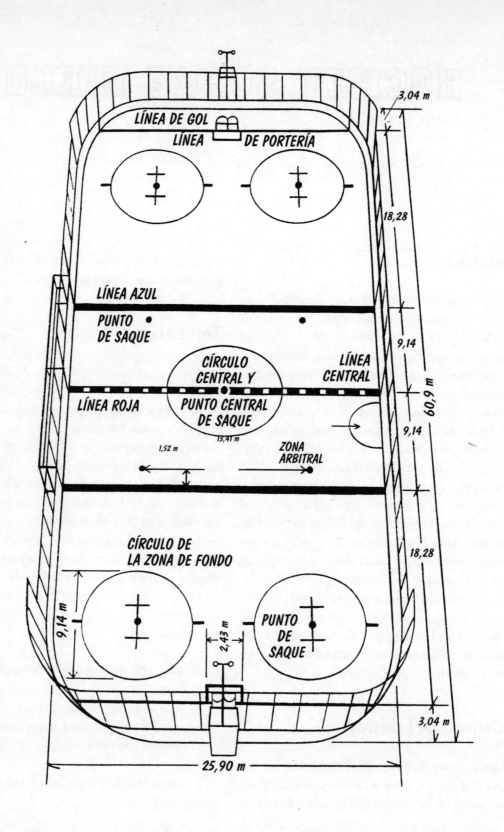

LÍNEA DE GOL

LÍNEA DE PORTERÍA

3,04 m

18,28

LÍNEA AZUL

PUNTO DE SAQUE

9,14

CÍRCULO CENTRAL Y

LÍNEA CENTRAL

LÍNEA ROJA

PUNTO CENTRAL DE SAQUE

60,9 m

9,14

13,41 m

1,52 m

ZONA ARBITRAL

18,28

CÍRCULO DE LA ZONA DE FONDO

9,14 m

PUNTO DE SAQUE

2,43 m

3,04 m

25,90 m

El *punto central* es azul, tiene un diámetro de 30,48 cm, y está en el centro de la pista.

El *círculo central* es azul y tiene un radio de 457 cm, alrededor del punto central.

Los *puntos de saque* son dos puntos rojos, de 60,96 cm de diámetro, a 1,52 m de las líneas azules, y separados 13,41 m entre sí, en la zona neutral.

Los *puntos de saque de la zona de fondo* son dos puntos rojos, de 60,96 cm de diámetro, a 6,09 m de la línea de gol, y separadas 13,41 m entre sí.

Los *círculos de saque de la zona de fondo* son rojos, con un radio de 457 cm, alrededor de los puntos de saque de la zona de fondo.

La *línea del árbitro* es un semicírculo de color rojo, con un radio de 3,04 m desde el centro de una banda.

La *portería* tiene unas dimensiones de 182 cm de largo y 121 cm de alto, y está centrada en la línea de portería. Tiene puntos rojos y larguero y está provista de una red de nailon blanco.

El *banquillo* de los jugadores está detrás de las vallas, con puertas, en la zona neutral.

La *cabina de penalti* está en el lado opuesto del banquillo de los jugadores.

Equipo

El *stick o palo* está hecho de madera u otro material homologado. Está permitido encintar el mango para mejor agarre y control. Desde el mango hasta los talones, tiene un largo máximo de 152,4 cm, y 30,48 hasta el borde de la pala. El ancho mínimo es de 5,08 cm, y el máximo 7,62 cm.

El palo del portero es como el de los jugadores, pero la pala puede tener un largo máximo de 39,37 cm. El ancho máximo es de 8,89 cm, excepto en el talón, donde puede tener una anchura máxima de 11,43 cm. El ancho del mango es de 8,89 cm, desde el talón hasta un punto a 66,04 cm, por arriba. Está permitido llevar un pomo de cinta blanca en la parte superior del palo.

El *puck* o *disco* es de caucho negro. Tiene un diámetro de 7,62 cm, una pulgada de grosor, y pesa entre 155 g y 170 g.

Los *patines* son de piel y metal, con talones de seguridad para todos los jugadores, excepto para los porteros y los oficiales en pista. No se permite utilizar patines de velocidad.

Los aparatos de señalización son: una sirena, un reloj y luces rojas y verdes.

Uniformes

Los jugadores visten camiseta o jersey, pantalones hasta la rodilla, medias y casco con protección para el mentón. El capitán lleva una «C» en el pecho.

Las protecciones (espinilleras, hombreras, coderas y protección para la cadera), a excepción de los guantes, los cascos y las guardas para las piernas del portero, van por dentro de la ropa.

El portero, además, lleva máscara y protección en el pecho. Con un guante, el *blocker,* desvía los tiros; con el otro, agarra el disco y los lanza desde la portería.

Los jugadores varones de menos de dieciocho años y las mujeres llevan máscara de protección para el rostro y protección bucal. No se permite utilizar ningún equipamiento peligroso.

Normas básicas

En cada equipo hay 20 jugadores: 6 en pista y 1 portero. Dos actúan como defensas (derecho e izquierdo), y 3 como delanteros (aleros derecha e izquierda, y central). Un portero alternativo y los 13 jugadores restantes están en reserva.

Los jugadores pueden cambiarse durante el juego, pero los jugadores sustituidos deben ir al banquillo antes de que salga el compañero.

El juego no se detiene cuando se produce una lesión, a menos que sea del equipo que está en posesión del disco. En ese caso, el juego se detiene (si no están en posición de gol). En caso de lesión grave, el juego se detiene.

El disco debe estar siempre en movimiento.

Un atacante no puede entrar en la línea de gol si no es para tratar de alcanzar el disco.

Los goles no se contabilizan si en el momento en que el disco cruza la línea de portería hay un atacante en la línea de gol.

Saques

Un árbitro o juez de línea deja caer el disco entre los palos de 2 jugadores contrarios. Los jugadores se ponen de cara a la portería contraria y tratan de pasar el disco, con la pala del palo, a un compañero.

Ningún jugador más puede permanecer en el círculo de saque ni a menos de 4,5 m del disco. Los jugadores deben estar en posición reglamentaria durante los saques.

Los saques no pueden efectuarse a menos de 4,5 m de la portería ni de las vallas laterales.

No se permite realizar ninguna sustitución hasta que no se ha realizado el saque.

Los jugadores no pueden tocar el disco hasta que no está en la pista.

La colocación para el saque es la siguiente:

- al principio del partido o de un período: en el punto central de la pista;
- si se detiene el juego, a causa de una acción de ataque en la zona ofensiva del equipo atacante: el punto de saque más cercano de la zona neutral;
- si se detiene el juego, a causa de una acción defensiva en la zona defensiva del equipo que defiende, o cualquier detención en la zona neutral: punto de detención;
- si se detiene el juego entre los puntos de saque de la zona de fondo y el fondo de la pista: en el punto de saque de la zona de fondo más cercano.

Un disco que va fuera o no se puede jugar se pone de nuevo en juego con un saque.

Un disco que queda encima de una valla está en juego y puede ser devuelto a la pista con la mano o el palo.

Tiempo de juego

El partido tiene tres partes de 20 min. Entre los períodos hay un receso de 15 min. El reloj se detiene cuando se para el juego.

Puntuación

Se considera gol (un punto) cuando el disco cruza completamente la línea de portería, entre los postes y el larguero.

Un tanto vale si el disco entra en la portería tras ser tocado por un jugador del equipo defensivo. El último jugador del equipo atacante que tocó el disco se anota el gol.

Si el disco entra en la portería al ser desviado por el palo de un compañero del equipo atacante, el gol cuenta y se lo anota el último jugador que tocó el disco.

Si un oficial envía el disco dentro de la portería, el gol no cuenta.

Un jugador que marca un gol gana un punto en su tanteo personal. Un jugador que presta asistencia (toma parte en el juego antes de un gol) gana un punto en su cuenta personal. En un gol no pueden darse más de dos asistencias.

Un *slap shot* es un tiro en el que se levanta el palo balanceándolo hacia atrás, antes de golpear el disco.

Un *whist shot* (tiro de muñeca) es un intento de gol en el que se mantiene la pala del palo en el hielo durante su ejecución.

Un *hat trick* son tres goles marcados por un mismo jugador en un partido.

Ganar

El equipo que anota más puntos una vez finalizado el partido se declara vencedor. En una liga de competición, una victoria vale 2 puntos en la clasificación general.

Si se produce empate, los jugadores descansan 5 min (2 min en la NHL), y juegan una prórroga de 10 min (5 min en la NHL). El primer equipo que marca, gana.

Si ninguno de los dos equipos consigue marcar, el partido queda empatado: un punto para cada equipo.

Nota: si se produce empate en un partido de finales de la NHL, se juega una prórroga de 20 min, a muerte súbita, hasta que un equipo marca.

Tiempo muerto

Cada equipo puede tomarse un tiempo muerto de 30 s durante un partido. El juego se detiene.

Clasificaciones

Los jugadores se clasifican por edades, como sigue:

	Hombres	Mujeres
Séniors	20 y más	cualquier edad
Júniors	17-19	
Midgets	16-17	16-19
Bantams	14-15	
PeeWees	12-13	13-15
Squirts	10-11	8-12
Mites	menos de 9	

Procedimiento

El equipo local puede escoger qué portería quiere defender; los equipos cambian de lado al principio de cada período.

El juego se inicia con un saque en el punto central y al principio de cada período.

El juego se reanuda siempre con un saque, cada vez que se detiene por penaltis u otras causas.

El equipo que está en posesión del disco en su propia zona defensiva debe mantener el disco por detrás de su línea de gol una vez; en caso contrario, debe hacer avanzar el disco hacia la portería contraria.

Después de abandonar la zona defensiva, un jugador no puede volver a retrasar el disco a esa zona, a menos que esté en inferioridad numérica respecto al otro equipo.

Los pases entre jugadores pueden realizarse del siguiente modo:

Flat pass (pase plano): el disco se desliza por la superficie de hielo;

Flip pass (en el aire): el disco viaja por el aire;

Drop pass (cesión):el disco se deja atrás para un compañero.

Un jugador puede realizar un pase en cualquiera de las tres zonas (de ataque, neutral o de defensa), pero no puede pasar el disco a un jugador que se encuentra más allá de la línea central (esta norma se aplica a los jugadores de más edad).

Un jugador defensivo puede realizar o recibir pases hacia delante desde la zona defensiva hasta la línea central. El disco debe cruzar la línea central antes que el receptor del pase (esta norma se aplica a los jugadores de más edad).

Si un atacante pasa el disco atrás desde la zona de ataque, un contrario puede jugar el disco por cualquier parte, siempre que el disco vaya por delante del jugador en la zona de ataque.

Es la posición del disco, no del patinador, la que determina la zona desde la que se realiza un pase.

El pase se considera completo cuando el disco toca el cuerpo, los patines o el palo de un compañero en juego (en posición reglamentaria).

El jugador tocado por el disco está en posesión del disco; los rebotes en el cuerpo o equipamiento del portero no se consideran cambio de posesión.

En las clasificaciones superiores a los júniors (inclusive), se aplican las siguientes normas:

♦ se puede pasar el disco a un compañero situado en cualquier zona, desde la de defensa hasta la neutral.
♦ si el disco precede a un jugador atacante en su propia zona de ataque, cualquier jugador puede jugar el disco.

Se permite chutar el disco en cualquier zona, pero no se puede marcar gol con un chute directo de un jugador en ataque.

Un jugador puede detener un disco en vuelo o empujarlo contra el hielo con una mano abierta.

Un jugador puede seguir jugando con un palo roto, si los fragmentos del palo están sobre el hielo; el jugador debe recibir un nuevo palo del banquillo. El portero debe seguir jugando con un palo roto hasta que un compañero le pase uno nuevo.

Infracciones

Icing

La jugada *icing the puck* (glasear el disco) ocurre cuando un jugador defensivo lanza o desvía el disco desde su propio lado de la línea central hasta más allá de la línea de portería contraria. El juego se detiene y se realiza un saque desde el punto de saque de fondo del equipo perjudicado.

Si el disco entra en la portería, se anota un tanto.

Cuando el disco cruza la línea de portería, el *icing* termina. En la NHL, el *icing* termina cuando un jugador defensivo (aparte del portero) toca el disco después de que haya cruzado la línea de gol.

No se considera *icing* si el equipo lanzador tiene menos jugadores en la pista que el equipo defensivo. El juego continúa sin necesidad de realizar un saque.

No se considera *icing* si el disco procede de un golpe de saque, ni tampoco si el árbitro considera que nadie, exceptuando al portero, podía haber jugado el disco antes de que cruzase la línea de gol. El juego continúa.

Fuera de juego

Un jugador no puede ir por delante del disco en la zona de ataque, es decir, no puede cruzar la línea azul hacia la zona de defensa del equipo contrario antes de que el disco haya pasado por delante de él.

En las ligas de júnior B y de jugadores mayores, como en la NHL, un jugador no puede pasar el disco desde su zona defensiva a un compañero que está más allá de la línea central.

Un jugador está fuera de juego si cruza la línea azul con los dos patines antes que el disco.

El juego sigue y no hay fuera de juego cuando:

♦ el jugador en ataque está fuera de juego, pero un defensa alcanza el disco y lo pasa o patina con él hasta la zona neutral;
♦ un jugador patina con el disco o lo pasa, en su propia zona de defensa, mientras hay un contrario en esa zona;
♦ un jugador cruza la línea antes que el disco, pero lo controla y lo hace avanzar.

Cuando se señala penalti por fuera de juego, se detiene el juego y se realiza un saque.

Si se lleva el disco más allá de la línea azul, se realiza un saque en el punto de saque más cercano de la zona neutral.

Si se pasa el disco más allá de la línea azul, se realiza un saque en el lugar desde donde se realizó el pase.

Si el juez de línea considera que el fuera de juego fue intencional, se realiza un saque en el punto de saque de la zona de fondo defensiva del equipo perjudicado.

Si el disco no está a la vista del árbitro, se detiene el juego y se realiza un saque. Si el disco toca a un oficial, el juego no se detiene.

Faltas y sanciones

Determinadas faltas implican un tiro de sanción. El árbitro coloca el disco en el punto de saque central.

El jugador que efectúa el tiro debe patinar con el disco por la zona neutral, pero una vez el disco ha cruzado la línea azul, debe seguir en movimiento hacia la línea de portería contraria.

Una vez se ha efectuado el tiro, termina la jugada. No está permitido marcar un gol después de un rebote.

Los oficiales señalan las faltas y es corriente sancionar a un jugador unos min en la cabina de sanción.

Si un jugador que está en posesión del disco comete una falta, el juego se detiene y el árbitro señala penalti. Si el que comete la falta no está en posesión del disco, se señala un penalti, pero no se efectúa hasta el final del juego.

El penalti depende de la falta y, a veces, del lugar dónde tuvo lugar.

Las diversas clases de sanciones son las siguientes:

Penalti menor: suspensión de 2 min para el jugador, sin sustitución. Si se sanciona a un portero, un compañero puede ocupar su lugar.

Banquillo menor: el equipo escoge a cualquier jugador (excepto el portero), para que cumpla la sanción de 2 min fuera de la pista.

Nota: cuando un equipo está en desventaja (menos jugadores que el otro equipo) y el equipo contrario marca gol, el primer penalti menor que comete se cancela.

Penalti mayor: el jugador que lo comete, excepto el portero, debe salir de la pista 5 min, sin sustitución. Un penalti mayor se realiza antes que uno menor.

Penalti por mala conducta: 10 min de suspensión para cualquier jugador, excepto el portero. Se permite sustitución.

Nota: si un jugador es sancionado con un penalti menor y uno por mala conducta, un sustituto cumple el penalti menor.

Penalti por juego improcedente: el jugador es suspendido del partido, pero puede ser sustituido.

Penalti de *match*: el jugador es suspendido del partido y enviado al vestuario. Un sustituto cumple el tiempo de penalti.

Penalti al portero: el penalti es cumplido por un compañero que estaba en la pista cuando se cometió la falta.

Nota: después de 2 penaltis mayores (3 en la NHL), el portero queda fuera y es sustituido.

Penalti retardado: si un tercer jugador es sancionado cuando ya hay dos compañero cumpliendo penaltis, el penalti no se aplica hasta que uno de ellos vuelve a la pista. El tercer jugador debe ir al banquillo y puede ser sustituido.

El árbitro señala los penaltis con un toque de silbato. Se efectúa un saque desde donde se detuvo el juego, excepto en la zona de ataque del jugador que lo cometió. En ese caso, el saque se realiza desde el punto de saque más cercano de la zona neutral.

Si un jugador defensivo comete penalti (y no está en posesión del disco), el árbitro detiene el juego y el penalti se efectúa cuando el equipo en posesión termina la jugada o pierde el disco.

Las siguientes infracciones se consideran penalti menor:

- conducta antideportiva;
- violencia excesiva;
- bloquear: sostener el palo con ambas manos contra el hielo y bloquear el movimiento de un contrario;
- atajar: golpear o tratar de golpear a un contrario con el palo;
- obstrucción: utilizar el cuerpo para bloquear a un jugador que avanza;
- pérdida de tiempo;
- parar: aguantar el disco para detener el juego;
- dejarse caer sobre el disco, excepto el portero;
- agarrar y sostener el disco, excepto el portero;
- agarrar a un contrario con las manos o el palo;
- efectuar un tiro después de que haya sonado el silbato;
- atacar dentro de la zona de gol sin el disco; si el disco entra en la portería, el gol no cuenta y se realiza un saque desde la zona neutral;
- interferir a un jugador que no está en posesión del disco;
- enganchar: utilizar la pala del palo para interferir el progreso de un contrario;
- hacer la zancadilla;

La siguiente infracción es penalti mayor o menor, según el grado de agresividad:

- avasallar a un jugador empujándolo contra la valla;
- cargar: patinar dando más de dos pasos o saltar sobre un contrario;
- utilizar el codo o la rodilla para agredir;
- amenazar a un contrario balanceando el palo;
- palo alto: llevar o utilizar el palo por encima de la altura del hombro.

Las siguientes infracción es penalti menor o doble menor, según el grado violencia:

- dureza innecesaria.

Las siguientes infracciones son penalti mayor:

- agarrar a un contrario por la máscara;
- enganchar y causar lesión;
- embestir con el extremo del palo a un jugador.

Las siguientes infracciones son penalti por mala conducta o juego antideportivo, según el grado de la falta:

- seguir luchando cuando se ha ordenado detener la pelea;
- asaltar a un oficial.

Las siguientes infracciones son penaltis de *match*:

- dar patadas a otro jugador;
- lesionar o tratar de lesionar a un compañero;
- cabezazo deliberado.

Si un jugador tiene el disco más allá de la línea central sin que haya ningún defensa por delante, a excepción del portero, y lo empujan por detrás, se le concede un penalti una vez ha perdido la posesión del disco. Si han hecho salir al portero de la pista y, sin que haya ningún contrario, el jugador en posesión del disco es derribado, se detiene el juego y se concede un gol al equipo atacante.

Si el equipo que defiende arroja un palo en la zona de defensa, se sanciona con un penalti a favor del equipo atacante, en caso de que no haya conseguido marcar. Si la portería está vacía y lanzan un palo al atacante, se concede un gol. El jugador que arrojó el palo es sancionado con un penalti menor.

Pinchar a un contrario con el extremo del palo se sanciona con un penalti mayor y juego antideportivo.

El penalti por lucha depende del rol del jugador. El jugador que empieza la pelea es sancionado con penalti mayor y menor, o con penalti mayor y mala conducta. Cualquier otro jugador involucrado recibe un penalti mayor. El primer jugador que abandona el banquillo recibe un doble menor, y los que le siguen, juego antideportivo.

El penalti por agredir a un oficial significa conducta antideportiva grave y suspensión.

Dos jugadores con igual número de penaltis mayores y/o menores en una misma jugada obligan a aplicar *compensación* (ninguna reducción del número de jugadores en la pista).

Oficiales

Un árbitro se ocupa de regular y controlar el juego y a los demás oficiales.

Dos jueces de línea controlan las infracciones.

Los jueces de portería se sientan elevados por detrás de la portería y señalan los goles encendiendo una luz roja de gol.

Otros oficiales son: el cronometrador de tiempo de sanción, el cronometrador de tiempo de juego y el marcador (que anota todos los incidentes del partido).

Nota: sólo los capitanes de equipo están autorizados a dirigirse al árbitro.

AGARRÓN

BLOQUEO CON EL PALO

TRIPPING

CARGA

HOOKING

AVASALLAR

ICING

MAL COMPORTAMIENTO
MALA CONDUCTA

INTERFERENCIA

SLASHING

PALO ALTO

AVISO RETRASADO DE PENALTI

RODILLAZO

ARPONEAR

CODAZO

GOL NULO

SLOW WHISTLE

CONDUCTA ANTIDEPORTIVA

HOCKEY SOBRE HIERBA

Historia

Los orígenes del hockey sobre hierba se remontan al año 2000 a. C. y empezó a practicarse en Persia, pero sufrió después un largo eclipse. Existen grabados de la Grecia Clásica donde aparecen jugadores golpeando una pelota con un palo curvo. Se jugó de distintas formas en la Edad Media bajo la denominación de *crosse*, y reapareció definitivamente en Inglaterra a finales del siglo XIX. Se extendió sobre todo en las colonias británicas de Asia, y pronto la India y Pakistán se convirtieron en las principales potencias. En 1908 fue incluido en el programa olímpico y tras una breve ausencia, fue readmitido en 1920. Cuatro años más tarde se creó la Federación Internacional. Los principales campeones olímpicos han sido: Gran Bretaña (1908, 1920, 1988), India (1928, 1932, 1936, 1948, 1952, 1956, 1964 y 1980), Pakistán (1969, 1968, 1984), Alemania (1972 y 1992) y Nueva Zelanda (1976). En hockey femenino, España obtuvo el título mundial en 1992.

Objeto del deporte

Dos equipos compiten para tratar de colar una bola en la portería contraria. Gana el equipo que obtiene mayor puntuación.

Terreno de juego

El campo tiene unas medidas de 91,40 m x 55 m. El terreno está dividido por una línea de medio campo y dos líneas que dividen el medio campo en dos por una línea de 22,9 m, marcadas sobre la hierba. Las líneas de córner no están en las esquinas como en otros deportes, sino que están situadas en la línea de banda, a unos 5 m de la línea de fondo.

El *área* de la portería, un arco con un radio de 14,63 m desde el centro de la portería, delimita la zona desde la cual deben ejecutarse los lanzamientos válidos de gol.

La *portería* es una estructura con red de fondo, con unas medidas de 3,66 m entre los postes, y una altura de 2,1 m, desde el listón del suelo (0,46 m de grosor) hasta el larguero.

El punto de penalti está situado a 6,40 m del centro de la línea de la portería.

En los córneres y en el exterior de la línea central se colocan banderines.

Equipo

El *stick o palo* tiene una cara plana en su lado izquierdo. La cabeza o pala del *stock* es de madera, sin incrustaciones. El peso máximo es de 795 g, y el mínimo 340 g.

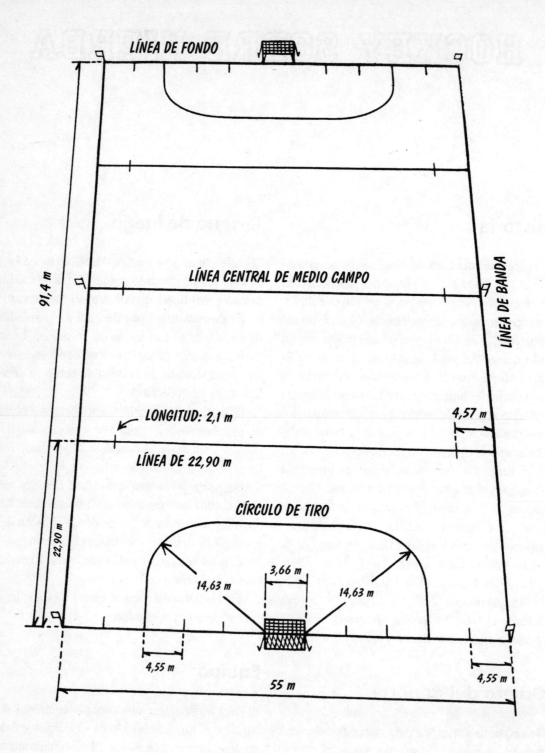

LÍNEA DE FONDO

LÍNEA CENTRAL DE MEDIO CAMPO

LÍNEA DE BANDA

LONGITUD: 2,1 m

4,57 m

LÍNEA DE 22,90 m

CÍRCULO DE TIRO

91,4 m

22,90 m

3,66 m

14,63 m

14,63 m

4,55 m

4,55 m

55 m

La *bola* es de material duro, y puede ser maciza o hueca, preferentemente blanca. Debe tener un peso no superior a 163 g ni inferior a 156 g, y su circunferencia no será menor de 22,4 cm ni superior a 23,5 cm.

La vestimenta de todos los jugadores de un mismo equipo debe ser uniforme: pantalones, camiseta y calcetines del mismo diseño. El calzado son botas o zapatos especiales para hierba. El portero es el único jugador que viste diferente de sus compañeros, ya que lleva casco, máscara, guantes, espinilleras y otras protecciones.

Normas básicas

Cada equipo está compuesto por 11 jugadores.

Los jugadores de campo sólo pueden utilizar la parte plana del *stick* para pasar o lanzar a portería. Los porteros, que deben mantenerse dentro del área de la portería, pueden utilizar su cuerpo y sus piernas para detener la bola y les está permitido chutarla, pero deben sujetar su palo en todo momento.

El número de sustituciones es ilimitado, y si se cree oportuno, se puede sustituir jugadores ya cambiados durante el encuentro.

Duración del juego
El partido se divide en dos períodos de 35 min, con un descanso máximo de 10 min.

El árbitro puede añadir tiempo, si considera que ha habido pérdida de tiempo o por otros motivos.

Puntuación
Se considera gol (un punto) cuando la bola cruza la línea de meta, entre los postes y el larguero, si la bola ha sido lanzada desde dentro del área o desde la línea que la delimita.

Si un defensa toca la bola antes de un gol, el gol es válido, pero no si la ha lanzado un atacante que está fuera del área.

El equipo que anota más goles se declara vencedor.

Procedimiento

Para decidir qué equipo está en posesión de la bola y en qué banda desea jugar, se lanza una moneda al aire.

Al inicio del partido, los jugadores de cada equipo deben permanecer en su lado del campo, a una distancia mínima de 4,5 m de la bola, excepto el jugador que realiza el *pass back* (saque atrás): golpea la bola desde la línea central hacia otro jugador del equipo atacante.

Después de un gol, el equipo contrario puede realizar un *pass back*.

Después de la *media parte*, los equipos cambian de lado y saca el equipo que no estaba en posesión de la bola al inicio del partido.

Cuando la bola sale fuera de banda, se recupera y el juego se reanuda.

Fuera de banda
Si la bola cruza la línea de banda, el contrario tiene un saque de banda y debe enviar la bola hacia atrás desde el punto por donde salió, empujando la bola con el palo. Un jugador no puede volver a jugar la bola hasta que la haya tocado otro jugador, que deben mantenerse a una distancia mínima de 4,5 m respecto a él.

Si la bola cruza la línea de meta o la línea de fondo, después del tiro de un atacante, y no se anota gol, la defensa tiene opción de tiro libre desde un punto en el campo opuesto a donde salió la bola, a 14,63 m de la línea de meta.

Nota: en un saque de banda, todos los jugadores contrarios deben permanecer a una dis-

tancia mínima de 4,5 m, y el jugador que saca no puede volver a jugar la bola hasta otro jugador la toque.

Si los defensas golpean o desvían la bola accidentalmente hacia su propia línea de meta, desde una distancia inferior a 45 m, se concede córner al equipo atacante, que debe ser lanzado desde de la línea de córner, situada a 5 m de la línea de banda.

Restarts (reanudación)

El *bully o salida* es una manera de reanudar el juego después de una interrupción.

Dos adversarios se colocan el uno frente al otro con la bola entre ambos. La línea de su propia meta debe quedar a su derecha. Los dos jugadores tantean el terreno por detrás de la bola y luego, utilizando la cara del palo, tantean el palo del otro empujándolo hacia la bola. Después de tantear sus palos tres veces, la bola está de nuevo en juego y cualquiera de ellos puede golpearla.

Los otros jugadores deben permanecer como mínimo a 4,5 m, y mantenerse en las posiciones reglamentarias, según la regla de fuera de juego.

El *bully* se realiza desde donde se detuvo el juego. Si ocurrió dentro del área, deben estar a 14,63 m de la línea de meta, en paralelo con la línea del área.

Fuera de juego

Un jugador está en fuera de juego cuando se encuentra:

♦ en el área de la línea de tres cuartos de la defensa contraria,

♦ o entre la bola y la línea de meta, o más cerca de la portería que dos defensas,

♦ o parejo con el segundo defensa.

El fuera de juego ocurre cuando se realiza el pase, no cuando el jugador recibe la bola.

Faltas

Se consideran falta las infracciones que detallamos a continuación:

♦ balancear el *stick* o utilizarlo de modo peligroso;

♦ jugar con el reverso del *stick*;

♦ chutar la bola o tocarla con cualquier parte del cuerpo (excepto el portero);

♦ agarrar o empujar;

♦ obstruir a otro jugador, colocando el cuerpo o el *stick* entre la bola y el adversario;

♦ golpear la bola de modo peligroso.

Penalti

Las faltas cometidas fuera del área son sancionadas con un tiro libre para el adversario (un *stroke*), desde donde tuvo lugar la falta.

Las faltas cometidas dentro del área por un atacante son sancionadas con un *stroke* para el contrario, desde cualquier punto dentro del área, o a 14,63 m de la línea de meta.

Las faltas cometidas dentro del área por un defensa, son sancionadas con un penalti-córner o penalti-*stroke* para el equipo atacante, según la gravedad de la falta.

Un penalti-córner debe ejecutarse desde la línea de meta, a una distancia mínima de 9,14 m del poste de la portería. Esta sanción se señala también si los defensas lanzan la bola hacia su propia línea de meta intencionadamente o cometen falta intencional entre la línea de cuarto y la línea del área, por fuera de la misma.

Un penalti-córner se ejecuta del siguiente modo:

Ataque: pueden intervenir en la jugada todos los jugadores que lo deseen. Consta de tres partes diferenciadas: *saque*, que lo realiza un jugador desde una línea dentro del área situada sobre la línea de fondo, a 9,14 m del poste, desde cualquier lado de la portería; *parada*, que debe realizarse desde fuera del área, por otro jugador, utilizando únicamente el palo, inmovilizando la bola totalmente para que otro jugador ejecute el *tiro*, desde dentro del área. Puede realizarse de dos formas diferentes: de golpeo (mediante un golpe seco), en el cual la bola no puede sobrepasar la tabla situada dentro de la portería, o de *flick* (acompañando la bola con el palo antes del disparo), para el que es válido cualquier parte de la portería.

Defensa: solamente pueden defender 4 jugadores y el portero. Tendrán que estar situados detrás de la línea de fondo, en un espacio comprendido entre las dos líneas situadas a 4,55 m de cada poste; o bien, dentro de la portería. Saldrán a defender una vez que el atacante haya puesto la bola en movimiento.

En un penalti-*stroke*:

El atacante sólo puede dar un paso antes de impulsar la bola y debe esperar hasta que el árbitro toque el silbato.

El portero debe permanecer en la línea de meta y no puede moverse hasta que la bola no esté en juego.

Los demás jugadores deben permanecer detrás de la línea de tres cuartos.

Si no se marca gol, los defensas tiene un tiro libre desde un punto situado a 14,63 m respecto al centro de la línea de meta.

Oficiales

Dos árbitros controlan el juego, cada uno en una banda del campo. No pueden abandonarla ni cambiar de lado. Un marcador controla el tiempo.

HOCKEY SOBRE PATINES

Historia

Las primeras referencias al hockey sobre patines datan de 1877. Se practicaba en el condado de Kent, Gran Bretaña, con idénticas reglas al hockey sobre hielo. A principios del siglo XX comenzó a extenderse por Europa, bajo el nombre de *rink hockey* y hacia 1915, llegó a España. En 1924 se creó la Federación Internacional y en 1926 se disputó el primer campeonato de Europa. Diez años más tarde tendría lugar el I Campeonato Mundial de Hockey Patines, en Alemania. Los británicos mantuvieron la supremacía hasta 1939. Después de la Segunda Guerra Mundial, Portugal se impuso como máxima potencia y desde 1951 mantiene un constante duelo con España, donde el hockey depende de la Federación Española de Patinaje.

Este deporte, en el que se combina el control de pelota con la destreza de los patinadores, está también muy extendido en Japón, Sudamérica y Estados Unidos. En América del Norte, sin embargo, bajo el nombre de *roller hockey,* se rige por normas diferentes a las internacionales. El programa de actividades estadounidenses no entró a formar parte de la FIRS (Federación Internacional de Roller Hockey) hasta 1966, año en que se organizó el primer campeonato nacional norteamericano.

Como deporte de exhibición apareció en el U.S. Olympic Festival y en los Pan American Games de 1979, así como en las Olimpiadas de 1992, en Barcelona.

Objeto del deporte

Dos equipos de 6 jugadores por banda, equipados con patines y con palos curvos (*sticks*), compiten sobre una superficie no resbaladiza para tratar de introducir una pelota en la portería contraria. Gana el equipo que consigue más goles.

Terreno de juego

La *pista* es una superficie de madera, cemento u otro material duro y allanado. Puede ser cubierta o al aire libre. Sus dimensiones son: longitud máxima de la pista: 44 m; longitud mínima de la pista: 40 m; ancho máximo de la pista: 22 m; ancho mínimo de la pista: 20 m.

En todos los casos, la relación entre la longitud y la anchura deberá ser proporcionada, del doble al simple, con una tolerancia del 10 % en más o en menos. En casos especiales, la Fede-ración Española puede aceptar pistas cuyas dimensiones no sean rigurosamente reglamentarias. Sin embargo, no se celebrará un encuentro internacional más que en un campo de juego con dimensiones oficiales.

La pista está rodeada por los cuatro costados por una valla de 1 m de altura y por una tabla de madera de 2 cm de espesor mínimo, y una altura mínima de 20 cm.

La pista está dividida en dos por una *línea central*.

En el centro de la pista hay un *punto central*.

Una red de protección de 4 m de altura, medidos desde el suelo, será colocada a lo largo de las dos vallas de fondo de la pista. Las esquinas de la pista constituyen zonas de paso y no está permitido a ningún jugador, en posesión de la pelota, parar con la finalidad de conseguir que pase el tiempo de juego.

Dos líneas, situadas a 22 m de cada uno de los bordes de la pista, denominadas *líneas de antijuego*, limitan para cada equipo: la zona de ataque, que esta comprendida entre la línea de antijuego, marcada en su media pista y la valla de fondo situada en la media pista del equipo contrario; y la zona de antijuego, que está comprendida entre la línea de antijuego marcada en su media pista y la valla de fondo situada en su media pista.

Así, la zona de ataque de un equipo, cualquiera que sea el tamaño de la pista, tendrá siempre la longitud de 22 m, aunque su zona de antijuego pueda variar de acuerdo con la dimensión de la pista.

Ningún equipo puede retener o mantener la pelota en su zona de antijuego más de 10 s, aunque un jugador o más del equipo contrario estén en aquella zona.

La distancia entre *la línea de gol* y el fondo de la pista puede variar entre un mínimo de 2,7 m y un máximo de 3,3 m.

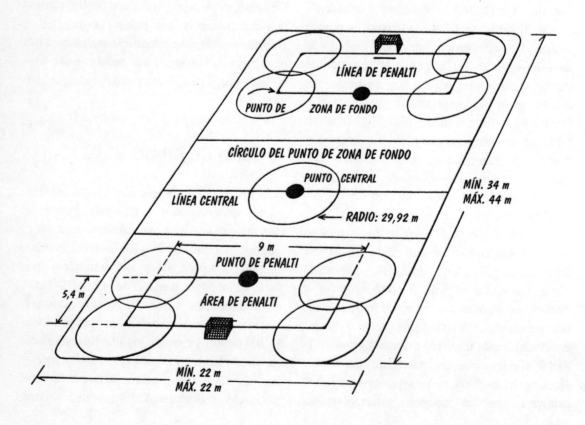

El área de penalti tiene las dimensiones de 9 x 5,40 m.

La zona de protección de los porteros tiene la forma de una semicircunferencia, con un radio de 1,5 m a partir de la línea de gol, zona en la que ningún jugador del equipo atacante puede permanecer, excepto cuando tiene la pelota.

La portería consiste en un marco de tubo de hierro, en el que la altura interior es de 105 cm y el ancho interior de 170 cm, con una red blanca de hilo. No están permitidas redes metálicas.

En la parte superior y en el interior de las porterías deberá suspenderse una red blanca, a una profundidad de 40 cm desde la barra transversal superior, de algodón y más fina que la exterior (máximo 180 cm de ancho y 110 cm de alto). Debe estar suspendida en el interior de la portería para impedir que la pelota rebote fuera.

Los postes y la barra son circulares, con 9 cm de diámetro (medida exterior), pintados de color naranja fluorescente. El resto de la estructura de la portería será de color blanco.

Las porterías se colocan encima de cada línea de gol de la pista, una frente a la otra.

El espacio entre la línea de gol y la valla de fondo no podrá ser inferior a 2,70 m, ni superior a 3,30 m.

Equipo

Las características del *stick* obedecen a las siguientes condiciones:

Longitud del *stick* medido por el lado exterior de su curvatura: longitud máxima de 115 cm y longitud mínima de 90 cm. El *stick* debe poder pasar por un aro de 5 cm. El peso del *stick* no podrá exceder de 500 g. Debe ser de madera o plástico, u otro material aprobado por las federaciones. No puede ser de metal ni tener refuer-

zo metálico, aunque está autorizada la colocación de bandas de tela o ligaduras adhesivas. La parte inferior del *stick* tiene que ser plana.

La *pelota* debe pesar 155 g, con una circunferencia de 23 cm. Debe ser de un solo color, distinto al de la pista y al de las líneas de demarcación de la misma, a fin de que resulte bien visible en las transmisiones televisivas. Si entre las pelotas presentadas no hubiese ninguna del tipo oficial, el árbitro escogerá la mas equilibrada y menos elástica; en todo caso, su decisión será irrevocable.

Los jugadores deberán calzar *botas con patines*, cuyas ruedas deben rodar normalmente, y que no tengan un diámetro inferior a 3 cm. Entre las ruedas de los patines, no está permitida ningún tipo de protección suplementaria. Están permitidos los frenos colocados en la punta de los patines o de las botas, pero no deben representar ningún peligro para el resto de los jugadores.

Está prohibida todo tipo de protección metálica sobre las botas, aunque estén cubiertas por otro material. Los frenos, asegurados a los botines o a los patines, tendrán que obedecer a las siguientes condiciones:

- ♦ no tener un diámetro superior a 5 cm, si son frenos circulares;
- ♦ no tener lados superiores a 5 cm, si son frenos no circulares.

Todos los jugadores, incluyendo los porteros, pueden usar equipo acolchado que le servirá de *protección*, pero en ningún caso se permitirá ningún elemento que pueda proporcionar cualquier ventaja en el partido. Todos los jugadores podrán utilizar tanto coderas como rodilleras, pero a excepción del portero, ningún otro jugador podrá utilizar espinilleras exteriores.

Todos los jugadores, incluyendo el portero, podrán utilizar protecciones debajo de los calcetines y alrededor de las piernas, si no exceden los 5 cm de espesor.

Las protecciones metálicas están prohibidas para todos los jugadores, excepto en los siguientes casos:

Los porteros podrán llevar casco y careta, si las partes metálicas están recubiertas de otro material (plástico, cuero, goma, tela, etc.). Su uso es obligatorio en todas las edades, excepto los séniors masculinos. Los demás jugadores, pueden llevar un casco de protección ligero, de cuero o plástico (opcional).

Las medidas máximas autorizadas para las defensas del portero son las siguientes:

Ancho del tobillo: 30 cm.
Ancho de la rodilla y por encima: 35 cm.
Altura total: 75 cm.
Espesor máximo en toda su longitud: 5 cm.

Las defensas se colocan alrededor de las piernas y no pueden sobresalir por los lados de las mismas, constituyendo un escudo protector. Está permitido cubrir las botas del portero en toda su longitud con una protección que no sobrepase 5 cm de espesor.

Los porteros pueden llevar guantes de protección.

Durante un partido, los jugadores deberán llevar una camiseta o camisa del color del club o país que representan. El capitán del equipo llevará obligatoriamente un brazalete que lo identifique como tal y que deberá ser de color diferente al del uniforme.

En todos los partidos oficiales, las camisetas o camisas de los jugadores deben ir por dentro del pantalón corto. Los porteros llevarán obligatoriamente una camiseta o camisa de un color diferente al de sus compañeros y que no se confunda con el del equipo contrario (incluyendo a los porteros).

En el caso de que los dos equipos se presenten en la pista con colores idénticos o que se presten a confusión, los árbitros harán que se cambie el equipo local.

Todos los jugadores llevarán en el dorso de las camisetas un número del 00 al 99, de color diferente al de la camiseta, con un tamaño mínimo de 18 cm. No se permiten números repetidos.

Normas básicas

Un equipo se compone de 6 jugadores (1 portero, 4 jugadores y, obligatoriamente, un portero de reserva). También puede disponer de 4 jugadores suplementarios (reservas).

Un equipo no podrá presentarse en la pista para comenzar un partido con menos de 5 jugadores en condiciones aptas para jugar, bajo sanción de falta de incomparecencia. En ese caso, un equipo puede estar constituido por tan sólo 5 jugadores, incluyendo el portero titular y, obligatoriamente, un portero suplente.

Se concede un plazo de 15 min para que los equipos se presenten en la pista, en las condiciones mínimas para que se pueda iniciar el partido. Expirado este plazo, el árbitro considerara «incomparecencia» del equipo o equipos que no estén en la pista o incompletos. El árbitro hará constar la incidencia en el acta del partido.

Si en el transcurso de un partido, a consecuencia de lesiones o sanciones, un equipo se queda en la pista con sólo el portero y otro jugador, el árbitro parará el juego y dará por terminado el partido.

Cada equipo entrará y saldrá de la pista por una puerta señalada por el delegado de pista.

Cualquier jugador podrá ser reemplazado por los jugadores suplentes, excepto durante la ejecución de un golpe libre directo o de un penalti, en la que ninguno de los equipos podrá efectuar sustituciones.

Los equipos podrán efectuar cualquier sustitución antes de que piten los árbitros para la ejecución de un libre directo o de un penalti. Sin embargo, si se efectúa una sustitución durante la ejecución de un libre directo o de un penalti, los árbitros interrumpirán el partido, suspendiendo por 2 min a los jugadores sustitutos y los sustituidos. En esta situación, el partido se reanudará con la repetición del libre directo o penalti que se estaba ejecutando. El jugador sustituto no podrá entrar en la pista antes de que salga el jugador sustituido, debiendo realizarse todas las sustituciones por la puerta designada. Los porteros podrán sustituirse aprovechando una parada de juego. En este caso y tras su notificación, los árbitros concederán un tiempo de 30 s, para la sustitución.

En ningún caso un equipo podrá tener en la pista más de 5 jugadores. Si hubiese infracción a esta regla, los árbitros deben interrumpir el partido de inmediato, suspendiendo por 2 min, a los jugadores que indebidamente hayan entrado en la pista y a los jugadores que iban a ser sustituidos. Si no es posible identificar alguno de los jugadores que iba a ser sustituido, se suspenderá al capitán del equipo infractor. Si se da simultáneamente más de una sustitución irregular, el capitán del equipo infractor tendrá que indicar a los árbitros los otros jugadores en pista que habrá que suspender. El partido se reanudará con un golpe libre indirecto contra el equipo infractor, ejecutado donde fue cometida la infracción.

Ningún jugador podrá saltar por encima de la valla sin autorización especifica de los árbitros. Si hubiera infracción a esta regla, el jugador infractor tendrá que ser amonestado y si reincide en la misma infracción, tendrá que ser suspendido.

Si para este efecto se ha interrumpido el partido se reanudará con la señalización de un golpe libre indirecto contra el infractor, desde el lugar en que se haya cometido la infracción.

Los porteros pueden ser sustituidos en las mismas condiciones que los otros jugadores. Si se lesionan los dos porteros, se concederán 3 min para que otro jugador pueda equiparse y ocupar el puesto de los porteros lesionados. Si el portero titular se lesiona o su uniforme se estropea, deberá ser inmediatamente sustituido por el portero suplente.

El tiempo normal de duración de un partido es el siguiente:

♦ En los partidos de categoría séniors, es de 2 tiempos de 25 min, excepto si se trata de torneos, en los que habrá dos tiempos de 20 min.

♦ En los partidos de categorías júniors, juveniles y femenino, la duración de cada uno de los tiempos será de 20 min, excepto en los torneos, que serán de 15 min cada uno.

♦ En los partidos de categorías infantiles y alevines, la duración de cada tiempo será siempre de 15 min.

Todos los tiempos indicados son tiempos efectivos de juego, sin contar con los 10 min de intermedio entre los dos medios tiempos.

Al final del primer tiempo de juego, habrá cambio de la media pista hasta entonces ocupada por cada equipo.

Cada equipo podrá solicitar, en cada período de un partido un *time out* (tiempo muerto), con la duración de 1 min como máximo.

El equipo que no solicite su tiempo muerto en el transcurso de la primera parte, no podrá solicitar dos tiempos muertos en la segunda parte.

Los tiempos muertos sólo podrán ser concedidos durante el tiempo normal de juego, por lo que en la prórroga de cualquier partido, los árbitros no podrán conceder tiempo muerto aunque éstos no hayan sido solicitados durante el tiempo normal de juego.

Las peticiones de tiempo muerto serán efectuadas por el delegado del equipo al cronometrador.

Si al final del tiempo normal de un partido, los dos equipos están empatados y es necesario determinar el equipo vencedor, se procederá de la siguiente forma:

Tras el término del tiempo efectivo reglamentario de juego, se concederá un descanso de 3 min a los equipos, durante el cual el árbitro, en plena pista, procederá al sorteo con una moneda a cara o cruz para elegir la media pista y definir el equipo que ejecutara el saque de salida. Seguidamente, se jugarán 2 partes de 5 min cada una (siempre tiempo efectivo), sin descanso, pero con cambio de pista al término del primer tiempo de 5 min. Cualquier jugador suspendido temporalmente deberá cumplir el tiempo que le falte para poder participar en la prórroga del partido.

Si el resultado del partido sigue empatado al término de esta prórroga, el equipo vencedor se decidirá en la ejecución de penaltis, de acuerdo con las siguientes condiciones:

Los árbitros designarán la portería y el equipo que iniciará la serie de penaltis en plena pista, con una moneda a cara o cruz, en presencia de los capitanes de los dos equipos. En la ejecución de la serie de penaltis, los jugadores que se encarguen de realizarlos tendrán que efectuar un tiro directo a portería, nunca salir con la pelota controlada, ni efectuar un segundo remate.

Los equipos pueden utilizar cualquiera de los jugadores para ejecutar los penaltis, excepto aquellos que eventualmente hayan sido expulsados o que todavía estén cumpliendo una suspensión temporal en el momento en que se terminó la prórroga.

El vencedor del partido será el equipo que obtenga más goles cuando se terminen de ejecutar las series de penaltis. Se realizarán tantas series como sean necesarias para decidir un vencedor, de acuerdo con la siguiente secuencia:

Primera serie de 5 penaltis: cada equipo ejecutará, alternadamente, una primera serie de 5 penaltis.

Dos series sucesivas de 1 penalti: si una vez concluida la primera serie de penaltis, persiste el empate, el vencedor del partido, se determinará de la siguiente forma: cada equipo lanzará un penalti, de manera alternada, hasta que uno de los dos equipos marque un gol y el otro equipo falle, siendo este último considerado derrotado.

Procedimiento

En el inicio del partido (primera parte), la pelota se coloca en el centro del círculo de 3 m marcado en la línea de media pista. El mismo procedimiento se seguirá en el comienzo de la segunda parte y cada vez que se marque un gol.

El equipo encargado de efectuar el saque de salida en el inicio del partido será designado por sorteo, a cara o cruz. En la segunda parte comenzará el equipo contrario.

Cada vez que se marque un gol se reanudará el juego mediante el saque a cargo del equipo que haya recibido el gol.

En la ejecución del saque de salida, todos los jugadores deberán permanecer en su media pista, a excepción de 2 de ellos (el jugador que lo ejecuta y otro compañero de equipo) que podrán situarse en el círculo central.

Después de que piten los árbitros, se realizará el saque, la pelota estará en juego y el jugador encargado de su ejecución tendrá que lanzar la pelota en cualquier dirección, pudiendo los jugadores adversarios tocar la pelota, si aquél duda o tarda en jugarla.

En las pistas con dimensiones máximas (44 x 22 m), en las que la línea de antijuego (que delimita la zona de ataque de cada equipo) coincide con la línea divisoria de cada media pista, está permitido retrasar la pelota a la media pista del jugador ejecutante, en la ejecución del saque de salida, siempre que la pelota no sobrepase el círculo central.

Si el jugador que ejecuta el saque de salida decide, después del pitido del árbitro, tirar directamente a la portería contraria y marca gol sin que la pelota la haya tocado o jugado cualquier otro jugador, éste no será válido y los árbitros reanudarán el partido con la señalización de un saque neutral (*balling*), en uno de los ángulos inferiores del área de penalti de la portería donde había entrado la pelota.

Siempre que los árbitros hayan interrumpido el partido, sin que haya sido señalada ninguna falta, se señalizará un saque neutral (*balling*) para reanudar el partido.

Cuando un equipo tenga la pelota controlada y se proceda a una interrupción del partido por causas accidentales no imputables al mismo, se reanudará el partido con un golpe de libre directo, efectuado por el equipo que controlaba la pelota en el momento de la interrupción, y desde el punto donde estaba cuando pitó el árbitro. Dos jugadores (uno de cada equipo), se situarán uno frente al otro, de espaldas a su propio campo, con los *sticks* apoyados en el suelo a una distancia de la pelota de 20 cm. Excepto los jugadores que ejecutarán el saque neutral (*balling*), los demás jugadores en pista se colocarán a una distancia mínima de la pelota de 3 m.

En la ejecución de un saque neutral, cualquiera de los jugadores sólo podrá jugar la pelota después del pitido del árbitro.

Si la pelota es movida por uno de los jugadores antes del pitido de los árbitros, será inmediatamente señalado un libre indirecto contra el equipo del jugador infractor, que será señalado en el mismo lugar.

Para señalizar el saque neutral (*balling*), los árbitros elevarán uno de los brazos, con dos dedos separados en forma de «V».

El lugar de señalizar un saque neutral será indicado por los árbitros en función del lugar donde se encontraba la pelota en el momento de la interrupción, excepto en las siguientes situaciones específicas:

En el caso de no ser válido un gol irregular, por haber sido obtenido directamente en la ejecución de un saque de salida, el saque neutral será señalizado en una de las esquinas inferiores del área de penalti, más específicamente, en la esquina más próxima de la zona de la portería por donde entra la pelota.

En el caso de no ser válido un gol irregular, por haber sido marcado directamente en la ejecución de un golpe libre indirecto, el saque neutral (*balling*) se sacará en la esquina del área de penalti más próxima de la que se sacó el libre indirecto.

En el caso de que la pelota esté fuera de juego, por haber quedado atrapada en las espinilleras del portero o en cualquier parte exterior del armazón de la portería, el saque neutral será realizado en la esquina del área de penalti más próxima a donde se encontraba la pelota.

En caso de las interrupciones efectuadas cuando la pelota se encontraba dentro del área de penalti o entre la prolongación de la línea de gol y la valla de fondo, el saque neutral será realizado en una de las esquinas del área de penalti, más específicamente, en la esquina más próxima al lugar en que se encontraba la pelota en el momento de la interrupción.

Puntuación

Será gol cada vez que la pelota haya atravesado completamente la línea señalizada entre los dos postes verticales de la portería (línea de portería) y el larguero.

Si se marca un gol en los últimos segundos de la primera parte o del final del partido, habiendo sido señalada la terminación del tiempo por el cronometrador, los árbitros procederán a dar validez al gol y ordenarán la ejecución del correspondiente saque inicial, pitando a continuación para indicar el final de la primera parte o el final del partido.

Un gol marcado por un jugador en su propia portería (contra su propio equipo), con el *stick* u otra parte del cuerpo, se considerará válido cualquiera que sea la posición que ocupe dicho jugador en la pista y aunque sea obtenido directamente, en la ejecución de un golpe de salida o en la ejecución de un golpe indirecto.

Se puede marcar gol mediante un tiro efectuado desde cualquier parte de la pista, exceptuando si el gol es obtenido de forma irregular, por ejemplo, cuando se materializa a través de un tiro efectuado directamente en la ejecución de un saque de salida o directamente en la ejecución de un libre indirecto.

Faltas y sanciones

Todas las infracciones a las reglas del juego, deberán ser sancionadas, excepto en los casos en que los árbitros apliquen la ley de la ventaja, dejando proseguir el juego con el fin de que el infractor no sea beneficiado.

Después de concedida la ley de la ventaja, los árbitros no deben interrumpir el partido para advertir (tarjeta amarilla) a cualquier jugador, debiendo por tanto esperar la próxima interrupción del partido, para entonces ejercer la acción disciplinaria en cuestión sobre el jugador que cometió la falta.

Los árbitros solamente deben interrumpir el partido para señalar una falta cuando las reglas hayan sido violadas de tal forma que impidan jugar al equipo contrario.

Excepto cuando haya lugar a la aplicación de la ley de la ventaja, todas las faltas cometi-das durante el partido serán sancionadas por los árbitros, de acuerdo con las circunstancias, con la señalización de golpe libre indirecto.

Golpe libre indirecto

Un golpe libre indirecto es un tiro o movimiento de la pelota a un solo toque, que es efectuado por un jugador contra el equipo contrario, estando la pelota parada y con los jugadores del equipo contrario colocados, como mínimo, a 3 m de distancia del lugar de la falta.

En condiciones normales, el golpe libre indirecto puede ser ejecutado libremente, sin que sea necesario que los árbitros piten para reanudar el partido.

Si hay demora en la ejecución del golpe libre indirecto, los árbitros deben pitar para ordenar, de esta forma, que se reanude el partido.

Si el jugador ejecutante solicita la intervención de los árbitros para que los jugadores contrarios se coloquen a la distancia reglamentaria, el golpe libre indirecto solamente puede ser ejecutado tras el pitido de los árbitros para reanudar el partido.

Tras el pitido de los árbitros, la pelota estará en juego, pudiendo cualquier jugador del equipo sancionado apoderarse de la pelota y dar continuidad al partido.

El lugar de la ejecución del golpe libre indirecto será definido en función de los siguientes criterios:

- En el caso de faltas cometidas por el infractor en el interior del área de penalti del equipo contrario, el golpe libre indirecto correspondiente será marcado en la esquina superior de esa misma área más próxima al lugar de la falta.
- En el caso de faltas cometidas detrás de la línea de portería, el golpe libre indirecto será sacado en la esquina inferior del área de penalti más próxima.

- En el caso de cualquier otra falta, el golpe libre indirecto correspondiente será efectuado en el mismo lugar en que haya sido cometida la falta.
- En las faltas cometidas junto a la valla o si la pelota ha salido fuera de la pista, se permite la ejecución del libre indirecto a 70 cm de la valla.

Golpe libre y acción disciplinaria

Un golpe libre puede ser directo o indirecto, en función de la gravedad de la falta. Salvo indicación contraria de los árbitros, las faltas son sancionadas con un golpe libre indirecto.

Un golpe libre directo será señalado para sancionar las faltas graves (juego peligroso, cargas violentas y peligrosas, etc.), o después de una suspensión (tarjeta azul) o de una expulsión (tarjeta roja).

Si en el transcurso de un partido, un jugador anteriormente advertido (tarjeta amarilla) comete una infracción merecedora de una nueva advertencia, los árbitros deben proceder de la siguiente forma:

Mostrar una nueva tarjeta amarilla al jugador infractor y, a continuación, mostrar la tarjeta azul, ordenando su suspensión (por acumulación) por un período de 2 min.

En el caso de que el partido haya sido interrumpido para sancionar una falta, se marcará un golpe libre indirecto.

Siempre que la gravedad de la falta cometida sobre un adversario sea de suspensión del jugador infractor (independientemente de que anteriormente haya sido mostrada o no una tarjeta amarilla), los árbitros deber proceder de la siguiente forma:

Interrumpir el partido y enseñar directamente la tarjeta azul al jugador infractor, sus-pendiéndolo por 3, 4 o 5 min; reanudar el partido con la señalización de un golpe libre directo o de penalti, según la falta haya sido practicada fuera o dentro del área de penalti del equipo del jugador infractor.

Cuando sea señalado un libre directo, los árbitros deberán levantar uno de los brazos (con la mano abierta) para, sin ambigüedad, señalizar convenientemente su decisión.

El jugador que ejecuta un golpe libre indirecto no podrá volver a jugar la pelota, hasta que:

La pelota haya sido tocada o jugada por cualquier otro jugador; la pelota haya tocado en la parte exterior de una de las porterías.

En la ejecución de un golpe libre indirecto todos los jugadores del equipo sancionado tendrán que colocarse a, por lo menos, una distancia de 3 m, respecto al punto donde se encuentra la pelota. Los jugadores del equipo que se beneficie de la falta podrán estar colocados en cualquier lugar de la pista, excepto en la zona de protección del portero contrario.

Todo gol resultante de un golpe libre indirecto no será valido si la pelota entra en la portería del equipo adversario sin que previamente haya sido tocada o jugada por cualquier otro jugador, independientemente del equipo a que pertenezca.

Si un jugador del equipo sancionado (incluyendo el portero) toca la pelota antes de que ésta entre en la portería, el gol es válido. Sin embargo, si la pelota toca en la portería y entra, sin que haya sido tocada o jugada por cualquier otro jugador, el gol no será valido.

El golpe libre directo puede marcarse en cualquiera de las medias pistas, pudiendo el jugador ejecutante:

- jugar la pelota en todas las circunstancias (moverla hacia otro jugador, aprovechar el rebote de la pelota en la portería o en las vallas, etc.);

♦ tirar directamente a portería;
♦ patinar con la pelota en dirección a la portería, con el fin de engañar al portero contrario.

Durante la ejecución de cualquier libre directo, hay que tener en cuenta que ninguno de los equipos podrá efectuar sustituciones, excepto el jugador ejecutante y el portero del equipo sancionado, que no puede sobrepasar la línea de 50 cm. Todos los demás jugadores deberán colocarse detrás de la línea de la pelota, a una distancia mínima de 8 m.

El lugar de la ejecución del golpe libre directo será siempre el punto «C» más próximo a la portería del equipo del jugador infractor, sea cual sea el lugar en que haya sido cometida la falta.

Ninguno de los jugadores incluyendo el portero defensor, podrá moverse antes de que el árbitro pite para la ejecución del golpe libre directo.

Tras el pitido de los árbitros, la pelota está en juego y cualquier jugador del equipo sancionado puede intentar acortar la distancia y/o apoderarse de la pelota y continuar el partido.

En el golpe libre directo, si la pelota se tira directamente y entra en la portería, el gol es valido. El golpe libre directo puede ser ejecutado directamente o, como alternativa, el jugador ejecutante puede patinar con la pelota en dirección a la portería adversaria, pudiendo jugar la pelota en todas circunstancias, haya sido tocada o no por cualquier otro jugador.

Penalti

Siempre que el portero o cualquier otro jugador, en defensa de su portería, comete una falta dentro del área de penalti de su equipo, se sanciona con penalti.

El penalti se señala en el lugar señalado a tal efecto, sobre la línea del área de penalti del equipo infractor, y el ejecutante puede:

♦ jugar la pelota en todas las circunstancias (moverla hacia otro jugador, aprovechar el rebote de la pelota en la portería o en las vallas, etc.);
♦ tirar directamente a portería, estando permitido el amago;
♦ patinar con la pelota en dirección a la portería, con el fin de engañar o driblar al portero adversario.

Cuando sea señalado un penalti al mismo tiempo que el cronometrador indica el final del juego o de la primera parte, los árbitros tendrán que prolongar el tiempo de juego para que el penalti sea ejecutado, concediendo el tiempo máximo de 3 s para lanzarlo. Los 3 s en cuestión serán controlados por el cronometrador, por medio de un marcador electrónico o manual, siendo utilizada la señal sonora para indicar a los árbitros el final de dicho tiempo. El jugador encargado de tirar este penalti, podrá elegir una de las siguientes ejecuciones:

♦ transportar la pelota, intentando engañar o driblar al portero, disponiendo en esta ocasión de un máximo de 3 s, para efectuar el tiro a portería;
♦ tiro directo a portería, estando permitido el amago.

En ambos casos, ni el jugador ejecutante del penalti, ni cualquier otro, puede tocar la pelota una vez que el lanzamiento a puerta haya sido efectuado. Se concederá un gol si la pelota pasa totalmente entre los postes y bajo el travesaño, aunque previamente haya tocado uno o ambos postes y/o el travesaño y/o el portero o cualquier combinación de estos factores.

Si la ejecución del penalti resulta gol, los árbitros tienen que asegurar que éste es válido, ordenando la ejecución del saque inicial y pitando a continuación para dar por terminado el partido o la primera parte.

Si de la ejecución del penalti no resulta gol, los árbitros tienen que pitar inmediatamente, dando por terminado el partido o la primera parte.

En el caso de que haya lugar a un desempate mediante el lanzamiento de series de penaltis, la ejecución tendrá que ser efectuada a través de un tiro en dirección a la portería (un solo toque en la pelota), sin que al jugador ejecutante le esté permitido llevar la pelota en dirección a la portería.

Durante la ejecución de cualquier penalti, ninguno de los equipos podrá efectuar sustituciones (excepto el jugador ejecutante y el portero del equipo sancionado, que no puede sobrepasar la línea de 50 cm), y todos los jugadores tendrán que colocarse más allá de la línea de media pista.

Ningún jugador, incluyendo el portero defensor, podrá moverse antes de que el árbitro pite para la ejecución del penalti.

En la ejecución del penalti, el portero deberá estar apoyado solamente en los patines y no podrá apoyar en el suelo de la pista ni el *stick* ni los guantes.

Tras el pitido dc los árbitros, la pelota está en juego y cualquier jugador del equipo sancionado podrá intentar acortar la distancia y/o apoderarse de la pelota y continuar el partido.

Oficiales

En las competiciones oficiales, los partidos son dirigidos por árbitros oficiales, que son jueces absolutos, función que será auxiliada por los cronometradores (que cronometran el tiempo de juego y de sanción). El arbitraje podrá realizarse de manera individual o por parejas.

Los árbitros utilizan las tarjetas que detallemos a continuación:

- ◆ amarilla: primer aviso;
- ◆ azul: suspensión, con posibilidad de sustitución;
- ◆ roja: expulsión, sin posible sustitución.

Dos jueces de gol señalan cada tanto levantando un brazo o una bandera.

JUDO

Historia

El judo es una evolución del arte marcial japonés denominado *jiu-jitsu*, que parece provenir de la influencia china que entró en Japón durante el siglo V, a través de Corea, como corriente filosófica relacionada con la medicina y el ejercicio físico. Durante la época feudal, en el siglo XIV, los emperadores formaban a sus guerreros a partir de las técnicas del *jiu-jitsu*, basadas en la flexibilidad y la no resistencia a la acción ofensiva. Parece innegable la influencia del budismo zen sobre las artes marciales y su desarrollo desde muy antiguo, y su influencia en la formación de los combatientes, que en el siglo XVII y el XVIII está plenamente extendida. El inicio del judo aparece bastante más tarde, y se atribuye al letrado y pedagogo japonés Jigoro Kano, en 1882, que marca todo un primer período con la fundación de un centro, el Kodokan (escuela para el estudio del sendero). A partir de 1920, Kano se dedica por completo a la enseñanza del judo y el deporte se extiende por universidades, centros de artes marciales y cuerpos de policía, hasta que pasa a ser un método de educación física en escuelas primarias y secundarias. Los lemas de este maestro eran «prosperidad mutua» y «uso benéfico de la energía», conceptos que se extienden junto con la práctica de este deporte por todo Japón y otros países. Después de la Segunda Guerra Mundial, el deporte se extiende por Europa. Ya en 1935, el maestro Kawaisi había formado un grupo de alumnos en Francia, que evolucionó de modo autónomo y llegó hasta Bélgica y Holanda antes de 1948, época en que se funda la Unión Europea de Judo y la Federación Internacional de Judo. Hacia 1950, la migración japonesa a Sudamérica propicia la práctica de este deporte en América latina, donde ya existían algunas federaciones y centros, y en 1951 se crea la Unidad Continental Americana, promovida desde Cuba. En 1952 tiene lugar el Primer Congreso y Campeonato Panamericano, en La Habana, con participación de Cuba, Canadá, Estados Unidos, Argentina y Brasil, miembros fundadores de la Confederación Panamericana de Judo. El judo entró a formar parte de los programas olímpicos en los XVIII Juegos Olímpicos, en Tokio, 1964.

Objeto del deporte

Dos luchadores compiten en un combate para intentar llevar a cabo una serie de técnicas determinadas. El que consigue más puntos o es declarado vencedor por la aplicación de una técnica o varias, con ventaja sobre su adversario, gana el combate.

Área de competición

El área de competición mide: como mínimo 14 m x 14 m y, como máximo 16 m x 16 m y está recubierta de tatami o material similar homologado, generalmente de color verde.

El área de competición está dividida en dos zonas. La demarcación entre ellas se llama «zona de peligro», y está indicada por una franja de color rojo, de 1 m de anchura, que forma parte del tatami o está sujeta al mismo,

en paralelo a los cuatro lados del área de competición.

El área interior, incluida la zona de peligro, se denomina «zona de combate», mide un mínimo de 9 m x 9 m y un máximo de 10 m x 10 m. El área exterior de la zona de peligro se denomina «zona de seguridad», y tiene un ancho aproximado de 3 m (en cualquier caso, no puede ser inferior a 2,5 m).

Para indicar las posiciones en que los competidores inician y terminan el combate, se fija

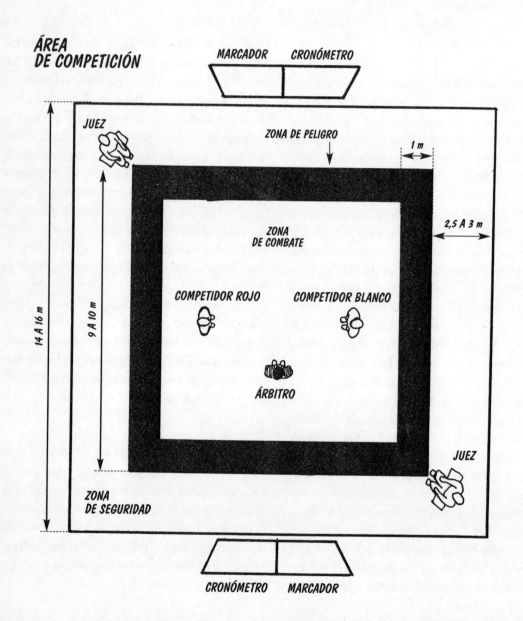

ÁREA DE COMPETICIÓN

MARCADOR CRONÓMETRO

JUEZ

ZONA DE PELIGRO

1 m

ZONA DE COMBATE

2,5 A 3 m

COMPETIDOR ROJO COMPETIDOR BLANCO

ÁRBITRO

14 A 16 m

9 A 10 m

JUEZ

ZONA DE SEGURIDAD

CRONÓMETRO MARCADOR

una cinta adhesiva de color rojo y otra de color blanco, de 5 cm de ancho y 25 cm de largo, en el centro de la *zona de combate*, a 4 m de distancia la una respecto de la otra. La cinta roja estará a la derecha del árbitro y la blanca a su izquierda.

El área de competición debe estar fijada al suelo o a una plataforma elástica. Cuando se utilicen dos o más áreas de competición contiguas, se permite una zona de seguridad común de un mínimo de 3 m. Alrededor del área de competición debe haber una zona libre de 50 cm.

Tradicionalmente, el *tatami* (colchoneta) tiene unas medidas que oscilan entre 183 cm x 91,5 cm, según las diversas regiones de Japón. Actualmente, suelen medir 1 x 2 m, están hechos de paja prensada o espuma. Deben ser firmes y absorber el golpe durante el *ukemi*. Tienen que estar recubiertos de material plástico, generalmente de color rojo o verde, y no deben ser ni demasiado resbaladizos ni demasiado rasposos.

Estos elementos componen el área de competición, y deben disponerse sin espacios entre sí, formando una superficie lisa; además, deben estar fijados para evitar que se desplacen.

La *plataforma* es opcional. Debe ser de madera sólida, pero conservando cierta elasticidad. Tiene que medir 18 m de lado, aproximadamente, y 50 cm de altura, como máximo.

Equipo

En la zona de seguridad, deben colocarse dos sillas ligeras, en esquinas de la zona de combate diagonalmente opuestas, de modo que no tapen la visibilidad del marcador a los jueces y anotadores. Se debe poner una bandereta roja y una blanca, dentro de una funda fijada a cada silla.

En cada zona de combate se debe disponer de dos marcadores (visibles para el árbitro, el jurado y el público), que indiquen la puntua-ción horizontalmente. Sus medidas son: 90 cm de altura y 2 m de ancho, como máximo. Deben estar colocados fuera de la zona de combate.

Los puntos registrados en los marcadores son puntos de penalización. Además, cada marcador debe tener un dispositivo que registre las penalizaciones recibidas por cada competidor.

Son necesarios 4 *cronómetros:* 1 para la duración del combate, 1 para el tiempo de inmovilización y 1 de reserva. Siempre que se utilicen marcadores electrónicos, deberá haber también marcadores manuales.

Los cronometradores utilizan una bandereta amarilla para señalar detención del combate y una azul para señalar la duración de una inmovilización.

Una *campana* u otro dispositivo audible similar indica al árbitro el tiempo asignado de combate.

El competidor debe llevar una faja de color rojo o blanco, de una anchura mínima de 5 cm, alrededor de la cintura, por encima del cinturón de grado. Una vez atado, debe colgar entre 20 cm y 30 cm por cada lado.

Uniforme (judogi)

Los competidores deben vestir un judogi (uniforme de judo), de un tejido resistente de algodón o similar, de color blanco o crudo. El nombre del competidor puede estar grabado en el cinturón de grado, el cual de acuerdo al color indica el grado.

La chaqueta debe cubrir los muslos. El cuerpo de la chaqueta debe ser ancho para poderla cruzar a la altura de la parte inferior de la caja torácica, con un solapamiento mínimo de 20 cm.

Las mangas deben llegar, como máximo, hasta las muñecas (brazos colgando en reposo) y, como mínimo, 5 cm por encima de las muñecas.

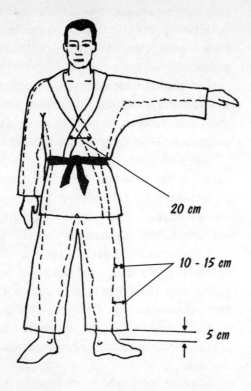
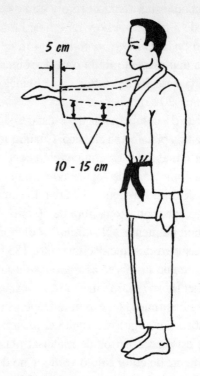

Entre la manga y el brazo debe haber una distancia de 10-15 cm, en todo el largo de la manga.

Los pantalones deben cubrir las piernas hasta los tobillos o 5 cm por encima. Entre la tela y la pierna debe haber una distancia de 10-15 cm.

El cinturón de grado tiene que llevarse por encima de la chaqueta. Tiene que ser fuerte, de una anchura de 4 a 5 cm, y de una longitud que le permita dar dos vueltas al cuerpo del competidor y colgar entre 20 y 30 cm, una vez anudado. El nudo debe ser cuadrado y lo suficiente ceñido como para evitar que la chaqueta quede suelta.

Duración del combate

La duración de los combates en los campeonatos del mundo y en los Juegos Olímpicos es la siguiente:

♦ Hombres (séniors): 5 min de tiempo real de combate

♦ Hombres (sub-21): 5 min de tiempo real de combate

♦ Mujeres: 4 min de tiempo real de combate.

El árbitro debe estar informado de la duración del combate antes de subir a la zona de tatami. El combate termina al final del tiempo asignado y no cuando el árbitro anuncia *sore-made*. La duración y la forma de los combates se determinan de acuerdo con el reglamento de competición. Todo competidor tiene derecho a descansar entre combates un período de tiempo igual a la duración prevista de su próximo combate.

Tiempo muerto es el tiempo transcurrido entre el anuncio de *matte* y *hajime* por parte del árbitro, y entre *sono-mama* y *yoshi*. No se cuenta como parte del tiempo real de combate.

El final del combate se indica con un toque de campana u otro dispositivo audible similar.

Tiempo de inmovilización:

- ♦ *ippon*: 30 s;
- ♦ *wazaari*: 25 s o menos, pero siempre menos de 30 s;
- ♦ *yuko*: 20 s o más, pero siempre menos de 25 s;
- ♦ *koka*: 10 s o más, pero siempre menos de 20 s;

Una inmovilización de menos de 10 s se cuenta igual que un ataque.

Cuando durante un lapso entre 20 y 30 s, ninguno de los dos competidores ha llevado a cabo ninguna acción de ataque, se considera *no combatividad*.

Cualquier resultado inmediato de una técnica, iniciada simultáneamente con la señal de tiempo, es válido. En caso de inmovilización anunciada simultáneamente con la señal de tiempo, se prolongará el tiempo asignado para el combate hasta que se puntúe *ippon,* o hasta que el árbitro indique *toketa* (inmovilización interrumpida).

Situación

La pelea se lleva a cabo en la zona de combate. No se reconocerá ninguna técnica aplicada cuando uno o ambos competidores se encuentren fuera de la zona de combate. Es decir, que si un competidor tiene un pie, una mano, una rodilla o cualquier otra parte de su cuerpo fuera de la zona de combate mientras está de pie; o tiene más de medio cuerpo fuera de la zona de combate mientras aplica *sutemi-waza* o *ne-waza*, se considerará que está fuera de la zona de combate.

Existen algunas excepciones: cuando un competidor proyecta a su adversario fuera de la zona de combate, pero él o ella permanece dentro; o si sale involuntariamente durante la pro-

yección, sin interrumpir el movimiento; o cuando se anuncia una inmovilización, si uno de los dos está dentro total o parcialmente; o si durante un ataque, el competidor que ejecuta la proyección sale de la zona de combate y se mueve sobre el tatami de la zona de seguridad, siempre y cuando no coloque el peso o la pierna fuera.

Procedimiento

Inicio del combate

El árbitro y los jueces deben estar siempre en posición de iniciar el combate antes de la llegada de los competidores a la zona de combate. El árbitro tiene que estar de pie, entre las líneas donde empiezan los competidores, 2 m por detrás de las mismas, y de cara a la mesa de cronometraje.

Si los competidores *(joseki)* no saludan, el árbitro les invitará a hacerlo anunciando *rei,* y anunciará el inicio del combate con la palabra *hajime.*

Los competidores deben saludarse al principio y al final del combate.

Matte

El árbitro anunciará *matte* (orden de parar) para detener temporalmente el combate, en los casos que se indican a continuación. Para reanudar el combate anunciará *hajime* (orden de reanudar):

- ♦ cuando uno o los dos competidores salen de la zona de combate;
- ♦ cuando uno o losdos llevan a cabo una acción prohibida;
- ♦ cuando uno o los dos se lesiona;
- ♦ cuando sea conveniente que uno o los dos se ajusten el uniforme;

- cuando durante *ne-waza* (técnica de suelo), no hay progreso aparente y los competidores están en el suelo, inmóviles, en una posición determinada;
- cuando un competidor que está en *ne-waza* se pone de pie total o parcialmente, manteniendo a su adversario sobre la espalda;
- cuando un competidor está de pie o se incorpora desde *ne-waza*, y levanta claramente a su adversario del tatami, que se encuentra sobre su propia espalda y rodea con sus piernas alguna parte del cuerpo del que se incorpora;
- en cualquier caso en que el árbitro lo considere necesario.

Sono-mama

Siempre que el árbitro desee detener el combate temporalmente, para dirigirse a uno o a los dos competidores, o para aplicar una penalización sin que el no penalizado pierda su posición de ventaja, anunciará *sono-mama* (orden de detener el combate). Para reanudar el combate anunciará *yoshi*. Sólo puede aplicarse *sono-mama* en *ne-waza* (técnica de suelo).

Ippon

Los cuatro elementos necesarios para obtener un *ippon* en una técnica de proyección son los siguientes: efectuarla con control, ampliamente sobre la espalda, con fuerza considerable y con velocidad.

También se considera *ippon:*

- cuando un competidor inmoviliza al adversario y éste no consigue liberarse durante los 30 s que siguen al anuncio de la inmovilización;
- cuando un competidor abandona, pegando dos veces o más con la mano o el pie,

o cuando dice *maitta* (abandono), generalmente a causa de un *katame-waza* (técnica de control), un *shime-waza* (técnica de estrangulación) o un *kansetu-waza* (técnica de luxación);
- cuando el efecto de una técnica de estrangulación o de luxación es evidente.

Equivalencia: si se penaliza a un competidor con un *hansoku-make*, el otro competidor es declarado vencedor.

Si los dos competidores marcan *ippon* a la vez, el árbitro anunciará *hiki-wake* (combate nulo) y los competidores tendrán derecho, si lo desean, a realizar otro combate. Si sólo uno de ellos desea combatir de nuevo y el otro no, el competidor que desea seguir será declarado vencedor por *ippon*.

Wazaari

El árbitro anunciará *wazaari* si, a su entender, la técnica aplicada corresponde a los siguientes criterios:

- un competidor con control proyecta a su adversario, pero en la técnica le falta alguno de los tres elementos necesarios para obtener un *ippon*;
- un competidor inmoviliza al otro y éste es incapaz de liberarse durante 25 s o más, pero menos de 30 s.

Equivalencia: si un competidor ha sido penalizado con un kei-koku, *el otro recibe un* wazaari.

Wazaari-awasete-ippon

En caso de que un competidor gane un segundo *wazaari* en un combate, el árbitro anunciará *wazaari-awasete-ipon:* dos *wazaari* puntúan *ippon*.

Victoria por combinación

El árbitro anunciará «victoria por combinación» *(sogo-gachi)* en los siguientes casos:

♦ cuando un competidor ha ganado un *wazaari* y su adversario recibe posteriormente una penalización de *keikoku*;

♦ cuando un competidor, que lucha contra un adversario que ha recibido una penalización de *keikoku*, consigue posteriormente un *wazaari*.

Yuko

El árbitro anunciará *yuko* cuando, a su entender un competidor con control proyecta a otro competidor, pero a la técnica le faltan parcialmente dos de los tres elementos necesarios restantes para conseguir un *ippon,* es decir: fuerza, velocidad o el elemento «ampliamente sobre la espalda».

Equivalencia: en caso de que un competidor haya sido penalizado con un chui, *el otro competidor recibirá un* yuko.

Koka

El árbitro anunciará *koka* cuando, a su entender:

♦ un competidor proyecta a otro sobre los muslos o las nalgas, con velocidad y fuerza;

♦ un competidor inmoviliza al adversario, y éste es incapaz de liberarse durante 10 s o más, pero menos de 20 s.

Equivalencia: en caso de que un competidor haya sido penalizado con un shido, *el otro recibirá un* koka.

Inmovilización

El árbitro anunciará «inmovilización» cuando, a su entender, la técnica aplicada se corresponda con los siguientes criterios:

♦ el competidor que está agarrado debe ser controlado por su adversario, y debe tener la espalda y uno o los dos hombros en contacto con el tatami;

♦ el control puede realizarse desde los lados, desde detrás o desde arriba;

♦ el competidor que aplica el *kumikata* (inmovilización) no puede tener una o las dos piernas controladas por las piernas de su adversario;

♦ los competidores deben mantener la mitad del cuerpo, por lo menos, dentro de la zona de combate al empezar la inmovilización.

Fin del combate

El árbitro anunciará *sore-made* (fin del combate):

♦ cuando un competidor marque ippon o

♦ en caso de victoria por combinación *(sogo-gachi)*;

♦ en caso de victoria por no comparecencia *(fusen-gachi)*, o victoria por abandono *(kiken-gachi)*;

♦ en caso de descalificación *(hansoku-make)*;

♦ cuando un competidor no puede continuar a causa de una lesión o cuando ha expirado el tiempo asignado para el combate *(hantei)*.

El árbitro indicará el final del combate de la siguiente manera:

♦ cuando un competidor marque *ippon* o equivalente, se le declara ganador;

- cuando no ha habido ninguna puntuación de *ippon* o equivalente, se declara el vencedor considerando que: un wazaari prevalece sobre cualquier número de *yuko*; un *yuko* prevalece sobre cualquier número de *koka*;
- cuando no se haya registrado ninguna puntuación o cuando sea exactamente la misma para cada título (*wazaari, yuko, koka*), el árbitro anunciará *hantei* y realizará el gesto correspondiente;
- se tomará la decisión de *hiki-wake* (combate nulo), cuando después de haber señalado hantei, el marcador no señale ninguna ventaja, y cuando sea imposible juzgar la superioridad de cualquiera de los dos competidores.

Sanciones

Las siguientes sanciones se aplican por infracciones, es decir, por cometer actos prohibidos por el reglamento:

- *shido*: infracción leve;
- *chui*: infracción mediana;
- *keikoku*: infracción grave, o infracción leve o mediana después de haber sido sancionado ya con un *chui*;
- *hansoku-make*: infracción muy grave, o infracción de cualquier grado después de haber sido sancionado ya con un *keikoku*.

Oficiales

Tres oficiales controlan el combate (un árbitro, en la zona de combate; y dos jueces, fuera de la misma). Debe haber un anotador de puntos y un cronometrador de tiempo de combate y de inmovilización. Además, hay un jurado que emite juicios al final, para así asistir al árbitro.

Todas las acciones y decisiones del árbitro y los jueces, de acuerdo con la regla de la mayoría de tres, son definitivas e inapelables.

SEÑALES DEL ÁRBITRO

MATTE

OSAEKOMI

TOKETA

SORE-MADE

IPPON

WAZAARI

SEÑALES DEL ÁRBITRO

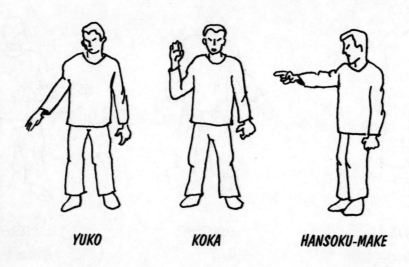

YUKO   KOKA   HANSOKU-MAKE

KEIKOKY
CHUI
SHIDO

WAZAARI-
AWASETE IPOON

SEÑALES DEL ÁRBITRO

SOGO-GACHI
KIKEN-GACHI
FUSEN-GACHI
YUSEI-GACHI

HANTEI

HIKI-WAKE

NO VÁLIDO

NO COMBATIVIDAD

REAJUSTAMIENTO DEL YUDOGI

SEÑALES DEL JUEZ

POSICIÓN NORMAL DEL JUEZ

DECISIÓN

HIKI-WAKE

FUERA

MOVER LA SILLA

DENTRO

NO VÁLIDO

LACROSSE

Historia

El lacrosse es el deporte más antiguo de Norteamérica. Los nativos norteamericanos practicaban este deporte en lo que actualmente es la zona norte de Nueva York y en Canadá. Su nombre original era *boggataway* (pequeño hermano guerrero) y tenía un carácter eminentemente tribal: cientos de jugadores jugaban durante días en distancias de casi 25 km. Los misioneros franceses bautizaron el juego con el nombre de *la crosse*, por la analogía del palo con el bastón episcopal.

El primer club de lacrosse se fundó en la ciudad de Montreal, en 1842, y en 1860 aparecieron las normas y las regulaciones básicas sobre el equipo, que están todavía hoy en vigor.

La mayoría de países de habla inglesa se dedican a jugar a este deporte, que actualmente se practica como actividad escolar y universitaria, en clubes y dentro de programas deportivos y ligas juveniles (con jugadores de cinco a dieciséis años). Las categorías femeninas están en auge y se ha observado un espectacular crecimiento entre mujeres de todas las edades. La Lacrosse Foundation apareció en 1959 para el desarrollo y la promoción de las actividades relacionadas con este juego de equipo.

Objeto del deporte

Dos equipos de jugadores con *sticks* o palos largos (raquetas especiales) tratan de lanzar una pelota dentro de la portería del equipo contrario. Gana el equipo que obtiene mayor puntuación.

HOMBRES

Campo de juego

El campo de juego tiene unas medidas de 54,86 m x 100,5 m.

El campo está dividido en dos por una *línea central*.

En medio de la línea central, una cruz marca el *punto central*.

La *línea de gol* tiene un largo de 4,5 m, y está a 13,71 m en paralelo con las líneas de fondo.

La línea del *área de gol* está a 18,28 m de la línea central, en paralelo con la misma.

La *línea de gol* es un semicírculo, de 5,48 m de diámetro, con un radio de 2,74 m, centrado en el punto medio de la línea del área de gol.

El *área de cada ala* está a 9,14 m de la línea de banda, en paralelo con la misma. Comprende 9,14 m a cada lado de la línea central.

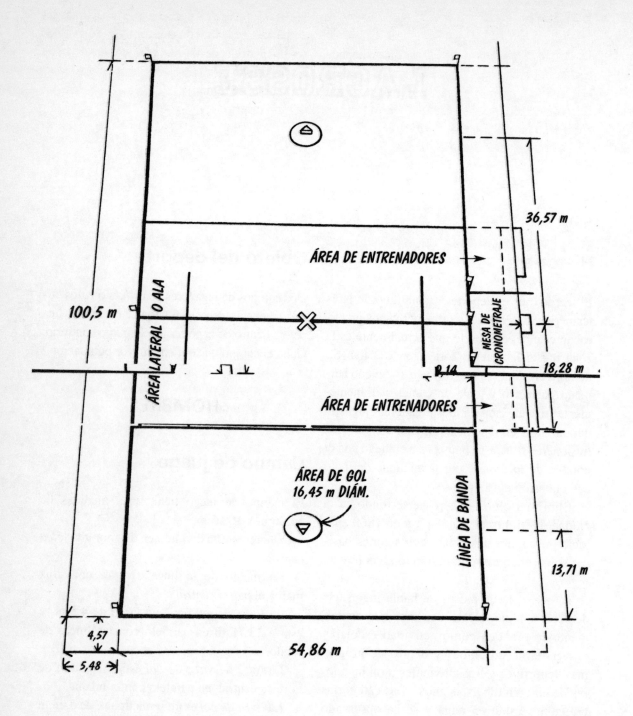

La *portería* es una estructura con red, con un ancho de 1,82 m entre los postes, y 1,82 m de alto, desde la línea de gol hasta el larguero (interior). La red comprende 2,13 m, por detrás del larguero.

Equipo

La *crosse* es un palo de madera contrachapada o material sintético, con una bolsita de red en el extremo superior o cabeza. Puede tener un largo de entre 101 cm y 182 cm, y un ancho de entre 16,5 cm y 25,4 cm, excepto la del portero, que puede tener un ancho de 30,48 cm.

La *pelota* es de caucho, y tiene una circunferencia de entre 19,3 cm y 20,32 cm. Su peso oscila entre 141 g y 150 g.

La vestimenta es uniforme. Los jugadores de un equipo llevan camisetas del mismo diseño con números, pantalón corto, calcetines, calzado deportivo, casco de plástico con careta, guantes y hombreras y protectores para los brazos. Los porteros llevan protección en el pecho y en el cuello. Todo los jugadores llevan protector bucal.

Reglas generales

En cada equipo juegan 10 jugadores: un portero, 3 defensas, medios y delanteros.

El equipo debe mantener, como mínimo, 4 jugadores en defensa (incluyendo al portero), y 3 en ataque.

No hay límite de sustituciones, y pueden realizarse en cualquier momento, durante el partido.

Los partidos se dividen en cuatro tiempos de 15 min cada uno. En niveles inferiores puede reducirse el tiempo de juego.

Los equipos cambian de banda en cada período. Se realiza un descanso de 10 min en la media parte, y un receso de 2 min entre el primer y segundo cuarto, y entre el tercero y el cuarto.

Cada equipo dispone de 2 tiempos muertos, de no más de 2 min, en cada mitad. Sólo pueden solicitarlo cuando la pelota está fuera de juego o cuando el equipo está en posesión de la pelota.

Si al final del partido, el marcador está empatado, se realiza un descanso de 2 min antes de un período de 4 min para *muerte súbita*. Cada período de muerte súbita está dividido por un receso de 2 min y en ellos se permite un tiempo muerto.

Tanteo

Se considera gol (un punto) cada vez que la pelota es lanzada desde la crosse y entra completamente en la portería, entre los postes y el larguero.

El gol no cuenta si:

♦ el jugador en ataque está dentro de la línea de gol;
♦ un equipo o los dos están fuera de juego (jugadores insuficientes en las zonas ofensiva o defensiva del campo);
♦ suena un silbato;
♦ el período ha terminado;
♦ hay más de 10 atacantes en juego.

El equipo que marca más goles se declara vencedor.

Procedimiento

El equipo que gana en un sorteo, lanzando una moneda al aire, decide qué lado quiere atacar.

Al principio del partido, 4 jugadores se colocan detrás del área de su línea de gol, 1 en el centro, 2 en las alas, y 3 más allá del área de la línea de gol contraria.

La pelota se pone en juego con un saque. Un jugador de cada equipo se coloca agachado, en la línea central, uno frente a otro y dando la espalda a su propia portería, con la crosse en el suelo. El árbitro coloca la pelota en el terreno de juego. Los jugadores colocan la crosse paralela a la línea central, con la pelota en el centro, entre las bolsas, sin tocarla con el palo. La cabeza, las manos y los pies de los jugadores deben quedar detrás y a la izquierda de la cabeza de la crosse.

El juego se inicia con un toque de silbato. Ambos jugadores tratan de hacerse con la pelota. Los jugadores de las alas pueden moverse; los demás deben esperar hasta que un jugador controla la pelota o hasta que ésta cruza la línea del área de gol.

Juego

Un jugador debe correr con la pelota en la crosse, pasarla o cogerla y, a excepción del portero, no está permitido tocarla con la mano.

Los jugadores defensivos pueden azuzar o golpear el palo y las manos, con guantes, del jugador que lleva la pelota, para tratar de hacérsela perder.

Está permitido interponerse ante el jugador que lleva la pelota o a una distancia de 5 m de él; deben hacerlo desde los lados o frontalmente, por encima de la cintura y por debajo de los hombros. Pueden golpear la crosse del contrario si se encuentra a 5 m de una pelota perdida o si la pelota está en el aire.

Si un jugador que lleva la pelota sale del terreno de juego, el otro equipo gana la posesión (para reanudar el juego), y los contrarios deben permanecer a 5 m. Si la pelota va fuera tras un intento de gol, el jugador que estaba más cerca en el momento y el lugar en que salió tiene una jugada libre.

Un atacante no puede entrar en la línea de gol, pero puede rebasarla con el palo para alcanzar la pelota o recuperarla.

Los saques centrales se realizan después de cada gol y al principio de cada período.

Si el juego se detiene, se reanuda con un saque, pero debe realizarse a una distancia mínima de 18 m de la portería, y a 6 m de los límites del campo. El jugador más cercano a la portería debe darle la espalda; los otros juga-

dores tienen que estar a 18 m del punto donde se realiza el saque.

Faltas

Las faltas personales incluyen las siguientes infracciones:

- ♦ arponear y bloquear con un cruce de palo;
- ♦ bloquear con el cuerpo a más de 5 m de la pelota;
- ♦ bloquear después de que la pelota haya sido lanzada;
- ♦ embestir por detrás, por debajo de la cintura o por encima de los hombros;
- ♦ uso peligroso antirreglamentario del palo;
- ♦ juego violento o agresivo;
- ♦ conducta antideportiva.

Un penalti por falta personal implica: expulsión de 1 a 3 min y juego libre para el agredido. Un jugador con 5 faltas queda fuera.

La faltas técnicas incluyen las siguientes infracciones:

- ♦ fuera de juego;
- ♦ tocar la pelota con las manos (excepto el portero);
- ♦ empujar o agarrar a un contrario, o limitar su movilidad.

La sanción por una falta técnica es una suspensión de 30 s, si el equipo agredido está en posesión de la pelota; si no lo está, se concede juego libre al agredido.

Oficiales

Controlan el juego: un árbitro, un juez árbitro, y un juez de campo; también hay: oficial del banquillo, cronometradores y marcadores.

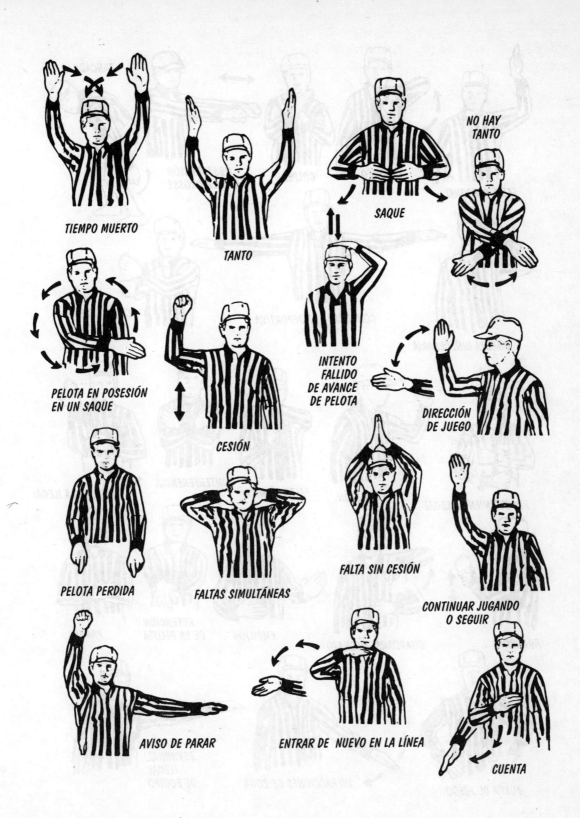

TIEMPO MUERTO

TANTO

SAQUE

NO HAY TANTO

PELOTA EN POSESIÓN EN UN SAQUE

CESIÓN

INTENTO FALLIDO DE AVANCE DE PELOTA

DIRECCIÓN DE JUEGO

PELOTA PERDIDA

FALTAS SIMULTÁNEAS

FALTA SIN CESIÓN

CONTINUAR JUGANDO O SEGUIR

AVISO DE PARAR

ENTRAR DE NUEVO EN LA LÍNEA

CUENTA

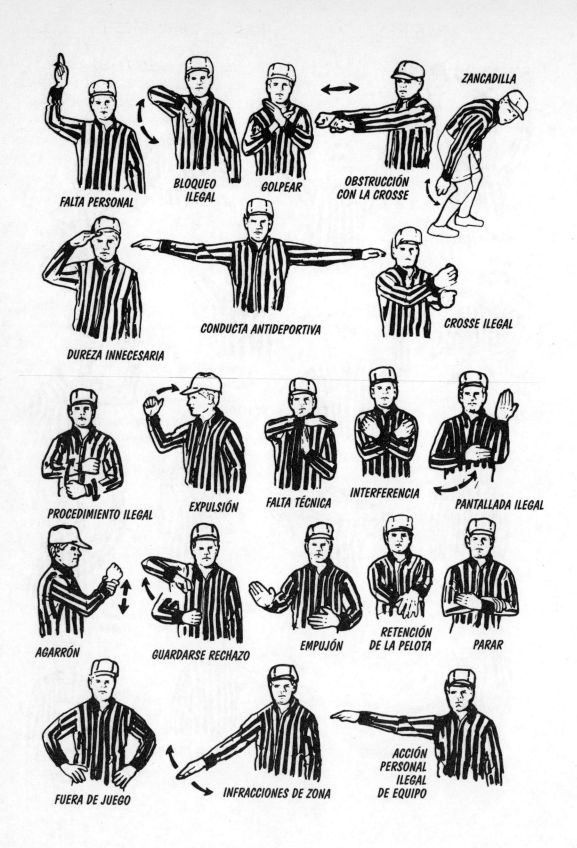

FALTA PERSONAL

BLOQUEO ILEGAL

GOLPEAR

OBSTRUCCIÓN CON LA CROSSE

ZANCADILLA

DUREZA INNECESARIA

CONDUCTA ANTIDEPORTIVA

CROSSE ILEGAL

PROCEDIMIENTO ILEGAL

EXPULSIÓN

FALTA TÉCNICA

INTERFERENCIA

PANTALLADA ILEGAL

AGARRÓN

GUARDARSE RECHAZO

EMPUJÓN

RETENCIÓN DE LA PELOTA

PARAR

FUERA DE JUEGO

INFRACCIONES DE ZONA

ACCIÓN PERSONAL ILEGAL DE EQUIPO

MUJERES

Terreno de juego

No existe ninguna estipulación de medidas. Los límites se deciden por acuerdo de las capitanas y oficiales de juego. Es aconsejable utilizar un área de 65 m x 110 m; por detrás de la portería deben quedar 9 m.

Las *líneas de gol* tienen un largo de 198 cm, con una distancia mínima de 27,5 m entre cada línea de portería.

El *área de portería* tiene un diámetro de 5,18 m, y está centrada en el punto medio de la línea de portería.

La *portería* es igual que en la modalidad masculina, pero la red sólo abarca 182 cm.

La *línea central* tiene un largo de 30,48 cm, en el justo medio entre las porterías.

El *círculo central* tiene un diámetro de 6,09 m, desde el punto medio de la línea central.

Equipo

La *crosse* mide entre 91,44 cm y 111,7 cm, y tiene una anchura de entre 17,78 cm y 22,86 cm. La crosse del portero mide entre 91.44 cm y 121.9 cm, y su anchura está entre 17,78 cm y 30,48 cm.

La pelota es de caucho, tiene una circunferencia de 20,32 cm, y pesa 141.7 g.

La vestimenta es uniforme. Las jugadoras llevan camisetas o blusas con números, y faldas o pantalón corto. El calzado tiene suela de piel o de goma. La guardameta lleva casco y/o máscara y protector para el pecho y el cuello. Los protectores bucales son obligatorios. Se permite llevar protector nasal, gafas protectoras y guantes.

Reglas generales

En cada equipo juegan 12 jugadoras.

No está permitido el contacto corporal ni con el palo.

Cuando la pelota queda muerta se señala *posición*. El árbitro toca el silbato y nadie puede moverse, excepto la guardameta o una suplente, que debe permanecer dentro del círculo de portería hasta que se reanude el juego.

No hay penaltis de fuera de juego.

No hay límite de sustituciones.

La mayoría de partidos se componen de dos partes de 25 min, según el nivel. El tiempo máximo de juego son 60 min. Durante el partido, el reloj se detiene cada vez que se marca un gol, y en cada silbato en los últimos 2 min de juego.

Hay un descanso de 10 min en la media parte, y los equipos cambian de lado.

En los partidos universitarios no hay tiempo muerto. En los escolares, se concede un tiempo muerto de 2 min por parte.

El empate se resuelve con una prórroga de 6 min, por muerte súbita.

Puntuación

Se considera gol (un punto) cuando una pelota, empujada por la crosse del equipo atacante o por la crosse o el cuerpo de una componente del equipo defensivo, cruza completamente la línea de gol, entre los postes y el larguero.

El gol no cuenta si:

- la jugadora en ataque o su crosse están dentro del círculo después del tiro;
- la pelota toca el cuerpo del atacante;
- hay más de doce jugadoras en el campo.

El equipo que marca más goles gana.

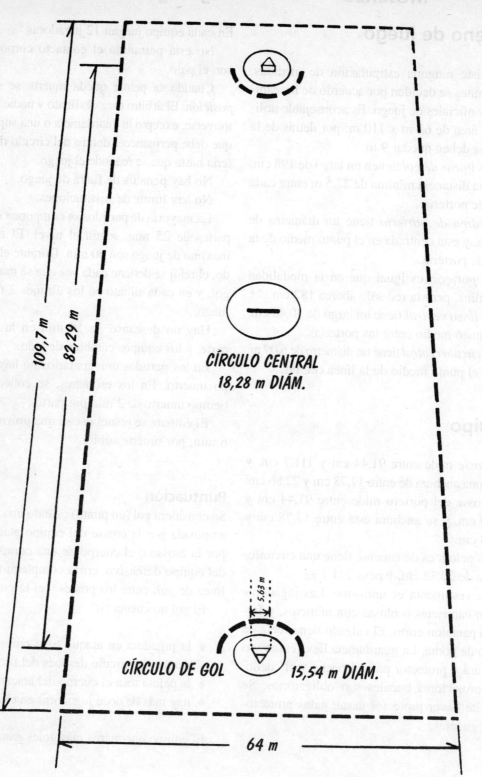

CÍRCULO CENTRAL
18,28 m DIÁM.

CÍRCULO DE GOL   **15,54 m DIÁM.**

5,63 m

109,7 m

82,29 m

64 m

Procedimiento

El equipo que gana el sorteo, tras lanzar una moneda al aire, elige campo.

El partido se inicia con un *draw*. Dos jugadoras se colocan en la línea central, cada una con un pie sobre la línea. Los palos se mantienen en paralelo con la línea, la cintura alta, dando la espalda de través a la pelota. El árbitro coloca la pelota entre la crosse de las jugadoras y da el aviso; «Preparadas. *Draw*». Las jugadoras alzan el palo y levantan la pelota en el aire. Las demás jugadoras deben permanecer fuera del círculo central.

Juego

Las jugadoras corren con la pelota en la crosse o la pasan, la recogen o la hacen rodar, pero no pueden tocarla con la mano (a excepción de la guardameta). La pelota tampoco puede ser chutada para sacar ventaja.

Si la pelota sale fuera (más allá de los límites acordados), el juego se detiene y la pelota se entrega a la jugadora más cercana. Si hay dos jugadoras a la misma distancia de donde salió, la pelota se pone en juego con un *lanzamiento*. Las jugadoras se colocan de lado, a 1 m de distancia la una de la otra; el árbitro, de espaldas al centro del campo, lanza la pelota al aire para que ellas traten de alcanzarla a la carrera. Las demás jugadoras deben permanecer alejadas. No se permite realizar un lanzamiento a 5 m de los límites ni a 10 m de la portería.

Sólo la guardameta puede permanecer en el círculo de gol. Ninguna otra jugadora puede estar en esa posición ni con su crosse al alcance del mismo. La guardameta puede detener la pelota con la mano, con el cuerpo o con la crosse. Si la alcanza, debe ponerla de nuevo en juego con el palo.

Las jugadoras pueden bloquear a una contraria en movimiento con su cuerpo (la defensa cubre a la jugadora contraria sin tocarla, siguiendo todos sus movimientos y obligándola a ralentizarse, cambiar de dirección o pasar).

Faltas

Las faltas incluyen las siguientes infracciones:

- contacto corporal;
- bloqueo;
- chutar o sostener la pelota con el pie;
- tocar la pelota con la mano (excepto la guardameta);
- entrar en el círculo de gol, cargar, empujar o juego peligroso.

Las penalizaciones implican *posición libre*. La jugadora agredida u otra componente de su equipo pueden llevar la pelota en la crosse en el lugar de la falta, y pueden correr o lanzarla, una vez suena el silbato. Las demás jugadoras deben permanecer, como mínimo, a 4,57 m.

Oficiales

Un árbitro y un juez árbitro actúan como oficiales de juego.

LUCHA

Historia

La lucha es uno de los deportes más antiguos que existen. Aparecen grabados en las culturas babilónicas y egipcias, así como en la mayoría de civilizaciones antiguas. A pesar de que no estaba incluida en el programa de los Juegos Olímpicos antiguos, en el 776 a. C., sí era una actividad importante en la vida de la antigua Grecia. Este deporte ha estado presente en todo el mundo y se ha practicado a lo largo de los años con pocas variaciones.

En Estados Unidos se practicaba en la frontera americana: el propio Abraham Lincoln fue un aficionado a la lucha. A finales del siglo XIX, existía dos modalidades de competición: la lucha grecorromana (donde sólo se permitía agarrarse por encima de la cintura), que entró en la Olimpiada de 1896; y la lucha libre, que fue olímpica a partir de 1904. Los cambios en las normas, que han tendido a considerar el control y la técnica, han contribuido a popularizar este deporte. Existen variaciones importantes según las categorías: escolar, universitaria o amateur internacional. La lucha libre americana entró en Europa a través de Suiza. A partir de 1924 adquirió gran impulso en Francia, desde donde pasó a España. Sin embargo, en este país existía ya la lucha canaria y la lucha leonesa o aluches, modalidades regionales autóctonas de las islas Canarias y de las comarcas occidentales de León.

Objeto del deporte

Dos luchadores de peso similar tratan de inmovilizar al contrario y hacer que toque el suelo con el hombro, realizando llaves de lucha. El contrincante con mayor número de puntos en un combate (tiempo de lucha reglamentado) se declara vencedor.

Área de lucha

La *colchoneta* es de lona o material sintético. Sus medidas son: 12 m de lado, y 5 cm de espesor. El *círculo central* tiene un diámetro de 1 m, con un reborde exterior de color rojo. El *área central de lucha* tiene un diámetro de 7 m. Está rodeada por una *zona pasiva*, una banda roja de 1 m de anchura, con un diámetro de 9 m, está situada dentro de un *área de protección*, una zona de seguridad de una anchura mínima de 122 cm, con una esquina marcada en rojo y la opuesta en azul. El área de lucha está elevada sobre una plataforma de una altura mínima de 1 m.

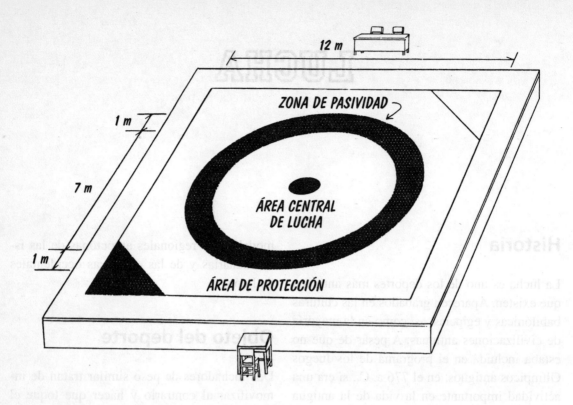

12 m

ZONA DE PASIVIDAD

1 m

7 m

ÁREA CENTRAL
DE LUCHA

1 m

ÁREA DE PROTECCIÓN

Uniformes

Los luchadores visten una malla (de una pieza y a medida), de color rojo o azul, según se les asigne, con protectores, pañuelo y calzado deportivo ligero blando, sin suelas ni hebillas. Está permitido usar rodilleras. La protección para la cabeza es opcional, según las normativas locales. No está permitido llevar muñequeras, joyas ni aceite corporal. Los luchadores deben ir bien afeitados o llevar barba crecida.

Categorías por edad y peso

Los luchadores se dividen en categorías según su edad y su peso. La clasificación es la siguiente:

División	Edad	Clases por peso
Bantam	7-8 años	8 clases
		desde menos de 20,4 kg
		hasta 31,7 kg
Midget	9-10	12 clases
		desde menos de 22,7 kg
		hasta 50,8 kg
Júnior	11-12	15 clases
		desde menos de 24,9 kg
		hasta 67,1 kg
Escolares	13-14	18 clases
		desde menos de 29,9 kg
		hasta 83,9 kg
Cadetes	15-16	14 clases
		desde menos de 37,9 kg
		hasta 109,8 kg
Élite	17-18	12 clases
		desde menos de 44,4 kg
		hasta 124,8 kg

División	Edad	Clases por peso
Espoir	19-20	10 clases
		desde menos de 47,8 kg
		hasta 129,8 kg
Sénior	abierto	10 clases
		desde menos de 47,8 kg
		hasta 129,8 kg

Los competidores entran en una clase en su peso o por encima de su peso.

Tiempo de asalto

La duración de un asalto depende del grupo de edad. Son los siguientes:

Bantam: dos períodos de 90 s, con un descanso de 30 s entre los períodos;

Midget y júnior: dos períodos de 2 min, descanso de 30 s;

Escolares y cadetes: un período de 4 min;

Élite, *espoir* **y sénior:** un período de 5 min;

Másters: dos períodos de 2 min, descanso de un min;

Másters hasta sesenta años de edad: dos períodos de 90 s, 1 min de descanso.

Categorías internacionales y olímpicas

Super mosca	47,8 kg
Mosca	51,9 kg
Gallo	56,9 kg
Pluma	61,9 kg
Ligero	67,8 kg
Welter	74 kg
Medio	81,9 kg.
Medio-pesado	89,8 kg.
Pesado	99,8 kg.
Pesado plus	129,8 kg.

Reglas generales

Las reglas dependen del tipo de competición. Estilo libre: los luchadores pueden utilizar sus piernas para agarrar las piernas o brazos del contrincante, para derribarlo o como parte para ejecutar una acción. Grecorromana: los luchadores no pueden utilizar sus piernas ni agarrar al contrario por debajo de la cadera.

Procedimiento

Los competidores se pesan antes del combate. Los participantes se dividen en dos grupos, por peso, y se emparejan por sorteo. Los 3 finalistas de cada grupo, ganadores de los combates eliminatorios, luchan entre ellos en las finales, a menos que se hayan encontrado antes. Si es así, se cuenta la puntuación anterior. Los luchadores son llamados por su nombre y van a las esquinas que tiene el mismo color que su traje. Se encuentran en el centro para que el árbitro los examine, y vuelven a su rincón. Cuando suena el silbato, se acercan y se colocan uno frente al otro. El período comienza con los luchadores en pie. En el área central empiezan a agarrarse y pueden terminar ahí o en la zona pasiva o el área de protección. Si terminan en esa área, deben volver al centro.

El árbitro puede indicar tiempo muerto por lesión (hasta 2 min para cada luchador); un luchador queda fuera de combate si el tiempo límite termina. El cronometrador señala el final del asalto, y el árbitro toca el silbato. Un asalto termina con una *caída*, que se da cuando un luchador es mantenido en la colchoneta, con ambos hombros sobre la lona, el tiempo suficiente como para que el árbitro grite *tom-bay*, levante su mano para confirmación del juez o el presidente de combate, golpee la lona con la palma de la mano y haga sonar el silbato.

Puntuación

La puntuación se determina como sigue:

5 puntos: *grand téchnique,* movimiento desde la lona que envía al contrario contra el suelo, y en una posición en que sus hombros peligran (pues pueden tocar la lona). Si el movimiento no causa peligro inmediato sólo puntúa 2 puntos.

3 puntos: levantar al adversario de la lona, o un movimiento en posición de pie que coloca al contrario en peligro de caer de espaldas en la lona.

2 puntos: poner al contrario en peligro con varios movimientos de suelo. Por ejemplo: hacerlo rodar por los hombros.

1 punto: derribo (hacer caer a un contrario contra la lona, sin peligro); revés (salirse de debajo de un contrario hasta colocarse encima y ganar el control); forzar al adversario sobre uno o ambos brazos; agarrarlo con un bloqueo ilegal; hacerlo abandonar la lona. Cuando un luchador consigue una ventaja de 15 puntos, se detiene el combate. También se puede ganar un combate por *superioridad técnica.*

Si se produce un empate (cada luchador tiene el mismo número de puntos), se realiza una prórroga inmediata, sin descanso. El primero que obtiene 1 punto gana el combate. Después de cada asalto, se otorgan *puntos positivos* para determinar qué luchadores permanecen en cada grupo. Por ejemplo: se conceden 4 puntos al ganador y 0 al perdedor, si el asalto terminó con una caída o superioridad técnica; 3,5 puntos si el asalto termina 12-14; 3 puntos para el ganador y 1 para el perdedor si el asalto termina con un margen de 1-11, y si el perdedor anotó como mínimo 1 punto técnico.

Llaves ilegales y sanciones

Se consideran llaves ilegales: agarrar por la garganta a un contrario; doblarle los brazos hacia atrás; realizar un *full telson* (brazos por debajo de las axilas, sujetándole la cabeza con las palmas de las manos) no ejecutado desde un lado; un *chicken wing* (presionarle el brazo detrás de la espalda); rodearle la cabeza con brazos y manos.

Se consideran acciones prohibidas: tirar del pelo o de las orejas, pellizcar o clavar los dedos, causar dolor, dar puñetazos, patadas o cabezazos, tocar la cara del adversario entre la boca y las cejas, hacer fuerza con los codos o las rodillas contra el pecho o estómago del contrario, agarrar por la planta del pie y hacer presión contra la lona. Un luchador que, con un movimiento ilegal, impide a un contrario ejecutar una acción, recibe un aviso y, el otro, 2 puntos. Si el movimiento ilegal no afecta, la acción del contrario, recibe un aviso y, el otro, 1 punto. Se considera *pasividad* la actitud de un luchador que retrasa el progreso de un combate al no competir de forma activa. Ejemplos: no tratar de agarrar, tenderse sobre la lona, empujar las manos y brazos de un contrario y abandonar la lona. La sanción es un aviso. Tres avisos implican descalificación.

Oficiales

Un árbitro está en la lona con los luchadores y se encarga del combate. Lleva una banda roja en la muñeca izquierda y una azul en la derecha: señala quién gana puntos levantando uno u otro brazo. El árbitro inicia, interrumpe y detiene el combate. Un juez, un presidente y un controlador (cronometrador) observan, evalúan y anotan las acciones dentro de la lona.

Nota: el personal médico puede detener un combate por considerar que un luchador no está en condiciones de continuar.

MOTOCICLISMO

Historia

Los inicios del motociclismo como deporte organizado datan de finales del siglo XIX, en Francia y Gran Bretaña. En un principio evolucionó al mismo ritmo que la difusión de la motocicleta, aunque ascendió durante la primera mitad del siglo XX. Cuando la industria automovilística empezó a desbancar a la motociclista, su popularidad disminuyó, pero las pruebas deportivas profesionales acentuaron su carácter competitivo y de organización publicitaria para las diferentes marcas. A partir de la Segunda Guerra Mundial (1949), se instituyó el Campeonato Mundial, dividido en categorías: 50, 125, 250, 350 y 550 cm³, y sidecares. En la actualidad, para las pruebas de velocidad, las categorías son: 80, 125, 250 y 550 cm³, y sidecares.

Algunos de los campeones españoles de velocidad más señalados son: Ángel Nieto y Ricardo Tormo, en la década de 1970, y Carles Checa y Àlex Crivillé, en los años noventa. Entre ellos hay una listado interminable de campeones españoles e internacionales.

Objeto del deporte

Las pruebas de motociclismo están orientadas unas a comprobar la velocidad, la resistencia o la calidad de la máquina, y otras, a demostrar la habilidad de los pilotos en diversos tipos de recorrido (en pista, por montaña o en terreno con obstáculos).

La amplitud del programa deportivo depende, en primer lugar, de la diversidad de vehículos que agrupa: motocicletas, velomotores, motocicletas con sidecar, escúters, etc., que están representados por la Federación Internacional de Motociclismo (FIM). Dentro de cada tipo de motocicleta, las cilindradas establecen categorías.

Tipos de pruebas

- **Velocidad**: su objetivo es comprobar la máxima resistencia de la motocicleta a máxima potencia. Se celebran en carretera, circuito cerrado con características de carretera, pista peraltada, motocross, sobre arena, sobre pista de ceniza de resistencia (24 horas).
- **Montaña**: trial y motocross. Se combina la pericia del piloto con el buen rendimiento de la máquina. Es una derivación del excursionismo con moto y consiste en recorrer una distancia determinada de terreno montañoso, salvando todos los obstáculos del itinerario con la máquina.

En el caso del *trial* existen unas zonas en que el piloto es sancionado si pone los pies en el suelo.

Equipo

Las características de la motocicleta varían según el tipo de pruebas a la que estén destinadas. En los *rallies*, gincanas y pruebas de regularidad, son semejantes a las utilizadas como medio de transporte.

Las de velocidad están protegidas por una carrocería o *carena*, que sirve tanto para resguardar al piloto en un accidente como para dar a la máquina una forma más aerodinámica.

Las de montaña, trial o motocross, no están carenadas. Las ruedas tienen pastillas especiales para el barro y el terreno resbaladizo, el guadabarros está muy separado de la rueda, para evitar roces, y el manillar, en lugar de ser corto e inclinado hacia abajo, es alto y muy abierto.

Los pilotos visten un traje aislante del frío y del fuego. Llevan casco protector y botas especiales para la conducción reforzadas. Se utilizan guantes y gafas.

Nota: Dada la complejidad técnica y deportiva de los reglamentos de motociclismo en cada modalidad, presentamos al lector una muestra del reglamento por el que se rigen algunos campeonatos importantes de cada grupo: motocross, velocidad y trial. Así, con un ejemplo de una convocatoria concreta de una entidad motociclista, esperamos ofrecerle una información más detallada del funcionamiento de las pruebas.

MOTOCROSS

Circuito

Organizador: Moto Club Segre.

Puntuabilidad: Campeonato del Mundo de Motocross de 125.

Circuito: Circuito de Cataluña - Montperler.

Longitud: 1.850 m.

Anchura mínima: 7 m.

Recta principal: 125 m.

Valla de salida: manual, de caída libre.

Campeonato de Cataluña de Motocross 2000

Categorías: iniciación, alevín, juvenil, cadete, júnior 125 y open (125 y superior).

Vehículos admitidos:

Pueden tomar parte todo tipo de motocicletas, cuyas características se ajusten a los reglamentos de la FIM (Federación Internacional de Motociclismo) y la RFME (Real Federación Española de Motociclismo), para la especialidad de motocross, en las siguientes cilindradas:

Iniciación: motocicletas automáticas hasta 50 cm^3, carburador libre.

Alevín: motocicletas hasta 65 cm^3, con cambio de velocidades.

Juvenil: motocicletas superiores a 60 cm^3, hasta 85 cm^3.

Cadete: motocicletas superiores a 60 cm^3, hasta 85 cm^3.

Motocross 125 cm^3: motocicletas de 80 cm^3 hasta 125 cm^3.

Motocross open (125 cm^3): motocicletas superiores a 100 cm^3, hasta 125 cm^3.

Motocross open (superiores): motocicletas superiores a 100 cm³, hasta 500 cm³, de 2 tiempos; motocicletas superiores a 100 cm³, de 4 tiempos.

Veteranos: motocicletas superiores a 100 cm³, hasta 500 cm³, de 2 tiempos; motocicletas superiores a 100 cm³, de 4 tiempos.

Características de las competiciones puntuables:

Entrenamientos por categorías

Categorías	Libres	Cronometrados
125 cm³	15 min	15 min
Open	20 min	20 min
Cadetes	15 min	15 min
Juvenil	15 min	15 min
Alevines	10 min	10 min
Iniciación	10 min	10 min
Veteranos	15 min	15 min

Carrera

Categorías	Mangas	Duración	Licencias
Open	1 + Final	30 min + 2 v.	Sénior-júnior
125 cm³	2	25 min + 2 v.	Júnior-cadete
Cadetes	2	20 min + 2 v.	Cadete-juvenil
Juvenil	2	15 min + 2 v.	Juvenil-alevín
Alevín	2	10 min + 2 v.	Alevín
Iniciación	2	10 min + 2 v.	Alevín
Veteranos	2	15 min + 2 v.	Años setenta y anteriores

Nota: v. = vueltas.

Distribución caterogía open

La categoría *open* consta de las clases 125 y superiores, ambas con licencias sénior y júnior.

Toman parte en las mangas de clasificación de cada clase los pilotos que se hayan clasificado durante los entrenamientos cronometrados. El número de pilotos clasificados será igual para cada una de las clases. El director de carrera determina dicho número, en función de la capacidad de la parrilla de salida: siempre un número par.

Toman parte de la manga final Open, como máximo, los 20 primeros clasificados de cada una de las clases, según lo determine el director de carrera, en función de la capacidad de la parrilla de salida.

El orden de entrada en la parrilla de salida será: en primer lugar, el primer clasificado en la manga de superiores; en segundo lugar, el primer clasificado en la manga de 125 cm³, y así sucesivamente hasta completar la parrilla.

Mínimo de competiciones puntuables

Para que este campeonato sea válido es indispensable que se haya celebrado la mitad más una de las competiciones programadas de la respectiva categoría.

Clasificación de una prueba

La clasificación particular de cada clase por competición se obtendrá de la suma de los puntos conseguidos en la manga de cada prueba, más el lugar de su clase conseguido en la manga final, según los siguientes baremos: 20, 17, 15, 13, 11, 10, 9, 8, 7, 6, 5, 4, 3, 2 y 1.

En caso de empate, se resolverá a favor del piloto que obtenga mejor lugar en la manga final.

Por este motivo, en cada competición habrá un podio de 125 cm³ y un podio de superiores.

Dorsales

Los pilotos están obligados a llevar los dorsales que les facilite la organización.

Clasificación del campeonato

Para la clasificación general de este campeonato se descontarán las pruebas, según el baremo establecido en la Normativa General de los Campeonatos de Cataluña. En cada manga, se otorgará a los 15 primeros clasificados los siguientes puntos: 20, 17, 15, 13, 11, 10, 9, 8, 7, 6, 5, 4, 3, 2 y 1.

Los casos de empate se resolverán a favor del que haya obtenido mayor número de primeros puestos; si persiste el empate, se resolverá a favor del que tenga mayor número de segundos puestos, y así sucesivamente. Si todavía persiste el empate, ganaría el que hubiese obtenido mejor resultado en la última manga disputada en la que hayan participado los pilotos empatados.

Premios
Es obligatorio premiar con trofeos a los tres primeros clasificados de cada clase.

VELOCIDAD

Campeonato de Cataluña de Velocidad 2000

Pueden tomar parte en el campeonato las siguientes clases:

50 cm³ (OPEN RACC), 125 GP, Producción (Supersport, Superbike) y Series (Clase 1 y Clase 2), que se rigen según la normativa siguiente:

Participantes
Puntúan en este campeonato todos los pilotos residentes en Cataluña, que estén en posesión de la respectiva licencia federativa del año en curso. Podrán participar pilotos con licencia nacional sin puntuar.

Un piloto no podrá participar en más de 2 carreras en un solo día.

Campeonato de Cataluña de Velocidad 50 cm³ (OPEN RACC)
Cadetes y júnior, nacidos en el año 1985 y posteriores.

Campeonato de Cataluña de Velocidad 125 GP
Cadetes, júnior y sénior.

Campeonato de Cataluña de Velocidad Producción
Júnior y sénior.

Copa Catalana de Velocidad Series
Júnior y sénior.

Motocicletas admitidas:
En este campeonato pueden tomar parte todas las motocicletas de las clases siguientes, con reglamento técnico aparte:

Clase 50 cm³ (OPEN RACC), reglamento FCM.

♦ Motocicletas con cambio hasta 50 cm³.

Clase 125 GP, reglamento FIM (con una sola moto por verificar).

♦ Motocicletas con cambio 125 cm³.

Clase producción:

Categoría Supersport (SSP), reglamento FIM.

♦ Motocicletas de 401 cm³ a 600 cm³, 4 T (máximo 4 cilindros)

♦ Motocicletas de 601 cm³ a 750 cm³, 4 T (máximo 2 cilindros)

Categoría Superbike (SBK), reglamento FCM.

♦ De 401 cm³ a 1000 cm³, 4T (máximo 4 cilindros)

Series:

Clase 1: motocicletas de 401 cm³ a 600 cm³, 4T (máximo 4 cilindros); motocicletas de 601 cm³ a 750 cm³, 4T (máximo 2 cilindros). **Clase 2:** motocicletas superiores a 650 cm³ 4T (máximo 4 cilindros).

Entrenamientos

El reglamento particular de cada prueba debe prever un mínimo de 30 min de entrenamientos cronometrados, en todas las categorías.

Es obligatoria la admisión en los entrenamientos de un número de participantes igual al indicado en este reglamento, aumentado en un 20 % por manga de entrenamientos, es decir:

♦ **Circuito de Cataluña**: 48 pilotos por manga.
♦ **Circuito de Calafat**: 43 pilotos por manga.

Los entrenamientos no pueden comenzar antes de las 8 horas de la mañana.

Parrilla de salida:

La parrilla de salida será de un máximo de:

♦ **Circuito de Cataluña**: 40 pilotos.
♦ **Circuito de Calafat**: 36 pilotos.

En las carreras en las que participan varias categorías, si el número de inscritos es superior a la cantidad máxima de pilotos que pueden tomar la salida, se utilizará el siguiente criterio de selección:

1. 20 mejores tiempos de entrenamientos cronometrados.
2. 5 mejores tiempos de cada categoría.
3. Eliminación los que superen en un 20 % el mejor tiempo.

Se procede a la eliminación del más lento de cada categoría hasta la formación de la parrilla completa. El orden de la parrilla viene dado por los tiempos de entrenamientos cronometrados. Todos los pilotos tienen que haber efectuado un mínimo de 5 vueltas para poder participar en la carrera. Si un piloto participa en dos clases en el mismo encuentro, debe realizar el número mínimo de vueltas para cada una de las clases.

Distancia de la carrera

Las carreras tendrán, como mínimo, las siguientes distancias:

50 cm³: 30 km.
Producción: 45 km.
Series: 45 km.
125 GP: 50 km.

Clasificación de pilotos:

Para la clasificación general se tomarán las puntuaciones obtenidas por cada piloto en todas las competiciones válidas celebradas en las que se haya tomado parte, dentro de la respectiva categoría y clase.

Para cada prueba se otorgarán los puntos de la siguiente forma, para cada categoría:

1er clasificado: 20 puntos.
2º clasificado: 17 puntos.
3er clasificado: 15 puntos.
4º clasificado: 13 puntos.
5º clasificado: 11 puntos.
6º clasificado: 10 puntos.
7º clasificado: 9 puntos.
8º clasificado: 8 puntos.
9º clasificado: 7 puntos.
10º clasificado: 6 puntos.
11º clasificado: 5 puntos.
12º clasificado: 4 puntos.
13º clasificado: 3 puntos.
14º clasificado: 2 puntos.
15º clasificado: 1 punto.

En caso de empate se declarará ganador al piloto con mayor número de mejores resultados. En caso de persistir el empate, será válido el resultado de la última prueba.

Campeonato de Clubes y Escuderías

La clasificación por clubes y escuderías se establece de menor a mayor, sumando la puntuación obtenida en la clasificación general de cada prueba, por los dos mejores clasificados de un mismo club o escudería. Un club o escudería puede participar con un solo piloto.

Al club o a la escudería ganador de cada clase se le otorga el diploma acreditativo del título obtenido.

TRIAL

Campeonato de Cataluña de Trial 2000

La Federación Catalana de Motociclismo convoca el Campeonato de Cataluña de trial sénior, júnior-cadete, cadetes 125, veteranos 2000, según la normativa siguiente:

Las normas de participación, clasificación y desempate son las mismas que para las pruebas de velocidad descritas arriba.

Vehículos admitidos

Toman parte todo tipo de motocicletas equipadas según lo que establece el vigente Código de Circulación. Para la categoría de cadetes 125, la cilindrada está limitada a un máximo de 125 cm³.

Mínimo de competiciones puntuables

Para que este campeonato sea válido es indispensable que se hayan celebrado la mitad más una de las competiciones programadas.

Puntuación

Los pilotos sénior puntúan todos en la misma clasificación, sin distinción de clases A o B. En la categoría de veteranos, puntúan los pilotos con licencia A y B.

Horario de salida

La hora de salida será unificada para todas las pruebas: los primeros en salir serán los pilotos veteranos, seguidos de los cadetes, los júnior y los sénior.

En caso de existir dos recorridos diferenciados, el horario de salida se adaptará a las características de la prueba.

Recorrido y tiempo

El recorrido tendrá una longitud mínima de 8 km por vuelta, y el número de zonas será de 8 por vuelta, con 3 vueltas al recorrido.

El tiempo total para efectuar el recorrido será: mínimo, 5 horas, más 30 min de penalización.

El recorrido de la primera vuelta deberá efectuarse en 2 horas y 30 min, y el retraso se penalizará con 1 punto por min. No hay prorroga de tiempo una vez empezado el trial.

El tiempo parcial de la primera vuelta se toma en la mesa de dirección de la carrera, y se anota el tiempo parcial, junto al tiempo de salida (ya anotado).

El tiempo total del trial se toma en la última zona. En caso necesario, se propondrá que el recorrido se realice en zonas pares e impares, más una última vuelta total.

La tipología de las zonas se adapta al reglamento Open:

♦ Puertas rojas: sénior, júnior, open.
♦ Puertas azules: veteranos, cadetes, open.
♦ Puertas amarillas: open.

Además, se habilitará un pasillo de entrada de las zonas, de 2 m de longitud por medio metro de anchura. Está prohibida la entrada de más de un piloto a la vez en el pasillo. El inclumplimiento de esta normas supone una penalización de 5 puntos.

Material:

Megafonía, clasificaciones informatizadas, fotocopiadora, tarjetas de plástico, bandera de salida y de llegada y reloj con la hora oficial, visible para los pilotos.

NATACIÓN

Historia

La natación era una parte primordial del entrenamiento físico y militar de los jóvenes de la antigua Grecia y la antigua Roma. Platón escribió que la educación humana no era completa hasta que una persona no sabía leer, escribir y nadar. En la Edad Media, el interés por la natación desapareció por miedo a las enfermedades que se transmitían por el agua. Hacia el 1800, el emperador de Japón convirtió la natación en deporte obligatorio y organizó diversas actividades acuáticas. En Occidente, el primer club de natación apareció en Inglaterra, en 1837 y, a mediados del siglo XIX, en Inglaterra y Australia se organizaron diversos campeonatos.

En Estados Unidos, la natación empezó a popularizarse a finales del siglo XIX. Los primeros Juegos Olímpicos modernos, en 1896, incluyeron las modalidades masculinas de natación dentro de su programa. Las modalidades femeninas tendrían que esperar hasta 1912. La United States Swimming es el organismo que administra, gestiona y promociona las competiciones, el entrenamiento y todas las actividades relacionadas con la natación, en todas sus modalidades y niveles.

España es un país de gran tradición en este deporte, especialmente en Barcelona, que en 1907 fundó el primer club de natación de España. Luego le siguió el Club Atlético de Natación (1910) y el Club Natación Sabadell (1916). Actualmente, este deporte está regido por la Federación Española de Natación y cuenta con dos campeonatos nacionales.

Objeto del deporte

Los participantes compiten propulsándose dentro del agua con el movimiento de su cuerpo, brazos y piernas. El primer nadador o equipo que logra cubrir una distancia, en una modalidad (un estilo) o combinando diversos estilos, se declara vencedor.

Área de competición

La piscina grande para las principales competiciones tiene las siguientes medidas: 50 m de largo, 23 m de ancho y 2 m de profundidad. Y la piscina pequeña: 25 m de largo y 18 m de ancho. La profundidad mínima es 1,2 m.

En las piscinas hay de 6 a 8 *calles*, numeradas de derecha a izquierda, según como se ponen los nadadores frente a la piscina en la salida. Cada calle mide 2,75 m de ancho, y están separadas por cuerdas con flotadores.

En el fondo de la piscina hay marcas oscuras, en el centro de cada calle, a un punto situado a 2 m de los extremos de la piscina. Por encima y por debajo del nivel del agua, hay marcas en forma de «T», en las paredes de cada extremo.

Las plataformas de salida están numeradas, elevadas aproximadamente 0,75 m por encima de la superficie del agua, y colocadas justo en el borde del extremo de la piscina. También hay agarraderas para las carreras de la modalidad de espalda.

A 5 m sobre la superficie del agua hay banderas triangulares de colores, suspendidas de una cuerda, de lado a lado de la piscina, para avisar a los nadadores de espalda de la vuelta y la lle-

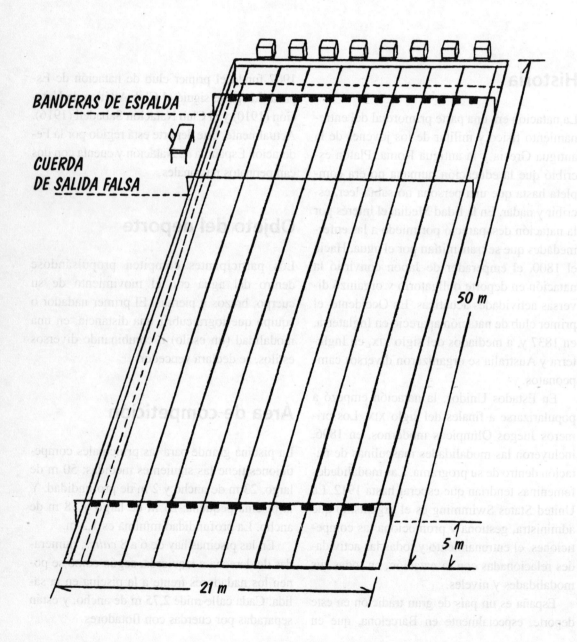

BANDERAS DE ESPALDA

**CUERDA
DE SALIDA FALSA**

50 m

5 m

21 m

gada. En las piscinas pequeñas, están situadas a 4,6 m del extremo de la piscina.

A 15 m de la salida, hay una cuerda suspendida para avisar a los competidores de una *salida falsa* (comienzo antes de la señal). En la piscina pequeña, está a 11 m.

El agua debe estar a una temperatura entre 25,5 y 26,6 °C.

Uniformes

Los nadadores o nadadoras llevan trajes de baño no transparentes y apropiados. Se permite utilizar gafas y gorro, pero no se puede usar ningún complemento para ganar velocidad.

Reglas generales

Los competidores deben permanecer en sus calles y nadar la distancia completa de la prueba.

Los competidores pueden ser descalificados por las siguientes infracciones:

- ♦ llegar con retraso a la salida;
- ♦ interferir a otro nadador/a (chapoteando o cruzando su calle);
- ♦ no tocar la pared de fondo en una vuelta o al final;
- ♦ nadar por otra calle;
- ♦ caminar o saltar por el fondo de la piscina;
- ♦ entrar en una piscina durante una carrera o mostrar conducta antideportiva.

Procedimiento

La asignación de calles para la competición final depende del tiempo conseguido en las eliminatorias (primeras rondas de una prueba). El paso de eliminatorias a semifinales y a finales depende de los tiempos de llegada.

El nadador con mejor tiempo compite por la calle central o por la siguiente de su derecha. Los demás se colocan en orden descendiente, según sus tiempos, a izquierda y derecha alternativamente. *El principio de la punta de lanza* (disposición de nadadores por tiempos) coloca a los más rápidos en el centro y los más lentos en las calles externas.

El oficial de salida dirige a los nadadores hacia las plataformas (excepto para la modalidad de espalda o de estilos por relevos); los dos pies deben estar a la misma distancia de la plataforma de salida. Los nadadores comienzan de caras a la piscina, aguantándose con las manos en el borde de la plataforma; o bien, sosteniéndose en las agarraderas y con los pies recogidos bajo la superficie del agua.

Después del silbato del árbitro, el juez de salida da la voz «en sus marcas». Los competidores avanzan a la parte frontal de la plataforma y toman posición. Cuando todos se quedan inmóviles se da la señal de salida.

Una *salida falsa* ocurre cuando un nadador abandona su marca antes de la señal de salida. En el estilo de espalda, se considera salida falsa cuando un nadador no está colocado en la posición apropiada.

Un nadador que toma una salida falsa a causa del movimiento de otro competidor queda disculpado del error.

Una salida falsa significa expulsión para el que la cometió.

Después de una salida falsa, el juez de salida repite la señal de salida y se levanta la cuerda de salida falsa como indicación para los nadadores que están en el agua.

Estilos y relevos

Braza: una vez en el agua, después de la salida, el cuerpo se mantiene boca abajo, con los hombros paralelos a la superficie del agua.

Las manos apartan el agua hacia adelante desde el pecho, con las palmas hacia afuera en movimiento de brazos continuo y circular hacia las caderas. Las piernas se flexionan y extienden a la vez (como una rana) con los pies hacia adentro. La cabeza debe salir del agua durante el movimiento de piernas y brazos. A la salida y en las vueltas, el nadador/a debe poner los brazos hacia atrás, con las piernas, y dar una patada bajo el agua. Se debe tocar la pared con ambas manos, pero la vuelta puede realizarse de cualquier manera. La cabeza debe emerger durante la última brazada completa. En la llegada, es necesario tocar la pared con las dos manos juntas.

Mariposa: después de la salida, los brazos se colocan hacia atrás una vez, bajo el agua, haciendo salir al nadador a la superficie. Entonces, los brazos se sacan del agua al mismo tiempo y se vuelven a sumergir por detrás. El movimiento de piernas es como el de un delfín (arriba y abajo, juntas). No se permite realizar movimientos alternos de brazos y pies. La vuelta puede realizarse del modo que desee el nadador. El toque de pared en las vueltas debe realizarse con ambas manos, simultáneamente.

Espalda: los nadadores empiezan en el agua, se impulsan y nadan de espaldas toda la carrera, excepto en las vueltas. La brazada es giratoria, en círculo; el movimiento de piernas es oscilante (arriba y abajo, con las rodillas flexionadas). El nadador debe tocar la pared de fondo. Si un nadador da una vuelta en posición vertical, el movimiento debe ser continuo (como una voltereta de estilo libre). Después de la vuelta, el nadador debe quedar de espalda antes de dejar la pared. En la llegada, una vez de espaldas, puede tocar la pared con cualquier parte de su cuerpo.

Estilo libre: después de sumergirse en la salida, el nadador puede utilizar cualquier estilo. El más corriente es crol (cuerpo de cara al fondo, brazos en movimiento alternativo y piernas con patada oscilante). En las vueltas y al final, se puede tocar la pared de fondo con cualquier parte del cuerpo.

Individual combinado (estilos): los nadadores utilizan cuatro estilos en distancias iguales, dividiendo en cuatro secuencias la distancia total: mariposa, espalda, braza y crol o libre. Se deben seguir las normas prescritas para cada estilo, vuelta y llegada.

Relevos: en cada equipo hay 4 nadadores, y cada uno nada un cuarto de la distancia total. Ningún nadador puede nadar una distancia mayor que otro. Un nadador no puede abandonar la plataforma hasta que el compañero toca la pared.

Relevos estilo libre: cada equipo tiene 4 nadadores, y cada uno nada un cuarto de la distancia total utilizando cualquier estilo, con llegada en estilo libre.

Relevos estilos combinados: como en la anterior, pero cada nadador nada con un estilo diferente. Secuencia: espalda, braza, mariposa, estilo libre. Se aplican las normas de cada estilo.

Pruebas

♦ **Carrera corta: metros**
Estilo libre: 50/100/200/400/800/1.500
Espalda: 100/200
Mariposa: 100/200
Braza: 100/200
Individual combinado: 200/400
Relevos estilo libre: 400/800
Relevos combinado: 400

♦ **Carrera larga: metros**
Estilo libre: 50/100/200/400/800/1.500
Espalda: 100/200
Mariposa: 100/200
Braza: 100/200
Individual combinado: 200/400
Relevos estilo libre: 400/800
Relevos combinado: 400

- ◆ **Trece a dieciocho años: metros**

  Estilo libre: 50/100/200/400/800/1.500

  Espalda: 100/200

  Mariposa: 100/200

  Braza: 100/200

  Individual combinado: 200/400

  Relevos estilo libre: 200/400/800

  Relevos combinado: 200/400

- ◆ **Once a doce años: metros**

  Estilo libre: 50/100/200/400

  Espalda: 50/100

  Mariposa: 50/100

  Braza: 50/100

  Individual combinado: 200/400

  Relevos estilo libre: 200/400

  Relevos combinado: 200/400

- ◆ **Diez años y menores**

  Como el anterior, excepto los 400 m de estilo libre, relevos combinados y relevos libre.

Puntuación

Cada equipo obtiene una puntuación según los resultados de la prueba. La puntuación depende del tipo de encuentro (dual, triangular, etc.); el número de calles, las clases mezcladas de nadadores y otras circunstancias. El comité local debe establecer un sistema de puntuación y proporcionar información a los participantes.

Oficiales

El árbitro tiene máxima autoridad en el encuentro (competición de natación), sobre todos los oficiales y nadadores, y decide cualquier aspecto relacionado con las pruebas.

El juez de salida controla a los nadadores hasta que toman la salida adecuada, da instrucciones a los participantes y señala la salida y las salidas falsas.

Los jueces tienen autoridad sobre los nadadores una vez han tomado la salida. Los jueces de estilo controlan el estilo natatorio correcto en cada prueba. Los jueces de vuelta controlan las vueltas y cambios de relevo, e informan a los competidores sobre las piscinas que les quedan para el final. Los jueces de llegada anuncian el orden de llegada.

Los cronometradores anotan el tiempo de cada nadador y los resultados.

El juez árbitro y el jefe de crono asignan responsabilidades entre los otros oficiales y recogen sus informes.

Los anotadores de puntuación anotan el orden de llegada y la puntuación de los equipos.

PÁDEL TENIS

Historia

El pádel tenis se inventó en 1898, en Albio, Michigan. El reverendo Frank B. Beals introdujo este deporte para niños, puesto que el tenis sobre hierba era inadecuado para jugadores infantiles. La pista original tenía unas dimensiones de 5,40 m x 11,8 m (casi la mitad de una pista de tenis convencional), la raqueta cordada fue sustituida por una pala de madera y la pelota de tenis por una pelota de goma. El reverendo fue trasladado a Greenwich Village y llevó consigo este nuevo deporte, que pronto se popularizó en la ciudad de Nueva York. La US Paddle Association se fundó en 1926. En 1937 se reglamentó una pista de mayores dimensiones, pero los jóvenes menores de quince años siguen jugando en una pista más reducida.

Objeto del deporte

Dos o cuatro jugadores (individuales o dobles), equipados con palas, tratan de golpear una pelota por encima de una red, de modo que el adversario no pueda devolverla. El primer jugador o equipo que obtiene un determinado número de juegos y de sets se declara vencedor.

Campo de juego

La pista mide 15,24 m de largo, en las líneas laterales y 6,09 m de ancho en las líneas de fondo.

La *línea de saque* está a 91,44 cm por delante de la línea de fondo.

La pista se divide en cuatro *cuadros de servicio*, cada uno de 6,7 m de largo x 3,04 m de ancho. La línea central, de 13,4 m, conecta las líneas de servicio a lo largo de la pista.

La *red* tiene una altura de 78,7 cm y un largo de 7,01 m, y está sostenida por dos postes, uno a cada lado, a 45,72 cm por fuera de las líneas laterales.

Equipo

La *pala* o *pádel* es una superficie plana o perforada con agujeros, sin cordaje. Sus medidas son: un largo máximo de 44,45 cm y un ancho máximo de 21,5 cm.

La *pelota* es como la de tenis, pero con menos presión interna. Dejándola caer de una altura de 1,80 m, debe rebotar, como máximo, entre 78 cm y 84 cm.

La vestimenta es informal, semejante a la del tenis. Calzado deportivo.

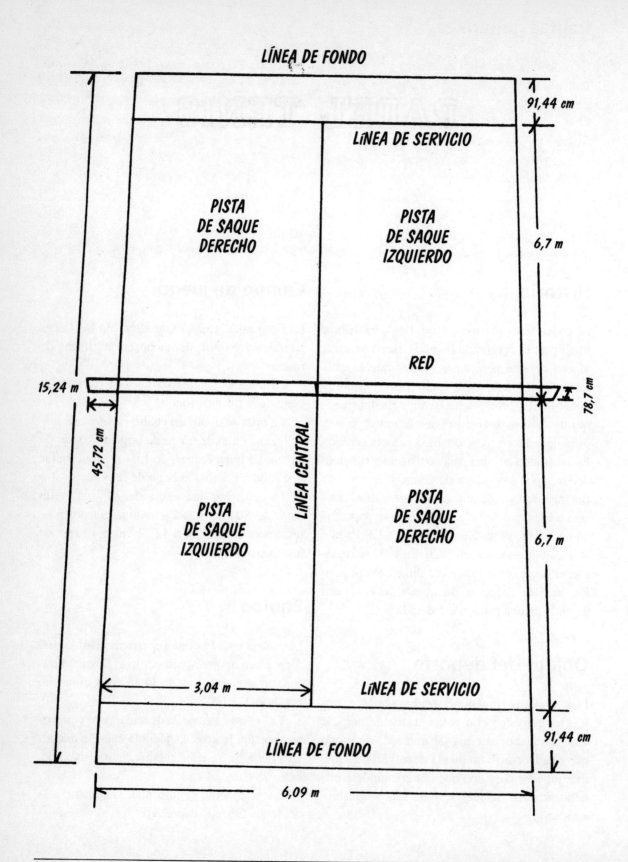

LÍNEA DE FONDO

91,44 cm

LÍNEA DE SERVICIO

PISTA DE SAQUE DERECHO

PISTA DE SAQUE IZQUIERDO

6,7 m

RED

15,24 m

78,7 cm

45,72 cm

LÍNEA CENTRAL

PISTA DE SAQUE IZQUIERDO

PISTA DE SAQUE DERECHO

6,7 m

3,04 m

LÍNEA DE SERVICIO

LÍNEA DE FONDO

91,44 cm

6,09 m

Reglas generales

El procedimiento es el mismo que en el tenis: tanteo y normas. Se observan algunas diferencias:

Servicio:
Está permitido sacar por debajo. Si el saque es fallido, el jugador que sirve pierde el punto.

El jugador/a que saca debe mantener los dos pies por detrás de la línea de saque, y en línea con un cuadro de saque. Durante el servicio sólo pueden realizarse dos pasos. Los pies no pueden traspasar la línea de saque hasta que la raqueta golpee la pelota.

El jugador/a que saca debe botar la pelota fuera de los límites de fondo o saque y golpearla antes de que alcance la altura de la red, 78,7 cm. O bien, el jugador debe lanzar la pelota al aire y golpearla en un punto no superior a 78,7 cm de altura. La modalidad de saque escogida tiene que mantenerse durante el resto del set. Los jugadores pueden optar por otro método al principio de cada nuevo set.

Resto:
En el juego individual, el jugador que resta debe devolver la pelota después de que haya botado una vez. Después, puede devolverla con una *volea* (en el aire).

PATINAJE ARTÍSTICO

Historia

El patinaje sobre hielo es un deporte que data de muy antiguo en los países escandinavos. Desde la Edad Media ha sido un pasatiempo en todo el norte de Europa, pero la primera referencia al patinaje artístico documentada data de 1772 y aparece en un tratado de patinaje: *Teatrise of Skating,* del capitán Robert Jones. A mediados del siglo XIX, el coreógrafo norteamericano Jackson Haines introdujo técnicas de baile en Europa y las aplicó a este deporte, que hasta el momento se practicaba según un patrón de movimientos fijos y rigurosos. De ahí nació el llamado International Style, que no había sido bien acogido en Estados Unidos. La International Skating Union (ISU) se fundó en 1892. Con el cabio de siglo, Canadá y Estados Unidos comenzaron a realizar pruebas y competiciones, y el deporte fue madurando.

En 1908 el patinaje artístico entró en las competiciones olímpicas, en las categorías masculina y femenina, pero no reapareció hasta la I Olimpiada de Invierno, en 1924. En 1921 se fundó la United States Figure Skating Association para promocionar su crecimiento y desarrollo en el ámbito nacional. La patinadora noruega Sonja Henie cautivó al mundo entero durante la década de 1930 en las competiciones y en el cine. Fue medalla de oro en las Olimpiadas de Invierno de 1928, 1932 y 1936, y campeona durante diez años consecutivos de las competiciones de patinaje artístico amateur de Estados Unidos.

Los clubes de patinaje, las nuevas instalaciones, la instrucción y el fácil acceso del público en general a este. deporte, junto con las actuaciones de las estrellas del patinaje en espectáculos y en la televisión han hecho de éste un deporte popular y un entretenimiento con innumerables espectadores. En España, la Federación Española de Patinaje es el organismo que estimula y gestiona este deporte.

Objeto del deporte

Los patinadores compiten individualmente o por parejas, equipados con patines para hielo. Los jueces valoran su actuación en diversas pruebas.

Pista

La pista es una superficie de hielo con un área mínima de 25 m x 56 m, rodeada por una valla baja de esquinas redondeadas. Se utiliza un equipo de reproducción para la música.

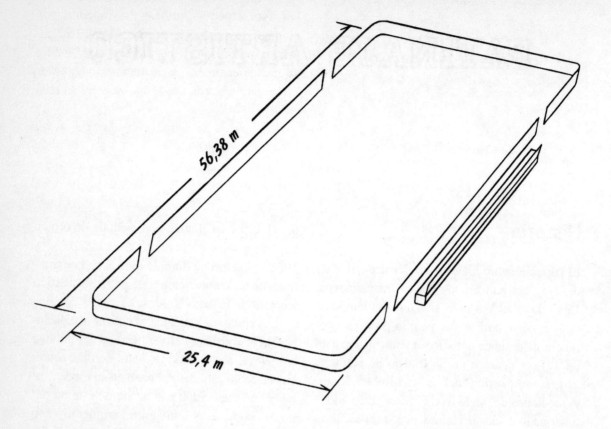

56,38 m

25,4 m

Equipo

Los patines llevan bota alta para sujetar los tobillos. Las cuchillas tienen un grosor aproximado de 3,175 mm y están redondeadas en la hoja, dentadas en la parte frontal o pioletadas en la parte del pulgar.

El vestuario es sencillo, sin ornamentación excesiva, y adecuado a la actuación y a la música.

Reglas generales

Los estilos de competición son: individual, por parejas, baile sobre hielo y sincronización.

Los niveles, según la habilidad de los patinadores, son: sénior, júnior, intermedio, principiantes e infantil.

Los patinadores entran en diversas clasificaciones: por clubes, regionales, provinciales y nacionales.

Cada competidor debe elegir su propia música.

Los jueces emiten *notas* o marcas. Cada juez dispone de una serie de tarjetas: con numeración negra, del 1 al 6, para los resultados en números enteros; y con numeración roja, del 1 al 10, para las fracciones. Después de cada actuación, los jueces levantan sus tarjetas y muestran su nota. Actualmente, en las competiciones importantes, los resultados aparecen electrónicamente.

La escala de resultados es la siguiente:

0- no patinó;
1- mal, muy pobre;
2- pobre;
3- medianamente;
4- bien;
5- excelente;
6- perfecto.

Los decimales se utilizan para determinar una colocación exacta. Las puntuaciones altas y bajas no se pierden, y los puntos no se suman.

La puntuación de los jueces se transforma en posiciones: primero, segundo y sucesivos. El patinador o la pareja que obtiene la máxima puntuación de un juez gana la primera posición de ese juez. El patinador o patinadora que ha obtenido más primeros puestos de manos de los jueces gana la prueba.

En una competición de estilo libre, si las notas de todos los patinadores están igualadas, la primera posición es para el que ha obtenido una valoración artística más alta.

Después de cada prueba, las posiciones de los patinadores se multiplican por un *factor* (un valor de porcentaje para la prueba), para obtener un *número de posición factorial*. Entonces, se suman el total de *las posiciones factoriales* para cada prueba. El patinador con posiciones factoriales más bajas gana la competición.

Individuales

Las pruebas individuales comprenden las modalidades femeninas y masculinas. Los factores que más se valoran son la forma, el estilo, la técnica y la concentración.

En el programa original (corto):

Los patinadores deben utilizar 8 *elementos* (movimientos específicos), entre ellos: saltos,

giros, combinaciones y diversas frases de pasos. No se permite utilizar movimientos adicionales. Los patinadores sénior también compiten a partir de esos elementos, combinados en cualquier orden, en un tiempo máximo de 2,40 min; en otros niveles se observan variaciones.

El rigor en la ejecución de los elementos obligatorios se valora con una nota. La presentación del ejercicio (armonía, velocidad, utilización de la superficie de hielo, movimiento, consonancia con la música, etc.) se valora con una segunda nota.

Este programa cuenta un 33,3 % de la puntuación total, con un valor factorial de 0,5.

En el programa de estilo libre (largo):

Los competidores optan y preparan su propio programa con: saltos, giros, espirales y pasos, con un mínimo de patinaje sobre dos pies. El número de elementos que utilizan varía, pero debe estar bien equilibrado. Los hombres patinan durante 4,30 min; las mujeres sénior y los hombres júnior patinan 4 min; las mujeres júnior, 3,30 min.

Las notas valoran: méritos técnicos (según la dificultad del programa y la variedad de elementos), impresión artística (coreografía, originalidad, interpretación de la música, utilización de la pista, habilidad con los pies, etc.).

Este programa cuenta el 66,6 % restante, con un valor factorial de 1,0.

Parejas

Un hombre y una mujer patinan como pareja, por separado, pero sus movimientos deben guardar cierta armonía y consonancia. Los levantamientos sólo pueden ejecutarse con un brazo o con ambos, que debe(n) estar totalmente extendido(s).

En el programa original (corto):

Los patinadores deben utilizar 8 elementos, con series de pasos. Algunos son: levantamiento por encima de la cabeza; un *twist lift* (levantamiento con vuelta): la mujer es lanzada y ejecuta una vuelta completa en el aire antes de caer; salto de solo; combinación de giros, y otras figuras, en el orden que prefieran los patinadores. El programa no puede superar los 2,40 min, tanto para séniors como para júniors.

El sistema de puntuación es idéntico al del programa de individuales: 33,3 % del total, con valor factorial de 0,5.

En el programa de estilo libre:

Las parejas preparan un programa equilibrado y utilizan toda la superficie de la pista. Deben utilizar los siguientes movimientos: giros a dúo, de 3 a 5 levantamientos, saltos con asistencia del compañero o compañera, espirales y, mientras están separados: efecto de espejo (uno frente al otro) y efecto de sombra (en paralelo). Los séniors patinan 4,30 min, los júniors, 4 min.

El sistema de puntuación es el mismo que para individuales, pero se presta especial atención a la compenetración y complementariedad de las cualidades de la pareja. Este programa cuenta un 66,6 % del total, con valor factorial de 1,0.

Baile

En el baile sobre hielo, un hombre y una mujer bailan como pareja, separándose lo menos posible. No se realizan alzamientos por encima de la cintura y no se utilizan poses teatrales.

En el baile obligatorio:

Cada pareja interpreta dos patrones, al ritmo de una música específica. Las modalidades de baile son: vals, polka, blues, tango, rumba, etc. No hay límite de tiempo, pero los participantes deben dar un número pautado de vueltas a la pista.

La puntuación se basa en la buena ejecución de los patinadores, al ritmo de la música, el rigor en la interpretación de cada modalidad de baile, las posiciones del cuerpo, el estilo, el uso de la pista, la expresividad acorde con el tono y aire de la música, etc.

Cada baile cuenta un 10 % de la puntuación total, con un valor factorial de 0,2.

En el baile original:

Las parejas crean un baile propio, de acuerdo con un ritmo. Sus movimientos deben ser adecuados; se exige precisión en los pasos y, como mínimo, un momento de patinaje por separado. No hay límite de tiempo.

Una primera nota valora: *composición* (dificultad, variedad, habilidad, utilización del hielo); la segunda nota: *presentación* (movimiento rítmico y en sintonía con la música, coreografía, expresión y estilo).

El programa cuenta un 30 % de la puntuación total, con un valor factorial de 0,6.

En el baile libre:

Las parejas crean su propio baile para expresar la esencia de la música que han elegido, que puede ser de cualquier tipo. En este programa los patinadores exponen sus ideas personales, en términos de concepto y arreglos, y se incluyen movimientos que destacan la formación atlética en el baile y la técnica de patinaje. No se puede repetir ninguna combinación. El tiempo para séniors es de 4 min, para júniors, 3 min.

Una nota valora los méritos técnicos y otra la composición.

Este programa cuenta un 50 % de la puntuación total, con un valor factorial de 1,0.

Sincronización

En los ejercicios de sincronización toman parte 8 patinadores o más, hombres y mujeres, que bailan en formación al unísono. Existen 7 divisiones por edad, de menores de nueve años a adultos. Se permite utilizar música vocal, excepto a júniors y séniors.

En el programa técnico:

Deben realizar 5 maniobras: círculo giratorio, línea de través, agrupación de patinadores en movimiento por toda la pista, rueda en espiral y movimiento con intersección. El tiempo máximo para júniors y séniors es de 2,40 min.

Una nota valora la pericia en la ejecución de los movimientos y figuras; otra valora la presentación global.

En el estilo libre:

Los patinadores deben ejecutar una rutina centrándose en la originalidad, la sincronización del grupo, la adecuación con la música, la utilización de la pista, la velocidad y la unidad. El tiempo límite va de 2,30 min a 4,30 min, según la división.

Una nota valora la composición, y otra, la presentación.

Oficiales

Entre el personal de competición oficial hay: un máximo de 9 jueces, un árbitro, un asistente, marcadores de puntuación y marcadores de tiempo.

PATINAJE SOBRE HIELO

Historia

El patinaje sobre hielo es un pasatiempo que data de muy antiguo. La técnica deriva del esquí y se practicaba en todo el norte de Europa. Los primeros patines eran de madera o hueso y, como no llevaban cuchillas, se utilizaban bastones para que los patinadores se ayudasen. En el siglo XVI aparecieron los primeros patines totalmente metálicos y entonces nació el patinaje sobre hielo como deporte organizado. En Holanda, se celebraban carreras sobre los canales helados y, en Inglaterra, se tiene noticia de competiciones desde 1763. El primer par de patines para patinaje rápido (con cuchilla y bota de piel) apareció en la década de 1850.

En Estados Unidos, el deporte se popularizó tras la Guerra Civil Americana (1861-1865). Las competiciones internacionales comenzaron en 1892, y en 1924, el patinaje sobre hielo masculino entró en la I Olimpiada de Invierno. Las modalidades femeninas no entrarían en los Juegos de Invierno hasta 1960. El patinaje de velocidad en circuito corto se introdujo en la Olimpiada de Barcelona, en 1992. En España, la Federación Española de Patinaje rige todos estos tipos de pruebas, además de las de hockey sobre ruedas y sobre hielo.

Objeto del deporte

Los patinadores o patinadoras deben cubrir diversas distancias sobre hielo. Aquel que obtiene mejor tiempo o puntuación total vence.

Terreno de juego

Una *pista corta* mide 111,12 m, en un área de competición cubierta.

Una *pista larga* mide 400 m, en un área de competición descubierta.

La *línea de presalida* está marcada a 75 cm de la línea de salida.

La *línea de llegada* suele estar en uno de los lados, en tramo recto, según la prueba.

Equipo

Los patines no son de un diseño especial; suelen estar hechos con piel, con hojas de metal, de un largo entre 30,48 cm y 54,86 cm.

Los competidores visten trajes adecuados a las pruebas, con cascos de seguridad.

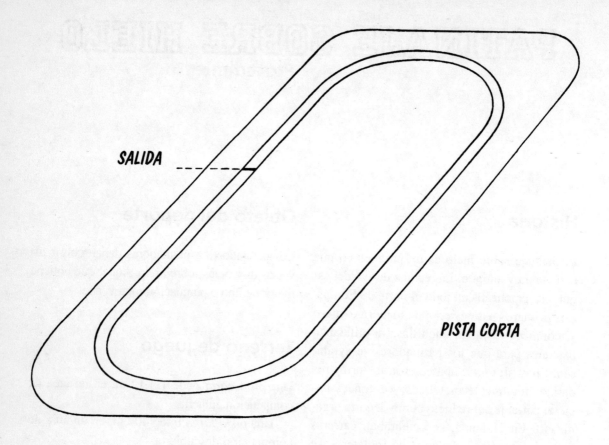

SALIDA

PISTA CORTA

Tipos de competición

Los patinadores de velocidad compiten en uno de los siguientes tipos de carreras:

Pelotón: similar a la carrera en pista con posiciones de salida asignadas, pero después de la salida, el pelotón (grupo de competidores) se desplaza hacia la calle interior y los patinadores maniobran para ganar posiciones.

Pista corta: de 4 a 6 patinadores; el número varía según la distancia.

Pista larga: 6 o más patinadores; el número varía según la distancia.

Relevos: equipos de 4 patinadores compiten en una pista corta; todos participan y entran en carrera en un punto cualquiera, excepto en las últimas 2 vueltas; el patinador y el reemplazo deben tocarse.

Maratón: distancias largas, de 25 km y 50 km.

Pruebas en pista cubierta y descubierta, en metros:

Gran máster masculino y femenino:
   cincuenta años o mayores:
   500   800   1.000   1.500

Máster m. y f.:
   treinta y cinco años o mayores:
   500   800   1.000 1.500 3.000
Sénior m. y f.:
   diecinueve a treinta y cuatro años:
   500   800   1.000 1.500 3.000
Nivel intermedio m. y f.:
   dieciocho años o menores
   500   800   1.000 1.500 3.000
Júnior m. y f.:
   quince años o menores
   300   500   800   1.000 1.500
Juvenil m. y f.:
   trece años o menores
   300   500   800   1.000
Midget m. y f.:
   once años y menores
   300   500   600   800

Nota: las asociaciones locales tienen divisiones para patinadores a partir de cinco años.

Reglas generales

Los patinadores compiten a contrarreloj, con la mano izquierda hacia el centro de la pista.

El patinador que empieza en la calle interna se decide por sorteo o por la mejor actuación en pruebas preliminares.

Dos salidas falsas (salida prematura) descalifican al patinador de una prueba.

Puntuación

Los puntos se otorgan según el orden de llegada, del siguiente modo:

- ♦ **primer lugar**: 5 puntos;
- ♦ **segundo lugar**: 3 puntos;
- ♦ **tercer lugar**: 2 puntos;
- ♦ **cuarto lugar**: 1 punto.

El ganador absoluto es el patinador o patinadora con más puntos en el total de la suma de todas las pruebas.

Procedimiento

A la llamada oficial, los patinadores se colocan en la línea de presalida y permanecen inmóviles.

A la orden de «preparados», los patinadores avanzan a la línea de salida y toman su posición. No pueden rebasar la línea.

La carrera se inicia con un silbato o un disparo.

Deben volver a tomar la salida: después de una salida falsa, o si un patinador cae en los primeros 6 m de la pista o en la cúspide (centro) de la primera vuelta de la pista corta.

En pista larga, el corredor de la calle interior tiene derecho de paso y debe ser adelantado por la derecha (por fuera), a menos que el patinador interior se haya desviado y haya suficiente paso por la izquierda. En pista cubierta, se puede adelantar por cualquier lado. El patinador que adelanta es responsable de cualquier colisión y no debe interferir ni ralentizar el progreso de un adversario.

En el *tramo de llegada* (tramo recto final), los adversarios deben permanecer en sus calles hasta el final, a menos que un patinador tenga tanta ventaja para no interferir a nadie.

Un patinador/a termina la carrera cuando uno de sus patines toca la línea de llegada.

Modalidad olímpica

Esta modalidad se desarrolla en una pista de 400 m, de 2 calles. Dos competidores patinan uno contra otro a contrarreloj. El que obtiene mejor tiempo (más rápido) en una carrera individual o múltiple gana.

En otras carreras se cubren varias distancias:

- Hombres: 500, 1.000, 1.500, 5.000 y 10.000 m.
- Mujeres: 500, 1.000, 1.500, 3.000 y 5.000 m.

Los puntos se conceden según el tiempo conseguido en la prueba. Por ejemplo: en una prueba de 500 m, cada segundo cuenta un punto. Gana el patinador/a más veloz, es decir, el que tiene menos puntos. Un empate implica triunfo compartido.

Oficiales

El árbitro emite juicios sobre discusiones y protestas, tiene autoridad para tomar decisiones, controla las condiciones atmosféricas y del hielo, y puede patinar por una pista interna y observar a los competidores. El cronometrador controla el tiempo. Los jueces determinan el orden de llegada, y el marcador anota las posiciones y puntuaciones. Un oficial de salida da la salida en cada carrera; un contador de vueltas sigue el progreso de cada patinador.

Las penalizaciones se señalan levantando un brazo con el puño cerrado. Los patinadores pueden ser descalificados por causar colisiones al alejarse de la calle interior, cambiar de calle en una curva, empujar a un adversario, patinar de espaldas, luchar o mostrar una conducta antideportiva.

PELOTA

Historia

Es obligada la referencia a los juegos de pelota entre griegos y romanos como antecesores, ampliamente documentados, de los juegos de pelota actuales. En Europa, se asientan fundamentalmente en Francia, Países Bajos, Inglaterra, Italia y la Península Ibérica, pero hasta la Baja Edad Media, la influencia del cristianismo los excluyen como juegos paganos. Es a partir del siglo XII cuando encontramos las primeras referencias. En Francia se le llamaba *jeu de paume* (juego de palma), y se distinguía *longue paume* y *corte paume* (palma larga y palma corta). La primera modalidad se jugaba en espacios abiertos, en la parte de extramuros de las ciudades y lo practicaba la gente del pueblo, mientras que la segunda se practicaba dentro de los palacios y conventos, en recinto cerrado, y lo jugaban la nobleza y el clero. La diferencia entre estas dos modalidades era el terreno o *triplot*. Entre los siglos XIII y XIV, el juego se extiende por toda Francia. Se ha llegado a comprobar la existencia de más de 300 triplots de aquella época. Durante el siglo XVI, el juego está ya extendido por toda Europa central, pero en el siglo XVII empieza a desaparecer, con el enciclopedismo francés, y en el siglo XIX el *jeu de paume* casi ha desaparecido de Francia y queda relegado a algunas zonas del noroeste de Francia, Bélgica el norte de Italia,

junto con otras variedades de juegos como el *tamis*, el *tamburello*, la *balle pelota*, el *fives* irlandés y otras modalidades semejantes al tenis, el squash o el pádel. En la península, se tiene constancia de campeonatos, bajo la forma de desafíos entre pueblos. Por ejemplo: el desafío de Hernani (1720), entre navarros y guipuzcoanos; el de Bayona (1755), entre vasco-franceses, el de Cartagena, el mismo año, entre navarros y levantinos; el de Leiza (1759), en Navarra, y otros muchos. En la última década del siglo XIX, empiezan a implantarse empresas profesionales y se consolidan las modalidades más representativas: mano, pala, remonte y cesta punta. El deporte empieza a expandirse por el mundo entero. En 1924, entra en la Olimpiada de París, como deporte de exhibición, y en 1929-1930, se funda la Federación Internacional de Pelota Vasca (FIPV), pero el primer Campeonato del Mundo de Pelota no se celebrará hasta 1952.

Actualmente se practica en numerosos países de América latina, España, Francia, Italia, Estados Unidos y Filipinas.

Objeto del deporte

Los partidos de pelota pueden ser individuales (uno contra uno), de parejas (dos contra dos), de trío (tres contra tres), individual contra pareja o de pareja contra trío. El jugador o equipo que consigue primero un determinado número de tantos gana.

Frontones

Las instalaciones deportivas donde se desarrolla este juego son:

- frontón de plaza libre: una pared frontal o frontis. Es el frontón más sencillo y más antiguo;
- frontón de pared izquierda: configurado por una pared frontal, una pared izquierda y una pared opuesta al frontis o de rebote. Según la longitud de la zona de juego (longitud de la pared izquierda), este frontón puede ser: frontón largo (54 m) o frontón corto (36 m);
- trinquete: frontón de 4 muros. Es decir: frontis, pared izquierda, pared derecha y rebote o pared opuesta al frontis.

El frontón de pared izquierda o frontón corto permite la práctica de las siguientes modalidades: mano individual y por parejas, paleta con pelota de cuero, pala corta, frontenis (30 m) paleta con pelota de goma (30 m).

Las zonas del frontón corto son:

- **Cancha**: comprende el plano del juego donde se desarrolla la partida; en él es válido el bote de la pelota. Tiene un largo de 36 m y un ancho de 10 m.
- **Contracancha**: franja del suelo a lo largo de la cancha, que la separa del público. Ahí es donde se colocan los jueces. Tiene un largo de 36 m y un ancho de 4,5 m.
- **Frontis**: pared que se eleva frente al pelotari y donde se eleva la pelota. Tiene un ancho de 11 m y una altura de 13 m.

- **Zona de falta**: de 0 a 1 m.
- **Zona de juego**: de 1 a 10 m.
- **Zona de juego**: de 10 a 13 m.
- **Pared izquierda**: pared que se sitúa a la izquierda del jugador, según se mira hacia el frontis y se une con éste en el rebote. Tiene una anchura de 36 m y una altura de 13 m.
- **Zona de juego**: de 0 a 10 m.
- **Zona de falta**: de 10 a 13 m.
- **Rebote**: pared a la espalda del jugador, opuesta al frontis. Tiene una anchura de 10 m, y una altura de 13 m.
- **Zona de juego**: de 0 a 10 m.
- **Zona de falta**: de 10 a 13 m.

El trinquete o frontón de 4 paredes permite la práctica de las siguientes modalidades: mano individual y por parejas, paleta con pelota de cuero, paleta con pelota de goma y *share*. Las medidas del trinquete son:

- **La cancha**: 10 m de ancho x 30 m de largo.
- **El frontis**: 10 m de ancho x 13 m de alto. La zona de falta del frontis comprende de 0 a 1 m. La zona de juego va de 1 a 10,5 m, y la zona de falta continúa de los 10,5 m a los 13 m.
- **La pared izquierda (y derecha)**: 30 m de ancho. La altura es 9,6 m desde el frontis; 10,5 m; los 20,4 m restantes de anchura hasta el rebote: 5,6 m.
- **El rebote**: 10 m de ancho x 5,6 de alto.
- **La galería**: es un pequeño muro adosado a la parte baja de la pared izquierda, y que la recorre desde el frontis hasta el rebote. Mide 1,95 m de altura y está a 1,45 m de la pared izquierda. Sobre la galería hay un tejadillo inclinado; cuya altura superior, donde se encuentra con la pared izquierda, es de 2,35 m.

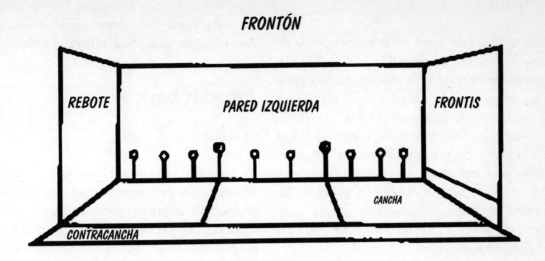

FRONTÓN

REBOTE PARED IZQUIERDA FRONTIS

CANCHA

CONTRACANCHA

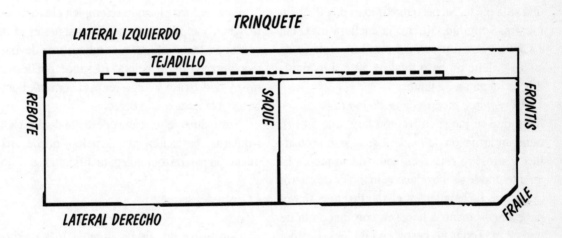

TRINQUETE

LATERAL IZQUIERDO

TEJADILLO

SAQUE

REBOTE

FRONTIS

FRAILE

LATERAL DERECHO

El suelo del frontón debe ser de hormigón armado o de pavimento asfáltico, con un grosor entre 2 y 3 cm. También puede ser de madera.

La pista está señalizada con cuadros para establecer las distancias de los *saques*, la *falta* y la *pasa*. Van marcadas en la pared izquierda, para que el pelotari reconozca la situación de la pelota y la suya propia durante el juego.

La *falta* y la *pasa* se señalan con una línea paralela al frontis, pintada en el suelo, desde la pared izquierda hasta la contracancha. La distancia de cuadro a cuadro es de 3,5 m, de modo que el frontón corto está dividido en 10 cuadros, aproximadamente. El cuadro número 4 corresponde a la línea de *falta* y el número 7 al de *pasa*, distancias que marcan el saque. En el trinquete sólo se delimitan las líneas que establecen los saques para cada modalidad de juego.

Tanto la cancha como las paredes de juego están delimitadas por chapas metálicas, que con su sonido, tras el impacto de la pelota, indican que la pelota ha ido fuera.

El color del frontón debe contrastar con el de la pelota: si es clara, la pared y el suelo oscuro, y viceversa.

Equipo

En el juego de *mano* se juega con pelota de cuero, con un peso entre 93 y 101 g, y un diámetro de entre 63 y 64 mm, aunque hay pelotas menores y más ligeras, según la modalidad. Los partidos se juegan a 22 tantos.

La *pala corta* es de madera de haya, de una sola pieza. Su peso máximo es de 800 g; su máxima longitud, 51 cm; y su espesor máximo, 3 cm. Para esta modalidad, la pelota es de cuero y, incluido el bolo o peso interior, tiene un peso total de entre 85 y 90 g. Los partidos se juegan a 40 tantos.

La *pelota cuero* es de madera de haya, de una sola pieza. Su peso máximo es de 600 g; su máxima longitud, 50 cm; la anchura máxima, 13,5 cm; y su espesor, 2,5 cm. La pelota es de cuero y tiene un peso total de 52 g. Los partidos se juegan a 35 tantos.

El *remonte o cesta de cesta punta* (especialidad que se juega en frontón largo, de 54 m), tiene un armazón de madera de castaño (costillas y aros) y está recubierta de mimbre. El guante donde se introduce la mano es de cuero, igual que la lengüeta y el rabillo, que sirven para atar la mano a la cesta, con una cinta de unos 2 m. Todas las cestas son iguales. Las del delantero tienen, entre el taco y la punta, 63 o 64 cm. Las del zaguero (jugador de fondo) tienen 67 o 68 cm. La pelota es de la misma composición que las demás, y su peso oscila entre 115 y 130 (la goma pesa entre 90 y 115 g).

La *raqueta de frontenis* es como una raqueta de tenis, con un cordaje tensado entre 18 y 22 kg. La pelota (modelo 201), de goma especial y con aire inyectado, pesa entre 48 y 55 g. Tiene un diámetro de 46 a 54 mm. El bote máximo en caída desde 2 m, es de 1,5 m, y el bote mínimo de 1,2 m. Los partidos son a 30 tantos.

Los jugadores visten pantalón y camisa, normalmente de color blanco. El calzado son zapatillas deportivas semejantes a las de tenis. En cesta punta y en pelota cuero se utiliza casco. Pueden utilizarse rodilleras y coderas.

Jugadas básicas

El saque:

Es la puesta en juego del tanto y lo ejecuta el delantero de la pareja que ha conseguido el tanto anterior. En el primer tanto del partido es la chapa que lanza el juez la que decide quién hace el primer saque. Se compone de 3 partes principales: la carrera, el bote de la pelota y el golpeo.

Para realizar el saque se emplea el brazo dominante, y el objetivo que se persigue es el de conseguir tanto directo o al menos una devolución forzada de la pelota. El saque puede ser: raso y corto, raso y largo (el más común), bombeado a la pasa, y a la derecha.

Normalmente se realiza desde la derecha a la izquierda, buscando que la pelota quede arrimada a la pared izquierda para dificultar su resto.

El resto del saque:

Constituye una de las jugadas más meritorias de la pelota, por su grado de dificultad. El objetivo es devolver la pelota de saque al frontis sin entregarla al contrario, imposibilitando el gancho u otra situación ofensiva clara del oponente.

Las principales jugadas de ataque son:

♦ **La dejada de abajo**: consiste en hacer creer al contrario que se va a desplazar la pelota hacia atrás con la postura de sotamano, y a última hora se dirige la pelota lo más ajustada posible a la parte superior de la chapa, y procurando que el bote sea lo más corto y bajo posible.

- **La dejada de medio lado**: consiste igualmente en hacer creer al oponente que se va a hacer una cortada y, al final, sorprenderle lanzando la pelota encima de la chapa, pero de manera que el bote se produzca muy cerca del frontis, es decir, lejos del contrario.
- **Las dos paredes**: consiste en lanzar la pelota primero a la pared izquierda para que, tocando después el frontis por encima de la chapa, se abra hacia el ancho lo más posible.

Las principales jugadas de defensa son:

La volea, el sotamano y el *besagain* (o golpeo de medio lado). También el bote pronto, que consiste en darle a la pelota nada más botar.

Estrategia

La pelota es uno de los deportes en que más intervienen los factores externos, porque las características de los frontones varían muchísimo. El frontis tiene más o menos salida, la pared izquierda agarra mucho más, el suelo tira más o menos.

La pelota también es muy importante. Su material, al ser artesanal, tiene un grado de variabilidad amplísimo. Todas estas circunstancias condicionan enormemente la estrategia a emplear y en multitud de ocasiones habrá que variar la estrategia sobre la marcha, e incluso en el partido.

De cualquier modo, y generalmente, la estrategia será primero, intentar dominar al contrario para que éste efectúe devoluciones forzadas y poder tocar la pelota lo más cerca posible del frontis, y sin fuerza para poder ejecutar una jugada de tanto.

Oficiales

Un juez arbitra el juego y establece su criterio sobre las jugadas y las pelotas dudosas o de tanto.

PETANCA

Historia

En el siglo VI a. C, los griegos jugaban a lanzar cantos, que después cambiaron por piedras planas de río. No tardaron en reemplazarlas por piedras redondeadas, más adaptadas al juego, que llamaban «esferísticas». Mientras que los griegos alababan la fuerza, con bolas de tamaño diferente que se enviaban lo más lejos posible, los romanos se fijaban en la habilidad, con la idea de un objetivo al que había que aproximarse. A ellos se les atribuyó la invención del boliche. Los marinos lo exportaron a la Galia y lo desarrollaron en todo el valle del Ródano. Era costumbre de la época reproducir escenas de la vida de un difunto sobre su sepultura. Así, un sarcófago de la colección Campana, en Florencia, en una de sus caras, tiene esculpidos adolescentes jugando a las bolas. El parecido con las actitudes modernas es sorprendente. Incluso hay representado un jugador, rodilla en tierra, midiendo un punto.

Las bolas de piedra, poco a poco, han sido reemplazadas por bolas de madera, que se han claveteado durante mucho tiempo para hacerlas más pesadas, antes de llegar a las bolas modernas de bronce o de acero.

Erasmo llamaba *globurum* a esta práctica, y «monomaquia» el enfrentamiento a dos.

Los jugadores de bolas, como se llamaban, jugaban en una *bolera* o un *boliche*. El autor inglés D. Bryant señala que la pasión por este deporte penetra en Alemania, donde incluso por un momento toma una significación religiosa, y en Inglaterra, donde Enrique III se ve obligado a prohibir su práctica, que apasionaba a sus arqueros. En el siglo XIV, los reyes Carlos IV y Carlos V prohiben el juego por ordenanza y decreto, y se tendrá que esperar al siglo XVII, con Enrique de Turenne , para que estas prohibiciones, no siempre respetadas, se levanten definitivamente.

En el curso de los años, el juego de bolas se va diferenciando de los juegos de inspiración análoga, que conducirán a los bolos, al *palet* bretón, el *bowling* o a la petanca sobre hielo o *curling*. Su afición inspira a escritores y artistas. Furetiére, de la Academia Francesa, escribe un poema con el título Juego de bolas de procuradores. Meissonnier pinta dos cuadros que representan a jugadores. En *La comedia humana*, Balzac describe una partida de bolas en París, donde habla del *boliche* y de la medición de un punto con el bastón de un espectador.

En Madrid, una tapicería del palacio de El Escorial muestra a cortesanos del siglo XVI compitiendo con las bolas en mano. En el siglo XVII, los ingleses practican el juego sobre céspedes especiales, llamados *bowling greens*, término que en Francia se ha convertido en los *bouligrins*.

A finales del siglo XIX y a principios del XX, el «juego provenzal» se practica en todo el Midi francés, en las plazas de los pueblos a la sombra de los plátanos. Los jugadores acostumbran a tomar carrerilla para tirar sus bolas con impulso. Pero hasta 1907 no nace el juego sin impulso, la verdadera *petanca*. Su nombre viene de la expresión *pieds tanqués* (*les ped tanco* en occitano), es decir, «pies juntos». Se cuenta en Provenza que un gran jugador de bolas había perdido sus piernas en un accidente. Su hermano, también gran jugador, le propuso una partida sin impulso, en un terreno más corto. Otros afirman que un tal Jules Lenoir, que sufría reumatismo articular, tuvo la idea de permanecer inmóvil en una línea de salida.

En 1910, Ernest Pitiot organizan en la Ciotat el primer concurso oficial. A partir de este día, la progresión no ha cesado. Actualmente, su práctica está muy extendida por toda Europa, sobre todo en el sur de Francia y Catalunya, y se celebran campeonatos locales, regionales, provinciales, nacionales e internacionales.

Objeto del deporte

Dos jugadores o varios equipos compiten con un número determinado de bolas o petancas, lanzándolas para tratar de dejarlas lo más cerca posible de una bola menor o boliche. El que consigue mayor número de tantos, en diversas series de lanzamiento (hasta 13 puntos), gana la partida.

Terreno de juego

El juego de la petanca se practica sobre toda clase de terrenos, pero por decisión del comité organizador o del árbitro, los equipos pueden verse obligados a jugar sobre una pista delimitada. En este caso, la pista deber tener las dimensiones mínimas siguientes: 4 m de anchura y 15 m de longitud para los campeonatos nacionales y las competiciones internacionales.

Procedimiento

Los jugadores deben acudir al terreno de juego designado y sortear quién tirará el boliche. Cualquier jugador del equipo que lanza el boliche escogerá el punto de partida y trazará sobre el suelo una circunferencia de 0,35 m a 0,50 m de diámetro, para colocar los pies en su interior. Esa circunferencia estará a una distancia mínima de 1 m de todo obstáculo o del límite de un terreno prohibido.

Los pies deben estar en el interior de la circunferencia sin pisarla, y no deben salir de ella ni separarse totalmente del suelo, hasta que la bola lanzada haya tocado el terreno. Ninguna parte del cuerpo podrá tocar el terreno del exterior de la circunferencia.

Los mutilados de un miembro inferior están excepcionalmente autorizados a colocar un solo pie en el interior de la circunferencia.

Si por cualquier motivo (pies grandes y circunferencia al mínimo) algún jugador no pudiese posar los pies totalmente en el interior de la misma, el equipo contrario tiene la obligación de modificarla.

El lanzamiento del boliche por un jugador no implica que necesariamente tenga que jugar primero.

En una competición en que haya pistas marcadas y numeradas, si por cualquier circunstancia una pista es asignada para jugar dos partidas al mismo tiempo, ningún contendiente puede irse a jugar a otra pista sin autorización del árbitro.

Para que el boliche lanzado por un jugador sea válido, es necesario que la distancia que le separa del borde más próximo de la circunferencia de lanzamiento sea de:

- ♦ 5 m mínimo y 8 m máximo para infantiles;
- ♦ 6 m mínimo y 9 m máximo para juveniles;
- ♦ 6 m mínimo y 10 m máximo para sénior.

La petanca suele practicarse por equipos y generalmente en tripletas, o sea, tres judadores/ras, con una misión asignada para cada uno de los componentes de los equipos: arrimador, medio y tirador.

Arrimador: ha de afianzar su estrategia y destreza en arrimar una bola lo mas cerca posible del boliche. Tiene una misión fundamentalmente defensiva.

Medio: o polivalente del equipo. Se le suele catalogar como el jugador más completo y su misión suele ser tanto de ataque como de defensa.

Tirador: tiene una función complementaria a la del arrimador y aúna todos sus esfuerzos en atacar y destruir el juego al equipo rival. Raramente tiene que ejecutar misiones de arrimador si está situado en su sitio habitual durante el desenlace de una partida.

Cada uno de los movimientos, tanto el tiro como el punto, han de realizarse con una gran precisión y un mecanismo perfecto. Deben combinarse la técnica del péndulo de brazo, con su elasticidad, y el toque preciso de rotación de muñeca sobre la bola.

Reglas generales

La petanca es un juego que se practica por equipos de igual número de jugadores, que pueden ser:

- ♦ de 3 jugadores (tripletas), con 2 bolas cada uno;

- ♦ de 2 jugadores (dupletas), con 3 bolas cada uno;
- ♦ de 1 jugador (individual), con 3 bolas cada uno.

Cualquier otra fórmula que utilicen los jugadores para oponerse entre sí no está autorizada oficialmente.

Los jugadores, según sus edades, se clasifican en: infantiles (menores de trece años), juveniles (de trece a diecisiete años), y séniors (17 y mayores); y según el sexo, en masculinos y femeninos.

En competición oficial, la petanca se juega con bolas reconocidas por la FIPYJP (Federación Internacional de Petanca y de Jugadores de Petanca), que reunen las características siguientes:

- ♦ Tienen que ser metálicas.
- ♦ Su diámetro deberá estar comprendido entre 7,05 cm como mínimo, y 8 cm como máximo.
- ♦ Su peso deberá estar comprendido entre 0,650 kg (mínimo) y 0,800 kg (máximo). Tanto la marca del fabricante como los dígitos que indican el peso, deberán estar grabados sobre la bola de forma indeleble.
- ♦ Las bolas no deben contener plomo ni arena y, no deberán estar trucadas ni deberán haber sufrido transformación o modificación alguna tras su fabricación. Sin embargo, el jugador podrá grabar su nombre y apellidos o iniciales.

Los boliches serán exclusivamente de madera. Su diámetro deberá estar comprendido entre 25 mm (mínimo) y 35 mm (máximo). Se autorizan los boliches pintados de cualquier color que permitan una mejor visibilidad sobre el terreno.

Se prohibe a los jugadores cambiar de bolas o de boliche en el transcurso de la partida, excepto en los casos siguientes:

- Pérdida de la bola.
- Pérdida del boliche.
- Rotura de una bola en dos o más trozos, en cuyo caso, sólo el trozo más grande contará a efectos de puntuación cuando no haya más bolas que jugar. La sustitución de la bola rota por otra idéntica, o por otro juego de bolas, será obligatoria a partir de la jugada siguiente. Si hubiera otras bolas que jugar, el trozo más grande será inmediatamente sustituido, tras efectuar la medición, por otra de diámetro análogo o inmediatamente inferior a la que se ha roto. Las mismas reglas se aplicarán para el boliche.

Puntuación y medición

Para poder efectuar la medición de un tanto, se autoriza desplazar momentáneamente las bolas y los obstáculos situados entre el boliche y la bola que se debe medir. Una vez efectuada la medición, las bolas y los obstáculos retirados se colocarán nuevamente en sus lugares. Si los obstáculos no pudieran ser retirados, la medición se efectuará con un compás.

La medición de un tanto será realizada por el jugador que ha intervenido en último lugar o cualquiera de sus compañeros de equipo.

Si al efectuar la medición, el jugador desplaza el boliche o una de las bolas en litigio, perderá el punto.

Cuando 2 bolas pertenecientes a equipos distintos se encuentran equidistantes del boliche, o lo tocan ambas y no quedan más bolas por jugar, el resultado de la jugada será nulo y el boliche quedará a disposición del equipo que se apuntó la jugada anterior.

Si uno de los equipos tuviera todavía bolas por jugar, las lanzaría y se anotaría tantos puntos como bolas consiguiera finalmente colocar más cerca del boliche.

Si los 2 equipos dispusieran de bolas, correspondería jugar primero al último que efectuó el lanzamiento y después al equipo contrario, y así sucesivamente hasta que el punto sea ganado por uno de los equipos.

Las partidas se juegan a 13 puntos, con posibilidad de desempate y ajuste a 11 puntos, a excepción de la final que se jugará a 15 puntos. Esta puntuación se consigue en la lucha que se plantea por el mayor número de bolas, de un equipo sobre el otro, cerca de la referencia del boliche.

Uniformes

Los jugadores de competición deben vestir: chaqueta deportiva, todos del mismo género y color (opcional), camisa del mismo género y color; y en caso de ser jersey o polo, todos iguales. No se admitirán equipos que mezclen camisas o polos.

En ambas categorías, se admite también el pantalón corto deportivo (aproximadamente, un palmo por encima de la rodilla), acompañado de calcetín y calzado deportivo, debiendo ser utilizado por todo el equipo. Queda excluido el pantalón ceñido (tipo ciclista o atletismo), pantalón vaquero y bermudas. En la categoría femenina, queda también excluido jugar con mallas. La categoría femenina podrá jugar, excluyendo lo anteriormente expuesto, con la uniformidad que desee, pero todo el equipo igual.

En lo referente al calzado, serán lo más parecido posible en cuanto a género y color. Queda prohibido jugar descalzo, con sandalias, chancla o zapato de tacón. El escudo del club, federación o delegación forma parte del uniforme, tendrá que estar en lugar visible y no se podrá jugar sin él.

Oficiales

En competiciones oficiales, un árbitro regula el juego y un anotador suma los tantos y crono-metra el tiempo reglamentario (1 min para que cada jugador lance sus bolas).

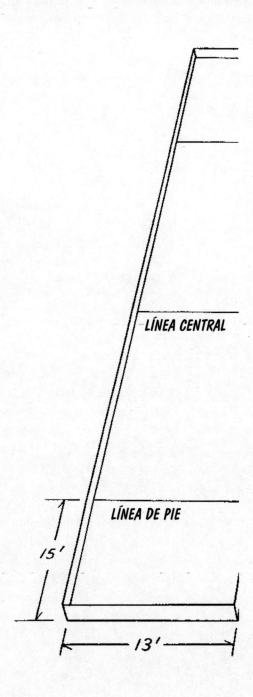

LÍNEA CENTRAL

LÍNEA DE PIE

15'

13'

PLATFORM TENIS

Historia

Dos neoyorquinos, Blanchard y Cogswell, inventaron el *platform tennis* (tenis en plataforma) en 1928-1929. En principio, construyeron una plataforma elevada para bádminton, que permitía quitar la nieve con facilidad. Como la climatología y el viento dificultaban el juego, crearon una nueva modalidad con palas de pádel tenis y pelotas de goma blanda: el minitenis. Posteriormente, colocaron rejas en todo el perímetro de la pista para evitar que la pelota saliese continuamente de la cancha elevada.

En 1934, apareció una organización para promocionar este deporte, entidad que a partir de 1950 se convertiría en la American Platform Tennis Association. En la década de 1970, la televisión popularizó este deporte con la retransmisión de los grandes premios y campeonatos masculinos y femeninos.

Objeto del deporte

Cuatro jugadores equipados con palas cortas tratan de obtener un tanto golpeando una pelota por encima de una red, de modo que el adversario no pueda devolverla. La pista está cerrada en su perímetro. El primer equipo que consigue ganar un determinado número de juegos y de sets se declara vencedor.

Terreno de juego

La *pista* es una plataforma de madera de 9,14 m x 18,28 m. Está rodeada por una alambrada de 3,65 m de alto, a 152 cm de los laterales, y 243 cm de las líneas de fondo. El área de juego mide 6,09 m x 13,41 m.

Las *líneas de servicio* están 3,04 m por dentro de las líneas de fondo, y a 3,65 m de la red.

La *línea central de servicio* es paralela a las líneas laterales y conecta las líneas de servicio.

La *línea central* es una marca de 10,16 cm, dentro de la pista, desde la línea de fondo y en el justo medio entre las líneas de individuales laterales.

El *área de servicio* está entre las líneas de servicio y la red, y mide 3,65 m x 2,43 m.

El *fondo de la pista* está entre las líneas de fondo y las líneas de servicio.

La *red* está cordada, a través de la mitad de la pista, en paralelo con las líneas de fondo. En su punto medio tiene una altura de 86,36 cm, y en los postes, de 93,98 cm.

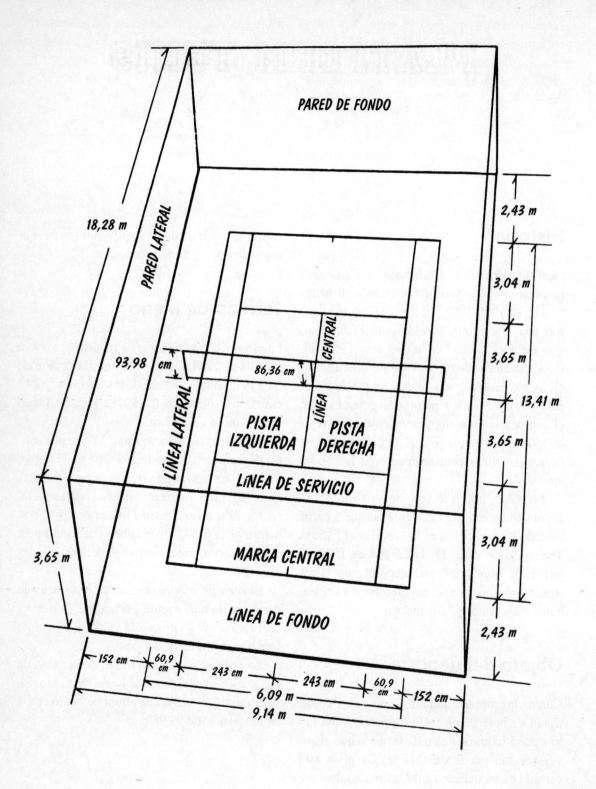

PARED DE FONDO

PARED LATERAL

18,28 m

93,98 cm

86,36 cm

LÍNEA LATERAL

CENTRAL

LÍNEA

PISTA IZQUIERDA

PISTA DERECHA

LÍNEA DE SERVICIO

MARCA CENTRAL

LÍNEA DE FONDO

3,65 m

2,43 m

3,04 m

3,65 m

13,41 m

3,65 m

3,04 m

2,43 m

152 cm   60,9 cm   243 cm   243 cm   60,9 cm   152 cm

6,09 m

9,14 m

Equipo

La *pala* de *platform tennis* es de madera, metal o fibra. Sus medidas son: 45,87 cm de largo máximo, y 25,24 cm de ancho máximo. Está perforada con agujeros de 7,62 mm, con un número máximo de 87 agujeros.

La *pelota* es de gomaespuma sólida, forrada con pelo, y normalmente, de color amarillo. Tiene un diámetro de 6,35 cm, y pesa entre 70 y 75 g.

La vestimenta es informal y el calzado deportivo. El *platform tennis* se juega al aire libre, por lo que, en los meses de invierno, está permitido llevar guantes y ropa de abrigo adecuada.

Reglas generales

El juego es similar al tenis, pero se juega con palas. La pelota puede tocar la alambrada, pero debe caer dentro de los límites de la pista, entre las líneas laterales y la línea de fondo. La otra principal diferencia es que sólo está permitido realizar un saque.

El juego de dobles, con dos jugadores por equipo, es el más practicado. El juego de individuales es recreativo, pero en Estados Unidos existen campeonatos individuales nacionales.

La pelota puede tocar una o dos alambradas.

El tanteo y el desarrollo del juego es como el del tenis, pero hay un *tie break* a 12 puntos.

Procedimiento

El jugador o jugadora que, lanzando una moneda en suerte, gana, opta por un lado o el servicio, como en el tenis.

Servicio

El servicio es similar al del tenis, con las siguientes excepciones:

- ◆ sólo se permite realizar un servicio;
- ◆ el que sirve pierde un punto por falta de servicio o falta de pie;
- ◆ un servicio con net se repite.

Resto y juego

El juego se desarrolla como en el tenis, pero se puede utilizar las alambradas para mantener la pelota en juego.

Los puntos se pierden o se ganan como en el tenis.

Oficiales

En Estados Unidos, la APTA (American Platform Tennis Association) convoca a los oficiales para los campeonatos nacionales.

REMO

Historia

Los primeros testimonios de la práctica del remo datan del antiguo Egipto, hace más de cuatro mil años, cuando los barqueros del Nilo se enfrentaban, a bordo de sus botes, para alcanzar el honor de formar parte de la procesión funeraria del faraón. Sin embargo, el remo, como deporte, tiene un origen más cercano. En 1715, el actor Thomas Dogget organizó una carrera abierta entre los barqueros del Thamesis, para celebrar el primer aniversario de la coronación del rey Jorge. Pero el primer enfrentamiento entre remeros tendría lugar un siglo después, en 1829, entre las universidades de Oxford y Cambridge. En las Olimpiadas de Atenas, en 1896, se intentó organizar pruebas de remo, pero finalmente no entraron en los programas por problemas económicos de la organización. Sólo se organizó una regata de exhibición con botes nacionales civiles y militares. En 1893, Bélgica, Italia, Francia y Suiza fundaron la Federación Internacional de Asociaciones de Remo. El remo llega a la Olimpiada en París, en el año 1900, y desde entonces su práctica se extiende en el ámbito internacional; pero el remo femenino no entraría en los programas olímpicos hasta 1976. La Federación Española de Remo se constituyó en 1918. Son célebres las regatas de traineras del norte de España, y en el Lago de Banyoles, en el mismo país.

Objeto del deporte

Una tripulación de remeros utiliza un remo (remo en punta) o dos (*scull*), para desplazarse sobre un curso de agua, a bordo de una embarcación ligera. El asiento del remero se desliza hacia delante y hacia atrás. Se declara vencedora la embarcación que cruza primero la línea de llegada o que recorre una distancia en menos tiempo.

Campo de regatas

Para la realización de regatas, un campo de regatas debe incluir: un curso de agua y un equipo técnico adecuado a los códigos de regatas, según el reglamento de ejecución vigente.

La longitud de un campo de regatas estándar es:

- sénior y júnior (hombres y mujeres): 2.000 m rectos; en algunos casos puede reducirse a 1.500 m;
- veteranos (hombres y mujeres): 1.000 m rectos.

La distancia 0 será la salida. Debe haber una marca cada 250 m, y también al final de la longitud exacta del campo de regatas, como línea de llegada. Es necesario que un topógrafo cualificado mida la longitud total y las distancias intermedias del recorrido. El comité organizador debe disponer de un plano detallado del campo. La longitud de campos no estándar puede ser más corta (*sprint*), o más larga (distancias largas, descenso de ríos, etc.). En cualquier caso, el campo tiene que ser recto. La profundidad mínima es de 3 m. Para los campos artificiales de nueva construcción, se recomienda una profundidad mínima de 3,5 m.

En el caso de las regatas en campo estándar, las series deben disputarse en un mínimo de 6 calles, con una separación entre ellas de 12,5 m y 15 m. Las calles se delimitan con balizas. La distancia mínima desde el exterior de la primera y la última calle hasta la orilla debe ser de 5 m.

Equipo

Una embarcación se desplaza, con o sin timonel, por la fuerza muscular de uno o más remeros que utilizan los remos como simples palancas de segundo orden, sentados de espaldas al sentido del movimiento de la embarcación. En una embarcación de remo, todos los elementos portantes, incluidos los ejes de los elementos móviles, deben estar sólidamente fijados a la embarcación, pero el asiento del remero puede desplazarse en el eje de la embarcación.

Según la embarcación, puede haber 1, 2, 4 u 8 remeros, sin contar a los timoneles. Actualmente existen 8 modalidades olímpicas: *skiff*, doble *scull*, cuádruple *scull*, dos sin timonel, dos con timonel, cuatro sin timonel, cuatro con timonel y ocho con timonel.

La proa de todas las embarcaciones debe llevar una bola blanca de caucho u otro material plástico, de 4 cm de diámetro, excepto las embarcaciones construidas con garantía de seguridad y visibilidad.

Las embarcaciones utilizadas en regatas internacionales oficiales deben tener el siguiente peso:

Tipo de embarcación (peso en kg)
Cuatro con timonel: 51
Doble *scull*: 26
Dos sin timonel: 27
Skiff: 14
Dos con timonel: 32
Cuatro sin timonel: 50
Cuádruple *scull*: 52
Ocho con timonel: 93

El perímetro máximo de la pala del remo debe ser: 5 mm, en el remo de punta, y 3 mm en el remo de *couple*.

La obertura del lugar reservado para el timonel debe tener una longitud mínima de 70 cm, y la misma anchura que la embarcación, sobre una longitud mínima de 50 cm. La superficie interior de la parte cerrada debe ser lisa y es necesario que ningún elemento limite la anchura interior del lugar reservado para el timonel.

La construcción, la forma y las dimensiones de las embarcaciones son libres, de acuerdo con los requisitos mínimos anteriores.

Uniformes

Los remeros de un mismo equipo deben vestir de modo uniforme: pantalón corto, camiseta y elementos adicionales. Todos deben llevar una camiseta de su club, excepto en el caso de tripulaciones mixtas. Las palas de los remos tienen que estar pintadas de manera idéntica por los dos lados.

Remeros y timoneles

Los remeros amateurs son aquellos que no obtienen ningún beneficio directo ni indirecto de la práctica de este deporte. La federación internacional reconoce las siguientes categorías, según edad y peso:

Júnior masculino y femenino: todas aquellas personas que no hayan cumplido dieciocho años. El 31 de diciembre del año en que cumple los dieciocho años deja de pertenecer a esta clase.

Los júnior no pueden participar en más de dos series diarias, y el intervalo entre ambas series debe ser como mínimo de dos horas, excepto en el caso de repetición de una regata.

Sénior A y B, masculino y femenino: un remero que ya no pertenece a la categoría júnior se considera sénior B hasta el 31 de diciembre del año en que cumple veintidós años. Después, le corresponde la categoría sénior A.

Peso ligero: el peso medio de una tripulación masculina, sin timonel, no puede sobrepasar los 70 kg. Ningún remero puede pesar más de 72,5 kg.

El peso de un esquifista (remero de *skiff*) no puede sobrepasar los 72,5 kg. Para las mujeres, el peso medio de una tripulación no puede superar los 57 kg. Además, ninguna remera puede pesar más de 59 kg. Los remeros y remeras con estas características (peso ligero), deben pesarse vestidos con traje de baño.

Veteranos: desde el primero enero del año en que un remero cumple veintisiete años, siempre y cuando durante el año anterior no haya participado en una regata de categoría sénior A, en una distancia de 1.500 a 2.000 m, ese remero puede participar en la categoría de veteranos.

Los timoneles son los miembros de la tripulación encargados del manejo del timón. En las categorías sénior no hay límite de edad para el timonel, pero el timonel de una categoría júnior debe ser júnior. El peso máximo de un timonel (con traje de baño) es de 50 kg, para hombres, y de 45 kg para las mujeres. Para conseguir su peso, puede llevar lastre (5 kg) en su espacio de la embarcación.

Procedimiento

En un plazo máximo de 2 días después de la fecha límite de inscripción, el comité organizador debe enviar a los clubes inscritos una lista de las inscripciones y un horario provisional de las series.

En caso de que el número de embarcaciones participantes sea superior al de posiciones de salida, debe utilizarse un sistema de series eliminatorias para designar a los finalistas.

En todas las pruebas, las series deben terminar 2 horas antes del inicio de las series siguientes de la misma prueba.

Los clubes o federaciones pueden reemplazar hasta la mitad del número de remeros (y el timonel, si es necesario) de una tripulación. Pueden hacerlo hasta 2 horas antes del inicio de la primera serie de una prueba. No se admiten sustituciones de esquifistas. Después de la primera serie de una prueba no pueden realizarse sustituciones, excepto en caso de lesión o accidente.

Si un club decide renunciar a participar debe hacerlo, como mínimo, 1 hora antes del inicio de la prueba.

La distribución de calles se realiza por sorteo.

Todos los remeros deben respetar el código de regatas del comité organizador y respetar las normas de navegación:

♦ no pueden cruzar, en ningún sentido, la línea de llegada durante la llegada de embarcaciones de otra serie;

♦ deben detenerse cuando las tripulaciones que compiten pasen a su altura.

En la salida, la tripulación no puede entrar en la zona de salida hasta que no esté libre para la prueba que van a realizar, y hasta que el *starter* (juez de salida) no les asigne una calle. Las tripulaciones deben estar en posición de salida 2 min antes de la hora fijada para la salida. El *starter* puede dar la señal de salida prescindiendo de los ausentes, y puede amonestar a los que lleguen tarde, igual que a los que realicen una salida falsa, con la exclusión de la prueba.

Antes de dar la salida, el *starter* debe asegurarse de que el árbitro y el juez de salida están preparados. Cuando el juez de salida indica que las embarcaciones están correctamente alineadas, el *starter* levanta una bandera roja, después de asegurarse de que el juez de salida tiene su bandera levantada, y de hacer una última comprobación: pregunta a las tripulaciones si están preparadas (utilizando la fórmula *Are you ready?*). Después de una pausa marcada da la orden de salida: «*go*», al tiempo que baja la bandera roja.

En caso de que el viento dificulte la alineación, el *starter* puede llamar a las tripulaciones, una por una, para anunciarles que efectuará una *salida rápida*. Les da el aviso de atención y luego la salida.

Una embarcación que abandone su lugar después de que el *starter* haya levantado la bandera roja, pero antes de la orden de *go*, realiza una salida falsa.

Durante la regata, los remeros son responsables de su colocación en la calle asignada. Una tripulación puede abandonar su calle, si no interfiere en el curso de otra embarcación ni obtiene ventaja al hacerlo. El árbitro es el único oficial que decide si una tripulación está en su calle. Ninguna tripulación que no esté en regata puede seguirla durante su recorrido, ni siquiera desde el área de balizas.

Las fases de regata son: eliminatoria, repesca, semifinal y final.

Medidas disciplinarias

El jurado puede imponer a los remeros, timoneles o acompañantes que hayan mostrado un comportamiento antideportivo o incorrecto, una vez haya escuchado a todas las partes implicadas, las siguientes medidas disciplinarias:

♦ advertencia;
♦ amonestación (que se aplica en la siguiente serie en que participe esa tripulación);
♦ expulsión;
♦ descalificación.

Un remero o una tripulación expulsada queda excluida de todas las series de la prueba.

Asimismo, un remero o una tripulación descalificada queda excluida de todas las pruebas de una o más regatas. Una persona sancionada puede interponer un recurso en un plazo de 3 días desde la fecha de comunicación de dicha sanción.

Oficiales

Los oficiales que participan en una regata son: el *starter* y el juez de salida, que procuran que las tripulaciones estén preparadas y alineadas y que la salida sea correcta; el árbitro, que controla el desarrollo de la regata e impone sanciones; los jueces de llegada, que determinan el orden de llegada (disponen de material electrónico y vídeo); y la comisión de control, que se ocupan de que la composición de las tripulaciones sea adecuada y de que su equipamiento funcione correctamente, así como de los controles médicos y de dopaje.

RUGBY

Historia

Durante un encuentro de fútbol que se disputaba en la Rubgy School de Inglaterra, en 1823, el portero de un equipo propinó un puntapié a la pelota, la agarró y corrió todo el campo para arrojarla en la portería contraria. Su nombre era W. Webbs Ellis. Muy pronto, otras escuelas comenzaron a jugar de este modo y el juego se extendió bajo el nombre de «rugby» por clubes y facultades. En 1871 todos los clubes se reunieron y formaron la Rugby Union. En 1878 se regularon una serie de normas y se formó una liga nacional. El deporte no tardó mucho en internacionalizarse, primero por las colonias británicas, por Europa y luego por América. En 1920 y 1924 estaba ya en el programa de los Juegos Olímpicos.

Cuando llegó a los Estados Unidos, en la segunda mitad del siglo XIX, comenzó a practicarse también en escuelas y facultades universitarias, donde empezaron a aparecer canchas para el llamado American Gridiron Football. De este modo, puede considerarse que el rugby es hijo del fútbol y padre del fútbol americano.

Actualmente, la International Rugby Football Board (IRFB), fundada en 1886 y constituida por Inglaterra, Gales, Escocia, Irlanda, Francia, Australia, Nueva Zelanda y la República de Sudáfrica, es la organización que reúne a todos los equipos nacionales, establece las normas y leyes, y arbitra las competiciones. A partir de 1986 los componentes de la IRFB abrieron la participación a otros países para organizar la Worl Cup. Por otra parte, la principal competición de este deporte es el Torneo de Cinco Naciones, que se disputa anualmente entre las selecciones nacionales de Inglaterra, Escocia, Irlanda, Gales y Francia.

Objeto del deporte

Dos equipos de 15 jugadores por banda hacen correr la pelota por el terreno de juego, lanzándola, chutándola y corriendo con ella. Los jugadores de cada equipo tratan de pasar la línea de meta del adversario con un lanzamiento, un chute entre los postes verticales de la portería o corriendo hasta rebasar dicha línea y depositar la pelota en el suelo. Gana el equipo que obtiene mayor número de tantos.

Campo de juego

El campo de rugby es rectangular, con una anchura de 69 m x 100 m de largo, entre las *líneas de gol*, a cada extremo del terreno de juego.

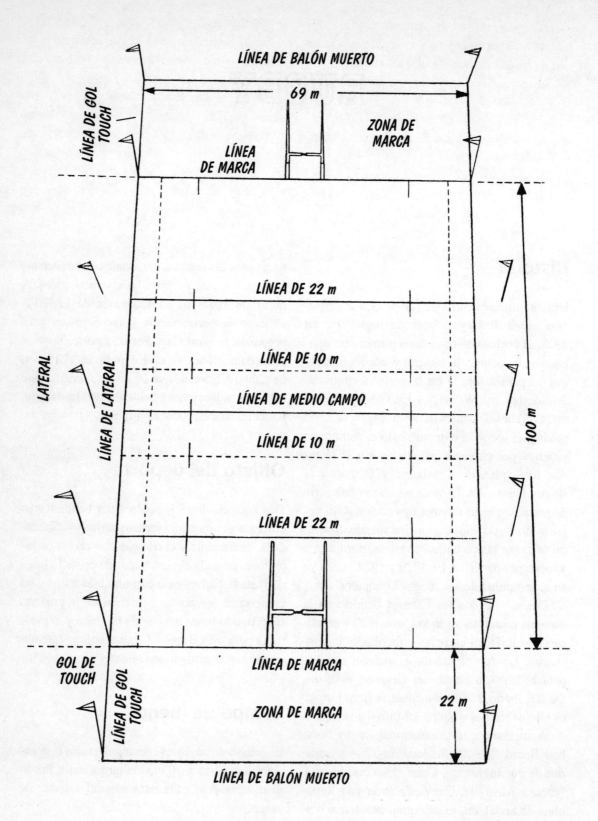

LÍNEA DE BALÓN MUERTO

69 m

LÍNEA DE GOL TOUCH

ZONA DE MARCA

LÍNEA DE MARCA

LÍNEA DE 22 m

LATERAL

LÍNEA DE LATERAL

LÍNEA DE 10 m

LÍNEA DE MEDIO CAMPO

LÍNEA DE 10 m

LÍNEA DE 22 m

100 m

GOL DE TOUCH

LÍNEA DE GOL TOUCH

LÍNEA DE MARCA

ZONA DE MARCA

22 m

LÍNEA DE BALÓN MUERTO

La *zona de marca*, se extiende 22 m por detrás de la línea de marca y va a morir en la *línea de pelota muerta (dead-ball line)*.

Las *líneas de lateral* son los límites laterales del campo.

Las *líneas de lateral de marca* son la extensión de las líneas de lateral de marca hasta las líneas de pelota muerta.

La *línea de medio campo* conecta las líneas laterales a medio campo. Están marcadas a través del campo, a 22 m de cada línea de 22 m.

Los *postes de la portería* establecen una estructura en forma de «H», en cada línea de marca. La barra horizontal está elevada 3 m sobre la línea de marca; los postes están separados 5,60 m entre sí.

El *área de juego* (terreno de juego y zona de fondo) está marcada con banderines blancos.

Equipo

El *balón* es ovalado y lleno de aire comprimido, de piel o material sintético. Tiene un largo aproximado de 28 cm, con los extremos en punta, y pesa entre 400 g y 440 g.

Uniformes

Los jugadores visten jersey, pantalón corto, medias y botas anatómicas con suela de goma. No está permitido el uso de casco u otras protecciones.

Reglas básicas

Cada equipo tiene 15 jugadores que pueden manejar el balón. Los delanteros suelen ser más altos y fuertes y los 3/4 más bajos y rápidos.

Cualquier jugador puede avanzar a la carrera con el balón, pasándolo o chutándolo. No se permite realizar pases hacia adelante.

Si se realiza un pase hacia adelante o se golpea el balón en esta dirección, el árbitro detiene el juego.

No se permite bloquear (obstruir) a un compañero que trata de agarrar el balón o que lo lleva.

Se denomina *tackle* (placaje) a la acción en que un jugador con el balón es agarrado por uno o más adversarios para hacer que toque el suelo. Cuando se realiza un placaje sobre un jugador que lleva el balón, el juego no se detiene. El balón se debe poner en juego, retrasándolo a un compañero, o colocándolo en el suelo para que un jugador lo chute a la carrera. El jugador que recibe el placaje debe incorporarse y seguir adelante.

El juego es continuo, sin tiempo muerto (*time-outs*), y sólo se detiene cuando el balón sale fuera, cuando se marca un tanto, o por una infracción o una lesión.

Se permite realizar hasta 6 sustituciones por lesión, pero el jugador sustituido no puede reincorporarse al juego.

Tiempo de juego

El juego se divide en 2 períodos de 40 min cada uno. Después de un descanso de 5 min, los equipos cambian de lado y se inicia la segunda parte.

Tanteo

Un *ensayo* (5 puntos) es la acción en la que un jugador cruza la línea de marca contraria con el balón y lo deposita (toca el terreno con el balón) en el área de marca. No se considera marca si el balón no toca el suelo o si el jugador sale del área interna de gol.

Después de un ensayo, se marca un gol (2 puntos) chutando el balón entre los dos postes verticales, por encima del travesaño de la portería contraria, sin que el balón toque el terreno tá permitido realizar un *place kick* (patada fija o balón parado), o un *drop kick* (bote pronto), nombre que recibe la jugada en la que el balón que se deja caer y se chuta en su primer bote.

Cualquier jugador puede intentar realizar un *bote pronto a la carrera*, un *running drop kick* (3 puntos), entre los postes verticales, en cualquier momento.

Un gol sobre puntapié de castigo (3 puntos) anota un tanto cuando, habiendo sido señalada una sanción mayor, se ha ejecutado un tiro a bote pronto o balón parado, desde el lugar donde se señaló la sanción.

Después de un tanto, los equipos vuelven a medio campo, y el equipo que ha recibido el gol realiza un tiro a bote pronto contra el equipo contrario.

Procedimiento

Un sorteo a cara o cruz da opción a realizar un saque de salida o a escoger campo.

El juego se inicia con un saque de centro desde el centro de la línea de medio campo. El balón debe alcanzar la línea de 10 m, a menos que primero lo juegue un contrario. Si el balón va a la zona de marca, puede quedar muerto (fuera de juego) o terminar la jugada.

Después de un *kick-off* (saque), cualquier jugador puede:

♦ agarrar o recoger el balón y correr con él;
♦ pasar atrás o al lateral, a otro jugador;
♦ llevar o chutar el balón hacia un punto abierto;
♦ agarrar o empujar a un contrario que tiene el balón;
♦ depositar el balón en la zona de marca;
♦ participar en diversas acciones en el terreno de juego (ver abajo).

La *melé* se utiliza para reanudar el juego, que ha sido detenido por el árbitro a causa de una infracción. Ocho delanteros de cada equipo forman una *melé*, amontonándose agarrados unos contra otros o abrazándose. En las hileras delanteras debe haber 3 jugadores. Los dos grupos se entrelazan, dejando un pasillo entre ellos. El equipo no responsable de la detención pone el balón en juego. Un jugador hace rodar el balón entre las hileras frontales, entrelazadas, de los dos equipos. Los demás jugadores permanecen detrás de la parte posterior de la *melé*. Los componentes de la *melé* sólo pueden utilizar los pies para retrasar el balón hacia un compañero. Cuando el balón sale por detrás de la *melé*, un jugador la recoge y la pone en juego regular.

Un *maul* ocurre cuando uno o más jugadores de cada equipo están en contacto con el que lleva el balón. Se sostiene el balón y puede moverse entre los jugadores. La jugada termina cuando un jugador, con el balón, consigue apartarse del *maul*, cuando el balón queda sobre el terreno, o si se señala una *melé*.

Un *ruck* ocurre cuando el balón está en el suelo y uno o más jugadores de cada equipo están en contacto físico alrededor del balón. Los jugadores tratan de poner la pelota en juego con los pies.

En un *maul* y en un *ruck*, los jugadores están en pie, en contacto, y se ciernen sobre el balón; el juego abierto ha terminado.

Cuando un balón queda *in touch* (fuera de los límites), se realiza un saque de banda para reanudar el juego. Los delanteros de cada equipo se alinean de caras al *touch* en el lugar por donde salió el balón; los 3/4 se colocan al otro lado del campo. Un jugador contrario, no del equipo que tocó por última vez el balón, lolanza al aire entre las dos líneas de jugadores. Los jugadores saltan para tratar de controlar el balón y pasárselo a sus 3/4, que pueden tratar de mover la pelota campo abajo.

Un *drop-out* es un chute de bonificación para el equipo defensivo, y se realiza desde cualquier punto por detrás de la línea de 22 m.

En juego abierto, un jugador está fuera de juego si un compañero lleva el balón por detrás de él. No hay sanción a menos que el jugador en fuera de juego juegue el balón o haga un placaje a un contrario.

Infracciones/sanciones

Existen tres tipos de infracciones, que obligan a detener el juego:

- ♦ incidencias menores (como un pase adelante no intencionado o un balón impracticable): se señala una *melé*;
- ♦ situación técnica (como un balón mal lanzado en la *melé*): el otro equipo recibe un chute libre en un lugar donde pueda pasar a un compañero o realizar un chute largo;
- ♦ infracciones mayores (como un fuera de juego o una falta): el equipo agredido tiene un chute de castigo, que puede ser un chute largo o a palos.

Los árbitros pueden avisar o expulsar a los jugadores que infrinjan las normas.

Ventaja

El árbitro no señala ninguna sanción si el equipo que recibe la falta sigue teniendo ventaja y la interrupción le perjudica. Si el árbitro observa una infracción, debe tener en cuenta si el otro equipo disfruta de ventaja táctica o territorial. Si es así, ignorará la infracción. Si el equipo que recibe la falta sale perjudicado (posesión del otro o balón ganado), el árbitro le aplicará una sanción.

Oficiales

El árbitro controla el juego, el tiempo y el marcador, y aplica las normas. Dos jueces de banda o de *touch*, asisten al árbitro para ayudarle a determinar si el balón va fuera, si un chute a portería es bueno o si ha tenido lugar una falta.

Nota del autor: Un especial agradecimiento a James S. Russell por su ayuda en este capítulo.

SALTO DE TRAMPOLÍN

Historia

El salto de trampolín es un deporte moderno que procede de los ejercicios acrobáticos de los gimnastas europeos del siglo XIX. La destreza y precisión de los saltadores fueron los factores primordiales de este nuevo deporte. La modalidad masculina entró en las competiciones olímpicas en 1904, y la femenina en 1912. Las normas son complejas, ya que la ejecución de cada salto depende de una fórmula concreta, según la dificultad de las figuras. La popularidad del salto de trampolín entre participantes y espectadores ha ido creciendo conforme se ha ido comprendiendo que se trata de un deporte artístico, en el que se combinan disciplina, creatividad, perseverancia y habilidad y, a la vez, una fuerte competitividad. El US Diving es el organismo que promociona y gestiona las actividades de este deporte en Estados Unidos. En España, depende de la Federación Española de Natación.

Objeto del deporte

Los competidores saltan al agua desde trampolines o plataformas, realizando un determinado número de zambullidas en diversas posiciones. El saltador que anota más puntos gana.

Piscina

El *trampolín* es flexible, de suelo no resbaladizo. Está dotado de fulcro (soporte móvil) para ajustar la plancha, que está colocada a 3 m o a 1 m de la superficie del agua. El largo total del trampolín es de 4,88 m.

La *plataforma* es rígida, de suelo no resbaladizo; está a 10 m, las intermedias a 7,5 m y 5 m, y las bajas a 3 m y 1 m sobre la superficie del agua. El largo total de la plataforma es de 6 m.

La profundidad de la piscina varía según las diferentes alturas de salto.

Reglamento general

Los hombres llevan bañador y las mujeres traje de baño de una pieza. Está permitido llevar gorro.

La temporada de salto al aire libre suele ir del 1 de junio al 30 de septiembre y la temporada en piscina cubierta, el resto de meses.

Existen las siguientes categorías:

♦ **júnior**: menos de diecinueve años;
♦ **sénior**: cualquier edad;
♦ **máster**: a partir de ventiún años.

Los saltos se agrupan como sigue:

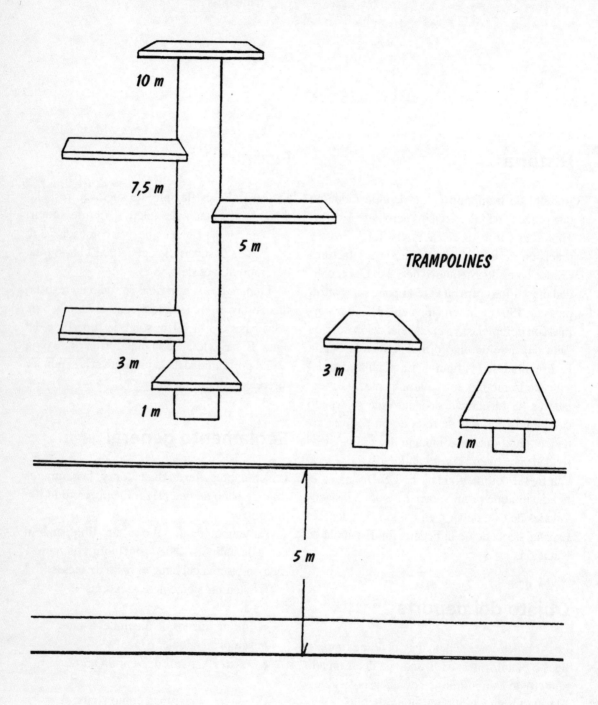

PLATAFORMAS

10 m

7,5 m

5 m

3 m

1 m

TRAMPOLINES

3 m

1 m

5 m

- *forward* (**frontal**): los saltadores empiezan el salto de cara al agua y deben entrar frontalmente;
- *backward* (**hacia atrás**): se empieza de cara y se entra de espalda;
- *reverse* (**dorsal**): los saltadores empiezan de cara, giran hacia el trampolín y entran de espalda;
- *inward* (**hacia adentro**): se empieza de cara, se realiza un giro y se entra de cara;
- *twist* (**giro**): los saltadores realizan un giro sobre sí mismos durante el salto;
- *armstand* (**vertical**): los saltadores empiezan el salto haciendo la vertical (sólo en plataforma).

Los competidores deciden los saltos que desean realizar y deben limitarse a las figuras que han anotado previamente.

Las posiciones del cuerpo o figuras son las siguientes:

- *straight* (recto): el cuerpo no se dobla, los pies juntos con los pulgares en punta;
- *pike* (carpa): el cuerpo doblado por la cadera, las piernas rectas, los pies juntos con los pulgares en punta;
- *tuck* (recogido): el cuerpo doblado por la cadera y las rodillas, las manos apretando las rodillas contra el pecho, los pulgares en punta;
- *free* (libre): combinación de dos de los anteriores durante el salto con giro.

Puntuación

Sólo se juzga la ejecución y la técnica de salto desde la posición inicial hasta la entrada en el agua. No se considera ninguna otra acción antes de la salida ni debajo del agua.

La puntuación se determina en una escala del 0 al 10, con medios puntos, del siguiente modo:

Muy bien: 8,5 a 10.
Bien: 6,5 a 8.
Satisfactorio: 5 a 6.
Deficiente: 2,5 a 4,5.
Insatisfactorio: 0,5 a 2.
Fallido: 0.

Cuando hay 5 jueces, la puntuación máxima y mínima se anulan y se suman los puntos restantes.

El *grado de dificultad* de un salto es una cifra que determina la dificultad en la ejecución. Existen 361 saltos posibles y cada uno tiene un grado de dificultad. La dificultad mínima (1,2) está en el salto de trampolín a 1 m, y de plataforma a 5 m, hacia adelante (*forward*) en posición de *tuck* (recogida). La dificultad máxima (3,5) está en el salto de plataforma a 10 m, *inward* (hacia adentro) con 3 volteretas y media en posición de *pike*, o bien, en el salto desde 3 m hacia adelante con 4 volteretas y media, o en el salto dorsal con 3 volteretas y media, en posición de *tuck*.

La suma de puntos se multiplica por el grado de dificultad para determinar la puntuación total del salto.

El ganador es aquel que obtiene una puntuación más alta sumando todos los saltos realizados.

Competición sénior

Cada competición tiene dos partes: saltos *voluntarios* con un grado de dificultad máxima; y saltos *optativos*, sin límite en los grados de dificultad. No puede realizarse el mismo salto en las dos partes.

Se practican los siguientes ejercicios:

Hombres, plataforma, 10 m: 10 saltos diferentes: 4 saltos, cada uno de una modalidad diferente, con un grado de dificultad total no superior a 7,6, y 6 saltos de diferentes modalidades, sin limitación en el grado de dificultad.

Mujeres, plataforma, 10 m: 8 saltos diferentes: 4 saltos, cada uno de una modalidad diferente, con un grado de dificultad total no superior a 7,6, y 4 saltos de diferentes modalidades, sin limitación en el grado de dificultad.

Hombres, trampolín, 3 m: 11 saltos diferentes: 5 saltos de diferentes modalidades, con un grado de dificultad total no superior a 9,5, y 6 saltos sin limitación (un salto de cada modalidad, más un salto de cualquiera de las modalidades).

Mujeres, trampolín, 3 m: 10 saltos diferentes: 5 saltos, cada uno de un grupo diferente, con un grado de dificultad total no superior a 9,5, y 5 saltos sin limitación en el grado de dificultad (1 de cada modalidad).

Las categorías júnior y máster utilizan diferentes combinaciones, según la edad.

Procedimiento

El orden de salto se decide por sorteo en las series preliminares. En las finales, los competidores invierten el orden de salto según su puntuación: el que obtuvo mayor puntuación salta último.

Se anuncia el nombre del saltador y el tipo de salto que realizará.

El saltador tiene 3 minutos para realizar su salto.

Un saltador júnior puede optar por no puntuar en un salto y seguir en competición.

Es posible realizar diversas pruebas al mismo tiempo.

Las posiciones de salida son las siguientes:

Posición de salto: el saltador se sitúa a un extremo de la palanca o de la plataforma con el cuerpo erguido, la cabeza levantada y los brazos a ambos lados del cuerpo, levantados o extendidos. Cuando el saltador abandona el punto de salida, puede mover los brazos. No está permitido impulsarse.

Salto con carrera: el salto empieza con el primer paso hacia delante. El acercamiento (primer movimiento) debe ser suave, con 3 pasos como mínimo antes del *hurdle* (salto al final de la palanca). El último paso se realiza con un solo pie y luego debe tocarse el extremo de la palanca con ambos pies antes del vuelo (tiempo en que el saltador está en el aire).

Salto vertical: el saltador debe balancearse y mantenerse erguido antes de despegar (abandonar la plataforma).

La zambullida o entrada en el agua tiene que realizarse manteniendo el cuerpo en posición vertical, recto, y los pulgares de los pies en punta. Si el saltador entra de cabeza, debe mantener los brazos extendidos a ambos lados de la cabeza. El salto termina cuando todo el cuerpo está bajo el agua.

Sanciones

Los jueces pueden restar puntos por las siguientes infracciones:

♦ dar menos de 3 pasos antes del *hurdle* (2 puntos);
♦ propulsarse o balancearse antes del despegue (hasta 2 puntos);
♦ separar las rodillas en un *tuck* (de 1 a 2 puntos);
♦ también se sanciona: saltar desviándose de una línea directa, perder el equilibrio, mantener los brazos en posición incorrecta en la entrada, parar y volver a empezar y adoptar una posición incorrecta durante el salto;

- *balk* (error): se considera error cuando el saltador empieza un acercamiento y se detiene, o cuando un despegue se realiza desde un *hurdle* (salto) y no desde el extremo de la palanca;
- un árbitro puede considerar un fallido salto (sin puntuación) si el saltador comete 2 errores, obtiene ayuda, despega con un solo pie, no salta o realiza un salto equivocado, o bien, si en un salto de cabeza entra primero con los pies antes que con las manos.

Oficiales

El árbitro dirige la competición y supervisa a los jueces. Entre 5 y 7 jueces emiten sus puntuaciones por cada salto e indican las marcas a un secretario, que los anota y lleva el cómputo.

SOFTBOL

Historia

Originariamente, el softbol se jugaba en pista cubierta y se denominaba *indoor baseball* (béisbol a cubierto). Se cree que G.W. Handcock, del Farragut Boat Club de Chicago, lo introdujo en 1887. En principio, se utilizaba una pelota de 43,18 cm de diámetro, con las costuras en el exterior. En 1895, en Minneápolis apareció una versión al aire libre, pero la pelota era más pequeña (30,48 cm) y estaba recubierta, como la de béisbol. Otras denominaciones de la época son: *indoor-outdoor, playground ball, diamond ball, kitten ball o ball and mush ball.* Las principales diferencias con el béisbol son las dimensiones del campo (éste es menor), el mayor tamaño de la pelota, el lanzamiento por debajo del codo y las 7 carreras. En Estados Unidos, hombres y mujeres de todas las edades lo practican como juego recreativo y como deporte de competición, tanto a nivel escolar como en ligas y campeonatos. El organismo encargado de la gestión y promoción de este deporte es la USA Softball. Este deporte ha llegado también a España, donde existe la Real Federación Española de Béisbol y Softbol.

Objeto del deporte

Dos equipos tratan de anotar carreras (puntos), a lo largo de un campo romboidal con 4 bases en los vértices. El equipo que obtiene mayor puntuación, vence.

Nota: Existen tres versiones de este deporte: fast pitch (FP), slow pitch (SP) *y* 16-inch slow pitch (16SP). *Se observan diferencias en las reglas de cada modalidad.*

Campo de juego

El campo de juego está dividido en campo interior y campo exterior, y tiene terreno bueno y terreno de *foul*.

El rombo tiene 18,28 m de lado (19,81 m en SP, y 16,76 m en 16SP), con una base en cada esquina.

Hay una primera, segunda y tercera base. Están hechas de hule, y sus medidas son: 96,76 cm^2, y hasta 12,7 cm de altura.
Están ancladas en el terreno.

La base de meta es de goma blanca y de forma pentagonal. Tiene una anchura de 43,18 cm a lo largo del borde delante del pítcher, 21,59 cm a cada lado, y 30,48 cm en los lados de la parte del cátcher.

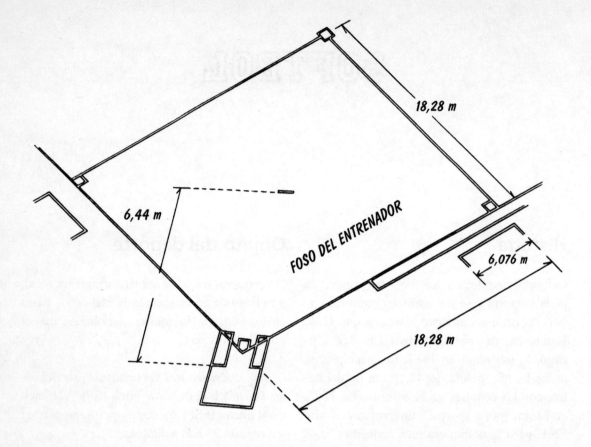

18,28 m

6,44 m

FOSO DEL ENTRENADOR

6,076 m

18,28 m

El *plato del pítcher* es de goma. Tiene un largo de 60,96 cm y un ancho de 15,24 cm, y está nivelado con el terreno. Está situado a 14,02 m del punto trasero de la base de meta (12,19 para las mujeres en FP), 25,24 m para SP, y 11,58 m para 16 SP.

El *círculo del pítcher* tiene 4,87 m de diámetro alrededor del plato del pítcher (sólo en FP).

Las *cajas de los bateadores* tienen un largo de 182,8 cm, y un ancho de 121,9 cm. Están a 15,24 cm de los bordes exteriores de la base de meta.

La *caja del cátcher* tiene 304 cm de largo y 256,5 cm de ancho. Está por debajo de la base de meta.

El *círculo de espera (on-deck circle)* para el próximo bateador tiene 1,51 m de diámetro y está situado entre el banco o foso de cada jugador y la base de meta.

La *línea de 91,44 cm* es paralela a las líneas de bases y está trazada a 91,44 cm de la misma, comenzando a medio camino entre la base de meta y terminando más allá de la primera base, como guía para el corredor.

Los *cajones de los entrenadores* tienen unas dimensiones de 6,05 x 3,02 m y están situadas a 4,53 m fuera del cuadro de juego, por detrás de primera y la tercera base.

El *campo exterior* es el campo que queda fuera del área del rombo, en el lado opuesto a la base de meta.

Las *líneas de foul* (fuera) se extienden desde la base de meta y se prolongan más allá de la primera y la tercera base hasta los postes de *foul*, en el límite marcado del área de campo exterior. Se considera *terreno bueno (fair territory)* toda el área acotada por las líneas de *foul* (incluyendo las propias líneas). *El terreno de fuera (foul territory)* es toda el área que queda fuera de las líneas de *foul*.

Equipo

El *bate* es de una pieza, de madera pulida laminada, de metal o de plástico, bambú u otros materiales sintéticos. No puede tener un largo que exceda los 86,36 cm (incluido el mango de seguridad, de un máximo de 38,1 cm), ni un peso superior a 1.077,3 g. Está pulido y redondeado, y tiene un diámetro máximo de 5,71 cm, o bien, tiene 3 lados (uno de golpeo, de 5,71 cm de ancho). Los bates metálicos deben ser angulares.

La *pelota* es una esfera de hilo enrollado alrededor de un pequeño núcleo de corcho, goma o material similar, cubierta por dos tiras de piel de vaca o caballo, cosidas juntas y apretadas. Tiene un diámetro de 30,48 cm (FP o SP), y pesa entre 177,18 g y 198,45 g. Para el *slow pitch*, la pelota tiene un diámetro de 40,64 cm y pesa entre 255,15 g y 283,5 g y para mujeres, tiene un diámetro de 27,94 cm, y pesa 170,1 g.

Los *guantes* de los jugadores del campo exterior no tienen medidas estándar pero suelen tener 5 dedos. El cátcher y el hombre de primera base acostumbran a utilizar una manopla o guante con pulgar y divisiones. La redecilla no puede superar los 12,7 cm de largo.

Uniformes
Todos los jugadores visten el mismo uniforme, con números de 15,24 cm en la espalda.

El calzado tiene clavos metálicos de 19,05 mm de largo, excepto en las categorías juveniles, mixtas o séniors, donde no se permiten zapatos con puntas.

Los *cascos* son obligatorios para los bateadores adultos de FP y para los corredores de base. Está permitido su uso a los pítchers y cátchers, y son también obligatorios para los bateadores, cátchers y corredores juveniles. Todos los cátchers FP deben llevar máscara con gargantilla. Se recomienda el uso de protectores corporales para los cátchers adultos, y son obligatorios para los juveniles. En SP, los jóvenes deben llevar máscara.

Reglamento general

El juego se divide en *innings* (entradas, mangas), en las cuales cada equipo tiene un turno para batear (golpear la pelota) y uno para estar en el campo. En las normas se establecen 7 mangas.

No es necesario jugar la segunda parte de las 9 mangas si el equipo local ha conseguido más carreras que el adversario en 6 mangas, o antes del tercer *out* de la séptima manga. Si se produce un empate, se corren una serie de mangas extra, hasta que uno de los equipos consigue más carreras en una manga completa o hasta que el equipo que batea segundo anota más carreras antes de un tercer *out* (fuera).

Si se detiene el juego (a causa de la lluvia o de luz insuficiente), el partido se da por terminado si se han jugado 5 mangas, o bien, si el equipo que batea segundo ha conseguido más carreras en 4 mangas de las que el otro equipo ha conseguido en 5. Se considera que hay empate si, después de 5 mangas, el marcador está igualado.

El *equipo local* es aquel que juega en su propio campo. El otro es el *equipo visitante*. Si el partido se disputa en terreno neutral, se denomina «*local*» a uno de los dos equipos.

El equipo que batea puede realizar 3 *outs* (fueras): se impide a los bateadores o corredores de base que ganen una base, durante una manga. Después de 3 intentos fallidos, el equipo debe retirarse para que entre a batear el contrario.

Se anota *una carrera* cada vez que un corredor de base toca la primera, segunda y tercera base y la base de meta, antes de que se produzca el tercer *out* en una manga.

Los defensores, a excepción del cátcher y el pítcher, pueden colocarse en cualquier posición dentro del terreno bueno *(fair territory)*. El pítcher debe estar en el plato de pítcher (terreno bueno) y el cátcher debe estar en la caja del cátcher (terreno *foul*).

Las posiciones en el campo son las siguientes:

1. pítcher
2. cátcher
3. primera base
4. segunda base
5. tercera base
6. *shortstop*
7. campo izquierdo
8. campo central
9. campo derecho
10. defensor/a

En FP, un bateador preseleccionado antes del partido puede batear en lugar de otro jugador (Designated Player: DP), pero debe ocupar el mismo lugar en el orden de bateadores durante todo el partido. El DP puede jugar en defensa, pero el jugador inicial y el DP no pueden jugar al mismo tiempo.

En SP, un *jugador extra* (Extra Player, EP) preseleccionado antes del partido puede jugar como bateador, pero debe hacerlo durante todo el partido. Los 11 jugadores tienen que intercambiar sus posiciones. En el juego mixto (5 hombres y 5 mujeres), pueden haber dos EP: 12 pueden batear y 10 jugar en la defensa.

Todos los jugadores iniciales, incluidos los EP y los DP, deben ser sustituidos y pueden volver al juego un tiempo, pero deben jugar en su posición original. Si los sustitutos son reemplazados, no pueden regresar al campo.

Oficiales

El juez árbitro controla el juego desde detrás de la base de meta. Sus responsabilidades incluyen: hacer las llamadas de *pitching* y *hitting* (golpeo) y colaborar con los árbitros de las bases (que toman decisiones en las jugadas de las bases), en las decisiones sobre las pelotas buenas o de *foul*, y en otras reglas.

Procedimiento

Un sorteo a cara o cruz decide qué lado batea primero al principio de la primera manga *(top)*. La segunda mitad de una manga se denomina *bottom*. Los visitantes batean primero. Los jugadores defensivos toman sus posiciones en el campo. El árbitro da la voz de *play* para empezar el juego.

Batear

Los jugadores batean en el orden preestablecido.

El bateador debe permanecer en los límites de la caja del bateador y tratar de golpear la pelota o, en su caso, ganar la base.

La *zona de strike*, en FP, es el espacio imaginario de forma rectangular, situado sobre la base de meta, entre las axilas y las rodillas del bateador cuando se adopta la postura común para batear; en SP, es el espacio entre el hombro y la rodilla.

Se considera *strike* un lanzamiento en que:

♦ el bateador se balancea y falla;
♦ el árbitro considera que el lanzamiento está en zona de *strike*;
♦ golpea a un bateador que se ha balanceado y la pelota queda muerta;
♦ el bateador golpea una *faul tip* (una pelota que golpea directamente al cátcher y es agarrada sin tocar el suelo); el bateador queda fuera en el tercer *strike*.

Nota: En FP, la pelota está viva y cualquier corredor de base puede tratar de avanzar bajo el riesgo de quedar fuera; en SP, la pelota queda muerta (fuera de juego) y los corredores de base no pueden moverse.

Una *pelota de foul* (también *strike*) es una pelota bateada que:

♦ se golpea en un área fuera de las líneas de *foul* y el defensor no consigue agarrarla (si la agarra, el bateador queda fuera). Si el bateador dispone todavía de 2 *strikes* la cuenta se queda en 2 y la pelota queda muerta. En SP, el bateador queda fuera si la pelota de *foul* es el tercer *strike*. Cualquier pelota que es agarrada en área de fuera de juego se considera *no catch* (no agarrada) y pelota de *foul*;
♦ golpea el bate o al bateador cuando éste se encuentra en la caja del bateador;
♦ queda sobre territorio *foul* o es tocada por un jugador sobre territorio *foul*;
♦ rueda a territorio bueno antes de alcanzar la primera o la tercera base, antes de ser tocada, y se queda ahí.

El bateador queda fuera después de tres *strikes*.

Se denomina «pelota» al lanzamiento que:

♦ el árbitro considera que no pasa por la zona de *strike*, sin que el bateador se haya balanceado; en FP, la pelota está en juego; en SP, la pelota queda muerta;
♦ golpea el terreno o la base de meta antes de pasar por zona de *strike*, y el bateador no se balancea. En FP, la pelota sigue en juego; en SP, la pelota queda muerta;
♦ en SP, si el bateador no se balancea y una pelota que no pasa por zona de *strike* le golpea, el bateador va a la primera base.

También se llama «pelota» a cada lanzamiento de calentamiento, hasta 5 (FP) o hasta 3 (SP), o si el pítcher se toma más de 20 s para entregar, o si el cátcher no la devuelve al pítcher con rapidez.

Cuando se han dado 4 pelotas, el bateador puede ir a la primera base: esta jugada se denomina *walk* o *base on balls*.

Una *pelota buena (fair ball)* es una pelota bateada que:

♦ aterriza o es tocada por un jugador en territorio bueno (interior o exterior);
♦ va más allá de la valla al vuelo por territorio bueno o después de rebotar en el bastón de *foul* (ambas pelotas son *home runs*);
♦ primero aterriza en territorio de *foul* y luego rueda a territorio bueno;
♦ rebota en una base o toca a un jugador o un árbitro en territorio bueno.

El bateador queda fuera y la pelota está en juego si:

♦ después de un tercer *strike*, el cátcher la agarra (FP);
♦ en un tercer *strike*, la pelota es agarrada después de que se haya golpeado una pelota de *foul* (SP);
♦ falla el tercer *strike* y la pelota toca al bateador;

♦ después de un tercer *strike*, con un corredor en la primera base y menos de 2 outs (FP);
♦ si la pelota en vuelo es agarrada en territorio bueno o de *foul*;
♦ el árbitro señala «*infield fly rule*» (pelota en vuelo con corredores en la primera y segunda base, o en la primera, segunda y tercera, y antes de 2 *outs*).

El bateador queda fuera y la pelota muerta si:

♦ un defensor deja caer intencionadamente una pelota o una *line drive* (línea rápida o pelota bateada que va fuerte y directa desde el bate a un defensor sin que toque el suelo), mientras hay un corredor en base y menos de 2 *outs*;
♦ se produce un *toque de bola* (*bunt* o pelota bateada a la cual no se trata de golpear fuerte, sino que intencionalmente rueda suavemente dentro del cuadro) y la pelota va fuera después de un segundo *strike*;
♦ una pelota es golpeada 2 veces o se golpea y toca al bateador en terreno bueno, después de que éste haya salido de la caja del bateador;
♦ el cátcher deja caer un tercer *strike*, pero toca al bateador con la pelota o la lanza a la primera base antes de que el bateador consiga llegar;
♦ el bateador interfiere el juego del cátcher que se encuentra en el plato del cátcher, da un batazo ilegal dentro de la caja o mueve la caja después de que el pítcher empiece a lanzar;
♦ un corredor de base interfiere al defensor antes de que éste alcance la primera base.

Un bateador golpea la pelota en terreno bueno de la siguiente manera:

♦ **al vuelo**: si un defensor agarra la pelota antes de que toque el suelo o cualquier obstáculo en campo exterior; en ese caso, el bateador queda fuera;
♦ **on the ground**: si el defensor puede agarrar la pelota y pasársela a un compañero de equipo en la primera base (o llegar él) antes que el bateador llegue, el bateador queda fuera.

Si una pelota no es agarrada antes de que toque el suelo y no puede ser arrojada o entregada a la primera base antes de que llegue el bateador, éste tiene una *single base hit* (golpe de base única) y puede estar a salvo en la primera base o tratar de correr hacia otras bases.

Si el equipo defensivo puede mandar la pelota a la segunda o tercera base y hacerle un *tag* al bateador (tocarlo con la pelota o con la pelota en el guante), antes de que el bateador llegue o mientras está entre 2 bases, el bateador queda fuera.

Un golpe que permite al bateador llegar a la segunda base es un *doble;* si le permite llegar a la tercera base, se denomina «*triple*».

En una *home run*, el bateador logra correr todas las bases, cruzar por la base de meta y puntuar, mientras cualquier compañero se encuentre todavía en la base. También se considera *home run inside the park* (dentro del campo), si ninguno de los defensores logra llevar o lanzar la pelota a la base de meta a tiempo para hacerle un tag al bateador.

Una *carrera grand slam home* se produce cuando todas las bases están cubiertas (los corredores están en las 3 bases) y se logra anotar 4 carreras.

El *primer bateador* de una manga es el que sigue en orden al último bateador de la manga anterior.

Carreras a base

El bateador se convierte en corredor a base, con la pelota en juego, si:

♦ la pelota es golpeada en terreno bueno;
♦ se han lanzado cuatro pelotas;
♦ en FP, el cátcher pierde un tercer *strike*, con menos de 2 *outs* y la primera base desocupada, o con 2 *outs* y la primera base ocupada; el bateador está a salvo si no le han hecho un *tag* o si batea el lanzamiento del cátcher;
♦ un defensor comete error (pierde la bola);
♦ por elección del defensa, si un corredor de base anterior sale en lugar del bateador.

El bateador va a primera base y la pelota queda muerta si:

♦ se anota interferencia del cátcher o el defensa;
♦ una pelota buena golpea a un corredor o al árbitro antes de tocar o pasar al defensa;
♦ en FP, un lanzamiento, sin balanceo y sin *strike* golpea a un bateador que se encuentra en su caja y que ha avisado de que no está preparado.

Nota: si un defensor lanza un guante contra una pelota lanzada, al bateador se le conceden 2 bases; en una pelota bateada, 3 bases; a una pelota que va hacia el límite de campo exterior, una home run.

Un corredor tiene derecho a estar en cualquier base si llega antes de que le consideren *out*, y puede permanecer en la base hasta que, legalmente, pueda avanzar a otra base, o bien, hasta que otro bateador o corredor llegue a su base (como en caso de pelota bateada o *walk* de un bateador).

Para poder puntuar, el corredor debe tocar las bases, incluyendo la base de meta, en el orden establecido.

Dos corredores no pueden permanecer en la misma base al mismo tiempo. El primero que llega legalmente se considera *safe* (quieto). El otro corredor se considera *tagged out*. Si el primer corredor se ve forzado a avanzar y hay 2 jugadores en base, el segundo corredor tiene derecho a la base.

Cuando la pelota está en juego, un corredor de base puede avanzar si se da cualquiera de las siguientes circunstancias:

♦ una pelota es golpeada en terreno bueno o lanzada a este terreno o a *foul*;
♦ antes de que nadie recoja una pelota englobada, el corredor debe hacer un *tag up* (tocar la base que corresponda) y no abandonar esa base hasta que agarren la pelota;
♦ si corre de una base a otra cuando se realiza el lanzamiento y lo tocan (*tag*) mientras se encuentra fuera, se lo considera fuera;
♦ en FP, después de un *wild pitch* (el cátcher no puede alcanzar la pelota) o una pelota pasada (el cátcher no puede agarrarla);
♦ una pelota buena golpea a un corredor de base o a un árbitro, después de rebasar o tocar a un defensa.

Un jugador avanza sin riesgo de ser eliminado bajo las siguientes circunstancias:

♦ un bateador hace un *walk* (paseo) y obliga a los compañeros de equipo a avanzar una base;
♦ el árbitro señala *balk* (lanzamiento con movimiento ilegal): todos avanzan una base;
♦ una pelota en juego es bloqueada o lanzada demasiado larga y cae en fuera de juego;

- un defensa le obstruye el paso a un corredor y el corredor no consigue alcanzar la base, siempre que el árbitro considere que la hubiese alcanzado si no le hubieran interferido;
- un bateador golpea un *home run*;
- un bateador golpea un *ground run double* (la pelota rebota en una valla en terreno bueno o va a un área fuera de juego): el bateador y el corredor de base son premiados con 2 bases.

Un corredor debe volver a la base después de:

- cada lanzamiento que el bateador no consigue golpear;
- una pelota es agarrada al vuelo;
- una pelota de *foul* no ha sido agarrada;
- si se produce interferencia del bateador, otro corredor o el árbitro;
- dejan caer intencionadamente una pelota englobada en terreno interior;
- un bateador es golpeado por una pelota que, en el balanceo, ha sido lanzada sin querer.

Un corredor de base es expulsado si el corredor:

- es forzado a avanzar a otra base y el defensor le toca (*tag*) o alcanza la base antes que él;
- un defensa lo toca (*tag*) y no está quieto (safe), mientras la pelota está en juego;
- pasa la primera base y lo tocan cuando está en camino hacia la segunda;
- se aparta más de 91,44 cm de las líneas marcadas entre las bases para evitar que lo toquen;
- interfiere una bola bateando o lanzando otra bola;
- toma parte en un *double play* (doble juego: dos jugadores ofensivos en la misma acción) o en un *triple play* (tres jugadores fuera);
- es golpeado por una pelota buena mientras se encuentra fuera de la base y antes de que llegue a cualquiera de los jugadores interiores, a excepción del pítcher;
- pasa a otro corredor o llega último mientras otro corredor está en base;
- deja la base antes de que una pelota en vuelo sea agarrada o lo tocan (*tag*) antes de que pueda regresar;
- olvida tocar una base y un defensa lo toca (*tag*) o toca la base;
- chuta la pelota a propósito o corre de espaldas para confundir al defensa.

Un corredor de base no queda fuera si el corredor:

- sale de su base para no interferir en una jugada;
- no lo tocan (*tag*) con la pelota que el defensa sostiene;
- toca y pasa la primera base, pero regresa a ella (debe pasar a terreno *foul*);
- es golpeado con una pelota bateada mientras estaba en la base o con una pelota bateada que ha rebasado a un defensor, sin posibilidad de que hubiera out;
- permanece en la base hasta que una pelota bombeada sea tocada. Entonces debe avanzar (puede ser tocado, *tagged out*, en la siguiente base).

Lanzamiento

El pítcher se coloca de cara al bateador, con el cátcher dentro de la caja del cátcher.

En FP, el lanzamiento comienza con la pelota en ambas manos y ambos pies (mujeres), o con el pie eje (hombres) en el plato del pítcher, de 1 a 10 s.

En SP, sólo una mano puede tocar la pelota y un pie en el plato de lanzamiento, de 1 a 10 s.

Se permite cualquier clase de mecánica (movimiento antes de entregar la pelota), pero el lanzador no puede detenerse ni girarse después de empezar, ni continuar después de que la pelota abandone su mano.

En FP, la pelota puede pasar por la cadera 2 veces, pero no puede haber más de un molinete o *windmill* (vuelta completa de brazo); en SP, no se permiten *windmills* y la pelota debe ser entregada la primera vez que pasa por la cadera.

Para conseguir un lanzamiento legal, la pelota debe ser entregada por debajo. Además:

- la mano debe estar por debajo de la línea de la cadera y la muñeca no más lejos del cuerpo que el codo;
- la pelota debe lanzarse al mismo tiempo que se realiza cualquier paso hacia adelante (FP), o cualquier paso (SP);

- el otro pie debe permanecer en el plato del lanzador hasta que el pie que va por delante toque el suelo;
- en SP, la pelota se debe elevar un mínimo de 183 cm (pero no más de 365 cm), entre la mano del lanzador y antes de cruzar la base de meta;
- se debe lanzar a una velocidad moderada, según el criterio del árbitro.

Los siguientes lanzamientos son ilegales:

- pelotas rodadas o con bote;
- pelotas alteradas con sustancias extrañas o dañinas;
- lanzar a una base mientras se tiene un pie en el plato de lanzamiento; el lanzador debe tener ambos pies en el plato;
- un lanzamiento en que el cátcher abandona la caja del cátcher antes de que se entregue la pelota (FP), o antes de que la pelota alcance el plato (SP).

Medidas de campo para jóvenes

	Líneas de base		Distancia de lanzamiento		Distancia de la valla mínima/máxima	
	FP	SP	FP	SP	FP	SP
Chicos < 18	18,28	19,81	14,02	15,24	60,96/68,58	83,82
Chicas < 18	18,28	12,19	14,02	15,24	60,96/68,58	68,58
Chicos < 16	18,28	19,81	14,02	14,02	60,96/68,58	83,82
Chicas < 16	18,28	12,19	14,02	14,02	60,96/68,58	68,58
Chicos < 14	18,28	12,19	14,02	14,02	53,34/60,96	45,72
Chicas < 14	18,28	12,19	14,02	14,02	53,34/60,96	45,72/53,34
Chicos < 12	18,28	18,28	10,36	12,19	53,34/60,96	53,34
Chicas < 12	18,28	18,28	10,66	12,19	53,34/60,96	53,34
Chicos < 10	16,76	15,24	10,66	10,66	45,72/53,34	45,72
Chicas < 10	16,76	15,24	10,66	10,66	45,72/53,34	45,72/53,34

Nota: medidas en cm.

Un árbitro señala *no-pitch*, que anula cualquier jugada que se haya realizado después de un lanzamiento, si:

♦ el bateador no estaba preparado;
♦ el lanzamiento se realizó durante una parada en el juego;
♦ la pelota se resbala de la mano del lanzador (en FP, la pelota está viva, el bateador recibe una pelota de bonificación y los corredores de base pueden tratar de avanzar);
♦ un corredor no ha vuelto a una base tras una pelota de *foul* o queda fuera por abandonar la base demasiado pronto.

Los corredores no avanzan en lanzamientos ilegales o no-pitches. En FP, si el bateador golpea un lanzamiento ilegal y alcanza la primera base, todos los corredores pueden avanzar, como mínimo, una base; cualquier jugada cuenta. En SP, si el bateador se balancea en un lanzamiento ilegal, cualquier jugada cuenta.

SQUASH

Historia

El juego del squash es una variación del frontenis, deporte algo más antiguo. En sus orígenes, se practicaba en los patios de las tabernas y posadas inglesas. En su obra *The Pickwick Papers,* Charles Dickens lo describió como un juego en la cárcel de los deudores. En 1822, el frontenis se jugaba en una pista cerrada, entre cuatro paredes, en Harrow's School, Inglaterra. Posteriormente, apareció un juego similar, con una pelota lo suficientemente blanda como para poder ser apretujada con una mano: *squashed*, en inglés. De ahí proviene su nombre. A mediados del siglo XIX, el squash llegó a América. Las reglas se homologaron en 1890 y empezaron a construirse pistas en clubes privados. A partir de la Segunda Guerra Mundial, el juego se popularizó por todo el mundo.

Objeto del deporte

Dos o cuatro jugadores (juego de individuales o de dobles), equipados con raquetas de mango largo y en pista cerrada, tratan de golpear una pelota contra la pared frontal de modo que los adversarios no puedan devolverla tras el rebote. El jugador o equipo que consigue mejor puntuación, según el sistema de tanteo establecido, vence.

Campo de juego

Las dimensiones de la pista de individuales son:

Largo: 9,75 m.
Ancho: 6,40 m.
Diagonal: 11,66 m.
Altura del borde superior de la línea de saque sobre la pared frontal: 1,83 m.
Altura del borde inferior de la línea que delimita la cancha sobre la pared delantera: 4,57 m.
Altura del borde inferior de la línea que delimita la cancha sobre la pared trasera: 2,13 m.
Distancia de la pared trasera hasta el borde más lejano de la línea media: 4,26 m.
Altura del borde superior de la chapa de metal: 0,48 m.
Grosor de la chapa metálica (plana o abombada) en su parte superior: de 12,5 a 25 mm.
Altura de la línea límite lateral: diagonal que une la línea superior delantera con la línea superior trasera.
Dimensión interior del cuadro de saque: 1,60 m de lado.
Altura mínima libre sobre el suelo de la cancha: 5,64 m.

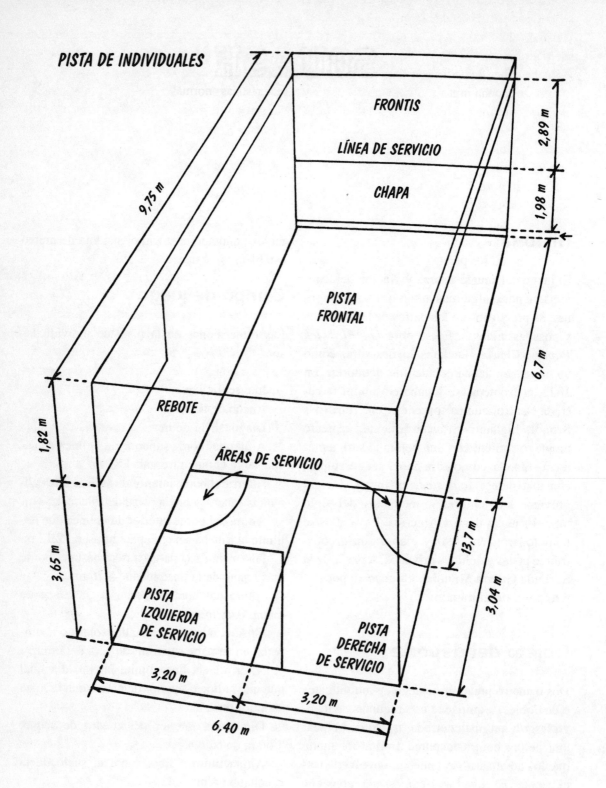

PISTA DE INDIVIDUALES

FRONTIS

LÍNEA DE SERVICIO

CHAPA

PISTA FRONTAL

9,75 m

2,89 m

1,98 m

6,7 m

REBOTE

ÁREAS DE SERVICIO

1,82 m

13,7 m

3,04 m

3,65 m

PISTA IZQUIERDA DE SERVICIO

PISTA DERECHA DE SERVICIO

3,20 m

3,20 m

6,40 m

El largo, el ancho y la diagonal de la cancha se medirán partiendo de la unión del suelo con la pared delantera, 1 m por encima del nivel del suelo terminado.

Debe haber 2 cuadros de saque, uno a cada lado de la cancha junto a la línea media. Su dimensión interior debe ser de 1,60 m. de lado cada uno (son cuadrados perfectos), y deben estar delimitados en 3 lados por líneas (una de las cuales es parte de la línea media) y en el cuarto lado por una de las paredes laterales.

La línea central tiene que estar justo en la mitad de la cancha (quiere decir que el centro de dicha línea debe estar a 3,20 m de las paredes laterales), ha de ser paralela a las paredes laterales; y va de la pared trasera a la línea media.

Las líneas pintadas sobre el suelo y la pared serán rojas y tendrán una anchura de 5 cm.

Las paredes deberán ser blancas o casi blancas. Todas las líneas deberán ser rojas.

En relación con las líneas que delimitan los límites superiores de la cancha, se sugiere que el yeso se aplique de forma que cree un canal cóncavo a lo largo de tales líneas para producir el desvío de la pelota.

Se recomienda que la puerta de la cancha esté en el centro de la pared trasera.

Equipo

La raqueta está hecha de cualquier material aprobado, pero la cabeza debe ser de madera. Tiene un largo aproximado de 68,5 cm. Las cuerdas no pueden ser metálicas.

La pelota es de goma blanda. Su diámetro aproximado es de 3,17 cm, y su peso: 31,18 g.

Los organizadores pueden especificar regulaciones relativas a la ropa a utilizar por los jugadores, que deben ser cumplidas en su torneo particular. Normalmente se utiliza ropa blanca o clara, con zapatillas apropiadas para la pista.

Reglamento general

El juego de squash se practica entre 2 jugadores, cada uno usando una raqueta de dimensiones reglamentarias, con una pelota de características normalizadas y en una cancha construida de acuer-do con las dimensiones aprobadas por la WSF (World Squash Federation).

Un partido consiste en ganar 2 de 3 o 3 de 5 juegos (sets), a opción de los organizadores de la competición. La puntuación puede llevarse de dos formas diferentes: según el sistema inglés (a 9 puntos), y según el sistema americano (a 15 puntos).

En el tanteo del sistema inglés cada juego se disputa a 9 puntos, es decir, el jugador que primeramente obtenga 9 puntos gana el juego. Al producirse un empate a 8 puntos, el jugador que primero haya alcanzado esa puntuación, podrá escoger antes de que se realice el siguiente servicio, continuar el juego a 9 puntos (conocido como «a 9») o hasta 10 puntos (conocido como «a 10»); en este último caso el jugador que primero se anote 2 puntos gana el juego. El competidor que elige debe indicar claramente su elección al anotador, al árbitro y a su adversario. El anotador dirá «una más» o «dos más», según haya elegido el jugador antes de que continúe el juego.

En el tanteo del sistema americano cada juego se disputa a15 puntos, es decir, el jugador que primeramente obtenga 15 puntos, gana el juego. Al producirse un empate a 14 puntos, el jugador que primero haya alcanzado esa puntuación podrá escoger, antes de que se realice el siguiente servicio, continuar el juego a 15 puntos (no set o un punto) o hasta 17 puntos (set de 3 puntos). El jugador que elige debe indicar claramente su elección al anotador, al árbitro y a su adversario; el anotador dirá, antes de que continúe el juego «no set» o «set de 3», según haya elegido el jugador.

Cómo se ganan los puntos:

En el sistema inglés los puntos solamente pueden ser obtenidos por el jugador que está al servicio; cuando éste gana la jugada, se anota el punto; cuando el jugador que recibe gana la jugada, pasa a realizar el servicio.

En el sistema americano, los puntos se obtienen de 2 formas: ganando un tanto o cuando los puntos son concedidos. Cada punto ganado o concedido a un jugador aumentará un punto a su marcador.

Procedimiento

La raqueta se hace rodar, cada jugador opta por una cara de la misma. El que gana, sirve.

Servicio

El derecho al servicio inicial se decide por sorteo mediante el giro de la raqueta. De ahí en adelante el jugador al servicio continúa sacando hasta que pierde una jugada, en cuyo caso su oponente pasa entonces al servicio, y este proceso continúa así a lo largo del partido. Al comienzo del segundo juego y de los sucesivos, el ganador del juego previo tendrá el servicio.

En cada cambio de servicio y el principio de cada juego, el jugador que saca puede elegir hacerlo desde cualquiera de los cuadros de saque, pero debe irlos alternando en adelante, mientras permanezca al servicio; sin embargo, si la jugada termina en *vuelta o let,* deberá servir de nuevo desde el mismo cuadro de saque. Si el jugador saca desde el cuadro que no le corresponde, no habrá penalización y el juego deberá continuar; el servicio contará como si se hubiese realizado desde el cuadro correcto, excepto en el caso en que el jugador que recibe, sin intentar devolver el servicio, solicite

que el saque se realice desde el cuadro que corresponde.

Si parece que el jugador al servicio se dispone a sacar del cuadro que no corresponde, o los jugadores parecen indecisos sobre cuál es el cuadro correcto, el anotador indicará al jugador al servicio desde qué cuadro debe sacar.

Para que un servicio sea bueno, no debe haber falta de pie; y la pelota, antes de ser golpeada, se dejará caer o se lanzará al aire y no tocará las paredes, el suelo, el techo o cualquier otro objeto colgado de las paredes o del techo; se servirá directamente contra la pared delantera, entre las líneas de saque y de límite de cancha, de forma que en su rebote caiga al suelo dentro del cuarto trasero de la cancha opuesta al cuadro del saque desde el que se ha realizado el servicio, sin tocar ninguna de sus líneas, ya sea antes o después de tocar cualquier otra pared o paredes dentro de la cancha, a no ser que sea voleada. El servicio puede repetirse sin penalización en caso de que un jugador, al dejar caer o lanzar al aire la bola, no realizase intento alguno de golpearla. Un jugador, con el uso de un sólo brazo, puede utilizar su raqueta para lanzar la bola al aire antes de golpearla.

Un servicio es válido si no se realiza falta.

Un servicio es falta:

- ◆ Si en el momento de golpear la pelota, el jugador no tiene al menos parte de un pie en contacto con el suelo dentro del cuadro de saque, sin tocar la línea que delimita el cuadro (falta de pie). Parte del pie puede proyectarse por encima de la línea pero sin tocarla.
- ◆ Si la pelota toca la línea de saque o por debajo de ella en el frontis, o contra cualquier parte de la cancha antes de tocar el frontis, o fuera de los limites de la cancha.
- ◆ Si la pelota, después de golpear la pared delantera, toca primeramente el suelo sobre o delante de la línea media, o sobre o

fuera de la línea central, líneas que delimitan el cuarto trasero de la cancha.

◆ Si la bola toca las paredes, el suelo, el techo o cualquier objeto suspendido de las paredes o del techo, antes de ser golpeada.

◆ Si el jugador al servicio hace un intento de golpear la pelota y falla.

◆ Si, en opinión del árbitro, la pelota no es golpeada correctamente.

◆ Si la bola se sirve y antes de botar en el suelo toca al jugador al servicio o cualquier cosa que lleve puesta o que sostenga.

El jugador al servicio no sacará hasta que el anotador haya terminado de cantar el tanteo.

El anotador no retrasará el juego por tener que cantar el tanteo. Sin embargo, si el jugador al servicio saca, o hace intento de servir previamente a que se haya cantado el resultado, el árbitro parará el juego y requerirá que el jugador al servicio espere hasta que el marcador haya sido cantado por completo.

En juego de dobles, el primero jugador sirve hasta que pierde un punto; entonces sirve el compañero. Cuando pierde, el saque pasa al primer servidor del otro equipo, hasta que pierde y el servicio pasa al cuarto jugador. Excepción: al principio de cada nuevo juego, el servicio cambia de equipo después de perder el primer punto.

La jugada

Después que un servicio válido se ha realizado, los jugadores devolverán la bola alternativamente hasta que uno u otro no consiga hacerlo, o la bola, por cualquier razón, deje de estar en juego de acuerdo con las reglas o debido a una voz del anotador o del árbitro.

Devolución

Una devolución es buena si la pelota, antes de que haya botado más de una vez en el suelo, es devuelta correctamente por el jugador a la pared delantera por encima de la chapa, sin tocar antes el suelo o cualquier parte del cuerpo o ropa de dicho jugador o la raqueta, cuerpo o ropa del contrario y con tal que no se lance la pelota fuera de los límites de la cancha.

No se considerará buena devolución si la pelota toca la chapa antes o después de haber tocado la pared delantera, o si la raqueta no está en la mano del jugador en el momento en que la pelota es golpeada, o si la pelota es empujada con la raqueta.

Vuelta o let

Vuelta o let es una jugada sin decisión a favor de los contendientes, y significa la repetición de un punto. El servicio o jugada respecto al cual se ha autorizado un *let* no contará y el jugador al servicio deberá repetir el saque desde el mismo cuadro. Se produce *let* cuando:

◆ el que espera el saque no está preparado;

◆ el movimiento del jugador hacia la pelota es obstruido;

◆ el adversario no puede evitar ser golpeado por la pelota;

◆ la pelota se daña o se adultera;

◆ los jugadores o el árbitro no se ponen de acuerdo sobre una jugada.

Se concede un punto de *let* al jugador que no ha podido jugar la pelota y realizar una jugada.

Se denomina *stroke* al provecho obtenido por un jugador que gana una jugada bien en el curso normal del juego o bien mediante adjudicación del árbitro.

Oficiales

El árbitro controla el juego. Las apelaciones al árbitro deberán realizarse con las palabras «apelo, por favor». Cuando se desee un let (vuelta) o un *stroke*, se deberá apelar al árbitro con las palabras «pido, por favor» o «apelo, por favor». El juego deberá entonces cesar hasta que el árbitro haya tomado su decisión. El árbitro se dirige a los anotadores (dos jueces).

TAEKWONDO

Historia

El origen de las artes marciales se asocia con la necesidad ancestral del hombre no sólo de defenderse, sino de desarrollar su cuerpo y su mente. Inicialmente esta necesidad se tradujo en la forma de *actividades deportivas*, generalmente relacionadas con la realización de ritos religiosos. Los primeros registros de la práctica de este arte marcial datan del año 50 a. C. cuando fue conocido como «Taek Kyon». La evidencia de su práctica pudo ser encontrada en unas tumbas donde unas pinturas murales mostraban a dos hombres en una escena de pelea.

En esa época se pueden identificar tres provincias o reinos en Corea: Koguryo (37 a. C. - 668 d. C.), Paekje (18 a. C. - 600 d. C.), Silla (57 a. C. - 936 d. C.)

En la primera mitad del siglo XX, el taekwondo fue influenciado por otras artes marciales. El más importante de estos deportes es el kárate japonés, ya que Japón dominó a Corea desde 1910 hasta el fin de la Segunda Guerra Mundial. Después de que Japón colonizase Corea, las artes marciales fueron prohibidas. Sin embargo, el taekwondo persistió en el espíritu de la población coreana como un legado. La influencia que le dio Japón al taekwondo son los movimientos, rápidos y directos, que caracterizan los diversos sistemas de lucha japonesa.

Después de la independencia de Corea, en 1945, el taekwondo se revitalizó y extendió entre las nuevas generaciones. En 1957, el nombre *Taekwondo* fue adoptado por varios maestros de arte marcial coreano, por su similitud con el *Taek Kyon*.

El 16 de septiembre de 1961 se establece la Asociación Coreana de Taekwondo. El 25 de febrero de 1962 esta asociación se une a la Asociación Coreana de Deportes Amateurs. El 9 de octubre de 1963, el taekwondo es por primera vez un evento oficial en el 44 Encuentro Atlético Nacional de Corea.

La práctica del taekwondo se extendió mundialmente con la participación de 19 países en el Primer Campeonato Mundial de Taekwondo celebrado en Seúl, en 1973. Durante este encuentro se establece la Federación Mundial de Taekwondo (WTF).

Actualmente, el taekwondo se practica en más de 144 países, estimándose en más de 30 millones las personas que se dedican a este deporte. El taekwondo fue deporte de exhibición en la Olimpiada de Seúl, en 1988, y en los Juegos Olímpicos de Barcelona, en 1992.

Finalmente, durante la 103 Sesión del Comité Olímpico Internacional celebrada en París, el 4 de septiembre de 1994, se acordó la incorporación del taekwondo como un deporte oficial en los Juegos Olímpicos del año 2000, en Sydney.

Objeto del deporte

Los competidores luchan uno contra uno, utilizando una serie de técnicas de golpeo, con las manos o los pies, para conseguir anotar puntos y mostrar su superioridad respecto al otro. Uno de los dos combatientes gana por superioridad,

KO o interrupción del combate por parte del árbitro. Los luchadores deben ser de la misma categoría de peso y del mismo sexo. También existen sistemas de clasificación por equipos, pero los combates son individuales.

Área de competición

El área de competición es una plataforma cuadrada, de 12 m de lado, elevada entre 50 y 60 cm del suelo, con un ángulo de elevación respecto

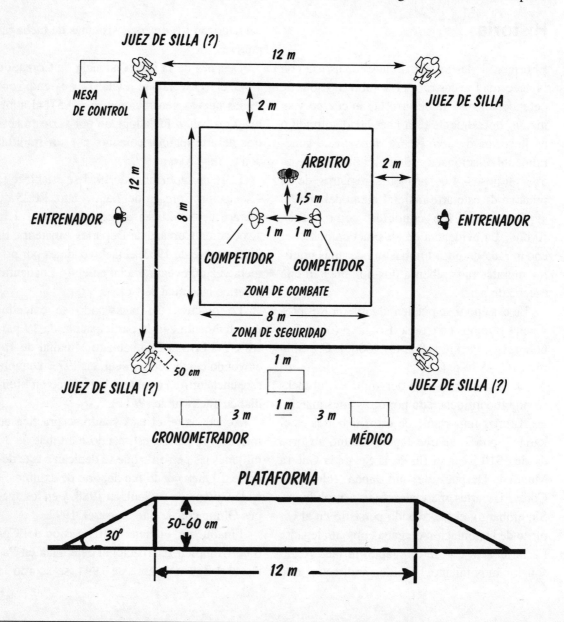

al suelo de 30°. El tatami está cubierto de lona elástica, de un color no brillante. Se divide en diversas zonas: zona de combate, de forma cuadrangular, de 8 m de lado; zona de seguridad, 2 m por fuera de la zona de combate por cada lado, y zona exterior, donde se colocan entrenadores y jueces, a un mínimo de 1 m respecto al límite exterior de la zona de seguridad. La línea de seguridad debe ser de color blanco.

Los jueces de silla están a 50 cm de los vértices del cuadrado que delimita la zona de seguridad, fuera de la misma.

En el centro de la zona de combate se marca los puntos en que los luchadores se colocan antes del inicio del combate, separados dos m entre sí, respecto al punto central del cuadrilátero, 1 m por cada lado, mirando hacia la posición del juez de zona. El competidor con distintivo rojo se coloca a la izquierda, y el azul, a la derecha.

Uniformes

Los competidores deben vestir un *taekwondo-gi* (uniforme de taekwondo), de un tejido resistente de algodón o similar, de color blanco o crudo. El nombre del competidor puede estar grabado en el cinturón de grado (que indica el grado del competidor con su color).

La chaqueta debe cubrir los muslos. El cuerpo de la chaqueta debe ser ancho para poderla cruzar a la altura de la parte inferior de la caja torácica.

Las mangas pueden llegar, como máximo, hasta las muñecas (brazos colgando en reposo), y como mínimo, 5 cm por encima de las muñecas.

Los pantalones tienen que cubrir las piernas hasta los tobillos o 5 cm por encima.

El cinturón de grado debe llevarse por encima de la chaqueta. Tiene que ser fuerte, de una anchura de 4 a 5 cm, y de una longitud que le permita dar dos vueltas al cuerpo del competidor

y colgar entre 20 y 30 cm una vez anudado. El nudo debe ser cuadrado y lo suficiente ceñido como para evitar que la chaqueta quede suelta.

Categorías de peso

Los pesos se dividen en categoría masculina y femenina, tal como se indica a continuación:

Categoría de peso	Masculina	Femenina
Minimosca	hasta 50 kg	hasta 43 kg
Mosca	de 50 a 54 kg	de 43 a 47 kg
Gallo	de 54 a 58 kg	de 47 a 51 kg
Pluma	de 58 a 64 kg	de 51 a 55 kg
Ligera	de 64 a 70 kg	de 55 a 60 kg
Superligera	de 70 a 76 kg	de 60 a 65 kg
Media	de 76 a 83 kg	de 65 a 70 kg
Pesada	más de 83 kg	más de 70 kg

El sistema de divisiones de peso sirve para mantener la seguridad y reducir la desigualdad, ya que el taekwondo se basa en fuertes colisiones y en el contacto físico, a partir del intercambio de técnicas. Mujeres y hombres luchan en categorías separadas.

En la competición por equipos pueden agruparse las 8 categorías en 4: minimosca y mosca, en mosca (consolidada); gallo y pluma, en pluma (consolidada); ligera y superligera, en ligera (consolidada); y media y pesada, en pesada (consolidada).

Los modos de competición por equipos son:

♦ cinco competidores, sin límite de peso: gana el equipo que obtiene 3 victorias o más;
♦ ocho competidores, por clasificación de peso: gana el equipo que consigue 5 victorias o más;
♦ cuatro competidores, por clasificación de peso (agrupación de las 8 categorías

en 4): gana el equipo que obtiene 3 victorias o más.

Si se produce empate a 4 (para 8 pesos), o a 2 (para 4 pesos), se designan 2 luchadores para realizar un combate de desempate.

Duración del combate

La duración del combate es de 3 min, con 1 min de descanso (hombres y mujeres). Puede optarse por realizar un combate a 3 asaltos de 2 min, con 1 min de descanso.

Procedimiento

Para los campeonatos mundiales, un día antes de la primera competición se realiza un sorteo en presencia de los oficiales de la WTF y de los representantes de los países participantes.

Una hora antes de la competición, los competidores se pesan, sin ropa, para comprobar que están dentro de su categoría de peso.

3 minutos antes del combate, se llama a los competidores (tres llamadas). Si 1 min antes del inicio no se han presentado, se considera que se han retirado. Después de que los hayan llamado, se procede a una inspección física de los uniformes.

Los competidores entran en el área de competición, se colocan en sus puestos, de cara al juez de competición, y saludan obedeciendo al árbitro, que da la voz de «*chatyot*» (atención) y de *kyongrye* (saludo). Luego, los competidores se saludan entre sí, *jwayangu* (preparados), y el combate se inicia a la voz de *sijak* (empezar). Cuando el combate finaliza, deben volver a saludar al juez después de la voz *jwayangu kyongrye*, y esperar a que el árbitro anuncie el resultado. Éste anuncia el vencedor levantando la mano del luchador que ha ganado. Si no

puede mantenerse en pie por lesión el árbitro se coloca a su lado y levanta su propia mano.

Técnicas y zonas permitidas

Las técnicas de lucha permitidas son:

♦ Técnica de puño: técnica de ataque en la que se utilizan las partes frontales de los dedos índice y medio, con el puño totalmente cerrado *(barum jumok)*.
♦ Técnica de pie: técnica de ataque en la que se utiliza la parte del pie que queda por debajo del hueso del tobillo.

Las zonas de golpeo permitidas son:

♦ El tronco: está permitido golpear en la zona desde la línea horizontal acromial, hasta la línea horizontal del arco ilíaco de la pelvis, utilizando las técnicas de puño y de pie. En competición, esta zona está cubierta con un protector de cuerpo.
♦ La cara: está permitido golpear en la parte frontal, en la base de la línea vertical imaginaria que pasa por el límite delantero de las orejas. El cuello, por encima de la clavícula, se considera parte de la cara. Sólo puede utilizarse la técnica de pie.

Se consideran zonas de puntos válidos:

♦ la parte mediana del tronco: el abdomen y los dos costados;
♦ la cara: las partes permitidas de la cara.

Puntuación

Los puntos válidos se conceden cuando las técnicas permitidas son ejecutadas correctamente

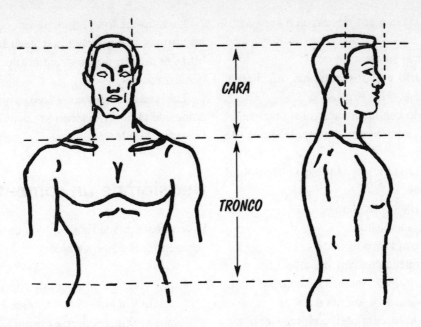

CARA

TRONCO

y con fuerza sobre las áreas del cuerpo hábiles para puntuar. Por otro lado, si un competidor cae al suelo como consecuencia de un golpe ejecutado por su oponente sobre el protector del cuerpo, pero en un área no válida, la técnica contará igualmente y puntuará.

Cada técnica válida suma 1 (más un) punto. La puntuación final es la suma de los 3 asaltos.

Si se comete alguna de las siguientes infracciones, los puntos quedan anulados:

♦ dejarse caer intencionadamente, después de un ataque válido;
♦ cometer una acción ilegal, después de un ataque válido;
♦ cometer algún acto prohibido.

Los puntos son inmediatamente anotados y publicados. Si se utilizan protectores no equipados electrónicamente, los puntos deben ser marcados por cada juez, mediante un pulsador electrónico o una hoja arbitral, lo mismo que los puntos válidos en la cara.

Si se utilizan protectores electrónicos, los puntos se anotan por transmisión del propio equipamiento de protección.

Actos prohibidos

Las faltas, en cualquier acto prohibido, son anotadas por el árbitro. En caso de múltiples faltas, se señala la más grave. Las faltas se dividen en amonestaciones *(kyongo)*, y deducción de puntos *(kanjom)*. Dos amonestaciones deducen un punto, pero una amonestación impar no se cuenta en el total general. Un *kanjom* equivale a menos un punto (-1).

DETECTOR DE GOLPEO DEL ABDOMEN

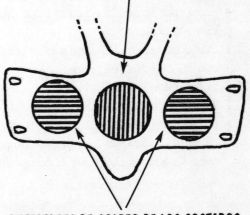

DETECTORES DE GOLPEO DE LOS COSTADOS

Se sanciona con amonestación o *kyongo:*

♦ agarrar al adversario;
♦ empujarlo con los hombros, el cuerpo, las manos o los brazos;
♦ retenerlo con las manos o los brazos;
♦ cruzar intencionadamente la línea de seguridad;
♦ evitar el combate dándole la espalda al contrario;
♦ caerse intencionadamente;
♦ simular una lesión;
♦ atacar con las rodillas;
♦ atacar intencionadamente a las ingles;
♦ pisar o golpear intencionadamente cualquier parte de la pierna o del pie;
♦ atacar a la cara del contrario con las manos o con el puño;
♦ hacer gestos para indicar la anotación o deducción de un punto;
♦ hacer observaciones incorrectas o mostrar mala conducta (tanto el competidor como el entrenador).

Se sanciona con amonestación de *kanjom* (deducción de un punto):

♦ atacar al contrincante cuando ha caído al suelo;
♦ atacar intencionadamente cuando el árbitro ha ordenado *kallyo* (separarse);
♦ atacar por la espalda o en la nuca intencionadamente;
♦ atacar gravemente al contrario en la cara, con las manos o los puños;
♦ golpear con la cabeza;
♦ salir de la línea de límite;
♦ proyectar al oponente;
♦ hacer observaciones agresivas o comportarse violentamente (tanto el competidor como el entrenador);

Cuando un competidor se opone a cumplir las normas de competición o las órdenes del árbitro, el árbitro puede declararlo perdedor por penalizaciones.

Las amonestaciones *(kyongo)* y las deducciones de puntos *(kanjom)* se cuentan en un total al final de los 3 asaltos.

Decisión de un combate

Un combate puede finalizar con uno de los dos competidores como ganador:

♦ por KO: un competidor cae después de recibir un ataque con técnica válida, y no puede reincorporarse después de transcurridos 10 s;
♦ el árbitro interrumpe el combate (RSC), porque considera que la condición física de un competidor no es apta para seguir;
♦ un competidor gana por puntos o por superioridad;
♦ un luchador abandona el combate;
♦ un contrincante es descalificado;
♦ un competidor gana por deducción de puntos al contrario.

Oficiales

Un árbitro controla el combate y da ordenes sobre el procedimiento; cuatro jueces otorgan o deducen puntos; un controlador cronometra el tiempo de combate y el tiempo muerto, y publica los puntos.

TEE BALL

Historia

El *tee ball* es la entrada para muchos niños y niñas en el béisbol y el *softbol*, por lo general, entre los cuatro y los ocho años, y se ha convertido en una actividad recreativa muy extendida entre los jóvenes. La eliminación del lanzamiento y, con ella, del miedo de que la pelota pueda causar daño, permite a los niños y niñas de muy corta edad participar en un juego organizado por equipos. Los jugadores aprenden las bases y desarrollan las técnicas del béisbol en un juego de liga muy poco competitivo. El juego se centra en golpear la pelota, correr, jugar en el campo y lanzar, en un juego de acción que combina diversión y trabajo de equipo.

El *tee ball* se juega en todos los Estados de Norteamérica y forma parte de programas juveniles, públicos y privados, locales, regionales y nacionales. En los últimos 45 años, el juego ha demostrado ser un deporte de base para el softbol y el béisbol. Ha tenido un gran éxito entre los más jóvenes, preparándolos en las técnicas, desarrollando sus habilidades y despertando su entusiasmo por el deporte.

La T-BALL USA es la organización nacional, sin ánimo de lucro, para el desarrollo del deporte entre los jóvenes. Ofrece un amplio abanico de servicios y es el centro de información para mejorar los programas de *T-ball* existentes y estimular la aparición de nuevas iniciativas sobre el mismo.

Objeto del deporte

Los miembros de un equipo se turnan para golpear una pelota desde un *tee* (soporte) colocado en el plato de home. Los jugadores de campo deben evitar que lo consigan.

Campo de juego

El campo es similar en sus dimensiones a los de la Little League, pero entre las bases sólo hay 15,24 m.

La *línea de juego* es una línea imaginaria que corre entre la primera y la tercera base. Puede ser un arco, la extensión del arco de un círculo, 12,19 m más allá del plato de home.

Equipo

El *bate* es un palo liso y redondeado de aluminio, fibra de vidrio o madera (no laminada). Tiene una longitud de entre 63,5 cm y 66,04 cm, y un diámetro de 5,7 cm.

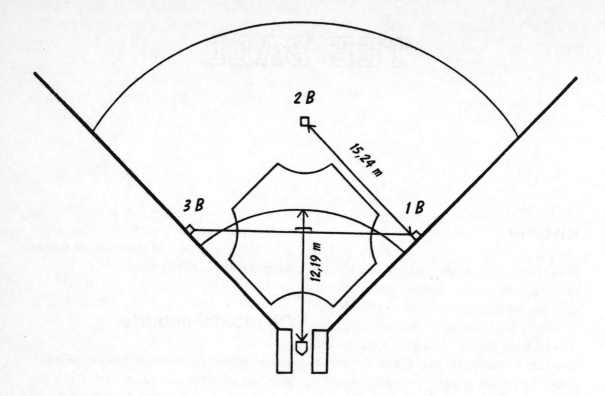

La *pelota* tiene un diámetro de 22,86 cm, pesa entre 113,4 g y 141,75 g, y es más blanda que una pelota convencional de béisbol.

El *tee* es una plataforma con un tubo ajustable y flexible para sostener la pelota.

Uniformes

Los jugadores visten ropa ligera: jersey o camiseta, pantalón corto o bermuda, y gorra.

Se recomienda llevar calzado deportivo cómodo y flexible, de suela plana.

El bateador, el bateador en espera, los corredores de base y los entrenadores deben llevar casco.

El cátcher debe llevar protecciones: máscara, casco, espinilleras, y protector pectoral y para el cuello.

Los jugadores de campo llevan guantes; el primer hombre de base lleva un guante o una manopla, y el cátcher, una manopla.

Reglamento general

Una alineación de *tee ball* no debe incluir más de 20 chicos y chicas; 15 sería un número óptimo. La alineación puede cambiarse en cualquier momento.

Los jugadores deben tener como mínimo cuatro años de edad, y no cumplir nueve antes del 1 de agosto del año corriente.

Los equipos deben estar formados por un número igual de jugadores de la misma edad.

Los adultos responsables (entrenadores, representantes, etc.) deben procurar distribuir y organizar los equipos de un modo coherente y pedagógico.

El juego sigue las normas generales del béisbol/softbol, con las siguientes excepciones:

- la pelota se golpea desde el tee, no se batea tras un lanzamiento;
- no se permiten medios *swings* ni oscilaciones;
- no se aplica la norma *infield fly*;
- el equipo defensivo puede realizar tantas sustituciones como desee.

(Ver capítulo de béisbol y softbol para normas básicas, terminología y demás).

Sólo los jugadores, entrenadores, responsables y árbitros pueden permanecer en el terreno de juego durante la partida.

Cuando un equipo batea, todos los jugadores deben permanecer en su banquillo, excepto el bateador, el bateador en espera y algún corredor de base. Cuando un equipo está en el campo, sus jugadores de reserva tienen que permanecer en su banquillo.

Los responsables y entrenadores pueden estar cerca de los jugadores, pero no pueden interferir el juego. Pueden solicitar tiempo al árbitro para explicarle al jugador lo que debe hacer. Los entrenadores y responsables pueden actuar como árbitros, si resulta necesario.

Sólo se juega un partido al día.

Procedimiento

La alineación inicial de cada equipo debe incluir a todos los jugadores.

El cátcher permanece a una distancia suficiente tras el plato de home para no interferir al bateador.

El pítcher actúa como *infielder* y permanece con ambos pies en el palto del pítcher hasta que la pelota sea golpeada.

Todos los demás *infielders* juegan en sus posiciones y no deben cruzar la línea de juego hasta que la pelota sea golpeada. Cuando ocurre esto, el árbitro señala «tiempo» y la pelota queda muerta.

El *outfield* básico está compuesto por: jugadores izquierda, izquierda-central, derecha-central y derecha.

Se pueden cubrir más posiciones con jugadores adicionales.

Cuando el equipo defensivo está en su lugar y preparado, su entrenador se lo comunica al árbitro, que coloca la pelota en el *tee* y señala *Play ball* (pelota en juego).

Todos los jugadores de la alineación batean en orden.

Como no hay lanzamiento (*pitching*), no hay pelota; por lo tanto no hay *base on balls*.

La organización local decide si se señala *strikeout*.

Se señala «pelota de *faul*» si la pelota es golpeada en terreno bueno, pero s
e desplaza menos de 3,04 m, o si el bateador golpea el tee haciendo caer la pelota al suelo.

Si la pelota golpeada no cruza la línea de juego (o el arco), no se considera en juego y se señala «*strike*».

El bateador pasa a la carrera cuando ha golpeado la pelota con suficiente fuerza para enviarla a territorio bueno (*fair territory*).

El bateador está a salvo si la pelota no es agarrada al vuelo o si es jugada en el campo y llega a la base después que el corredor.

Los corredores de base no pueden abandonar la base hasta que la pelota haya sido golpeada.

Si el jugador de campo lanza la pelota demasiado fuerte o lejos, el corredor puede avanzar una base extra.

Después de que los jugadores hayan avanzado todas las bases posibles, o después de un *out*, el árbitro señala «tiempo» y vuelve a colocar la pelota en el *tee*.

El equipo bateador queda fuera cuando todos los jugadores de su equipo han bateado una vez en esa manga (regla *bat-around:* rondo de bateadores), o cuando se han cometido tres *outs.*

La organización local decide la duración del juego. El tiempo recomendado son 4 mangas o un tiempo límite total de 90 min. Un partido no debe tener más de 6 mangas.

Nota: Las organizaciones locales pueden modificar las normas para los jugadores mayores o más experimentados, para incentivar el coach-pitch *(lanzamiento monitorizado), la capacidad de tantear y ganar, y la participación en encuentros y torneos.*

TENIS

Historia

El tenis nació en Francia entre los siglos XII y XIII, con el nombre de *jeu de paume* (juego de la palma). Los jugadores utilizaban las palmas de las manos para golpear una pelota por encima de una red, en una cancha cerrada. En el País de Gales, el comandante W. C. Clapton introdujo una nueva versión del juego sobre hierba. El comandante publicó unas reglas, patentó el deporte y sus equipamientos y lo denominó *sphairistike* (término griego que significa «juego de pelota»). El deporte se extendió rápidamente en Inglaterra y llegó a sustituir al croquet, que hasta entonces era el deporte más popular al aire libre. Actualmente, se conoce como «tenis sobre hierba». El campeonato más importante es el de Wimbledon, que tuvo su primera edición en 1877.

En 1874, una mujer norteamericana, Mary Ewing Outerbridge, lo llevó a Estados Unidos, y en 1900 se creó la Copa Davis, campeonato por equipos. En la década de 1920, el deporte creció y se popularizó enormemente y, los jugadores profesionales se convirtieron en grandes celebridades. Este deporte continuó expansionándose antes y después de la Segunda Guerra Mundial. Hacia los años sesenta, la televisión, junto con la construcción de innumerables pistas cubiertas y al aire libre, las actividades tenísticas subvencionadas, el alto rendimiento deportivo entre los jóvenes y el fácil acceso al material y equipamientos, convirtieron el tenis en uno de los principales deportes recreativos y de competición. La Real Federación Española de Tenis se fundó en 1909, pero ya antes existía el Real Club de Tenis Barcelona, fundado en 1899. No son pocos los nombres del panorama tenístico español que han obtenido títulos en las competiciones masculinas y femeninas: Manolo Orantes, Andrés Gimeno, Arancha Sánchez Vicario (número 1 de la clasificación mundial en 1995), Conchita Martínez, Carles Moià, Sergi Bruguera y Àlex Corretja.

Los campeonatos más importantes en el ámbito internacional son: Wimbledon, el Open USA, el Open Australia y el Open de Francia, en el estadio de Roland Garros de París.

La jugadora que ha obtenido más títulos individuales en Wimbledon (nueve) es Martina Navratilova (Checoslovaquia, 1956). El campeón más joven de Wimbledon fue el alemán Boris Becker, que en 1985, con sólo diecisiete años, ganó el título.

Objeto del deporte

Dos o cuatro jugadores (juego de individuales o dobles), equipados con raquetas de tenis, tra-

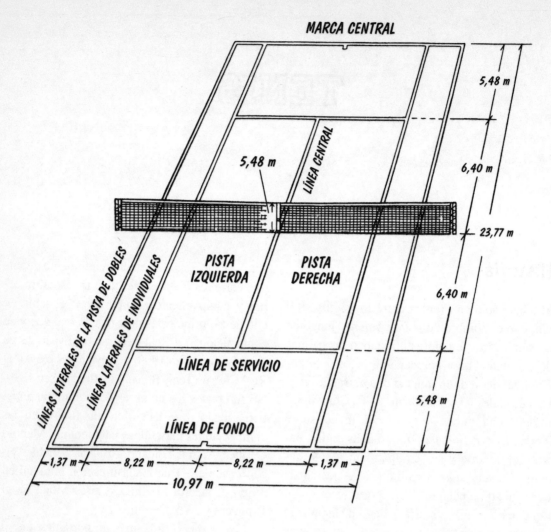

MARCA CENTRAL

5,48 m

LÍNEA CENTRAL

5,48 m

6,40 m

23,77 m

6,40 m

PISTA IZQUIERDA

PISTA DERECHA

LÍNEAS LATERALES DE LA PISTA DE DOBLES

LÍNEAS LATERALES DE INDIVIDUALES

LÍNEA DE SERVICIO

5,48 m

LÍNEA DE FONDO

1,37 m — 8,22 m — 8,22 m — 1,37 m

10,97 m

tan de golpear una pelota por encima de una red, para hacerla caer dentro de los límites de la pista, en el campo del adversario. Si consiguen evitar que el contrincante no la devuelva, anotan una serie de puntos. El jugador o equipo que consigue un número determinado de juegos y de sets, se declara vencedor.

Campo de juego

Las medidas de la pista se toman desde la parte exterior de las líneas: 23,77 m de largo en las líneas de banda y 10,97 m en la línea de fondo.

La pista de individuales mide 8,22 m de ancho; y la pista de dobles es 137,16 cm más ancha por cada lado.

La superficie es de hierba, tierra batida, pista dura o moqueta.

Las *líneas de servicio* están a 5,48 m de la línea de fondo, dentro de la pista, y a 6,40 m de la red.

La *línea central* es paralela a las líneas de banda y conecta las líneas de servicio.

Las *marcas de centro* están en la línea de fondo, 15,24 cm dentro de la pista, en el punto medio entre las líneas de individuales.

Las *pistas de servicio* están entre las líneas de servicio y la red, y miden 6,40 m x 4,14 m.

La *pista de fondo* se sitúa entre la línea de fondo y la línea de servicio.

La red es de cuerda y se extiende a través del punto medio del largo de la pista, en paralelo con las líneas de fondo. Tiene una altura de 91,44 cm en el centro, y 106,6 cm en los postes que la sostienen.

Equipo

La *raqueta* debe tener una longitud máxima de 81,28 cm, y un ancho de 31,75 cm. No hay estipulaciones sobre el material y el peso. La superficie de golpeo debe ser plana, y está hecha a base de un cordaje.

La *pelota* es de goma hueca recubierta de material sintético de color amarillo o blanco. Tiene un diámetro de entre 6,35 cm y 6,66 cm, y pesa entre 56,7 g y 58,47 g.

Los hombres visten camiseta y pantalón corto; las mujeres pantalón corto y blusa o vestido de tenis. Se utilizan zapatillas deportivas de tenis.

Reglamento general

El juego puede practicarse a cubierto o al aire libre.

Los partidos pueden ser de individuales (uno contra uno) o de dobles (dos contra dos), o en dobles mixtos (un hombre y una mujer en cada equipo).

Tanteo

Pueden puntuar tanto el lado que sirve como el que resta.

Una puntuación de 0 se denomina *love*. El primer punto son 15, el segundo 30, el tercero 40. El cuarto punto (pelota de juego) gana el juego, a menos que el marcador esté empatado a *40 iguales o deuce.*

Un equipo debe ganar por 2 puntos: el primer punto después de un *deuce* se llama «ventaja». Si gana el servicio es *ventaja servicio*; si gana el resto es *ventaja resto.*

Si el equipo que tiene *ventaja* pierde el tanto, el marcador vuelve a estar en *deuce.* El juego continúa hasta que gana un equipo.

El primer jugador que consigue 4 puntos y una ventaja de 2, gana el juego.

El primer jugador que consigue 6 juegos y una ventaja de 2 o gana el *tiebreak,* gana un set.

El primer jugador que gana 2 sets en un partido a 3 sets (mujeres y la mayoría de hombres), o 3 sets en un partido a 5 sets, gana el partido.

El *tiebreak* se juega a 7 puntos. El primero que los consigue, gana. Si están a 6 iguales, el juego continúa hasta que un equipo o jugador consigue 2 puntos de ventaja.

El tanteo del que sirve siempre se dice primero. Por ejemplo: si el marcador está 30-15, el que sirve tiene 2 puntos y el que resta 1. En el *tiebreak*, los puntos se dan en orden numérico: el mismo resultado del ejemplo anterior sería 2-1.

Procedimiento

El ganador de un sorteo a cara o cruz, o de un giro de la raqueta (optando por una de sus dos caras), escoge campo y servicio o resto.

En individuales:

El jugador que saca empieza a servir desde detrás de la línea de fondo, a la derecha de la marca central, y lanza la pelota a la pista de servicio diagonalmente opuesta. Luego continúa cambiando de pista de servicio alternativamente, después de cada punto.

Los jugadores sirven durante todo un juego, y van alternando el servicio durante todo el set.

Los tenistas cambian de lado de pista después del primer y el tercer juego, y siguen esa secuencia hasta el final del set. Si en ese punto, el número de juegos es 7, no cambian de lado hasta el próximo juego del siguiente set.

En dobles:

Los jugadores deciden quién sirve primero. El servicio cambia después de cada juego y los jugadores de cada equipo alternan el servicio. Por ejemplo: el compañero del primer jugador al servicio sirve en el tercer juego; el que sirvió en el primero no lo hace hasta el quinto juego. Los jugadores cambian de lado después del segundo juego, y luego, cada dos. Los que restan también deciden quién lo hace primero, y también alternan el resto. El orden de saque y de resto debe decidirse al principio de cada set.

Servicio

El servicio se realiza para empezar a jugar cada juego y después de cada punto.

El jugador al servicio se coloca detrás de la línea de fondo, en cualquier parte del área que delimita la marca central o de servicio y la extensión imaginaria de la línea de individuales.

El servicio puede realizarse por arriba o por abajo. La pelota se lanza al aire y se golpea antes de que toque el suelo.

El jugador al servicio debe sostener la pelota con una mano y puede botarla antes de realizar el movimiento de servicio. Asimismo, puede optar por dejar caer la pelota antes de realizar el saque, para repetirlo.

La pelota debe pasar por encima de la red sin botar en el propio campo y caer en la pista de resto contraria, diagonalmente opuesta.

Se considera *falta de servicio* cuando la pelota va a la red o cae fuera de la pista de resto contraria, o cuando se realiza el movimiento de saque y se yerra el golpe.

Se considera *falta de pie* cuando el jugador que sirve pisa la línea de fondo o la cruza con uno o los dos pies, o cuando corre o camina dentro de la pista antes del golpe de saque. Sólo puede cruzar la línea de fondo una vez ha efectuado el golpe.

Si el primer servicio es falta, el jugador tiene una segunda oportunidad desde la misma posición de servicio. Si vuelve a cometer falta, es una *doble falta* y el jugador al servicio pierde el punto.

Un *ace* es un punto directo de servicio, que el resto no puede jugar.

Se considera *let* si la pelota toca la red, pero entra en la pista de resto correspondiente; o si toca al jugador que resta antes que el suelo, o si el jugador que resta no está preparado cuando se efectúa el saque. El servicio no cuenta, y el jugador debe servir de nuevo. Se señala también *let* en una interrupción del juego.

El servicio durante el *tiebreak* sigue la siguiente mecánica:

1. El lado A sirve el punto 1 desde la parte derecha de su pista.

2. El lado B saca los puntos 2 y 3, en lados alternativos.

3. El lado A sirve los puntos 4 y 5 desde izquierda y derecha.

4. El lado B sirve el punto 6 desde la izquierda, y los jugadores cambian de lado.

5. El lado B saca el punto 7 desde la derecha.

6. El lado A sirve los puntos 8 y 9, izquierda y derecha.

7. El lado B saca los puntos 10 y 11, izquierda y derecha.

8. El lado B sirve el punto 12 desde la izquierda.

9. Si el juego está a 6 iguales, se cambian de lado y el juego continúa, con la misma secuencia desde el principio.

Resto y juego

La pelota está en juego desde que es golpeada por la raqueta del jugador que sirve, entra y sigue hasta que se decide el punto. Una pelota que bota o cae en una línea es buena y se considera que está en la pista que limita esa línea.

El jugador que resta debe devolver la pelota después de un bote y por encima de la red al otro lado de la pista, dentro de los límites de individuales o de dobles, según el juego.

Después del resto, los jugadores pueden devolver la pelota de volea (en el aire), o después de un bote, hacia la pista contraria, dentro de los límites de juego.

Un resto es bueno si:

♦ la pelota toca la red y pasa al otro lado de la pista;
♦ la pelota rebota con efecto hacia atrás, contra la red (el otro jugador puede tratar de devolverla sin tocar la red y antes de que toque el suelo);
♦ la pelota es golpeada desde más allá de los postes, o si la raqueta del jugador que la golpea rebasa la red después del golpe.

Un *peloteo o rally* es una serie de golpes entre los jugadores, con intercambio de pelota, hasta que se decide un punto.

Un lado gana un punto cuando el contrario comete una de las siguientes infracciones después de recibir la pelota:

♦ lanza la pelota a la red;
♦ deja botar la pelota dos veces antes de golpearla;

♦ la lanza fuera de la pista;
♦ la golpea antes de que cruce la red;
♦ la golpea dos veces o la lleva en su raqueta;
♦ lanza la raqueta y golpea la pelota con ella;
♦ toca la red.

Un lado pierde un punto por cualquiera de las acciones anteriores y, en el servicio, por una doble falta.

Un *punto de juego (game point)* decide el resultado de un juego. Un *punto de set (set point)* decide el resultado de un set. Un *punto de partido (match point)* es el punto del que depende el resultado del partido.

Oficiales

En los campeonatos, asisten los siguientes árbitros:

♦ un juez de silla que controla el partido;
♦ un juez de red, con los dedos en la red durante el servicio;
♦ jueces de línea que controlan si la pelota va dentro o fuera de la pista, y que señalan las faltas de pie en los servicios.

TENIS DE MESA

Historia

Este juego apareció en Inglaterra, hacia 1900, y se le dio el nombre de «ping pong». A partir de 1921 se lo denominó «tenis de mesa», se constituyó una asociación internacional y el deporte se popularizó y aumentó el número de participantes. En 1926 se celebró el primer campeonato mundial y ese mismo año se fundó la ITTF (International Table Tennis Federation). Durante muchos años, los jugadores más aventajados procedían de Europa Central: Hungría, la República Checa y Eslovaca y Austria. Hacia 1950, sin embargo, los asiáticos comenzaron a mostrar su supremacía: japoneses, chinos y coreanos dominaban tanto en la categoría femenina como en la masculina. En 1988 se convirtió en deporte olímpico, en Seúl.

Objeto del deporte

Dos o cuatro jugadores (según si se juega individuales o dobles), equipados con palas, golpean una pelota de plástico por encima de una red colocada en la mitad de una mesa. Cada vez que el adversario no puede devolver la pelota, el contrario obtiene un punto.

Campo de juego

La mesa suele ser de madera. Sus medidas son: 274 m de largo, 152,4 cm de ancho, y 76,20 cm de alto. El color de la superficie de juego es verde oscuro, con bandas blancas en los bordes y en el centro. Los bordes de la mesa son parte de la superficie de juego; los lados no. La red mide 182,8 cm de largo y 15,24 cm de alto, y está suspendida en la mitad de la mesa por dos soportes. El color de la red debe ser verde oscuro, con una banda blanca en la parte superior.

Equipo

La *raqueta* o *pala* puede tener cualquier forma, medida o peso; el mango (y sección central) debe ser de madera. La cara utilizada para golpear la pelota tiene que estar recubierta de gomaespuma; los dos lados pueden ser de diferente color, pero es necesario que uno de ellos sea rojo.

La *pelota* es de celuloide u otro material plástico, y puede ser blanca o amarilla. Tiene un diámetro de 13,81 cm, y un peso de 2,55 g.

Los jugadores visten ropa deportiva, de cualquier color (excepto el blanco).

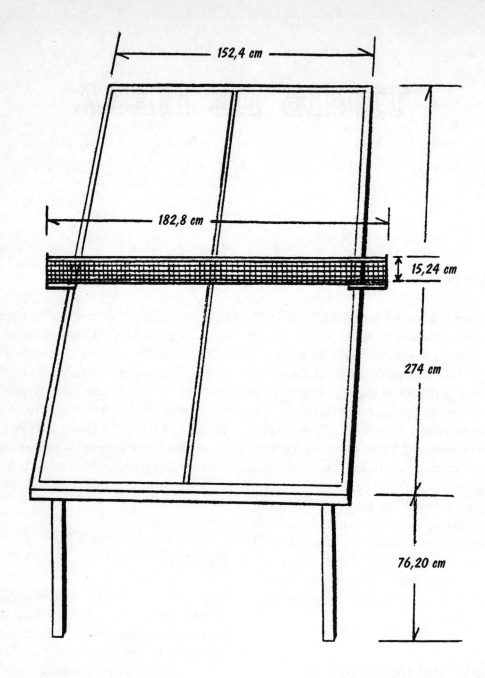

Reglamento general

Los partidos se juegan en individuales o por parejas.

Se anota un punto cuando un contrario:

♦ no realiza un buen servicio;
♦ no consigue devolver la pelota;
♦ golpea la pelota dos veces sucesivas;
♦ volea (golpea la pelota sin dejarla botar en su campo, después de un golpe del con-

trario que ha pasado por alto o alrededor de la red);

♦ deja botar la pelota dos veces en su propio campo;
♦ golpea la pelota con una cara de la raqueta no reglamentaria;
♦ toca la superficie de juego con la mano libre (la que no sostiene la pala);
♦ toca la red o mueve la mesa cuando la pelota está en juego;
♦ en dobles, golpea la pelota fuera de turno.

Se considera que la pelota ha pasado por alto o alrededor de la red, si va por debajo o por fuera de los soportes, o si es golpeada después de rebotar contra la red por su propia fuerza.

El primer equipo que anota 21 puntos gana el juego, a menos que haya empate a 20. En ese caso, el ganador es el primer equipo que anota 2 puntos más que el contrario.

El ganador del partido es el primer lado que gana 3 juegos de 5.

El juego no se interrumpe, pero se puede descansar 2 min entre cada juego.

Procedimiento

Un sorteo a cara o cruz decide quién sirve o recibe y en qué lado se desea jugar. El vencedor debe permitir al perdedor hacer su elección.

En dobles, el equipo que sirve decide cuál de los dos jugadores del equipo servirá, y el equipo que recibe decide cuál recibe primero. Después, el orden de servicio y recepción del juego anterior se invierte.

Servicio

El jugador sostiene la pelota en la palma de su mano libre, con los dedos estirados y el pulgar fuera. La mano debe mantenerse más alta que la mesa. La pelota se lanza al aire, sin hacerla girar, y no puede ser golpeada hasta que empieza a caer. En el momento del servicio, la raqueta debe estar por detrás de la línea de fondo de la mesa. Una vez golpeada, la pelota debe tocar el campo del que sirve y pasar por encima o alrededor de la red y botar en el lado del que recibe.

En dobles, la pelota primero debe tocar la parte derecha del campo del que sirve o la línea central y pasar a la parte derecha o la línea central del campo del que recibe (en diagonal).

Devolución

El *retorno* o *devolución* es el movimiento de la pelota que va por encima o alrededor de la red y bota en el campo contrario. Un retorno es bueno si la pelota toca la red o sus soportes, o si pasa la red y vuelve al que la golpeó, sin que el contrario haya podido tocarla. La pelota no puede botar más de una vez ni ser golpeada dos veces consecutivas antes de que vuelva.

Orden de juego

En individuales: el servidor hace un buen saque, el receptor la devuelve bien. Entonces, servidor y receptor juegan alternativamente.

En dobles: el servidor realiza un buen saque, y entonces el receptor, el compañero del servidor y el compañero del receptor van devolviendo la pelota en ese orden. El juego continúa en esa secuencia.

Un cambio de servicio tiene lugar después de cada 5 puntos. En individuales, el que servía pasa a recibir. En dobles, el primer servidor pasa a ser el segundo servidor, el compañero del servidor original pasa a ser el tercer servidor, y el compañero del receptor original pasa a ser el cuarto servidor.

La secuencia continúa hasta el final del partido. Si están 20-20, el servidor cambia en cada punto.

El jugador que sirvió primero en un juego recibe primero en el siguiente juego. En dobles, el orden de recepción cambia respecto al juego anterior.

Los jugadores cambian de lado después de cada juego y (en el juego final de un partido), cuando un jugador o equipo ha anotado 10 puntos. En dobles, el equipo receptor cambia su orden.

Un *rally* o *peloteo* es el tiempo de juego transcurrido desde el servicio hasta que se gana el punto.

Un *let* es un peloteo en que no se anota ningún punto. Ocurre en cualesquiera de las siguientes circunstancias:

- la pelota toca la red o los soportes durante el servicio;
- los receptores no están preparados;
- el servicio o recepción no se realizan en el orden apropiado;
- el árbitro considera que hay algún problema de juego o alguna contrariedad.

La pelota está en juego hasta que toca algo que no sea la superficie de la mesa, la red o los soportes u otra raqueta. Si no es así, un peloteo se decide con 1 punto o 1 let.

Sistema de aceleración

Transcurridos 15 min (o antes, si así lo acuerdan los jugadores), se pone un límite de tiempo. El servicio cambia alternativamente después de cada punto. El equipo o jugador que sirve tiene el golpe de saque y 12 golpes adicionales para ganar el peloteo, o si no, el receptor se anota el punto. Una vez adoptado este sistema, debe mantenerse durante todo el partido y los jugadores deben ir alternando el servicio.

Oficial

Un árbitro decide los resultados del juego.

TIRO CON ARCO

Historia

El uso del arco y de la flecha para la guerra y la caza se remonta a los tiempos prehistóricos. Los antiguos egipcios y griegos practicaban el tiro con arco como juego recreativo. Los turcos introdujeron el arco curvo en el 900 d. C., pero en la Edad Media fue desplazado por la ballesta, un arma de gran potencia y alcance. Hasta finales del siglo XVI, en Inglaterra y Escocia, era frecuente el uso del arco largo (*longbow*) y, posteriormente, del arco rígido (*straightbow*). Los reyes ingleses estipularon y proporcionaron los equipos e impusieron la práctica y, de este modo, se asentaron las bases del tiro con arco como deporte. Los Finsbury Archers of London, que celebraban torneos en los siglos XVII y XVIII, deben su origen a un otorgamiento del rey Enrique VIII, datado en 1537. En Estados Unidos, donde el arco y la flecha han sido el arma esencial de los nativos americanos, el primer grupo de tiro al arco se fundó en 1879, en Philadelphia.

La National Archery Association es el organismo administrativo de este deporte en Estados Unidos. En Europa es la FITA (Federación Internacional de Tiro con Arco). El tiro con arco entró en las competiciones olímpicas hacia 1900. Posteriormente, la práctica de este deporte quedó excluida de las Olimpiadas durante muchos años y, en 1972, se reincorporó a los juegos en las modalidades femeninas y masculinas.

Objeto del deporte

Cada tirador lanza un número de flechas, desde diversas distancias, contra una diana de círculos concéntricos marcados con puntuaciones. Vence la persona que obtiene una puntuación más alta de la suma total de tiros.

Campo de tiro

El campo de tiro está dividido en 2 calles perpendiculares a la línea de tiro y al fondo de calle puede haber 1, 2 o 3 dianas. El tiro se realiza de sur a norte. Las categorías masculina y femenina lanzan a distancias diferentes: los hombres lanzan 36 flechas a cada distancia, 30, 50, 70 y 90 m, mientras que las mujeres lanzan el mismo número de flechas a 30, 50, 60 y 70 m.

Equipo

La diana está confeccionada con una esterilla de paja u otro material similar, y recubierta con papel o tela. Existen dos tamaños:

- 80 cm de diámetro, para tiro desde 30 y 50 m.
- 122 cm de diámetro para distancias mayores.

El blanco está dividido en 5 círculos concéntricos de colores. Del centro al exterior son: oro (amarillo), rojo, azul claro, negro y blanco. Cada zona está dividida por una línea que acota dos franjas de igual anchura en cada zona, de modo que la diana tiene 10 franjas de puntuación de igual anchura.

La diana de 122 cm tiene un círculo dorado central de 12,2 cm de diámetro. Las demás franjas de color tienen una anchura de 4 cm.

La diana de 80 cm tiene un círculo dorado central de 8 cm. Las demás franjas de color tienen una anchura de 4 cm.

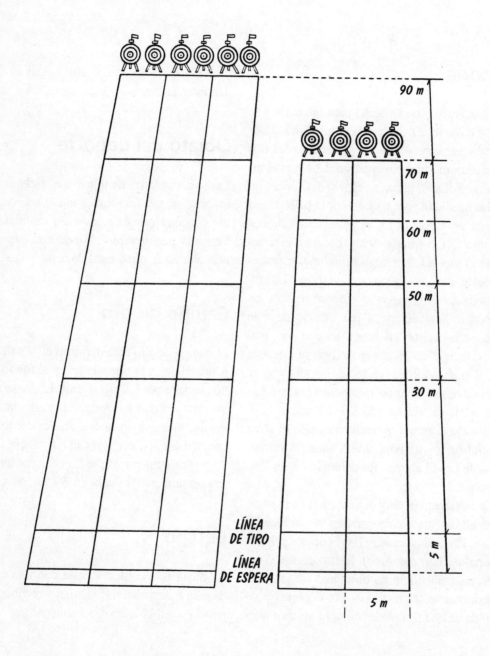

El centro de la diana es llamado «mosca» y se indica con una pequeña X (cruz) cuyas líneas no deben exceder de 1 mm de grueso y 4 mm de largo.

Se requiere un anillo interior al 10, que tendrá 6,1 cm de diámetro para la diana de 122 cm y 4 cm de diámetro para la diana de 80 cm, a efectos de deshacer empates.

La diana se sostiene sobre un parapeto, fijado al suelo con un soporte, de un material que no dañe las flechas en el impacto.

El arco está confeccionado con diversos materiales y medidas estándar variables (a excepción de la ballesta), una cuerda de arco y un reposaflechas ajustable. El arco es un instrumento compuesto por una empuñadura, un cuerpo y dos palas flexibles con hendiduras en los extremos para fijar la cuerda.

Las flechas pueden ser de diversos tipos, longitudes y pesos, a conveniencia del arquero. El diámetro de las flechas no debe exceder de 11 mm. Las iniciales o el nombre del arquero deben figurar en el tubo o asta; todas las flechas utilizadas en la misma tanda tienen que ser idénticas.

Entre los accesorios se incluye: el carcaj o aljaba (funda para las flechas), protectores para los dedos, guantes, visor para el arco y otros elementos.

La vestimenta es informal. Los arqueros deben llevar un atuendo blanco, combinado con algún otro color. Las dianas están numeradas y cada arquero debe llevar el número de la que le corresponda.

Procedimiento

Las competiciones son individuales o por equipos, por lo general, con 3 arqueros en cada equipo. El procedimiento es el siguiente:

♦ Los arqueros se colocan ante la diana.

♦ Colocan un pie a cada lado de la línea de tiro o con ambos pies en la línea de tiro.

♦ El arco se sostiene con una mano; la cuerda se sujeta y se tensa con los dedos de la otra mano, para lanzar la flecha.

♦ Antes de la competición, los arqueros suelen practicar lanzando tantos tiros como deseen.

♦ Cada arquero lanza una serie de 3 o 6 flechas. El tiempo máximo para realizar 3 lanzamientos es de 2 min y 30 s; para realizar 6, el tiempo son 4 min.

Una ronda es un número de tiros que los arqueros realizan, por series rotativas, a cada una de las distancias establecidas.

Por ejemplo: los hombres de dieciocho años en adelante lanzan 36 flechas, desde 90 y 70 m, a una diana de 122 cm de diámetro; luego lanzan 36 flechas, desde 50 y 30 m, a una diana de 80 cm de diámetro.

El orden de lanzamiento puede realizarse de mayor a menor distancia o viceversa, según lo decida el director del torneo.

Las flechas no pueden tocarse hasta que no se hayan anotado todas las puntuaciones.

Puntuación

El arquero o la persona encargada de recoger los tantos anota la puntuación después de cada tanda de 3 o 6 tiros.

La puntuación se determina según el lugar donde queda el asta de la flecha en la diana.

Una flecha que atraviesa una línea divisoria, o que toca dos colores de la diana, obtiene la mayor puntuación.

Si una flecha rebota en la diana o la atraviesa, sólo puntúa en caso de que haya alguna marca visible.

Una flecha que impacta sobre otra flecha obtiene la misma puntuación que la otra.

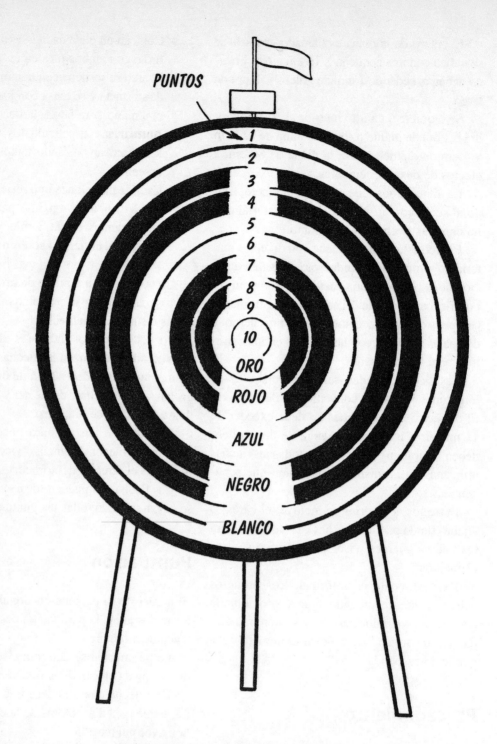

PUNTOS

1
2
3
4
5
6
7
8
9
10
ORO
ROJO
AZUL
NEGRO
BLANCO

Blanco: exterior, 1 punto; interior, 2 puntos.
Negro: exterior, 3 puntos; interior, 4 puntos.
Azul: exterior, 5 puntos; interior, 6 puntos.
Rojo: exterior, 7 puntos; interior, 8 puntos.
Oro: exterior, 9 puntos; interior, 10 puntos.

Las flechas lanzadas a otra diana no se cuentan.

El vencedor es el tirador que obtiene una puntuación total más alta después de todas las rondas.

En la competición individual, el empate se resuelve otorgando la victoria al tirador con mayor número de tantos. Si todavía hay empate, se le otorga al arquero con más oros (aciertos en el 10). Si aún así no desempatan, se le otorga al que obtiene más aciertos en el 9. Si no se produce desempate, se declara el empate.

En la competición por equipos, en caso de empate, se considera ganador al equipo con el tirador que ha obtenido más tantos; si todavía hay empate, gana el arquero con la segunda mejor puntuación; si no se produce desempate, se declara el empate.

Categorías

Las categorías para tiro con arco son las siguientes:

- ♦ **hombres,**
- ♦ **mujeres.**

Dentro de cada categoría se establecen dos grupos:

- ♦ **mayores de quince años,**
- ♦ **menores de quince años.**

Oficiales

Entre los oficiales se cuentan directores de tiro o de torneo, tanteadores y adjuntos.

VELA

Historia

La palabra *yacht* (yate) procede de un término holandés que significa barco para navegación rápida. Hacia el 1600, encontramos en Holanda las primeras embarcaciones de recreo. La competición apareció como consecuencia natural de la vela como pasatiempo. Del mismo modo, la corte inglesa y las clases altas británicas navegaban por placer. En el siglo XVIII se fundan los primeros clubes, pero las regatas (carreras náuticas) eran más un deporte recreativo que una competición entre contrincantes. La competición moderna se inicia hacia el 1800, bajo el mecenaje real y en forma de apuestas. Es entonces cuando aparecen los reglamentos de regatas en Inglaterra y en la mayoría de países del continente europeo.

En 1813 se fundó el New York Yacht Club y a partir de entonces comenzaron a aparecer muchos clubes a lo largo de las dos costas (este y oeste) de Estados Unidos para la competición costera o de alta mar, según el tamaño y el diseño de las embarcaciones.

Un deporte que en un principio sólo estuvo al alcance de las clases con alto poder adquisitivo se ha extendido en la actualidad en un gran número de navegantes de todas las edades en sus diversas modalidades, sobre todo en la vela ligera.

En Estados Unidos, La United States Sailing Association regula, fomenta y representa la navegación a vela gracias al esfuerzo de sus voluntarios y voluntarias y de los organismos miembros de dicha asociación.

La IYRU (International Yacht Racing Union), creada en 1907 y con sede en Londres, actúa en el ámbito europeo e internacional, junto con la Federación Internacional de Vela. En España, la Real Federación Española de Vela gestiona y administra las actividades relacionadas con la navegación a vela y son numerosos los campeones olímpicos españoles en diversas categorías durante los años ochenta y noventa: Alejandro Abascal, Luis Doreste, Natalia Viadufresne, Teresa Zabell, entre otros.

Objeto del deporte

Los regatistas navegan con sus yates (embarcaciones a vela) sobre rumbos trazados en un recorrido concreto al menor tiempo posible.

Recorrido

Un comité de regatas establece la distancia y la dirección de un rumbo a partir de las condiciones atmosféricas, las corrientes y el viento, la

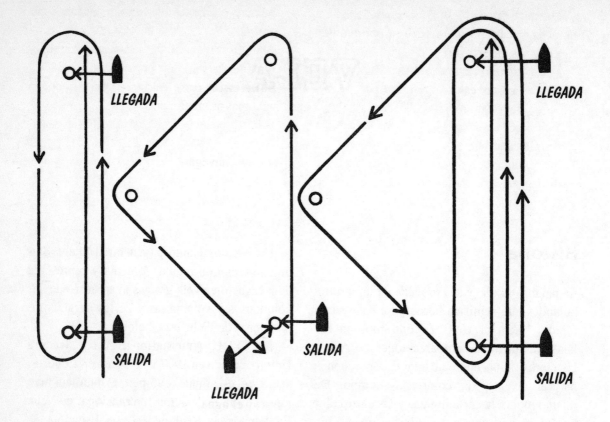

clase (tipo de embarcación) y el número de participantes. Ver diagramas.

Los balizadores (las personas que trazan el recorrido), actualmente se rigen mayoritariamente por el tiempo aproximado de navegación que por las millas del recorrido. Por ejemplo: trazan un recorrido que, según las condiciones atmosféricas y de navegación, prevén que pueda realizarse en 1 hora, en 2 horas, etc. De este modo, pueden realizarse más pruebas con mayor efectividad y menos desgaste.

Las boyas son objetos flotantes (balizas) u otros obstáculos que marcan el recorrido trazado. Las embarcaciones deben virar o montar las balizas por una banda prescrita.

La línea de salida es una línea imaginaria entre dos boyas, desde donde se inicia la regata.

La línea de llegada es la misma que la de salida.

Tipos de embarcaciones

Un *dinghy* (yola o barco de vela ligera) es una embarcación sin lastre (peso añadido).

Un *barco lastrado* o *quillado* es una embarcación con lastre bajo el casco (estructura cubierta de la embarcación).

Un *catamarán* es una embarcación con dos cascos conectados mediante traveseros (baos o mangas) y con una cama elástica.

Clases

Todas las embarcaciones navegan en una de las siguientes clases:

Diseño único: todas las embarcaciones tienen las mismas medidas y características.

Desarrollo: las embarcaciones tienen características similares, pero se permiten diferencias en el diseño.

Fórmula: se establecen requisitos de medición, como eslora (longitud de proa a popa) trapo (m cúbicos de vela), etc. Sólo para barcos quillados.

Hándicap: barcos de diversas características toman parte en la regata, pero sus tiempos son compensados (según las carencias de cada uno). El vencedor es el barco que regatea en el menor tiempo compensado.

Equipo

Las sujeciones, velas, banderas y el resto de equipamiento varía en función del tipo de regata y clase de embarcación.

Los regatistas utilizan un equipo adecuado, en algunas ocasiones se regula el peso total.

Terminología

Algunos de los términos más comunes en vela son:

Navegar a vela: utilizar sólo el viento y el agua para mantener, aumentar o reducir la velocidad de la embarcación.

Regata: un barco está en regata desde la señal de preparación hasta que termina y deja libre la línea de llegada y las balizas de llegada o se retira.

Babor: parte izquierda del casco, mirando hacia la proa (parte delantera).

Estribor: parte derecha del casco.

Amorado a babor: cuando la botavara (travesero perpendicular al mástil que sostiene la parte inferior de la vela) está a babor.

Amorado a estribor: cuando la botavara está a estribor.

Virar: remontar el viento cambiando de amura.

Trasluchar: cambiar de amura pasando la popa (parte trasera) por el viento.

Sotavento: parte del barco donde queda la vela mayor, mientras navega.

Barlovento: banda opuesta a la de sotavento.

Ceñir: navegar a vela contra el viento con el menor ángulo que se puede mantener ventajosamente para ganar barlovento.

Navegar de largo: navegar a vela con el viento de lado.

Empopada: navegar en la dirección del viento (con el viento a popa).

Orzar: alterar el rumbo hacia el viento.

Reglas generales

Las embarcaciones utilizan sólo la fuerza del viento y el agua.

El derecho de paso viene determinado de la siguiente manera:

- Una embarcación amorada a babor debe ceder el paso a otra que está amorada a estribor.
- Cuando dos embarcaciones están ciñendo por la misma bordada (babor o estribor), el barco que viene por detrás debe ceder el paso.
- Una embarcación que está virando debe ceder el paso.
- Una embarcación que está navegando debe considerar la situación de una otra fondeada, volcada o encallada.

La embarcación que no tiene derecho de paso debe considerar las preferencias de las otras, pero ambas deben tratar de evitar un accidente.

Procedimiento

Las embarcaciones maniobran cerca de la línea de salida. Las banderas señalan la clase que compite y da un aviso para la salida (5 min antes o lo que establezca el comité de regatas).

La bajada de banderas y la señal acústica indican la salida.

Una embarcación inicia la regata oficialmente cuando cualquier parte del yate cruza la línea de salida con rumbo a la primera baliza, tras la respectiva señal de salida.

Las embarcaciones navegan hacia la primera baliza.

Paso de balizas

Las balizas deben pasarse en el rumbo establecido.

Si se pasa una baliza por una bordada incorrecta, la embarcación debe maniobrar y volver a pasarla de nuevo por la bordada correcta.

Si una embarcación toca una baliza, debe asumir una penalización dando preferencia a las otras embarcaciones y debe ejecutar una maniobra completa de 360°.

Por lo general, cuando dos embarcaciones pasan una baliza, la más alejada de la boya debe ceder espacio a la más cercana para que ésta pueda pasar.

Preferencia

Si una embarcación orza a otra, tiene derecho de paso, pero debe dejar a la otra a barlovento.

La embarcación que toma la delantera debe tomar un rumbo adecuado para evitar dejar a la otra a sotavento.

Orden de llegada y puntuación

Las embarcaciones en regata, viran, navegan de largo, ciñen y navegan en empopada, pasando las balizas.

Una embarcación se considera llegada cuando cualquier parte del casco cruza la línea de meta tras pasar la última baliza.

La primera embarcación que cruza la línea de llegada vence.

Sistemas de puntuación:

	Olympic	Puntos bajos (más común)
Primero	0	0,75
Segundo	3	2,0
Tercero	5,7	3,0
Cuarto	8	4,0
Quinto	10	5,0
Sexto	11,7	6,0
Séptimo y siguientes	puesto de llegada más 6	

Un comité de regatas controla las pruebas, pero los regatistas deben reconocer sus propias infracciones y pueden protestar la acción de otra embarcación.

Las penalizaciones incluyen maniobras de penalización, puntos de penalización o descalificación.

VOLEIBOL

Historia

William G. Morgan, un entrenador de la YMCA (Asociación de Jóvenes Cristianos), desarrolló el juego del voleibol en 1895, en Holyoke, Massachussetts. La iniciativa surgió para crear una actividad para deportistas mayores, como alternativa al baloncesto, que resultaba demasiado duro. El juego original tenía algunas reglas semejantes a las del béisbol, como por ejemplo: entradas, fueras y nueve jugadores por banda. A pesar de tener que pasar la pelota por encima de una red, el deporte es diferente del tenis, ya que se practica en equipo y sin raquetas.

Los misioneros norteamericanos llevaron el juego al este y los ejércitos de Estados Unidos lo internacionalizaron durante la Primera y la Segunda Guerra Mundial. La Federation Internationale de Volleyball, fundada en 1947, en París, asegura que 250 millones de personas, en edades comprendidas entre los quince y los cincuenta años participan en torneos oficiales y que 800 millones de deportistas lo practican como juego recreativo. El primer campeonato mundial se celebró en 1949. En 1964, Las categorías masculina y femenina entraron en los juegos olímpicos y la antigua URSS, Polonia y Japón destacaron durante muchos años en las competiciones. La United States Volleyball Association (hoy, USA Volleyball) se fundó en 1928, como organismo administrativo de este deporte en Estados Unidos. Actualmente, en Norteamérica hay 35 millones de aficionados, incluyendo los 12 millones de jugadores de vóley playa.

La clave de la gran popularidad del voleibol está en que no se necesita un equipamiento caro y que hombres y mujeres de todas las edades puede practicarlo, tanto en pista cubierta o al aire libre.

Objeto del deporte

Dos equipos de 6 jugadores intentan anotar tantos golpeando una pelota por encima de una red, de modo que el equipo contrario no pueda devolverla o evite que caiga en su terreno de juego. El ganador del juego (set) se decide según el número total de puntos. El equipo que gana más sets gana el partido.

Terreno de juego

La pista mide 9 m de ancho por 18 m de largo y está limitada por líneas. Las líneas son parte del área que demarcan.

La *línea central* corre a lo ancho de la pista por debajo de la red.

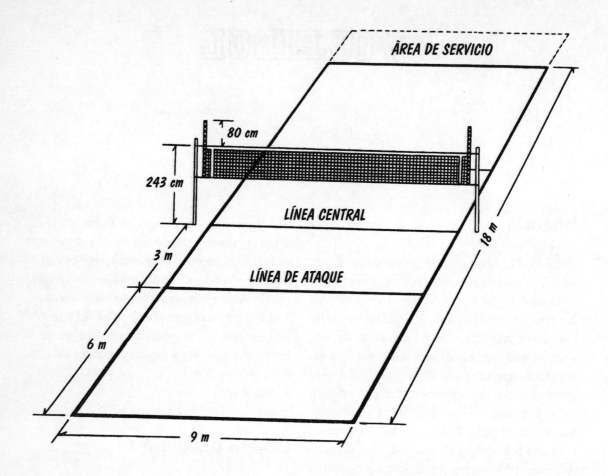

ÀREA DE SERVICIO

80 cm

243 cm

LÍNEA CENTRAL

3 m

LÍNEA DE ATAQUE

18 m

6 m

9 m

Las *líneas de ataque* corren a lo ancho de la pista, a 3 m de la línea central.

Las *áreas de servicio* quedan detrás de la prolongación imaginaria de las líneas de fondo

Equipo

La *pelota* está recubierta de piel o material sintético, sin costuras y de color claro.* Tiene una circunferencia entre 65 cm y 67 cm, y un peso entre 260 g y 280 g. La presión de aire oscila entre 0,30 a 0,325 kg/cm³ (294,3 a 318,82 mbar o hPa, 4,26 a 4,62 psi).

La red es de malla. Su longitud mínima es 9,75 m, y su ancho es de 1 m. En la parte superior tiene una banda de lona de 5 cm.

Para la modalidad masculina, la altura de la red es de 243 cm mientras que para mujeres es de 224 cm.

* En competiciones internacionales y en muchas competiciones nacionales se utiliza un balón con bandas de diferentes colores. (N. del revisor técnico).

Otras alturas de la red son (en cm):

Categoría masculina

Benjamines   2 m
Alevines   2,10 m
Infantiles   2,24 m
Cadetes   2,34 m
Juveniles   2,43 m

Categoría femenina

Infantiles   2,10 m
Cadetes   2,18 m
Juveniles   2,24 m

Las antenas son varas flexibles de 180 cm de altura sujetas a la red, justo encima de las líneas de banda.

Los jugadores visten camiseta, shorts y pantalón del mismo diseño y color, con números en el pecho y la espalda. El calzado varía según el jugador, pero deben ser zapatillas de suela blanda para pista.

Reglas generales

El ganador de un sorteo a cara o cruz escoge servicio o recepción, o bien, opta por un lado de la pista. En caso de que el ganador del sorteo escoja sacar o recibir, el adversario escoge campo.

Los equipos cambian de lado y banquillo después de cada juego, excepto en un juego decisivo, situación en que el cambio se realiza cuando un equipo anota 8 puntos.

El *tiempo muerto* dura 30 s. Cada equipo puede disponer de 2 por juego cuando la pelota queda muerta.

Los equipos se componen de 6 jugadores, uno de los cuales es el capitán.

Cada jugador tiene una posición (como: derecho frontal o central trasero), pero no tiene la obligación de permanecer en esa área después del servicio.

Las siguientes normas se aplican para los cambios:

- la pelota debe estar muerta;
- cada equipo puede realizar 6 cambios por set;
- los jugadores cambiados pueden reincorporarse al juego una sola vez y en la posición ocupada por el jugador que le sustituyó;
- un jugador sólo puede ser reemplazado por el jugador a quien sustituyó y no puede volver en un mismo juego.

Nota: en algunos niveles de competición (sénior, universitario femenino, escolares, juveniles y recreativos) se permite realizar más cambios, hasta 12 en un set, y se permite a éstos entrar 3 veces en un mismo juego.

Tanteo

Sistema de punto por acción o jugada

Se anota un punto cuando:

- la pelota cae dentro de los límites del campo contrario;
- los adversarios no pueden devolver la pelota después de 3 toques;
- los adversarios envían la pelota fuera;
- los adversarios cometen una falta.

Se considera cambio de servicio cuando el equipo que sirve no consigue anotar.

Cuando el equipo que recibe gana el peloteo (intercambio de toques por encima de la red) gana el servicio, y anota un punto.

El equipo que sirve gana puntos cuando el equipo que recibe falla. Si el equipo que sirve falla, los adversarios ganan el servicio y un punto.

Si se sanciona a un equipo con un penalti, el otro equipo gana el servicio y un punto.

El equipo que gana, no tiene por qué estar al servicio para ganar.

El primer equipo que anota 25 puntos, con una ventaja de 2, gana el juego. El juego continúa hasta que un equipo obtiene 2 puntos de ventaja.

Regla alternativa: un equipo que obtiene una ventaja de 2 puntos después de 8 min de juego, gana el juego.

El equipo que gana 2 de 3 juegos, o 3 de 5, gana el partido.

Procedimiento

El jugador que sirve permanece en el área de servicio, tras la línea de fondo y debe quedarse ahí hasta que efectúe el servicio. No puede pisar las líneas.

El servidor debe utilizar su mano, puño u otra parte del brazo para golpear la pelota y ponerla en juego.

Un servicio es bueno cuando la pelota entra en la pista contraria, sin *falta de servicio,* que ocurre cuando la pelota:

- ♦ va por debajo de la red;
- ♦ toca la antena u otra obstrucción;
- ♦ cae fuera de los límites del campo;
- ♦ toca a un compañero antes de cruzar la red.

Un jugador se mantiene al servicio hasta que el otro equipo se lo quite.

Los jugadores de un equipo se cambian sus posiciones, en rotación (sentido de las agujas del reloj) después de que el contrario haya perdido un servicio y antes de uno nuevo.

Los equipos cambian de campo después de cada juego. El servicio pasa al equipo que recibía en el juego anterior.

Juego

Después del servicio, los jugadores pueden moverse por su lado de la red, pero no pueden traspasar la línea central.

Se puede golpear la pelota con cualquier parte del cuerpo.

Está permitido utilizar ambas manos, en movimiento ascendente o descendiente, abiertas o cerradas; también está permitido utilizar las dos manos juntas.

Se debe golpear la pelota de remate (golpe seco y fuerte hacia el campo contrario durante un salto). Los jugadores de la línea frontal pueden rematar desde cualquier punto de la pista, pero los jugadores traseros deben golpearla desde detrás de la línea de ataque.

Cada equipo puede tocar la pelota 3 veces antes de devolverla. El primer contacto se llama recepción o defensa. Un pase a un compañero cercano a la red para que intente un *remate* también recibe el nombre de colocación.

En un intento de tocar una primera vez la pelota procedente del campo contrario, un jugador puede hacer un doble contacto. Ningún otro jugador puede tocar la pelota 2 veces o entre los contactos del primer jugador.

Cualquier contacto del cuerpo con la pelota se considera que ha sido jugada.

Un jugador no puede tocar la pelota 2 veces sucesivas.

Cuando 2 jugadores de un mismo equipo tocan la pelota a la vez, cuenta como 2 toques y ninguno de ellos puede jugar el siguiente toque.

Una pelota que queda detenida entre 2 jugadores contrarios debe volverse a jugar.

Un *golpe de ataque* (pelota enviada al campo contrario) puede realizarse desde la línea frontal en cualquier momento. Los jugadores zagueros pueden intentar un golpe de ataque desde detrás de la línea de ataque, o desde delante de la misma, si la pelota está más baja que la banda superior de la red. El servicio no se considera un golpe de ataque.

La pelota puede tocar la banda superior de la red y entrar en el campo contrario, incluso en el servicio.

Los jugadores no pueden atacar la pelota cuando está en el campo contrario.

Una pelota que toca la red está en juego, a menos que el equipo de ese lado la haya tocado ya 3 veces.

El silbato del árbitro significa pelota muerta cada vez que toca el suelo o pasa por debajo de la red o bien por fuera del límite de la antena, o si se ha ganado un punto o un *side-out*.

Una pelota que toca una línea se considera dentro del terreno de juego.

Bloqueo

Un *bloqueo* es la acción en que uno o más jugadores frontales tratan de detener la pelota antes, durante o después de que cruce la red para hacerla volver atrás.

Los jugadores que bloquean están muy cerca el uno del otro; uno de ellos debe mantener alguna parte de su cuerpo por encima de la altura de la red.

Un jugador puede superar la altura de la red para bloquear, pero no puede atacar la pelota o interferirla si está en el lado contrario.

Una pelota golpeada en un bloqueo por uno o más jugadores simultáneamente, no cuenta como uno de los 3 toques de un equipo.

Los jugadores zagueros no pueden bloquear ni participar en un bloqueo legal.

Un servicio no puede ser bloqueado.

No hay bloqueo sin contacto de pelota.

Una pelota devuelta por un bloqueo se juega como si hubiese cruzado la red; el equipo atacante vuelve a tener 3 toques.

Faltas

El servicio se pierde, si:

- la pelota toca el suelo;
- se juega la pelota más de 3 veces;
- se agarra la pelota o no traspasa la red;
- la pelota pasa por fuera de la antena o por debajo de la red;
- un jugador toca la pelota 2 veces consecutivas (excepto después de un bloqueo);
- un jugador toca la red o a un adversario deliberadamente;
- un jugador rebasa la red (excepto en un bloqueo) o pasa por debajo de ésta para tocar la pelota;
- un jugador ayuda a un compañero a golpear la pelota por encima de la red;
- un jugador cruza la línea central con un pie o toca la pista contraria con cualquier parte del cuerpo;
- se señala infracción por: servicio ilegal, estar fuera de posición en pista, sustitución ilegal, atacar o bloquear desde zaguero.

Sanciones

Una ofensa menor se sanciona con *tarjeta amarilla*. La reincidencia implica *tarjeta roja*.

Una ofensa grave se sanciona con *tarjeta roja*. Si la comete el equipo que sirve, pierde el servicio; el equipo que recibe pierde un punto.

Una tarjeta *roja/amarilla* significa que el jugador será expulsado si vuelve a cometer otra ofensa similar. No hay más sanciones.

Tiempo

En algunas ocasiones, los juegos tienen un límite de tiempo. En ese caso, cada set tiene 8 min de juego de pelota. El reloj se activa en cada servicio y sigue contando hasta que el silbato señala pelota muerta.

El equipo con mayor puntuación gana, pero debe tener una ventaja de 2 puntos (ver epígrafe sobre el tanteo).

Cada equipo puede realizar 2 tiempos muertos de 30 s cada uno. Entre los juegos, se realiza un descanso de 3 min.

Versiones de juego

Mixto

Las siguientes normas se aplican a partidos formados por equipos mixtos (hombres y mujeres):

- hombres y mujeres alternan el orden de servicio y la posición en la pista;
- cuando se juega una pelota más de una vez, uno de los toques, como mínimo, debe realizarlo una mujer (los bloqueos no cuentan);
- si en la línea frontal sólo hay un hombre, uno de los hombres de la línea trasera debe avanzar a la línea de ataque para bloquear;
- una mujer que está en la línea trasera puede bloquear;
- la altura de la red es: 224 cm.

Mixto inverso

Las reglas son las mismas que en el juego mixto, pero un hombre debe tocar la pelota en cada posesión, una mujer puede avanzar desde atrás para bloquear y ningún hombre puede traspasar la línea de ataque para bloquear.

La altura de la red es: 224 cm.

Vóley playa y vóley hierba

Las reglas son las mismas que para pista dura, con las siguientes excepciones:

- las líneas están marcadas con cuerdas de colores vivos;
- las líneas de ataque pueden ser elásticas o de cinta;
- la línea central no está marcada, pero el campo se divide igualmente bajo la red;
- la pelota tiene 18 paneles, con una presión de aire de 2,2 kg por 6,42 cm²;
- cada equipo puede estar formado por 2, 3 o 6 jugadores;
- cada juego tiene de 11 a 15 puntos y se necesita una ventaja de 2 para ganarlo;
- los equipos cambian de lado después de 5 y 10 puntos, en un juego a 15; y después de 4 y 8, en un juego a 11 puntos;
- en juegos con menos de 6 jugadores, el servicio puede realizarse desde cualquier punto tras la línea de fondo y los demás jugadores pueden estar en cualquier punto de la pista.

Oficiales

El primer árbitro controla el partido desde una posición elevada a un extremo de la red. El segundo árbitro asiste desde el lado opuesto de la red y señala red, línea central y faltas de zaguero, pero no las acciones de manejo de pelota.

Un anotador permanece sentado detrás del segundo árbitro. Los jueces de línea, se colocan en esquinas opuestas, cada uno a un lado de la pista.

PELOTA FUERA

PELOTA BUENA
DENTRO

PELOTA TOCADA
POR UN JUGADOR

FUERA
DE LA ANTENA

CRUZAR
LÍNEA CENTRAL

EQUIPO AL SAQUE

**PELOTA TOCADA
Y FUERA**

**PELOTA FUERA
(JUGADOR EN LA PISTA ADYACENTE);
FUERA DE LA ANTENA**

DOBLE TOQUE

**FIN DEL JUEGO
O DEL PARTIDO**

TIEMPO MUERTO

CAMBIO

CUATRO TOQUES

RETRASO DE SERVICIO

PELOTA EN RED AL SERVIR/ JUGADOR TOCA RED

PELOTA AGARRADA LANZADA LEVANTADA

PELOTA TOCA OBSTÁCULO

BLOQUEO ILEGAL

PELOTA DENTRO FALTA DE LÍNEA

FALTA DE POSICIÓN O ROTACIÓN

ATAQUE ILEGAL
DE JUGADOR
ZAGUERO

SOBRE LA RED

DOBLE FALTA /
FIN DE JUGADA

CONTACTO ILEGAL

AVISO /
EXPULSIÓN /
AMONESTACIÓN/
DESCALIFICACIÓN

SERVICIO ILEGAL

SERVICIO

RETRASO DE JUEGO

WATERPOLO

Historia

El waterpolo moderno comenzó como un deporte similar al rubgy, pero se practicaba en lagos y ríos, por equipos que debían ganar el lado contrario y marcar goles con una pelota de goma. En 1870, en Londres, apareció el primer reglamento para este fútbol de piscina. Los partidos eran una competición de fuerza, con pocos pases ni trabajo en equipo. Era frecuente que un jugador guardase la pelota bajo su traje de baño y cruzase la piscina a nado por debajo del agua. El portero, a quien le estaba permitido subir al borde de la piscina, podía saltarle encima.

Posteriormente, las reglas se modificaron para que el juego se pareciese más al fútbol y se añadieron porterías. Hacia 1888, el deporte llegó a Norteamérica, pero se produjeron cambios nefastos en el estilo de juego: se convirtió en uno de los deportes más duros, con batallas enfervorizadas bajo el agua. Con el cambio se siglo, el waterpolo ganó un gran número de espectadores. En 1900 entró en los Juegos Olímpicos y se adoptaron las normas inglesas para la competición internacional.

Objeto del deporte

Dos equipos compiten en el interior de una piscina con dos porterías al nivel del agua. El equipo que consigue marcar más goles en la portería contraria se declara vencedor.

Terreno de juego

La *piscina* es rectangular, de 20 a 30 m de largo, y de 17 a 20 m de ancho. Para mujeres y júnior, mide 25 m de largo y 17 de ancho como máximo.

Las *marcas* son las siguientes:

- líneas de portería, 30 cm desde cada extremo de la piscina;
- líneas de 2 m, de color rojo, desde las líneas de portería;
- líneas de 4 m, de color amarillo, desde las líneas de portería;
- línea de media distancia, de color blanco, en la mitad de la piscina;
- un signo de color visible a cada extremo de la piscina, a 2 m de la esquina.

La *portería* es rígida, de color blanco y con red. Tiene 3 m de ancho y está centrada entre los dos lados de la piscina.

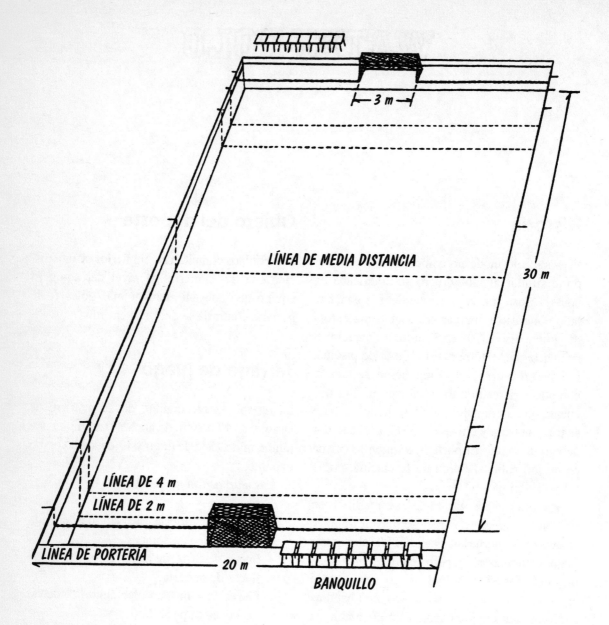

LÍNEA DE MEDIA DISTANCIA

30 m

3 m

LÍNEA DE 4 m

LÍNEA DE 2 m

LÍNEA DE PORTERÍA

20 m

BANQUILLO

El travesaño de la portería está a 90 cm sobre la superficie del agua, cuando hay una profundidad de más de 1,5 m. Si hay menos profundidad, debe estar a 2,4 m del fondo de la piscina.

Equipo

La pelota es resistente al agua, de forma esférica, y está inflada con aire comprimido. Tiene un diámetro aproximado de 22 cm y un peso de 453,6 g.

Los jugadores llevan gorros numerados del 2 al 13. Un equipo lleva el color azul marino y el otro el blanco. Los guardametas llevan gorro rojo, con el número 1. Los gorros se sujetan a la cabeza por la barbilla. Los hombres llevan bañador de natación y las mujeres traje de una pieza. No está permitido untarse el cuerpo con ningún tipo de aceite.

Reglas generales

En cada equipo juegan siete jugadores (1 guardameta, 3 delanteros y 3 defensas), y 6 suplentes.

El partido se divide en 4 períodos de 7 min de juego real. Entre cada período hay un descanso de 2 min, y los equipo cambian de lado.

Un equipo no puede estar en posesión de la pelota más de 35 s, sin realizar un tiro (intento de gol), contra la portería contraria. El cómputo de 35 s se inicia de nuevo cuando el equipo contrario consigue la pelota, un equipo la recupera, o después de una falta (infracción del reglamento).

El guardameta puede utilizar las dos manos, golpear la pelota con el puño, erguirse, caminar o saltar desde el fondo de la piscina, dentro de la línea de 4 m. El portero puede lanzar contra la portería contraria desde su mitad de la piscina, pero no puede traspasar esa línea ni tocar la pelota desde más allá de la línea intermedia. El guardameta no puede sostenerse en los bordes de la piscina ni en ninguna otra parte de ésta.

Los otros jugadores no pueden tocar la pelota con ambas manos a la vez, ni golpearla con el puño. Deben tratar de agarrar la pelota, elevarse y sostenerla mientras no nadan; pueden driblar (empujarla delante de su cuerpo), pasarla a otro jugador o tirar a portería.

Los suplentes sólo pueden entrar en la piscina entre los períodos, después de un gol, por lesión de un jugador o si un compañero ha sido expulsado por mala conducta.

Tanteo

Un equipo recibe un punto cuando la pelota cruza completamente la línea de portería, entre los postes y el travesaño, si 2 jugadores (aparte del guardameta), la han tocado después del inicio o reanudación del tiempo de juego. La pelota se puede lanzar, conducir y mover con cualquier parte del cuerpo, pero no se puede enviar dentro de la portería con el puño. Para que un punto se considere válido al final de un período, la pelota debe haber abandonado la mano del lanzador antes de que suene la señal. Un gol anotado durante una falta no cuenta.

El equipo que obtiene más puntos, gana. Si el marcador está empatado, hay un descanso de 5 min, seguido de un *tiempo extra* (período de 2-3 min), con 1 min de descanso entre los períodos. Se sigue esta mecánica hasta que se decide el partido. No hay muerte súbita.

Procedimiento

Un sorteo a cara o cruz decide el lado de la piscina o el color del equipo.

Al principio, los jugadores se alinean detrás de su propia línea de portería, separados un metro entre sí, a 1 m de los postes de la portería, como mínimo, y con no más de 2 jugadores bajo el travesaño.

El árbitro hace sonar el silbato y arroja la pelota al centro de la piscina. El tiempo empieza a contar cuando un jugador toca la pelota.

Después de un gol, los jugadores pueden colocarse en cualquier punto de su campo. El árbitro toca el silbato y un jugador del equipo que recibió el gol reanuda el juego desde el centro de la piscina, pasando la pelota a un compañero de equipo que esté en su campo correspondiente.

Si una pelota lanzada por un atacante cruza la línea de fondo (portería) contraria, pero la pelota no va entre los postes, al portero del equipo defensivo se le concede un *lanzamiento a portería* (desde cualquier punto por detrás de la línea de 2 m).

Cuando la pelota cruza la línea de portería del equipo defensivo, pero no va a parar entre los postes y el último que la tocó fue un defensa, se concede un *lanzamiento de córner* al equipo atacante: debe realizarse desde la marca de 2 m del lado de la portería por que salió la pelota. Sólo el guardameta puede permanecer dentro del área de la línea de 2 m.

Una pelota está fuera de juego si es enviada fuera de la piscina, o si va fuera y rebota dentro del agua. En ese caso, la posesión de la pelota pasa a un jugador del equipo contrario, que puede realizar un *tiro libre* (lanzamiento o conducción), desde un punto cercano al lugar por donde salió la pelota, o desde la marca de 2 m, si la pelota salió entre dicha marca de 2 m y la línea de portería.

Si jugadores de los 2 equipos cometen falta al mismo tiempo, el árbitro ejecuta un *lanzamiento neutral* (hacia un punto en el que ambos lados tengan las mismas posibilidades de alcanzar la pelota).

Faltas y sanciones

Se señala una *falta ordinaria* si se comete cualquiera de las siguientes infracciones:

- mantener la pelota bajo el agua durante un placaje;
- golpear la pelota con el puño;
- agarrarse o empujar la portería, agarrarse a una banda o a la pared de fondo durante una jugada;
- tocar la pelota con ambas manos a la vez o darle puñetazos;
- saltar, caminar o erguirse sobre o desde el fondo de la piscina;
- nadar en avance desde la propia línea de portería antes de la señal del árbitro;
- empujar o retener a un contrario que no tiene la pelota;
- cruzar la línea de 2 m contraria sin estar por detrás de la pelota;
- cruzar o tocar la pelota más allá de la línea intermedia (sólo para los porteros);
- retener la pelota más de 35 s sin lanzarla.

La sanción por falta ordinaria es un tiro libre, pero dos jugadores (aparte del guardameta) deben tocar la pelota para que un gol sea válido. El tiro se ejecuta desde donde se cometió la falta. Si se comete dentro del área de la línea de 2 m, se ejecuta desde la línea.

Una *falta mayor* se señala cuando un jugador empuja o agarra a otro jugador que no tiene la pelota, cuando lo golpea con los pies u otra parte del cuerpo, evita un gol de modo ilegal dentro de la línea de 4 m, interfiere un tiro salpicando al contrario en la cara, entra al agua de modo impropio, utiliza la violencia física o verbal, o reincide en mala conducta.

La sanción por una falta mayor es una *falta personal*. El jugador que la comete es enviado fuera del agua durante 20 s o hasta que se anota un gol o el equipo contrario gana la posesión de la pelota (lo que ocurra primero). Cuando un jugador sale del agua, el juego se reanuda con un tiro libre para el contrario. Si un jugador tiene tres faltas personales o comete una infracción grave, ese jugador es expulsado, pero puede entrar un sustituto antes del tiro libre.

Se concede un *lanzamiento de penalti* (tiro libre desde la línea de 4 m), al equipo agredido, cuando se comete una falta mayor dentro de la línea de 4 m. El lanzamiento debe ejecutarse directamente contra la portería contraria. El guardameta permanece en la línea de portería; los demás deben permanecer fuera del área.

Oficiales

Los árbitros controlan el juego, dan inicio al juego y señalan las faltas y los lanzamientos.

Pueden aplicar la *ley de la ventaja*: no detener el juego si la detención beneficia al equipo que comete la falta. Los árbitros utilizan banderas azules y blancas para señalar faltas y posesión de pelota.

Los jueces de portería señalan los córners (bandera roja), tiros a portería (bandera roja) y goles (dos banderas). Los cronometradores cuentan el tiempo real de juego y controlan la regla de 35 s. Un anotador anota todas las incidencias de juego, faltas y goles.

ORGANIZACIONES DEPORTIVAS

Las federaciones y organismos que aparecen a continuación son las fuentes principales para la redacción de las normativas y contenidos de este libro.

Las federaciones internacionales están reconocidas por el C.O.I. (Comité Olímpico Internacional) y son los organismos que se ocupan de la administración, gestión y promoción de cada deporte.

Federaciones internacionales olímpicas de deportes de verano

IAAF
International Amateur Athletic Federation
Federación Internacional de Atletismo Amateur
17, rue Princesse Florestine
B.P. 359
98997 Monte-Carlo, Mónaco Códex
http://www.iaaf.org

FISA
Fédération Internationale de Societés d'Aviron
Federación Internacional de Deportes de Remo
Avenue de Cour 135
Case Postale 18
1000 Lausanne 3, Suiza
http://www.fisa.org

IBF
International Badminton Federation
Federación Internacional de Bádminton
Manor Park Place: Rutherford Way
Cheltenham,
Gloucestershire, GL 51 9 TU, Gran Bretaña
http://www.intbadfet.org

IBA
International Baseball Association
Federación Internacional de Béisbol
Case postale 131
1000 Laussane 5, Suiza
Avenue Mon-Repos 24
1005 lausanne, Suiza
http://www.baseball.ch

FIBA
Fédération Internationale de Basketball
Federación Internacional de Baloncesto
P.O. Box 700607
81306 Münich, Alemania
Boschetsrieder Str. 67
81379 Münich, Alemania
http://www.fiba.com

AIBA
Association Internationale de Boxe
Amateur
Federación Internacional de Boxeo Amateur
P.O. Box 76343
Atlanta, Georgia 30358 EE.UU.
Ibaker27@mindspring.com

UCI
Union Cycliste Internationale
Unión Ciclista Internacional
Case Postale
1000 Lausanne 23
Suiza
Rte de chavannes, 37
1007 Lausanne, Suiza
http://www.uci.ch

FEI
Fédération Equestre Internationale
Federación Ecuestre Internacional
Avenue Mon-Repos 24
Case Postale 157
1000 Lausanne 5, Suiza
http://www.horsesport.org

FIE
Fédération Internationale d'Escrime
Federación Internacional de Esgrima
Avenue Mon-Repos 24, Case postale 128
1000 Lausanne 5, Suiza
http://www.fie.ch

FIFA
Fédération Internationale de Football
Association
Federación Internacional de Fútbol
Asociación
Hitzigweg, 11
Case postale 85
8030 Zürich, Suiza
http://www.fifa.com

FIG
Fédération Internationale de Gymnastique
Federación Internacional de Gimnasia
Rue des Oeuches, 10 Case postale 359
2740 Moutier 1, Suiza
http://www.worldsport.com/sports/
gymnastics/home.html

IHF
International Handball Federation
Federación Internacional de Balonmano
Case postale 312
4020 Bâle, Suiza
Lange Gasse 10, 4052 Bâle, Suiza
http://www.ihf.ch

FIH
Fédération Internationale de Hockey
Federación Internacional de Hockey
Avenue des Arts 1
Boîte postale 5
1210 Bruselas, Bélgica
http://www.fihockey.org

IJF
International Judo Federation
Federación Internacional de Judo
33rd FL Doonsan Tower
18-12, Ulchi-ro, 6 ka
Chung-Ku, Seúl, Corea
http://www.ijf.org

FILA
Fédération Internationale des Luttes
Associées
Federación Internacional de modalidades
de Lucha Asociadas
Av. Juste-Olivier 17
1006 Lausanne, Suiza
http://www.fila-wrestling.org

FINA
Fédération Internationale de Natation
Amateur
Federación Internacional de Natación
Amateur
Av. De Beaumont 9, rez-de-Caussée
1012 Lausanne, Suiza
http://www.fina.org

UIPM
Union Internationale de Pentathlon
Moderne
Unión Internacional de Pentatlón Moderno
Sate Louis II- Entrance E
13, avenue des Castelans
98000 Mónaco, Mónaco
http://www.pentathlon.org

ISF
International Softball Association
Federación Internacional de Softball
4141 nw Expressway, Suite 340
Oklahoma City, OK 73116-1675, EE.UU.
http://www.worldsprt.com/sports/softball/
home.html

WTF
The world Taekwondo Federation
(provisional)
Federación Mundial de Taekwondo
635 Yuksam-dong
Kangnam-ku
Seúl 135-080, Corea
http://www.worldsport.com

ITF
International Tennis Federation
Federación Internacional de Tenis
Bank Lane
Roehampton
Londres SW 15 5XZ, Gran Bretaña
http://www.itftennis.com

ITTF
International Table Tennis Federation
Federación Internacional de Tenis de Mesa
53, London road, St.Leonards-on-Sea
East Sussex TN37 6AY, Gran Bretaña
http://www.ittf.com

FITA
Fédération Internationale de Tir à l'Arc
Federación Internacional de Tiro con Arco
Avenue de la Cour 135
1007 Lausanne, Suiza
http://www.archery.org

ITU
International Triathlon Union (provisional)
Unión Internacional de Triatlón
1154 West 24th Street
North vancouver, BC
V7P 2J2, Canadá
http://www.triathlon.org

ISAF
International Sailing Federation
Federación Internacional de Vela
Ariadne House
Town Quay
Southampton
Hampshire SO 14 2AQ, Gran Bretaña
http://www.sailing.org

FIVB
Fédération Internationale de Volleyball
Federación Internacional de Voleibol
Case postale
1001 Lausanne, Suiza
Av. De la Gare 12
1003 lausanne, Suiza
http://www.fivb.ch

Federaciones internacionales olímpicas de deportes de invierno

IBU
International Biathlon Union
Unión Internacional de Biatlón
Airport Center-Kasernenstrasse, 1
Postfach 1
5073 Wals Himmelreich, Austria
http://www.ibu.at

IIHF
International Ice Hockey Federation
Federación Internacional de Hockey sobre Hielo
Parkring 11
8002 Zürich, Suiza
http://www.iihf.com

ISU
International Skating Union
Unión Internacional de Patinaje
Chemin de Primerose 2
1007 Lausanne, Suiza
http://www.isu.org

FIS
Féderation International de Ski
Federación Internacional de Esquí
Blochsatrasse 2
3653 Oberhofen/Thunersee, Suiza
http://www.fisski.org

Otras federaciones internacionales reconocidas

FIA
Féderation Internationale de l'Automobile
(provisional)
Federación Internacional del Automóvil
8, place de la Concorde
75008 París, Francia

WCBS
World Confederation of Billiards Sports
Confederación Mundial de Deportes
de Billar
Meidoorn 133, Maastrich 6226 wh,
The Netherlands
http://www.worldsport.com:80/sports/
billiards_sports/federation/home.html

WAGC
World Amateur Golf Council
Consejo Mundial de Golf Amateur
P.O. Box 708
Far Hills, New Jersey 07931-0708, EE.UU.

FMK
Fédération Mondiale de Karaté
(provisional)
Federación Mundial de Karate
c/o Spanish Karate Federation
Princesa 22, 4ª Izqda
28008 Madrid, España
http://www.wkf.net

FIPV
Federación Internacional de Pelota Vasca
Poblado Vasco de Urdanibia
Palacio de Urdanibia
Apartado de correos 468
20300 Irún, España
fipv@facilnet.es

FIQ
Fédération International de Quilleurs
Federación Internacional de Bolos
1631 Mesa Avenue, Suite A
Colorado Springs, Colorado 80906,
EE.UU.
Fiq@mindspring.com

FIRS
Fédération Internationale de Roller-Skating
Federación Internacional de Roller-Skating

Rambla de Catalunya 121, 6º 7ª
08008 Barcelona, España
http://www.firs.org

IRB
International Rugby Board
Comité Internacional de Rugby
Huguenot House
35/38 St Stephens's Green
Dublin 2, Irlanda
http://www.irfb.com

WSF
World Squash Federation
Federación Mundial de Squash
6, Havelock Road
Hastings, East Sussex TN34 1BP,
Gran Bretaña
http://www.squash.org

Federaciones deportivas españolas

Federación Española de Actividades
Subacuáticas
Santaló, 15; 08021 Barcelona
Tel.: 93/200 67 69/92 00
Fax: 93/414 34 45
Real Federación Española de Aeronáutica
http://www.sportec.com/www/fae/main.htm
Ferraz, 16; 28008 Madrid
Tel.: 91/5475922; 5593894
Fax: 91/5599701

Federación Española de Ajedrez
http://www.feda.org
Coslada, 10; 28028 Madrid
Tel.: 91/355 21 59 ; Fax: 91/725 69 63

Real Federación Española de Atletismo
http://www.sportec.com/www/rfea/main.htm
Avda. de Valladolid, 81; 28008 Madrid

Tel.: 91/548 24 23
Fax: 91/547 61 13; 548 06 38

Federación Española de Automovilismo
http://www.bme.es/fea
Escultor Peresejo, 68 bis; 28023 Madrid
Tel.: 91/7299430; Fax: 91/3570203

Federación Española de Bádminton
http://www.fesba.com
Ferraz, 16; 28008 Madrid
Tel.: 91/542 83 84; Fax: 91/547 32 99
E-mail: badminton@fesba.com

Federación Española de Baloncesto
http://www.feb.es
Avda. de Burgos, 8-A, 9º; 28036 Madrid
Tel.: 91/383 20 50; Fax: 91/302 74 31

Real Federación Española de Balonmano
Ferraz, 16, 28008 Madrid
Tel.: 91/548 13 55/44 83; Fax: 91/42 70 49

Real Federación Española de Béisbol
y Softbol
Coslada, 10; 28028 Madrid
Tel.: 91/355 28 44; Fax: 91/355 12 06

Federación Española de Billar
Justo y Pastor, 77-7º 14; 46022 Valencia
Tel.: 96/355 68 04; Fax: 96/355 68 04

Federación Española de Bolos
Fernando el Católico, 54; 28015 Madrid
Tel.: 91/549 23 70; Fax: 91/549 23 76

Federación Española de Boxeo
Ferraz, 16; 28008 Madrid
Tel.: 91/547 77 58/559 38 69
Fax: 91/547 42 97

Federación Española de Caza
Francos Rodríguez, 70-21; 28039 Madrid

Tel.: 91/311 16 34/14 11
Fax: 91/450 66 08

Real Federación Española de Ciclismo
Ferraz, 16; 28008 Madrid
Tel.: 91/542 04 21/34/21 30
Fax: 91/542 03 41

Federación Española de Colombicultura
Ximénez de Sandoval, 8; 46003 Valencia
Tel.: 96/351 43 51; Fax: 96/394 05 73

Real Federación Española de Colombófila
Eloy Gonzalo, 34; 28010 Madrid
Tel.: 91/448 88 42; Fax: 91/448 72 04

Federación Española de Deporte Aéreo
Ferraz, 16; 28008 Madrid
Tel.: 91/547 59 22/559 38 94
Fax: 91/559 97 01

Federación Española de Deportes
de Invierno
http://www.smartec.es/rfedi
Arroyofresno, 3-A; 28035 Madrid
Tel.: 91/376 99 30; Fax: 91/376 99 31

Federación Española de Deportes
para Ciegos
Monte Igueldo, 12; 28053 Madrid
Tel.: 91/589 02 20; Fax: 91/552 99 05

Federación Española de Deportes
para Minusválidos Físicos
Ferraz, 16; 28008 Madrid
Tel.: 91/547 17 18/13; Fax: 91/541 99 61

Federación Española de Discapacitados
Intelectuales
Rafael Ybarra, 75; 28026 Madrid
Tel.: 91/565 14 37/26 33; Fax: 91/569 14 07

Federación Española de Deportes
para Paralíticos Cerebrales
General Zabala, 29; 28002 Madrid
Tel.: 91/562 44 15; Fax: 91/563 40 10

Federación Española de Deportes
para Sordos
Barquillo, 19; 28004 Madrid
Tel.: 91/523 09 52; Fax: 91/531 09 95

Real Federación Española de Esgrima
http://www.sportec.com/www/rfee/main.htm
Ferraz, 16; 28008 Madrid
Tel.: 91/559 74 00; Fax: 91/547 68 35

Federación Española de Espeleología
Avda. Francesc Cambó, 14-9 b.
08003 Barcelona
Tel.: 93/310 70 62; Fax: 93/315 16 24

Federación Española de Esquí Náutico
Sabino Arana, 30-11-10; 08026 Barcelona
Tel.: 93/330 89 03; Fax: 93/330 99 57

Real Federación Española de Fútbol
http://www.sportec.com/www/rfef/main.htm
Alberto Bosch, 13; 28014 Madrid
Tel.: 91/420 33 21/13 62; Fax: 91/420 20 94

Federación Española Galguera
Barquillo, 19-11 C; 28004 Madrid
Tel.: 91/319 82 62; Fax: 91/522 43 44

Real Federación Española de Gimnasia
http://www.sportec.com/www/rfegim/
main.htm
María de Molina, 60; 28006 Madrid
Tel.: 91/563 51 77/78
Fax: 91/561 20 31

Real Federación Española de Golf
http://www.sportec.com/www/rfeg/main.htm
Capitán Haya, 9; 28020 Madrid

Tel.: 91/555 26 82/79/27 57
Fax: 91/556 32 90

Federación Española de Halterofilia
Francos Rodríguez, 70-51 izq.
28039 Madrid
Tel.: 91/459 42 44/02 83; Fax: 91/450 28 02

Federación Española de Hípica
Marqués de Salamanca, 2; 28006 Madrid
Tel.: 91/577 78 92/80 56/85 74
Fax: 91/575 07 70

Real Federación Española de Hockey
Goya, 20; 28001 Madrid
Tel.: 91/435 94 02/51; Fax: 91/431 89 14

Real Federación Española de Judo
Ferraz, 16-71 izq.; 28008 Madrid
Tel.: 91/541 62 50/15 36; Fax: 91/547 61 39

Federación Española de Karate
Princesa, 22–41 Dcha.; 28008 Madrid
Tel: 91/542 46 25; Fax: 91/542 49 13

Federación Española de Kickboxing
Betelgeuse, 41; 28905 Getafe, Madrid
Tel.: 91/6822142

Federación Española de Lucha
General Moscardo, 32; 28020 Madrid
Tel.: 91/682 21 42; Tel.: 91/534 04 49/98 79
Fax: 91/553 33 43

Federación Española de Montaña
y Escalada
Alberto Aguilera, 3-4º izq.; 28015 Madrid
Tel.: 91/445 13 82; Fax: 91/445 14 38

Real Federación Española de Motociclismo
http://www.rfme.com
General Pardiñas, 71-1º; 28006 Madrid
Tel.: 91/561 80 10/562 53 42

Fax: 91/561 35 07
E-mail: fedme_mad@interfad.es

Federación Española de Motonaútica
Avda. América, 33; 28002 Madrid
Tel.: 91/415 37 69/413 99 51
Fax: 91/519 04 69

Real Federación Española de Natación
http://www.ctv.es/rfen
Juan Esplandiú, 1; 28006 Madrid
Tel.: 91/557 20 06/24/25; Fax: 91/409 70 62

Federación Española de Pádel
http://personal.redestb.es/fedesppadel
Dr. Fleming, 32-oficina 97; 28036 Madrid
Tel: 91/345 94 98; Fax: 91/345 90 32

Federación Española de Patinaje
Eduardo Dato, 7; 28010 Madrid
Tel.: 91/348 0200; Fax: 91/4472279

Federación Española de Pelota
Los Madrazo, 11; 28014 Madrid
Tel.: 91/521 42 99/532 38 79
Fax: 91/532 38 79

Federación Española de Pesca
Navas de Tolosa, 3; 28013 Madrid
Tel.: 91/532 83 52/53/28 35
Fax: 91/532 65 38

Federación Española de Petanca
Rodríguez San Pedro, 2-8º; 28015 Madrid
Tel.: 91/446 88 54; Fax: 91/593 46 99

Federación Española de Piragüismo
http://www.sportec.com/www/fep/main.htm
Antracita, 7-3º; 28045 Madrid
Tel.: 91/506 43 00; Fax: 91/506 43 04

Real Federación Española de Polo
Menendez Pidal, 43; 28036 Madrid

Tel.: 91/533 75 69
Fax: 91/533 86 56

Federación Española de Remo
Nuñez de Balboa, 16; 28001 Madrid
Tel.: 91/431 47 09/577 86 97
Fax: 91/577 53 57

Federación Española de Rugby
http://www.sportec.com/www/ferugby/
main.htm
Ferraz,16; 28008 Madrid
Tel.: 91/541 49 78/88; Fax: 91/559 09 86

Federación Española de Salvamento
y Socorrismo
San Alejandro, 10; 28005 Madrid
Tel.: 91/576 11 21/18 42; Fax: 91/576 44 11

Real Federación Española de Squash
Alberto Alcocer, 26-3º; 28036 Madrid
Tel.: 91/457 87 95/80 70; Fax: 91/457 16 91

Federación Española de Surf
Riego de Agua, 9-11, 1º; 15001 A Coruña
Tel.: 689/008 072; Fax: 981/21 43 64

Federación Española de Taekwondo
Gran Via de les Corts Catalanes, 1.176 bis
08020 Barcelona
Tel.: 93/313 02 45/47; Fax: 93/305 50 65

Real Federación Española de Tenis
Avda. Diagonal, 618; 08028 Barcelona
Tel.: 93/200 53 55/201 08 44
Fax: 93/202 12 79

Real Federación Española de Tenis de Mesa
Ferraz, 16; 28008 Madrid
Tel.: 91/542 33 87; Fax: 91/542 92 05

Federación Española de Tiro a Vuelo
Juan Alvarez Mendizábal, 69

28008 Madrid
Tel.: 91/547 23 57; Fax: 91/542 17 84

Real Federación Española de Tiro con Arco
http://www.ctv.es/USERS/amgray
Nuñez de Balboa, 13; 28001 Madrid
Tel.: 91/577 36 32/33/576 13 30
Fax: 91/435 17 76

Real Federación Española de Tiro Olímpico
http://www.sportec.com/www/rfedeto/
main.htm
Barquillo, 21; 28004 Madrid
Tel.: 91/532 10 10/17/18; Fax: 91/531 50 28

Federación Española de Triatlón
y Pentatlón Moderno
http://www.iponet.es/triatlon
Ferraz, 16 - Sótano; 28008 Madrid
Tel.: 91/559 93 05; Fax: 91/758 08 85
E-mail: triatlon@idecnet.es;
triatlon@empresarial.com

Comisión de Pentatlón Moderno
Mallorca, 237 bis 1º 2º; 08008 Barcelona
Tel.: 93/215 36 34; Fax: 93/467 04 91

Real Federación Española de Vela
http://www.rfev.es
Luis de Salazar, 12-1º; 28002 Madrid
Tel.: 91/519 50 08; Fax: 91/416 45 04

Federación Española de Voleibol
http://www.sportec.com/www/fevb/main.htm
Augusto Figueroa, 3-2º; 28004 Madrid
Tel.: 91/521 46 36; Fax: 91/522 88 43

Asociaciones de clubes deportivos

Asociación de Clubes de Baloncesto (ACB)
Iradier, 37; 08017 Barcelona

Tel.: 93/417 24 04
Fax: 93/418 23 94

Asociación de Clubes Españoles
de Balonmano (ASOBAL)
http://www.sportec.com/asobal
Avda. Madrid, 95, 7º 1ª; 08028 Barcelona
Tel.: 93/339 06 19; Fax: 93/411 07 17
E-mail: asobal@ibm.net

Asociación de Clubes Españoles de Hockey
sobre Patines (ACHP)
Barcelona, 172; 08105 Sant Fost de
Campsentelles, Barcelona
Tel.: 93/570 93 59; Fax: 93/570 92 04

Asociación de Clubes Españoles
de Tenis de Mesa
http://www.sportec.com/acb
Sempere, 39; 8221 Terrasa, Barcelona
Tel.: 93/788 76 04

Asociación de Clubes Españoles
de Voleibol (ACEVOL)
Paseo Santa María de la Cabeza, 33, 1º B
28045 Madrid
Tel.: 91/527 75 64; Fax: 91/530 39 40

Asociación Española de Clubes Espacios
de Hockey sobre Patines
Barcelona, 172; 08105 Sant Fost de
Campsentelles, Barcelona
Tel.: 93/570 93 59; Fax: 93/570 92 04

Liga Nacional de Fútbol Profesional
http://www.arrakis.es/~yma/futbol.htm
Hernández de Tejada, 10; 28027 Madrid
Tel.: 91/408 10 01/11 51

Unión de Clubes Españoles de Hockey
sobre Patines (UCEHP)
Piereta, 29; 08784 Piera, Barcelona
Tel.: 93/864 40 91; Fax: 93/864 42 16

Otras organizaciones deportivas

AAU
Amateur Athletic Union of the EE.UU.
Walt Disney Resort
PO Box 10.000
Lake Buena Vista, FL 32830-1000

Amateur Speedskating Union
of the EE.UU.
1033 Shady lane
Glen Ellyn, IL 60137
American Amateur Baseball Congress
118-119 Redfield Plaza
Marshall, MI 49068

American Amateur Bowling Congress
5301 South 76th Street
Greendale, WI 53129-1127
American Darts Organization
652 S. Brookhurst Avenue
Suite 543
Anaheim, CA 92804

American Platform Tennis Association
26 Park Street
Montclair, NJ 07042

Babe Ruth Baseball & Softball
PO Box 5000
1770 Brunswich Pike
Trenton, NJ 08638

Billiard Congress of America
1700 South 1st Avenue
Suite 25-A
Iowa City, IA 52240

Indy Racing League
4720 West 16th Street
Indianapolis, IN 46222

The Jockey Club
821 Corporate Drive
lexington, KY 40503-2794

The Lacrosse Foundation
113 West University Parkway
Baltimore, MD 21210

Little League Baseball
PO Box 3485
Williamsport, PA 17701

Major League Baseball
350 Park Avenue
New York, NY 10022

Major League Baseball Umpire
Development Program
PO Box A
201 Bayshore Drive SE
St. Petesburg, FL 33731

Major League Soccer
2029 Century Park East
Los Angeles, CA 90067
Marylebone Cricket Club
Lord's Ground
London SW63PR England (GB)

NASCAR
National Association for Stock Car Racing
1801 W. Intl. Speedway Blvd.
Daytona Beach, FL 32114

National Archery Association of the U.S.
One Olympic Plaza
Colorado Spring, CO 80909

National Baseball Congress
300 South Sycamore
Wichita, KS 67201

National Basketball Association
645 Fifth Avenue
New york, NY 10022

National Collegiate Athletic Association
6201 College Blvd.
Overland park, KS 66211-2422

National Federation of High School
Associations
11724 Plaza Circle
Kansas City, MO 64195

National Football League
410 park Avenue
New york, NY 10020-1198

Sports Car Club of America
PO Box 3278
Englewwod, CO 80112

T-ball USA
Suite 607
915 Broadway
New York, NY 10010

Thoughbred Racing Associations
of North America
420 Fair Hill Drive, Suite 1
Elkton, MD 21921-2573

United States Auto Club
4910 West 16th Street
Indianapolis Speedway, IN 46224

United States Badminton Association
One Olympic Plaza
Coorado Springs, CO 80909

United States Croquet Association
11558-B Polo Club Road
Wellington, FL 33414

United States Figure Skating Association
20 First Street
Colorado Springs, CO 80906

United States Golf Association
Golf House
Far Hills, NJ 07931

United States Olympic Comitee
One Olympic Plaza
Colorado Springs, CO 80909

United States Paddle Tennis Association
PO Box 49882
Los Angeles, CA 80909

United States Squash Racquets Association
PO Box 1216
Nala-Cynwyd, PA 19004-1216

United States Sailing Association
15 Maritime Drive
Portsmouth, RI 02871

United States Soccer Federation
U.S. Soccer House
1801-1811 South Prarie
Chicago, IL 60616

United States Swimming
One Plympic Plaza
Colorado Springs, CO 80909

United States Tennis Association
70 West Red Oak Lane
White Plains, NY 10604

United States Trotting Association
750 Michigan Avenue
Columbus, OH 43215-1191

U.S. Amateur Confederation
of Roller Skating

4730 South Street
Lincoln, NE 68506

U.S. Diving
201 South Capitol Avenue
Suite 430
Indianapolis, IN 45225

U.S. Field Hockey Association
One Olympic Plaza
Colorado Springs, CO 80909

U.S. International Speedskating
Association
PO Box 16157
Rocky River, OH 44116

USA Baseball
2160 Greenwood Avenue
Trenton, NJ 08609

USA Basketball
5465 Mark Dabling Blvd.
Colorado Springs, CO 80918-3842

USA Boxing
One Olympic Plaza
Colorado Springs, CO 80909

USA Cycling
One Olympic Plaza
Colorado Springs, CO 80909

USA Gymnastics
201 S. Capitol Avenue
Suite 300
Indianapolis, IN 46225

USA Hockey
4965 N. 30th Street
Colorado Springs, CO 80919

USA Roller Hockey
4730 South Street

PO Box 6579
Lincloln, NE 68506

USA Rugby
3595 East Fountain Blvd.
Colorado Springs, CO 80910

USA Ski and Snowboarding Association
1500 Kearns Blvd.
Building F
Park City, UT 84060

USA Softball
2801 N.E. 50th Street
Oklahoma City, OK 73111

USA Table Tennis
One Olympic Plaza
Colorado Springs, CO 80909

USA Track & Field
One RCA Dome, Suite 140
Indianapolis, IN 46255

USA Volleyball
3595 East Fountain Blvd.
Colorado Springs, CO 80919

USA Waterpolo
201 S. Capitol Avenue
Indianapolis, IN 46225

USA Wrestling
6155 Lehman Drive
Colorado Springs, CO 80918

World Cricket League
301 West 57th Street
New York, NY 10019

ÍNDICE

En esta obra encontrará todo lo que necesita saber sobre los juegos más populares de la baraja española, la baraja americana y juegos de casino, para que pueda compartir sus ratos de ocio con amigos y familiares. Aprenderá cuáles son las mejores bazas, jugadas, faroles, descartes y demás estrategias. Pero también podrá practicar muchos tipos de solitarios, para esos momentos en los que le apetezca disfrutar de un rato de entretenimiento a solas o quiera demostrarse a sí mismo su habilidad e ingenio.

- Juegos populares como el burro, la butifarra, el mus, el bridge, la canasta, etc.
- Juegos de casino como el bacará, Black Jack, póquer, etc.
- Solitarios y Tarot.

Ilustrado
ISBN: 84-7927-351-8

Las reglas y las estrategias de los juegos más populares de las barajas española y americana.

Los Indispensables

Esta útil obra no sólo ofrece las reglas tradicionales de los principales juegos, sino que incluye las variantes más usuales, lo que le permite adaptar cada juego a los gustos de los jugadores y al nivel de dificultad deseado, así como evitar discusiones sobre la manera correcta de jugar. Junto a juegos clásicos de tablero (ajedrez, backgammon, Cluedo, damas, go, ruleta y 10 juegos más), se ofrecen instrucciones sobre juegos de caza y captura para tablero (3 juegos), juegos de dados (barbudi, corazones, dreidels, Ohio, Yacht y 20 juegos más), juegos de deportes con dados (3), de cartas con dados (9), de estrategia con dados (5), de dados y banca (5) y de dados especiales (3), así como de dominó (bingo, cinco arriba, matador y 15 más), y todas sus variantes, hasta un total de 77. También se incluyen juegos tradicionales de otros países como el Mah Jongg, el Tjak-ma-tcho-ki y el Tsung shap.

Ilustrado
ISBN: 84-7927-460-3

Una completa colección de todos los juegos de tablero y mesa con normas trucos y consejos.

Los Indispensables

Rüdiger Nehberg es un intrépido y osado aventurero que ha conocido numerosos peligros a lo largo de sus múltiples viajes alrededor del mundo y nos presenta ahora este completísimo manual de supervivencia imprescindible para todo aquel que quiera emprender un viaje por tierras lejanas. Aprenda a vencer todos los obstáculos que se le presenten en su trayecto valiéndose únicamente de los elementos que le ofrece la naturaleza y de usted mismo, y viva la mayor aventura de su vida.

■ Aprenda a construir un bote, a hacer trampas para cazar animales, a encender un fuego sin la ayuda de cerillas, etc.
■ Qué hacer en situaciones de peligro.
■ Conozca todos los sistemas de orientación en la naturaleza.

Ilustrado
ISBN: 84-7927-379-8

Más que una guía, un auténtico vademécum de la supervivencia en la naturaleza.

Los Indispensables

Esta obra recoge consejos y normas actuales para el conductor moderno que no quiere correr riesgos en ruta. El libro incluye ideas para manejarse con seguridad y confianza en la conducción, en cualquier tipo de terreno y de circunstancias atmosféricas o de tráfico, así cómo normas de fácil aplicación para la compra y el mantenimiento del vehículo y consejos para casos de emergencia.

■ Cuestiones a tener en cuenta en la compra del vehículo.
■ El mantenimiento sin efuerzo del automóbil.
■ La conducción segura con lluvia o nieve.
■ Cómo optimizar la seguridad en viajes largos.
■ Todas las situaciones de emergencia y cómo evitarlas.
■ Seguridad contra robos.

Ilustrado
ISBN: 84-7927-404-2

Una guía completa sobre la conducción segura en cualquier circunstancia.

Los Indispensables

Una nueva obra, indispensable para profundizar en el complejo y apasionante mundo de la música.Esta enciclopedia de la música quiere ser una guía para aquellas personas que deseen adentrarse en el intrincado universo musical. A lo largo de sus páginas, de manera cronológica y ordenada, el lector podrá acceder a toda la información imprescindible para convertirse en un verdadero experto. La obra va, además, acompañada de una selección de ilustraciones que le permitirán aprender de forma más sencilla y directa. Como colofón, se ha incluido un glosario de términos musicales que le permitirán agilizar la búsqueda de información así como un anexo con una selección de las cincuenta grandes obras de la historia de la música.

- Qué forma musical tiene una suite.
- Qué aspecto tiene una marimba.
- A qué edad compuso Mozart su primera pieza musical.
- Cómo distinguir un estudio de una variación.

Ilustrado
ISBN: 84-7927-386-0

Henry Lindemann

Enciclopedia de la
MÚSICA
Clásica,
ópera y ballet

Una guía esencial de iniciación a la historia
y evolución de la música,
grandes compositores, obras e intérpretes

Una guía esencial de la iniciación a la historia y evolución de la música, grandes compositores, obras e intérpretes.

Los Indispensables

Gayle Hayman, fundadora de la archifamosa tienda Giorgio de Beverly Hills, nos ofrece, explicados de forma atractiva y eminenetemente práctica, consejos para conseguir una imagen sugerente y atractiva. Conceptos como la forma de vestirse en cada momento y ocasión, el maquillaje más apropiado para cada hora del día o para cada estación o los métodos para mantener una figura esbelta. Leer a Gayle Hayman es como tener al lado una asesora de belleza personal; un verdadero estímulo para lograr la seguridad que toda mujer necesita para proyectar su belleza natural.

- Los accesorios imprescindibles para crear nuestro sello personal.
- Las dietas y el ejercicio físico.
- El guardarropa: lo imprescindible y lo superfluo.

Ilustrado a todo color
ISBN: 84-7927-369-0

Enciclopedia de la belleza interior y exterior. De la cosmética a la autoestima.

Los Indispensables